KB261602

시련과 적응

시련과 적응
2001 초판
지은이 · 김필년 | 펴낸이 · 김구인
ⓒ 분도출판사
등록 · 1962년 5월 7일 라15호
718-806 경북 칠곡군 왜관읍 왜관리 134의 1
왜관 본사 · 전화 054-970-2400 · 팩스 054-971-0179
서울 지사 · 전화 02-2266-3605 · 팩스 02-2271-3605
www.benedict.co.kr | press@benedict.co.kr

ISBN 89-419-0112-× 03920
값 12,000원

시련과 적응

보편사적 시각에서 이해한 중국문명

김필년 지음

분 도 출 판 사

머 리 말

이 책은 중국 역사를 세계사적 발전 과정과 관련하여 설명함으로써 중국문명이 처한 현금의 상황에 대한 이해를 돕기 위해 씌었다. 비록 고찰대상을 주로 중국문명의 역사에 한정시켰다고는 하나 보편사적 발전과 현대사회의 이해를 목적으로 하여 동·서 문명의 진행 과정을 비교했다는 점에서 이 책은 그 문제의식과 방법론에서는 이미 발간된 졸저 『동서문명과 자연과학』 및 『자본주의는 왜 서양문명에서 발전하였는가』와 동일하며, 그 전체적 내용에서도 이 두 책과 사실상 한 개의 저서로 취급되어도 좋을 만큼 밀접한 관련성을 가지고 있다.

이 책에서 취급되는 문제가 어렵고 다루어야 할 내용이 광범위하여 이를 적절히 감당하기에는 필자의 능력이 너무나 부족하다는 것을 잘 알고 있다. 그러나 필자는 지금까지 졸저와 동일한 문제의식을 가지고 문명비교론을 전개한 여러 지적 거장들(예컨대 마르크스, 막스 베버 등)이 간과했거나 충분히 강조하지 못했던 몇몇 중요한 사실에 착안했으며, 이를 근거로 하여 나름대로 논의를 전개했다고 믿는다. 필자의 착안과 논의 전개가 세계사의 발전과 현대문명을 적절히 이해하고자 하는 이들에게 약간의 지적 자극이 되었으면 하는 바람이다.

비록 보잘것없는 책이기는 하나 집필에 참으로 많은 사람들의 도움을 받았다. 그러나 필자의 가족·친척·친구들로부터 받은 도움을 여기서 낱낱이 밝힌다는 것은 어딘지 모르게 쑥스러운 일이다. 그러한 도움에 감사하는 마음은 가슴 깊이 간직하는 데서 그치기로 하고, 필자의 가족과 친지 이외의 분들에게는 지면을 빌려서나마 사의를 표하고자 한다.

우선 필자의 독일 체재중에 여러모로 배려해 준 뤼젠J. Rüsen 교수와 재정적 지원을 해준 프리드리히 에버트 재단Friedrich-Ebert-Stiftung에 고마운 뜻을 전하고 싶다.

특히 졸저의 집필에는 이미 고인이 되신 (주) 범양사 이성범 명예회장의 배려가 큰 도움이 되었다. 이 명예회장님은 기업을 경영하시는 한편 현대사회의 병폐를 해결할 수 있는 정신적 가치를 창출하기 위해 깊은 사색을 전개하셨을 뿐 아니라 같은 뜻을 가진 문화계 인사들에게도 지원을 아끼지 않으신 실로 보기 드문 인격자였다. 그분은 필자로 하여금 당신이 주관·발행하시던 『과학사상』에 수차에 걸쳐 졸고를 싣도록 하셨는데, 그 글들이 이 책을 엮어 내는 중요한 바탕이 되었다(특히 11, 13, 18장).

필자는 현대문명을 이해함에나 이 문명이 처한 위기를 해소하는 방법에는 이 명예회장님과 적지 않은 점에서 견해를 달리한다. 그러나 그분의 기업경영 능력, 인간적인 따뜻함과 인격적 깊이 그리고 학자·시인·예능인으로서의 높은 경지를 숭모하는 마음에 있어서는 생전에 그분을 존경하고 친애했던 다른 여러 인사들과 마찬가지이다.

또 『과학사상』에 실린 졸고를 이 책에 전재함을 쾌락해 주신 김용정 교수께도 사의를 표한다. 김 교수님은 이 명예회장님과 학문적·인간적으로 절친했고 오래전부터 『과학사상』의 편집인으로 활동해 오셨다. 원고를 깔끔하게 타자해 준 안동과학대학의 박선희 씨에게도 감사한다. 끝으로 졸저의 출간을 맡아준 분도출판사에 깊이 사의를 표한다.

그분의 은혜에 극히 작은 보답도 되지 못함을 잘 알지만 졸저는 돌아가신 아버님께 바치고자 한다.

2000년 9월, 안동에서

김 필 년

목 차

1부
문제제기와 방법론적 모색 그리고 "경쟁"

1장: **서론** ·· 17

1절: 문제제기와 방법론적 모색 ······························· 17

1) 문제제기 ·· 17

2) 방법론적 모색 ··· 20

2절: 전통 중국에 대한 서구인들의 시각,

그리고 전체적 시각의 중요성 ························· 21

1) 중국문명에 대한 부정적 견해와 그 허실 ··········· 21

2) 긍정적 견해와 그 한계 그리고 전체적 시각 ········· 26

3) 중국문명의 정체에 대한 두 가지 상반된 견해:

봉건제 대 전체적 권력구조 ························· 28

3절: 동·서 문화 차이에 대한 그릇된 원인 규명의 한 가지 예:

종교적 교리의 단순 비교 ······························ 31

1) 기독교의 전근대성 대 유교의 근대성 ············· 31

2) 사회권력체로서의 종교와 그 보수성 ·············· 34

3) 열쇠는 전통 지배세력의 붕괴조건이다 ············· 36

2장: **경쟁: 동·서 문명이 다른 길을 걷게 된 핵심적 원인** ······ 39

1절: 중세 서구사회에 내재한 발전적 잠재력 ············· 39

2절: 정신세계 ·· 41

1) 정신세계의 존립 양태: 동질성 대 이질성 ··········· 41

2) 서구적 정신세계: 이질성 ································ 42

3) 중국적 정신세계: 동질성 ···························· 44

3절: 전체적 권력구조 ····································· 47

1) 통합된 권력과 경쟁하는 권력 ······················ 47

2) 권력체의 경쟁과 서구의 근대화 ···················· 49

2부
중국문명 I: 동태적 발전

3장: **분열기의 역동성과 중국적 정신세계** ················ 57

1절: 분열기의 역동성 ································· 57

2절: 중국의 정신세계: 근대적 실체와 반근대적 기능 ·········· 58

4장: **주 문명의 성립과 붕괴, 춘추전국시대** ············· 65

1절: 주 문명의 성립 ································· 65

1) 상 문명 ···································· 65

2) 주 문명과 봉건제 ····························· 66

2절: 춘추전국시대 ································· 69

5장: **역동기의 두 사상: 이상론과 현실론** ··············· 75

1절: 시대적 조류 ································· 75

2절: 유가사상 ··································· 77

1) 공자의 정치론: 반봉건적 덕치 이상 ·················· 77

2) 유교사상의 현실성과 비현실성 ····················· 83

3) 유교의 긴 생명력 ····························· 87

3절: 법가사상 ··································· 88

1) 정치 현실론: 전통과의 단절과 성악설적 인간관 ········ 88

2) 법가적 정치 이념:

　법과 제도를 통한 통치, 엄형주의와 우민정치 ·········· 93

3) 법가와 술가術家의 융합 ····························· 99

6장: **통일의 원동력: 주 문명과 문화적·세계관적 기반** ········· 103

3부
중국문명 II: 정체적 균형과 안정

7장: **통일제국과 중국적 기본 체제의 형성** ···················· 111

1절: 진 제국의 성립과 붕괴 ························· 111

2절: 한 제국과 중국적 기본 체제 ···················· 112

1) 유교의 정통화 ······························· 112

2) 유·법의 결합과 제국의 법가적 기반, 법의 윤리화 ··· 115

3) 중국적 기본 체제와 문명의 정체 ················· 119

3절: 중국적 근대화와 그 한계, 중국문명의 독자성 ········· 120

4절: 중국적 기본 체제의 내용 ······················· 125

1) 역사 속에서의 유교와 유교적 기본 체제 ·············· 125

2) 유교적 세계관: 우주관·사회론·인간관 ············· 128

3) 유교적 정치 이상, 황제통치 체제, 관료제와 과거제 ···· 129

4) 천하일국 사상: 이상과 현실 ····················· 133

8장: **기본 체제에 대한 위협 요인** ····························· 137

1절: 체제 자체의 모순과 중국적 흥망론 ················· 137

1) 황제통치의 관료제도:

　통치자와 독서인 사이의 이해관계 일치 ·············· 137

2) 황제와 관료의 세력 균형 ························· 139

3) 관료의 부패와 왕조 멸망 …………………… 141

4) 기본 체제에 대한 신뢰 ………………………… 144

5) 중국적 고금흥폐론과 맬더스의 덫 ……………… 146

2절: 외래세력의 위협과 극복 ……………………… 149

1) 이민족과 중국문화 ………………………… 149

2) 남북조시대와 중국문명의 위기 ………………… 151

3) 위기 극복과 그 역사적 의의 …………………… 155

4) 전통의 현실적 힘과 시대 구분의 문제 …………… 158

3절: 종교세력들 사이의 갈등 ……………………… 162

1) 종교적 투쟁의 제한조건 ………………………… 162

2) 민중종교의 세력과 그 한계 ……………………… 163

3) 종교들의 평화공존 ……………………………… 169

4) 정통의 이단 통제와 중국적 세계관의 절충성과 실용성 ·· 170

4부
보충적 그리고 예비적 논의

9장: **공식 통치조직에 대한 문화적 보충과 비공식 통치조직** ···· 179

10장: **정신운동과 전체적 권력구조** ……………………… 183

1절: 신유교운동과 전통의 부활 …………………… 183

2절: 르네상스, 종교개혁 및 전통의 붕괴 ………………… 188

11장: **전체적 권력구조와 시장경제의 승리** ……………… 193

1절: 근대화의 본질과 원동력 ……………………… 193

2절: 과학·기술과 근대화 …………………………… 194

3절: 근대과학적 세계관, 계몽 및 진보 사상과 근대화 ……… 196

4절: 시장경제와 그 적들 ················· 201

5절: 시장경제의 승리와 확산 ················· 206

6절: 역사 발전에 있어서 우연과 필연 ················· 210

12장 **막스 베버의 중국관, 그 오류와 함의** ················· 211

1절: 유교적 현실 순응과 청교도주의적 현실 지배 ··········· 211

2절: 베버 명제의 오류와 함의 ················· 216

13장: **중국적 세계관에 있어서 하늘과 인간의 갈등**

― 유교적 비극문학으로서의『삼국지연의』 ················· 221

1절: 중국: "반비극적인 땅" ················· 221

2절: 비극의 여러 특성 ················· 223

3절: 유교적 비극의 가능성 ················· 225

4절: 중국사회에서 소설의 위치,『삼국지연의』의 작자와 소재 ··· 230

5절:『삼국지연의』에 있어서 비극성 ················· 232

　　1) 천도의 필연성과 인간의 자유 그리고 천에 대한 저항 ·· 233

　　2) "하늘의 교지"와 고귀한 인물의 패망 ················· 241

　　3) 불완전한 하늘의 섭리, 행동의 잠재력으로서 비극성 ·· 246

6절: 결론적 고찰 ················· 249

5부

중국문명 III: 시련과 적응

14장: **제국주의 침략과 위로부터의 근대화 노력** ················· 255

1절: 청말의 근대화 노력 ················· 255

　　1) 서세동점과 중국의 느린 대응 ················· 255

　　2) 중체서용적 자강정책과 급진적 개혁운동 ·············· 259

2절: 신해혁명, 군벌통치, 5·4 운동 ······················· 263

3절: 국민당의 근대화 시도와 그 한계 ····················· 268

　1) 국·공 합작 ····································· 268

　2) 반제국주의적 민중운동과 국민당의 중국 통일 ········ 273

　3) 전통적 지배세력에 기반하는 근대화정책 ·············· 275

15장: **보편사적 흐름과 공산당의 적응 1:
반제국주의·반봉건 농민혁명** ····················· 281

1절: 5·4 운동과 공산주의 ······························· 281

2절: 이대조와 마르크스주의의 중국화 ····················· 284

3절: 중국 공산당의 초기 활동과 중국적 공산주의의 대두 ····· 287

4절: 모택동과 중국적 공산주의의 정립 ····················· 292

　1) 모택동식 혁명 주체와 혁명전략의 확립 ·············· 292

　2) 중국식 공산주의의 확장과 국민당의 초공전 ··········· 294

　3) "대장정"과 모택동의 집권 ························· 298

5절: 반제국주의·반봉건 농민혁명 ······················· 302

　1) 외세 침공 속의 장개석과 국민당 ·················· 302

　2) 중일전쟁과 공산당 세력의 확장 ···················· 310

　3) 모택동과 공산주의 농민혁명, 그 보편사적 의미 ······ 315

16장: **공산당의 적응 2: 사회주의 실현을 위한 혁명** ············· 323

1절: 국가 수립 후의 여러 정책:
　　토지개혁, 사회개혁, 계획경제의 성공과 농업집단화 ····· 323

2절: 사회주의 혁명과 그 좌절 (1):
　　대약진운동과 인민공사화운동 ························· 330

3절: 모택동의 이상주의와 권력투쟁 ······················· 336

　1) 당 지도부의 관료화와 모택동식 계급투쟁 ·············· 336

2) 쌍백정책과 반우파 투쟁 ·········· 338

3) 모택동과 당권파의 권력투쟁 ·········· 339

4) 혁명에 대한 집착과 현실적 조건:

　　모택동 이상의 허구와 중국사회의 전근대성 ·········· 342

4절: 사회주의 혁명과 그 좌절 (2): 문화대혁명 ·········· 349

1) 문혁 전야 ·········· 349

2) 권력 쟁취 ·········· 353

3) 유토피아 실현을 위한 대중운동과 그 파멸적 결말 ···· 357

4) 대타협을 통한 문혁의 마무리 ·········· 360

5) 주은래와 실용주의자들의 대두 ·········· 362

6) 혁명론자의 마지막 반격과 모택동 시대의 종말 ······· 365

5절: 혁명: 파멸할 수밖에 없는 이상 ·········· 367

17장: **공산당의 적응 3: 개혁과 개방** ·········· 375

1절: 등소평과 실용정신의 회복 ·········· 375

2절: 시장경제적 개혁과 그 성과 ·········· 377

1) 개혁과 개방의 성공 ·········· 377

2) 사회주의 초급 단계론과 실사구시적 개혁철학 ······· 378

3절: 개혁과 여러 난관 ·········· 382

4절: 계속되는 개혁과 개혁에 대한 전망 ·········· 387

18장: **근대화의 보편사적 의의** ·········· 395

1절: 근대화의 성과 ·········· 395

2절: 근대화에 대한 비판과 그 허실 ·········· 397

3절: 근대화에 대한 옹호 ·········· 405

결론: **보편사적 발전 속에서의 중국문명** ·········· 409

1부

문제제기와 방법론적 모색 그리고 "경쟁"

문제제기와 방법론적 모색 그리고 "경쟁"

1 장

서 론

1 절
문제제기와 방법론적 모색

1) 문제제기

현금에 있어서 중국이 겪고 있는 여러 변화, 즉 수십 년에 걸친 사회주의적 계획경제에서 급격히 시장경제로 이행하는 변화는 당사자인 중국인들은 물론이지만 전세계가 주시하고 있다.

중국은 그 영토로 보나 세계 인구의 4분의 1을 차지하는 국민으로 보나 현대세계의 가장 중요한 국가 중 하나일 뿐 아니라 미래에 있어서도 지구촌의 질서 형성에 엄청난 역할을 할 것으로 전망된다.

잘 알려진 바와 같이 중국문명은 메소포타미아·이집트 그리고 인도 등과 더불어 인류의 가장 오래된 문명이며, 서구의 고전문명을 포함한 다른 주요한 고대문명이 사멸한 데 반하여 지금까지 그 생명을 유지하고 있는 문명이기도 하다. 이 문명이 존속하는 동안에 제도와 법률·정신·예술·기술·의학 등 여러 방면에서 당대는 물론 후대에까지 인간생활을 유익하고 풍요롭게 할 업적들이 이루어졌는데, 이것들 중에는 중국을 훨씬 넘어서 보편사적 의의와 영향력을 가지는 것도 적지 않다. 전통 중국인들이 발전시킨 효율적인 행정 및 관료 제도와 법체제는 중국뿐 아니라 동아시아의 주변 국가들이 통치체제를 확립하는 데에도 상당한 영향을 미쳤다. 그리고 역시 중국문명의 산물인 나침반·제지술·인쇄술·화약 등은 서구에까지 전파되어 유럽의 중세사회를 붕괴시키는 데 기여했다. 니담의 연구가 소상히 밝히는 바와 같이 중국은 전통사회 중에서 가장 우수한 기술과 과학을 발전시킨 문명이었다.[1] 이러한 것들 중에는 근대세계에 이르러서는 더이상 쓸모없이 된 것도 있지만 아직도 유용한 것들이 적지 않다. 현재 중국의 의학이 서양의학에 완전히 대치될 것이라고 생각하는 사람은 거의 없다. 한의학은 현대의학이 치료할 수 없는 많은 질병에 대해 그 효능을 입증함으로써 서구의학과 나란히 발전해야 할 의료체계로 각광받고 있다. 또 선불교가 개척한 위대한 정신적 영역 역시 삶의 의미를 찾지 못해 방황하는 현대인에게 커다란 호소력을 가지고 있는데, 그것의 영향은 앞으로도 계속될 것으로 전망된다.[2]

요컨대 중국문명은 세계사적 관점에서 과거에도 중요했고 현재에도 중요하며 또한 미래에도 중요할 것으로 예측할 수 있는데, 현금의 개방과 변화에 많은 사람이 관심을 가지는 것도 이러한 사실 때문이다. 그러면 현재 중국이 이러한 변화를 하는 것은 궁극적으로 어디에 근거하는 것일까?

중국문명의 세계사적 의미가 아무리 크다고 해도 지난 수백 년 동안만의 인류 역사를 살핀다면 서구문명이 보편사의 발전에 가지는 중요성에 비할

---

[1] 잘 알려진 바와 같이 니담(J. Needham)은 영국의 세계적 중국학자로서 기념비적 저서 *Science and Civilization in China*를 통해 전통 중국의 정치·사회·종교·문화·사상, 특히 과학과 기술을 상세히 서술·분석했다. 1954년 캠브리지에서 그 1권이 발간된 이래 계속 출간되고 있는 이 저서는 내용이 너무 방대·상세하여 일반인은 물론 중국 전문가 역시 쉽게 접근할 수 없는 대작이다. 필자는 일반 독자들이 그의 논문집 *The Grand Titration: Science and Society in East and West* [London 1972]나 *Clerks and Craftsmen in China and West* [Cambridge 1970]를 읽는 정도로도 전통 중국의 과학과 문화 그리고 그것이 서구 역사에 미친 영향을 이해하는 데 충분하리라고 생각한다.

[2] 선불교에 매료된 현대인들은 상당히 많은 것 같다. 잘 알려진 바와 같이 서양에 선불교를 소개하는 데 적극적 역할을 한 사람은 일본인 스즈끼 다이세스(鈴木大拙)이다. 김지견 역 『선, 그 세계』 [동지문화사 1980] 참조. 그는 선에 대해 이해가 깊은 유명한 사회심리학자 프롬(E. Fromm)과 데 마르티노(R. De Martino)와 함께 선에 대한 저술을 공간하기도 했다. 김용정 역 『선과 정신분석』 [정음사 1977] 참조. 선에 매료된 비중국 문화권의 현대인으로는 아마 인도의 각자(覺者) 오쇼 라즈니쉬가 가장 유명할 것이다. 우리는 그가 남긴 수백 권의 저서 곳곳에서 선에 대한 그의 깊고도 애정에 넘친 이해를 경험할 수 있다. 필자는 특히 그의 제자 손민규에 의해 번역되어 태일출판사에서 발간된 『마조』 [1994]; 『임제』 [1994]; 『남전』 [1996] 등을 권하고 싶다.

수 없다. 과거의 중국인들이 아무리 위대한 업적을 이루었다 할지라도 그것은 전통사회의 틀을 넘어서지 못했다. 인류에게 "보편적"이었던 전통사회를 깨뜨리고 근대화를 이룩한 것은 서구문명이 당당하게 주장할 수 있는 세계사적 기여이다.

서구사회에서 성취된 근대화는 이 지역을 넘어선 다른 곳까지 영향을 미쳤으며 중국 역시 19세기 이래 서구문명의 충격을 받아 근대화의 길로 들어서게 되었는데, 현금의 개혁과 개방 역시 이러한 변화 과정의 한 부분이다. 중국의 긴 역사를 회고하고 금일의 변화를 주시하면서 우리는 몇 가지의 의문을 품지 않을 수 없게 된다.

우선 중국문명이 그토록 오랜 기간 존속해 왔다는 것은 놀라운 사실이다. 도대체 어떤 힘, 어떤 요인이 중국문명의 긴 존속을 뒷받침할 수 있었던가? 또 무엇 때문에 중국문명은 그렇게 오랫동안 변화하지 못했던가? 중국문명은 그 자신에 내재하는 조건만으로는, 즉 서구의 충격을 받지 않고서는 근대화할 수 없었을까? 전통 중국인이 이룬 업적 중에는 근대적인 것이라고 말할 수 있는 것이 상당수 있지 않았던가?

또 마르크스주의자들이 주장하는 바와 같이 사회주의 내지 공산주의가 자본주의가 충분히 발전된 이후에 도달하는 사회적 단계라면 근대화의 주요 내용인 자본주의적 시장경제를 달성하지 못한 중국이 어떻게 하여 그보다 더 진보된 단계의 사회를 건설할 수 있었을까? 공산혁명 후의 중국사회가 일반적으로 마르크스주의자들이 주장하는 사회주의적 사회와 다르다면 그 성격은 어떻게 규정되어야만 할 것인가? 중국이 이미 자본주의 이후의 사회적 단계에 도달했다면 왜 지금은 다시 시장경제화하려고 하는 것일까? 이것은 역사적 흐름에 역행하는 것이 아닐까? 만약 중국의 개방과 개혁이 세계사적 흐름에 역행하는 것이 아니고 동참하는 것이라면 이러한 진행 속에서 중국은 어떠한 역할을 할 것인가? 즉, 세계화 과정 속에서 전통 중국문명은 어떤 잠재력을 발휘할 것인가?

2) 방법론적 모색

이러한 여러 질문에 답하기 위해서 우리는 중국의 과거를 단순히 서술하는 데 그쳐서는 안될 것이다. 여기에는 중국문명의 형성과 발전에 기여한 여러 요인들과 그 요인들의 상호 작용을 충분히 검토·분석하여 관련성을 찾는 작업, 즉 설명이 요구된다. 어떤 요인이 분석 대상이 되는가 하는 문제는 물론 쉽게 답해질 수 있는 것이 아니다. 그것은 모든 과학이론 구성이 그러하듯 시행착오적 방법으로 탐색하는 수밖에 없다.

여기서 필자는 문명비교론적 방법의 중요성을 강조하고자 한다. 이 방법으로 다른 문명에는 있지만 중국에는 결여된 것 혹은 그 반대의 것을 발견할 수 있다. 따라서 이것은 중국문명의 독특한 발전을 이해하는 데 중요한 단서를 제공할 수 있다. 특히 서구문명의 동태動態적 발전과 대비된 중국문명의 정체停滯적 안정이라는 현상 때문에 일반적으로 많은 사람들의 지적 호기심이 유발되는 것이라면, 두 문명이 각각 처해 있던 상이한 여러 조건을 탐구하고 각각 다른 발전 과정을 비교·검토하는 것이야말로 이 책에서 필자가 사용할 주된 방법이다.

우리의 탐구는 결국 문명을 비교함으로써 역사 발전의 원동력을 찾아내어 세계사적 흐름을 정확히 인식하는 일에 귀착될 것이다. 이것은 "역사철학"이라는 이름으로 불릴 수 있다. 그러나 우리의 "역사철학"은 철학자의 형이상학이나 사변, 종교적 이상 또는 시인의 상상력으로 객관적 사실과 조건을 무시한 채 과거·현재·미래를 재구성하는 것이 아니다. 우리에게 진실로 요구되는 것은 역사와 사회를 구성하는 조건들을 분석하고 그들 사이의 관련성을 밝혀내며 이론화하는 지적 작업이다. 요컨대 우리가 추구하는 것은 과학이지 과학이라는 탈을 쓴 사이비 철학이 아니다. 자신이 믿는 이상과 가치를 전파하기 위해 객관적 사실 중에서 자신의 틀에 맞는 것만 선택하여 이론을 꾸며내는 그릇된 열정이 아니라, 자신의 희망과 가치 판단을 철저히 배제하고 객관적 조건을 과학적으로 탐구하는 철저한 냉정이 우리가 필요로 하는 태도이다. 이러한 기본 태도로 탐구된 역사야말로 인간의 결단과 행동을 어떤 특정한 방향으로 이끌고자 하는 교만하고 허황된 철학이 아니라, 합리적 결단과 행동을 하고자 하는 인간에게 그가 처한 객관적 조건과 한계를 명백히함으로써 자신의 과오를 적게 하는 데 기여하는 냉철한 과학이 될 수 있는 것이다.

2 절
전통 중국에 대한 서구인들의 시각,
그리고 전체적 시각의 중요성

1) 중국문명에 대한 부정적 견해와 그 허실

서구인들이 중국을 보는 눈은 시대에 따라 같지 않았다. 중국이 한漢 제국을 건설하여 번영을 누릴 때에는 유럽 땅에도 역시 로마 제국이 건립되어 안정과 번영을 누렸다. 그러나 로마 제국 멸망 후 약 1,000년 동안 서구가 정치적·사회적으로 크게 불안정했고 경제적으로도 역시 피폐했던 반면에, 중국에서는 당唐·송宋 제국이 건설되어 상당 기간 평화와 번영을 누렸고, 송을 이어 세워진 원元 제국에서도 이러한 것은 계속되었는데, 원 제국을 방문한 이탈리아인 마르코 폴로는 당시 서구 땅에서는 찾을 수 없는 발전상을 경험하고 크게 경탄한 바 있다. 대체적으로 말하여 서구가 근대화되기 전, 즉 1,500년 이전의 중국은 서구에 비해 더 발전해 있었으며, 더욱이 서구의 근대화 자체도 중국문명에서 서구로 전달된 인쇄술·화약 등의 기술이 어느 정도 기여한 것으로 추측된다.

중국문명이 서구에 비하여 더 "앞선" 문명이었다는 것은 이미 근대화의 길로 들어선 시대, 즉 17~18세기에서조차도 서구의 지성인들 중에 중국의 문물을 높이 평가한 사람들이 적지 않았다는 사실에서도 확인할 수 있다. 예컨대 프랑스의 계몽사상가 볼테르는 전제군주·봉건귀족·성직자의 독재와 횡포 그리고 기독교의 반이성적 독단이 지배하던 당시의 서구와, 개명된 군주가 합리적 제도와 사상을 통하여 통치하고 있던 중국을 비교하

면서 후자에 대하여 찬사를 보냈다.[3]

그러나 18세기 후반 이후 서구에서는 산업혁명과 해외 식민지 개척을 통해 생산력이 증가하고 시민혁명으로 봉건제도가 붕괴하여 정치 · 경제 · 사회 · 문화적으로 커다란 변화가 일어났고, 이로써 본격적인 근대사회가 자리잡기 시작하자 중국에 대한 평가도 크게 달라졌다. 이제 유럽인의 눈에는 중국이 황제의 독재와 그에게 맹종하는 오만하고 무능한 관료의 통치 아래 아무런 인권도 보장받지 못하는 수많은 백성이 빈곤과 억압 속에서 살고 있는 열등한 국가로 비쳐졌다.[4]

이러한 반전의 배후에는 서구 자체의 변화만 있었던 것은 아니다. 18세기가 지나자 중국 역시 청淸 건국 후 100년이 넘는 번영기를 끝내고 쇠퇴의 길로 접어들기 시작했다. 19세기의 중국은 번영기를 통해 급격히 증가한 인구라는 부담을 그대로 가지고 창업시의 강건함을 잊어버린 황제와 기강이 해이해진 관료에 의해 통치되던 가난하고 시들어가는 제국이었다. 이 무렵 서구의 지적 거장들(예컨대 헤겔, 마르크스, 막스 베버)은 중국을 서구와는 반대로 활력없고 정체된 후진문명으로 보았다.

사실 당시 서구인들은 중국뿐만 아니라 모든 비서구 사회를 후진적 · 야만적이라고 멸시했고, 이 무렵 나타난 진화론적 사회관은 서구를 사회 진화의 최정점에 두고 서구가 진화하지 못한 다른 사회를 침략 · 지배하는 것을 정당화했다. 이러한 사회관은 당시 해외 식민지를 획득하기 위해 경쟁하던 서구 열강들의 제국주의적 중국 침략에 사상적 기반이 될 수 있었다.

요컨대 19세기 후반과 20세기 초반에 이르면 서구인의 중국에 대한 존경의 마음은 사라졌다. 아편전쟁 이후 중국은 서구 열강의 침략에 미봉책으로 대처하는 무기력한 늙은 제국일 뿐이었다. 중국의 후진적 문명과 정

---

[3] H. G. 크릴(이성규 역) 『공자: 인간과 신화』 [지식산업사 1983] 287ff.

[4] 송영배 『중국 사회사상사』 [사회평론 1998] 139ff; T. Spengler, "Die Entdeckung der chinesischen Wissenschafts- und Technikgeschichte", in: J. Needham, *Wissenschaftlicher Universalismus* [Frankfurt am Main 1977] 7ff; 줄리아 칭(임찬순 · 최효선 역) 『유교와 기독교』 [서광사 1993] 82ff 참조.

신세계는 서구의 고전문화, 기독교 그리고 근대 과학정신에 의해 계몽되어야 하고 동양의 전제군주제는 입헌적 대의정치에 의해, 그리고 전근대적 생산양식은 자본주의적 기업과 산업에 의해 대치되어야 할 것이라는 것이 이 무렵 서구인들의 믿음이었다.

학자에 따라서 중국문명이 서구문명과는 달리 왜 정체되고 후진적이었는가라는 의문에 대한 대답도 달랐다. 어떤 학자들은 정신적 요소를, 다른 학자들은 경제적 기반을, 그리고 또 다른 학자들은 인종적 차이를 중국과 서구문명이 각각 다르게 발전한 원인이라는 이론을 제시했다. 그러나 이들이 제시하는 이론의 대부분은 무지나 편견에 의해 그 객관성이 심하게 왜곡되었다는 느낌을 지울 수 없다.

예컨대 마르크스의 아시아적 생산양식 이론이나 마르크스주의자인 비트포겔의 수리사회水利社會 이론에 의하면 전통 중국사회에서는 농업을 위한 거대한 수리관개 시설을 집중적으로 관리해야 할 필요 때문에 중앙집권적이고 전제적인 통치체제가 성립될 수밖에 없었는데, 이러한 통치하에서는 모든 신민이 예속적 상태에서 살아가야만 했고, 따라서 사유재산 제도나 민간 기업 같은 사적 부문의 발달이 극히 부진하여 사회는 정체될 수밖에 없었다는 것이다.[5] 그러나 이러한 이론은 중국 역사상 여러 시기에서 찾을 수 있는 경제적 번성을 설명할 수 없을 뿐 아니라 재산권이 비교적 자유로이 행사되고 중앙의 권력이 미치는 범위가 촌락자치에 의해 제약받아 왔던 전통 중국사회의 실제와도 어긋나는 것이다.

또 우주와 인간의 조화를 중요시하는 중국인의 정신세계에는 현실을 부정하고 이상을 추구하는 활력이 부족했다는 학설 역시 중국문명의 정체성을 설명하기에는 결코 충분하지 못하다. 이 점은 나중에 상세히 논의하겠지만 역사적으로 보아 많은 중국인들이 현실의 부조리를 개선하고자 노력을 기울였고 때로는 이를 위해 기꺼이 목숨까지 버렸다는 점, 그리고 특히

---

[5] K. 비트포겔(구종서 역) 『동양적 전제주의』 [법문사 1991] 참조.

송 이후 중국의 사상계를 지배한 신유교에 있어서는 성인의 경지에 이르기 위해서 인간 내부와 외부의 많은 유혹을 물리치고 긴장된 자세로 인격 수양에 정진할 것을 강조했던 점 등을 본다면, 우리는 전통 중국인들이 단순히 우주와 조화를 추구하고 현실을 긍정하면서 주어진 것에 만족하고 안주했다고는 쉽게 말할 수 없다.

또 서구 인종을 타지역의 인종보다 우월하다고 주장하면서 비서구 지역의 후진성을 설명하는 이론 역시 편견에 불과하다. 우리는 중국의 역사상 여러 분야에서 탁월한 인물들을 찾을 수 있거니와, 이들의 업적은 오늘날에도 경탄의 대상이 되고 있을 뿐 아니라, 중국이 배출한 인재들이 세계의 기업계와 과학계에서 맹활약하는 모습을 보더라도 중국 인종이 서구인에 비해 열등하다는 주장은 제기될 수 없다.

여기서 잠시 막스 베버가 중국 역사를 서술했던 기본 입장을 살피고 그것을 평가하는 것이 우리의 논의를 진행시키는 데 도움이 될 것이다. 베버는 중국에 대한 논저에서 춘추전국시대에서부터 한의 건립에 이르는 시기와 근대 중국(청)은 소상히 서술했으나, 그 사이 1,600년이 넘는 시기는 산발적으로 언급하는 데 그쳤다.[6] 이러한 서술 태도의 밑바닥에는 중국이 이 기간에 본질적으로 변하지 않았다는, 즉 정체되었다는 믿음이 깔려 있다. 그러나 베버가 등한히 취급한 시기에도 중국에는 상당한 변화와 발전이 있었다. 몇 가지 중요한 예를 들자면, 당·송 시대의 경제적 번성, 기술적 발전, 문벌 귀족의 지배체제에서 학자 관료적 지배체제에로의 변화, 불교의 전파와 신유학의 성립 등이 그러한 것이다.

그런데도 필자는 베버의 서술 태도가 전체적으로 옳다고 믿는다.[7] 정치적으로 보더라도 한대에 완성된 황제통치 체제는 청조가 멸망할 때까지 존속했는데, 그 사이에 이 체제를 위협할 수 있는 호족이나 귀족이 득세했고 심

---

[6] 막스 베버(이상률 역) 『유교와 도교』 [문예출판사 1990].

[7] B. 무어(진덕규 역) 『독재와 민주주의의 사회적 기원』 [도서출판 까치 1985] 188 주 16 참조.

지어 봉건제가 잠시 부활되기도 했지만 중국 역사에 본질적 영향을 끼치지
는 못했다. 한대에 본격적으로 발전된 관료제도 역시 후대에 더욱 정비·완
성되었지만 그 기본틀과 원칙은 불변인 채 20세기 초엽까지 지속했다. 과
학기술 면에서도 훌륭한 발전이 이 시기에 있었지만 서구의 과학혁명이나
산업혁명 이후의 기술 진보에 비할 만한 본질적 변화가 일어난 것은 아니었
고, 이 분야의 발전이 정치나 사회의 근본적 변혁을 초래한 것도 아니었다.
또 중국적 자연 해석의 기본 원리는 청조에도 마찬가지로 춘추전국시대에
발전하여 한대에 완성된 음양오행설이었다. 또한 경제적인 면에서도 같은
말을 할 수 있는데, 중국이 당·송 시대에 서구 중세 천 년 동안에는 찾을
수 없는 번영을 누렸지만, 경제는 항상 정치에 종속된 하위의 생활 영역이
었고, 경제인들 역시 서구의 시민계급에 비교할 만한 자부심과 자신감을 가
지지 못했다. 본질적 변화가 없었다는 것은 정신세계에서도 매한가지다. 불
교의 전래로 중국인의 사유와 사상이 변화를 겪은 것은 사실이지만 불교의
인도적 특성은 결국 중국 전래의 정신에 동화되고 말았고, 불교의 영향으로
발전한 선불교는 중국 특유의 불교 유파로서 불교적 색채보다는 오히려 도
가적 색채가 더 짙은 종교였다.[8] 이 시기에 특기할 만한 또 하나의 큰 사건
은 신유학(성리학과 양명학)의 발전이었다. 신유학에 원시 유교나 한·당의
유학자들에게서는 찾을 수 없는 사변적·형이상학적 관심과 철학적 이론체
계가 있는 것은 사실이다. 그러나 그것은 전통의 정신에 대한 혁신적 변화
와는 거리가 먼 것이었다. 우주 섭리와 인간성에 대한 신뢰를 기초로 하여
인품을 완성한 사람이 올바른 정치를 행함으로써 백성을 교화하고 사회를
바르게 해야 한다는 점에 있어서는 이 사상 역시 공자와 맹자의 이상에 조
금도 어긋나지 않았기 때문이다.

　요컨대 중국문명은 한 제국 건설 이후에 비록 변화는 있었지만 서구 역
사, 특히 중세에서 근대로 이행하던 시기에 두드러지게 나타나는 정치·경

---

[8] 오경웅(吳經熊) (류시화 역) 『선의 황금시대』 [경서원 1990] 35.

제 · 사상 · 과학 등 여러 분야에 있어서의 혁신에 비길 만한 본질적 변화는 존재하지 않았다.

2) 긍정적 견해와 그 한계 그리고 전체적 시각

지금까지의 논의로 알 수 있듯이 중국문명이 서구의 급격한 발전에 비해 정체된 것이었음은 인정할 수밖에 없지만, 그것이 바로 많은 제국주의 시대의 서구 학자들이 주장하는 것처럼, 전통 중국이 가난에 찌들리고 억압을 감수하는 현실 안주적 사람들을 그 구성원으로 하는 경직되고 무기력한 사회였다는 것을 의미하는 것은 아니다. 전통 중국은 나름대로 발전하고 변화하면서 수차의 번성기를 누렸던 사회였고, 그 속의 많은 구성원들 중에는 더 나은 사회를 만들기 위하여 노력한 사람들도 적지 않았다. 만약 제국주의적 중국관이 옳다면 중국문명이 그토록 오랫동안 존속했던 사실도, 주변 민족과 국가들에게 그렇게 강한 영향을 행사했던 사실도 설명할 수 없다.

제국주의적 중국관을 비판할 수 있는 근거는 물론 전문적 중국학자들에 의한 객관적 연구이다. 선입견을 배제한 전문적 연구가 보여준 바에 의하면 전통 중국에는 일찍부터 요즘의 기준으로 보아도 매우 합리적이고 근대적인 관료제도와 법제도가 발전해 있었으며 경제적 생산력 역시 상당히 높았다. 그런데 전통 중국 문물에서 근대성과 합리성을 발견해 낸 학자들 중에는 이것을 지나치게 강조한 나머지 중국문명이 서구문명과 평행적 발전을 했다는 주장을 제기하기도 한다. 이들에게 있어서 중국의 전통사회란 서구보다 약간 늦었을 뿐, 결국은 마찬가지의 발전을 하고야 말 초기 근대적 문명이었다.[9]

---

[9] 이러한 관점으로 중국 역사를 서술한 저작의 예: J. 제르네(이동윤 역) 『동양사통론』[법문사 1989]; M. 엘빈(이춘식 등 역) 『중국 역사의 발전 형태』[신서원 1989]; W. 에버하르트 (최효선 역) 『중국의 역사』[문예출판사 1997]; W. Eberhard, "Die institutionelle Analyse des vormodernen China", in: W. Schluchter 편, *Max Webers Studie über Konfuzianismus und Tao-ismus* [Frankfurt am Main 1983] 55ff; K. Bünger, "War China ein patrimonialer Staat?", in: *Oriens Extremus* 24 [1977] 167ff.

사실 전통 중국문명의 후진성이 아니라 근대성을 강조하는 이론이 이 문명의 장구한 존속을 설명하는 데 더 적절하다. 그러나 이러한 이론 또한 제국주의적 중국관과 마찬가지로 너무 일방적이라는 감을 지울 수 없다. 어떤 사회의 관료제도나 법제도가 근대적이었다는 사실에서 그 사회 전체의 성격이 근대적이라는 결론을 막바로 도출할 수는 없다. 이들 제도는 사회적 권력관계 및 통치체제 그리고 이것을 정당화하는 정치사상과 분리해 생각되어서는 안된다. 우리가 좀더 시야를 넓혀 전통 중국의 정치적 전근대성, 즉 다원화되지 못한 권력구조와 황제독재적 통치체제 그리고 유교의 형이상학적 천명사상 등을 고려한다면, 이것들을 기초로 하여 기능하고 있었던 관료제도와 법제도가 합리적·근대적이라는 것을 강조한다는 것이 별 의미가 없다는 것을 곧 깨닫게 된다. 전통 중국사회에서 상공업이 발전되었고 생산력이 높았다는 사실로서 그 경제가 근대적이었다는 주장도 역시 별 의미가 없기는 마찬가지이다. 자본주의라는 말로 표현되는 근대 내지 현대경제의 본질적 특징을 단순히 높은 생산력으로만 이해하는 것은 마르크스주의적 착오이다. 서구적 자본주의 발전의 진정한 본질은 시민계급(경제인)이 강력한 세력으로 등장함으로써 사회의 전체적 권력구조가 변화하고, 이와 관련하여 경제가 정치나 종교 같은 다른 생활 영역에 못지않은 중요한 생활 영역이라는 사회문화적인 가치관이 대두한 것이다. 경제인들이 정치권력자들에 대항하여 자신들의 활동을 원활하게 그리고 지속적으로 보장하기 위한 법과 제도를 만들 수 있을 만큼 강력한 권력 기반을 확보하고, 경제가 사회의 많은 유능한 구성원이 심신을 바쳐 일하고 싶어하는 가치있는 생활 영역이 되는 것, 이것이야말로 근(현)대적 시장경제의 가장 특징적인 면이다. 전통 중국에서는 권력관계를 보나 지배적인 가치관으로 보나 이러한 특징을 가진 경제체제가 발전할 가능성은 거의 없었다.

우리가 만약 전통 중국사회에서 근대적인 것을 과도하게 강조한다면 왜 중국이 19세기 후반 그보다 "후진적"인 일본보다 근대화의 성취에 뒤졌는가라는 물음에 제대로 대답할 수 없다. 우리는 어떤 문명을 고찰함에 있어

전체적 관련성을 도외시하고 어떤 제도나 특정 사실의 성격을 규정짓는 것
이 얼마나 비과학적인지를 인식하지 않으면 안된다.

3) 중국문명의 정체에 대한 두 가지 상반된 견해:
봉건제 대 전체적 권력구조

일반적으로 어떠한 사회가 정체되어 있었다고 규정하는 것은 부정적 의미
를 내포한 평가요, 이러한 평가는 그 사회 구성원들에게 열등감을 유발한
다. 이러한 이유로 많은 중국의 지식인·학자·지도자들은 제국주의가 침
략하기 전의 중국을 단순히 서구적 충격을 받고서야 비로소 근대세계로 변
모할 수 있었던 정체적 사회로 보지 않고, 서구적 발전과 유사한 변화를
계속하고 있지만 아직은 자본주의화되지 못한 사회, 즉 봉건사회로 규정한
다.[10] 서구의 근대 자본주의 사회가 봉건사회에서 자생적으로 발전했듯이
중국도 비록 늦기는 했지만 근대사회로 변화하는 과정에 있었다는 것이 이
러한 시각의 요체이다. 이 시각의 밑바닥에는 진화론적 관점에서 서구 역
사를 몇 가지 발전 단계로 파악하면서 이러한 발전 과정은 서구뿐만 아니
라 다른 문명에도 보편적으로 적용될 수 있다는 믿음, 특히 마르크스주의
적인 믿음이 깔려 있다.

그러나 역사를 일정한 진화적 단계로 파악하는 도식적 설명을 서구문명
을 벗어나 타문명까지 보편적으로 적용하려는 시도는 실제를 이론에 무리
하게 맞추는 식의 억지에 불과해 보인다. 우리는 여기서, 봉건사회에서 자
본주의 사회가 발전하는 데는 어떤 필연성도 없다는 점을 명백히해야 한
다. 필자는 서구에서 근대적 자본주의가 발전한 것은 서구 중세사회의 봉
건제 때문이 아니라 그 사회에 특유했던 전체적 권력관계 때문이라고 믿는
다. 일본의 경우는 도쿠가와 시대에 서구의 중세와 극히 비슷한 봉건제도

---

[10] 현재나 과거의 중국 지도자들의 저작이나 연설에서 알 수 있듯이 전통 중국을 봉건사회
로 규정하는 것이 중국에서는 거의 일반화되어 있다. 여기서는 중국에서 발간되는 역사서를
예로 드는 데 그치기로 한다: 전백찬(翦伯贊) 편(이진복·김진옥 역)『중국전사』[학민사
1990]; 서연달(徐連達) 등(중국사연구회 역)『중국통사』[청년사 1989].

가 성립해 있었지만 서구와는 다른 전체적 권력관계 때문에 자본주의가 형성되지 못했다. 중국의 역사에서 자본주의의 발전 가능성은 춘추전국시대에 가장 컸다는 것이 필자의 생각이다. 그것은 이 시대가 봉건제도에 의해 통치되었기 때문이 아니라 이 시대의 전체적 권력구조가 서구와 비슷했기 때문이다. 그러나 이 시기의 전체적 권력구조가 진秦의 통일에 의해서 변화되자 자본주의적 발전 역시 중단되고 말았다.[11] 필자는 이러한 이유로 자본주의의 발전 가능성을 부여한다는 의미에서 전통 중국 역사의 뒷부분을 봉건주의로 규정하는 것은 아무런 의미가 없다고 생각한다. 사회의 모든 에너지가 정치에 집중된 이 시기에 자본주의가 발전할 소지는 없었다. 그리고 진·한의 통일제국이 성립된 이후로는 중국에서 봉건주의적 요소가 크게 후퇴했기 때문에 명·청 제국을 봉건주의라고 규정하는 것은 사실과 상치되는 것이다.

사실 중국의 역사가 서구와 구별되는 가장 중요한 점의 하나는 역사의 매우 이른 시기, 즉 진·한의 통일제국 형성과 함께 봉건제도가 거의 철폐되었다는 점이다(그 이후에도 중국 역사에서 봉건제도가 대두되기는 했지만 송대에 관료주의가 본격적으로 자리잡게 됨에 따라 완전히 사라져 버렸다. 거기에 비해 서구에서는 18세기 내지 그 이후에도 봉건제도가 존속했다).

봉건제도의 가장 큰 특징은 정치적으로 권력이 분산되어 있다는 점이다. 봉건제도에 있어서 영주는 자신이 통치하는 지역의 실질적 지배자였다. 영주의 주군主君인 왕이나 황제도 영주의 통치 지역에 대해 어떠한 권력도 행사할 수 없었다. 그들은 형식상·의례상 영주의 상위자일 뿐이었다. 영주는 그들에게 아주 작은 의무만 수행할 뿐 그가 행사하는 행정·군사·사법·조세 등 실질적 통치권에 있어서는 어떠한 제약도 받지 않았던 것이다. 거기에 비해서 중국의 황제통치 제도에는 권력이 중앙에 집중되어 있었다. 전통 중국에서 각 지역을 통치하던 자들은 봉건제도와는 달리 세습

---

[11] 막스 베버는 그의 중국 연구에서 이 점을 잘 지적하고 있다(베버 92-3). 졸저 『자본주의는 왜 서양문명에서 발전하였는가?』 [범양사 출판부 1993] 143 187 참조.

적인 영주가 아니라 황제가 파견한 관리였다. 황제는 이들 관리에 대한 임면권을 쥐고 있었을 뿐 아니라 이들이 행사하는 권력이 궁극적으로 귀속하는 원천이었다.

봉건제가 철폐된 후의 중국에는, 특히 관료제가 완전히 자리잡은 송대 이후에는 중국 제국에 엄격한 신분적 장벽이 없어졌다. 중국에서 관료란 백성이면 누구나 응시할 수 있는 과거시험을 통해서 선발된 사람들이었다. 세습적 신분 귀족이 아니라 백성 모두에게 개방된 관리 선발시험을 통과한 자들이 통치기구의 성원이 되는 것은 바로 전형적인 중국의 지배 형태였다.

그러나 정치적으로 봉건제가 철폐되었다고 해도 경제적으로는 서구의 봉건제와 비슷한 양상이 상당 부분 존속되었다. 중국에서는 원칙적으로 농민들에게 토지 사유가 인정되었지만 많은 농민들이 무거운 세금과 부채 때문에 토지를 잃고 전락하여 대관료 내지 대가문에 소작농이나 농노와 비슷한 신분으로 종속하게 되었다. 이것이 많은 논자가 전통 중국의 상당 기간을 봉건주의라고 칭하는 소이이다.[12] 그러나 필자는 통치권력면에서 중국의 제국과 서구 중세의 봉건제도가 현저히 달랐더라도 경제적인 면에서의 유사성을 이유로 전자 역시 봉건제도라고 칭하는 것은 별 의미가 없다고 생각한다(이 점은 우리의 서술이 진행됨에 따라 점점 밝혀질 것이다).

필자는 중국과 서구가 공히 봉건제도로 칭해질 수 있을 만큼 비슷했기 때문에 양자의 발전이 선후의 차이는 있을망정 비슷하다고 보는 것이 아니라, 양자는 전체적 권력구조면에서 차이가 있었기 때문에 양자의 발전 역시 상이했다는 견해를 가지고 있다. 필자는 중국이 서구문명의 충격을 받지 않고서도 근대화할 수 있는 조건들을 충족하고 있었다고는 믿지 않는다. 그렇다면 전체적 권력구조에 있어서 차이가 어떤 다른 영향을 각각 미쳤기 때문에 양 문명은 상이한 발전을 하게 되었는가? 그 대답은 다음과

---

¹² 예컨대 니담은 중국 제국이 중세 서구와는 다른 정치적 통치체제를 가졌지만 농민수탈이라는 점에서는 유사하다는 점을 강조하여 "관료 봉건제"라는 명칭으로 전자의 성격을 규정한다. 그의 논문 "Science and Society in East and West", in: *The Grand Titration ...* 참조.

같다. 서구 중세의 권력구조 속에서는 경쟁이 가능했던 반면에 중국의 권력구조에서는 경쟁이 불가능했다. 바로 이 경쟁의 유무야말로 양 문명의 발전 방향을 다르게 만든 가장 결정적 요인이었다. 그렇다면 각 문명에 있어서 경쟁의 구체적 내용은 무엇이며 그 기능과 영향은 각각 어떻게 달랐는가 하는 것이 이제 우리가 설명해야 할 내용이다. 그러나 경쟁에 대한 이러한 설명을 하기 전에 우리가 가장 흔히 보는 그릇된 설명 하나를 살피기로 하자.

3 절
동·서 문화 차이에 대한 그릇된 원인 규명의 한 가지 예:
종교적 교리의 단순 비교

1) 기독교의 전근대성 대 유교의 근대성

적지 않은 논자들이 동양사회의 종교에 이 사회의 정체성에 대한 책임을 전가시킨다. 일반적으로 종교는 정치와 함께 전통사회에 있어서 가장 강력한 영향력을 행사한 세력이었다. 어떤 사회에서 정통적 지위를 인정받은 종교는 우주관과 인생관과 가치관을 제시함으로써 그 사회에서 활동하는 사람들의 행동과 사유를 지배했을 뿐 아니라, 정치·경제·사회·학문·예술 등 여러 분야의 기본적 규범이 되었다. 이러한 기능으로 인해 종교는 사회적 안정에 크게 기여했고, 이것은 다시 사회적 변동을 억제하는 역할을 했다.

19세기 말 이래 많은 중국인들은 중국사회가 서구화·근대화를 이룩하지 못한 원인을 유교적 세계관에서 찾았다. 제국주의 열강의 침입으로 인해 국가가 위기에 처하자 진독수陳獨秀·노신魯迅·호적胡適 같은 당시의 지도적 지식인들은 가부장적이고 권위주의적인 유교의 폐해를 인식하고 유교적 정신과 윤리가 사회를 지배하고 있는 한 서구와 같은 근대화는 불가능하다고 주장했다. 유교적 충효와 상급자에 대한 존중이 민주제도의 발전을, 학자와 관리를 존경하고 상공인들을 경시하는 유교의 가치관이 경제적 발전을, 그리고 전인적 교양을 추구하고 전문인과 기술을 천시하는 교육 이상이 자연과학과 기술의 발전을 각각 억압했다는 것이 이들의 주장이었다.[13]

유교적 교리와 근대화된 이후의 서구적 정신 내지 가치관을 비교한다면 이같은 주장이 정당화될 수 있을 것이나, 유교와 서구문명을 오랫동안 지배한 기독교를 비교한다면 문제는 달라진다. 많은 경우 유교적 이상과 교리에 대해 사회 정체의 책임을 묻는 견해에는 의식적이든 아니든 기독교의 사상과 가르침이 서구의 근대화를 촉진했다는 전제가 깔려 있다. 이러한 전제하에서 양 문명을 비교하는 논의는 흔하게 찾을 수 있다. 예컨대 기독교의 성서에서 하느님이 그가 금방 창조한 인간에게 "땅을 정복하여라. 바다의 고기와 공중의 새와 땅 위를 돌아다니는 모든 짐승을 부려라!"(창세 1,28)라고 하신 말씀을 통해 인식할 수 있는 서구적 자연관과, 우주만물과 조화 공존을 추구하는 동양종교의 자연관의 차이를 비교하면서 이러한 차이가 동서문명이 상이하게 발전한 원인이라고 주장한다. 그러나 중국에서 만리장성과 대운하가 건조되고 수차례의 경제적 번성이 있었다는 사실과, 기독교가 융성했던 서구 중세의 자그마한 성들과 보잘것없는 경제생활을 상기한다면 이러한 주장이 근거없음을 쉽게 알 수 있을 것이다.

또 기독교는 미래지향적 교리(종말론)를 가진 데 반하여 유교는 과거를 지향하고 전통을 존중할 것을 가르쳤기 때문에 서구는 전진한 반면 중국은 정체될 수밖에 없었다는 주장 역시 양 종교의 교리를 단순 비교한 예인데, 이 또한 겉보기에만 그럴듯한 이론일 뿐이다(아래 12장 2절 참조).

사실 교리적 측면으로 본다면 유교는 기독교에 비해 더 근대적, 더 실용적, 더 합리적이었다. 유교는 기독교와는 달리 초월적 영역보다는 현세적 · 현실적 영역에 훨씬 큰 관심을 가진 종교였다. 기독교에서는 유한자인 인간은 무한자인 신에 비해 한없이 왜소한 존재요, 따라서 인간의 이성과

---

[13] 송영배 318ff 참조.

의지 그리고 노력 역시 신의 섭리 앞에서는 그 의미가 작을 수밖에 없는데 반하여, 인간과 우주의 주재자인 하늘이 그 본질에 있어서는 같은 것이라는 가르침을 바탕으로 하는 유교에서는 인간의 이성과 노력을 높이 평가했다. 인간성에 대한 유교의 낙관적 신뢰는 모든 인간이 근본적으로 평등하다는 이념과 쉽게 연결되었다. 공자와 그의 후계자들은 인간은 누구나 배움에 의해 완전한 인간성을 실현할 수 있다고 믿었고 이에 따라 교육의 중요성을 강조했는데, 이것은 "교육의 평등"으로, 나아가 "참정의 평등"으로 주창되기에 이르렀다. 누구나 교육을 받아 그 능력을 증명하면 지도자(관리)가 될 수 있다는 주장은 춘추전국시대 이래 점차 많은 호응을 얻고 현실화되다가 송 제국 이후에는 당연한 이치로 인정받게 되었다. 이에 반해 중세적 신분제도가 오래 유지되었던 서구에서는 20세기에 들어서야 이러한 이상이 보편적 승인을 얻기에 이른다.[14]

유교는 비록 상공인보다 유학자를 훨씬 높게 평가하는 가치관으로 경제발전을 간접적으로는 방해했지만, 유교가 직접적으로 경제를 억압·제재하는 일은 흔하지 않았고, 특히 명·청 시대에 이르러서는 이러한 일이 상당히 드문 현상이 되었다. 근대화 이전의 서구와 비교할 때 유교적 경제정책은 오히려 "자유방임주의"에 가까운 것으로서 전통 중국사회에서 찾을 수 있는 수차의 경제적 융성과 기술적 발전은 이에 기인하는 것이었다. 유교에서는 기독교 내지 중세 교회의 반상업적·반물질적 정서나 이자금지 정책 같은 것을 찾을 수 없다.

유교가 과학의 진보에 대해 억압적이었다는 주장 역시 기독교와 비교할 때는 큰 의미가 없다. 기독교에 있어서 핵심어가 "신앙"과 "은총"이라면 유교의 핵심어는 많은 기독교인들이 미심쩍은 눈길을 보내던 "이성"과 "지식"이었다. 유교는 합리적 추론을 높이 평가하고 학문을 장려했을 뿐 아니라 한걸음 더 나아가서 타학문에 대해서도 비교적 관대했다.

---

14 크릴 308ff 참조.

유교의 관용은 무엇보다도 우주를 선악의 이원론적인 것으로 보지 않고 우주 내 모든 것은 원칙적으로 다 선한 것이며 다 유용하다는 세계관에 근거한다. 중국 역사상 정통 교리에 어긋난다는 이유로 서구 중세의 종교재판에 비할 만한 박해를 개인이나 단체에 가한 적이 없다. 중국에서는 이단을 화형에 처해 절멸해야 할 악마적 대상이라기보다는 정통 교리에 의해 교화 가능한 잠정적 일탈에 불과한 것이라 여겼다.

세속화되고 물질적 이익을 중시하는 근대화된 서구적 정신세계가 아니라 초월신을 절대시하고 현세를 단순히 내세를 준비하는 단계로만 여긴 중세의 기독교적 정신세계와 비교한다면, 현실적이고 현세적이며 인간중심적 정치철학이었던 유교가 훨씬 더 근대적이었다.

2) 사회권력체로서의 종교와 그 보수성

유교뿐 아니라 일반적으로 소위 모든 고등종교는 전통사회에서 생성된 것이요, 또 그들이 표방하는 이상 역시 모두 전근대적이다. 어떤 종교적 세계관도 물질적 욕망과 이기심의 추구를 정당화하고 사회 구성원들 사이의 경쟁을 촉진하는 것을 그 근본 전제로 하는 자본주의와는 양립할 수 없고, 또한 자연을 객관적 물리 현상으로만 보는 근대과학과도 상치된다. 다만 다른 문명권의 종교와 비교한다면 유교가 상대적으로 근대화에 유리한 사상과 교리를 더 많이 가지고 있을 따름이다.

흔히 그랬듯이 문명 비교 내지 동·서 문명의 상이한 발전의 원인을 규명하는 작업에서 종교적 교리만을 상호 비교하는 것은 그릇된 결론으로 이끌 위험성이 매우 크다는 것이 지금까지의 논의로 명백해졌다. 유교가 중국문명의 지배적 교리였다는 이유로 이것에서 전근대적 요소를 찾아내고, 이와는 반대로 기독교에서 근대화에 유리한 교리를 찾는 것은 아무 의미가 없다. 종교적 교리란 수많은 전제와 그로부터 파생되는 가르침과 이론들의 거대한 복합체이다. 우리가 마음만 먹는다면 이 속에서 근대적 요소 내지 근대화에 유리한 것으로 해석 가능한 부분을 찾는 것은 어려운 일이 아니다. 그러나 교리의 전체적 의미와 기본적 전제를 무시하고 그것의 일부분을 떼어내어 억지로 꿰맞추는 식의 해석을 한다는 일이 과연 어떤 의미를 가질 것인가라는 문제를 깊이 생각하지 않으면 안된다. 20세기 초 서구문명의 충격을 받고 중국의 지식인들은 근대화하지 못한 책임을 유교에 전가하고 유교적 규범·가치관·세계관을 비난했는데, 비난의 기준이 만약 기독교라면 그들은 분명 기독교를 잘못 이해했다. 기독교는 유교보다 훨씬 더 전근대적이었다. 만약 그 기준이 근대화된 서구의 가치관과 규범이라면 그들의 비난은 과녁에서 벗어나 엉뚱한 곳을 맞추었다. 비난되어야 할 것은 유교가 아니라 유교를 깨뜨릴 수 있는 조건의 결여였다.

모든 전근대사회에서는 종교가 사회를 통합하고 안정시키는 기능을 하고 있었고, 근대화란 이러한 종교의 기능이 약화되는 현상을 그 주요 내용으로 하는 것이었다. 유교가 전통 중국의 정통 종교였으며 그것이 사회의 변화를 억제했다는 것은 유교만의 독특한 "과오"라기보다는 모든 고등종교에 공통된 "과오"였다. 서구에 비해 중국이 근대화에 불리했던 것은 특별히 유교 같은 종교가 있었기 때문이 아니라 종교적 세계관을 깨뜨릴 수 있었던 조건이 없었다는 것이다.

여기서 명백히해야 할 점은 종교적 이상이나 교리는 거의 대부분 그 자체로서가 아니라 사제집단과 그 조직을 통해서 사회적 기능을 한다는 것이다.[15] 어떠한 종교든지 특정 사회에서 다른 종교나 정신적 의미체계와 경쟁관계를 형성하며, 종교가 스스로를 전파시켜 일정한 세력을 확보하기 위해서는 전업적으로 이에 헌신하는 집단과 이들의 조직체가 필요하다. 사회적 실제 속에서 종교적 이상이나 교리는 그 본래의 순수한 형태로 유지된다기

---

[15] 종교를 순수한 교리로서만이 아니라 그 사회적 기능이라는 관점에서, 특히 사제집단의 이해관계라는 관점에서 고찰한 대표적인 예는 막스 베버의 종교사회학이다. 그의 *Gesammelte Aufsätzte zur Religionssoziologie* I, II, III [Tübingen 1920], 특히 I권의 237-75 참조.

S. Molloy, "Max Weber and the Religions of China: Any Way out of the Maze", in: *The British Journal of Sociology* 31 [1980] 377-400은 베버의 종교사회학적 이론을 중국 역사와 관련하여 해석한 것으로 참고할 만하다. 이 논문은 유석춘 편 『막스 베버와 동양사회』 [나남 1992] 159ff에 번역되어 있다.

보다는 사제집단의 이해관계와 조직의 필요에 의해 변화·재해석·왜곡된
다. 따라서 종교가 원래 표방하던 사상과 조직집단의 실제적 행동양식이 상
치되는 경우도 흔히 있다. 종교적 조직 역시 사회 속에서 다른 권력집단과
투쟁하는 권력체인 까닭에, 이것이 처한 현실적 조건이 이 집단 구성원으로
하여금 종교적 이상에 반하는 행동을 하도록 요구할 수도 있기 때문이다.
예컨대 서구의 중세에서는 기독교 본래의 교리에 충실하여 사랑·청빈·겸
손·봉사를 실천한 성직자와 수도승들도 물론 많았지만, 권력체인 교회를
유지하고 자신의 지위를 확보하기 위해 철저히 반기독교적이고 야비한 행동
을 한 성직자 역시 적지 않았다. 기독교 본래의 교리와 사제조직체가 사회
에 항상 같은 영향을 미쳤던 것은 결코 아니다.[16] 또 중국에서도 공자가 표
방한 원래의 유교정신은 이성적·합리적·평등지향적·개혁적인 면이 강했
지만, 그것이 황제 및 관료 통치를 정당화하면서 유학자들의 이익을 대변하
는 역할을 하게 되자 유교의 체계에도 권위주의적·신분차별적·보수적인
면이 더 강하게 부각되었다. 동양과 서양을 막론하고 종교적 교리는 물론이
지만 사제집단 역시 근대적 형태로 사회가 변동하는 것에 적대적이기는 마
찬가지였다. 근대화의 본질적 내용 중 하나는 경제인들이 기성 지배계층인
정치권력자와 성직자 집단에 더하여 새로운 세력으로 대두하는 것인데, 이
미 지배권을 확보한 집단이 이러한 변화를 순순히 수용할 수는 없었다.

3) 열쇠는 전통 지배세력의 붕괴조건이다

우리는 근대화의 달성이라는 면에 있어서 동·서 문명이 다르게 발전한
원인을 양 문명의 종교적 차이에서 찾을 것이 아니라 근대화에 방해물이었
던 정치와 종교를 약화시킬 수 있었던 조건의 유무에서 찾아야 할 것이다.

---

[16] 교리와 종교조직(교회)은 상호 영향을 주고받으면서도 각자의 독자성은 보유하고 있다고
말할 수 있는데, 양자의 사회적 기능이 각각 달랐던 예를 서구 역사에서 찾는다면, 기독교 교
리가 근대과학의 발전에 유리한 영향을 미쳤던 반면 교회는 이 발전에 걸림돌이 되었다는 사
실을 들 수 있다. 졸저 『동서문명과 자연과학』 [도서출판 까치 1992] 76-81 101-5 참조.

사회의 권력체로서 종교적 조직체는 다른 세력들과 투쟁하고 협력하는 관계에 있는데 이러한 세력집단들의 상호 관계로부터 형성되는 질서야말로 종교가 사회적 기능을 하는 장場이다. 이 질서는 많은 경우 종교적 교리의 해석·변화 및 발전 그리고 사제집단의 행동에 중대한 영향을 미치는 바, 심지어는 같은 종교적 교리라 할지라도 이 질서의 성격에 따라 그 사회적 기능이 정반대인 경우도 생기게 된다.[17] 뒷절에서 설명하는 바와 같이 서구의 중세에서 종교세력(교회)을 포함한 사회적 권력체들의 상관관계로서 형성된 질서 속에서는 이 권력체들 사이에 평화공존이 아니라 경쟁이 계속되었고, 이 경쟁이야말로 전근대적 사회를 지탱하던 중요 사회세력을 약화시키고 새로운 세력이 대두할 수 있는 틈을 마련한 가장 중요한 원인이었다.

---

[17] 아래 "결론" 참조.

2 장

경쟁:
동·서 문명이 다른 길을 걷게 된 핵심적 원인

1 절
중세 서구사회에 내재한 발전적 잠재력

19세기 스위스의 역사가 야곱 부르크하르트 J. Burckhardt는 유명한 저서 『이탈리아의 르네상스 문화』에서 르네상스를 여러 본질적 측면에서 중세와 구별되는 것으로 묘사하고 있다.[1] 그러나 부르크하르트의 이러한 르네상스관은 그 이후의 연구에 의해 반박되었다.[2] 이제 많은 사학자들은 중세와 르네상스를 대립적이 아니라 동질적인 것으로서 파악한다. 사실 탁월한 사학자인 부르크하르트 자신도 이미 르네상스 내지 근대의 밑바탕에 있는 중세적 기본틀의 중요성을 인식 못한 바가 아니었다. 다만 그는 중세 속에서도 전형적으로 중세적 특징이라고 여겨지는 것과는 다른 근대적인 것을 발견하고는 이것을 강조하기 위하여 이념형적으로 ideentypisch 부각했을 뿐이다.[3]

중세에서 근대로의 이행기로서의 르네상스는 그 명칭이 뜻하는 바와 같이 중세의 기독교 사상과 봉건적 질서에 대비되는 그리스-로마 문화의 "되

---

[1] J. 부르크하르트(안인희 역) 『이탈리아의 르네상스 문화』 [푸른숲 1999]. 이 저서 제1부의 제목은 예술품으로서의 국가(Der Staat als Kunstwerk)이다. 르네상스 시대의 국가는 중세시대와는 달리 더이상 신이 정해준 불변의 질서가 아니라 인간이 스스로의 힘으로 만들어가는 작품이 된 것이다.

[2] 예컨대 J. 호이징가(최홍숙 역) 『중세의 가을』 [문학과 지성사 1988] 참조.

[3] E. Cassirer, "Einige Bemerkungen zur Frage der Eigenständigkeit der Renaissance", in: A. Buck 편, *Zu Begriff und Problem der Renaissance* [Darmstadt 1969] 212ff 참조.

살아남"을 의미한다. 그러나 이 고전문화는 로마 제국이 멸망한 후에도 계속 살아남아 서구사회에 계속적인 영향을 행사했던 바, 중세 서구의 어떠한 시기에도 그것이 소멸한 적은 없었다. 정도의 차이는 있을지언정 중세를 통하여 서구의 많은 지식인들은 그들의 정신을 지배하고 있는 초월적이고 초합리적인 기독교적 정신세계와는 전혀 다른, 세속적이고 이성적인 그리스-로마의 문화 유산에 관심을 가졌고 이 문화가 도달한 높은 수준에 대하여 커다란 존경심을 지니고 있었다.[4]

사실 기독교의 강력한 지배 아래에서도 서구의 중세는 다양하고도 이질적인 문화와 사상이 혼재하던 불안정한 시기였다. 그러나 중세의 불안정성은 문화적·정신적 영역에만 한정된 것이 아니었다. 교황의 권위가 정점에 달해 세속권력을 압도하던 12~13세기에 있어서조차 서구의 중세는 교황·황제·국왕·봉건 영주·도시국가 등 여러 권력체들이 끊임없이 갈등·반목하고 있었다. 기독교와 교회의 강력한 권위에 의해 정신은 획일화되어 있었고, 사회는 변화할 수 없었다는 중세관은 천 년 동안의 보편적 현실과는 거리가 먼 것이다. 정신세계의 불안정성과 권력체 사이의 갈등 때문에 서구의 중세사회는 동태적으로 변화할 수 있는 잠재력이 내재되어 있었고, 근대사회란 바로 중세의 이러한 내재적 조건으로부터 발전되어 나온 것이다.

중세의 서구와 동시대의 중국을 비교한다면 현상적인 면에서는 전자보다 후자가 훨씬 더 근대적이었다. 그러나 중국사회는 안정을 누렸던 반면 서구의 중세는 전반적으로 불안정한 사회였다. 안정성에 있어서 양 문명의 차이는 정신세계와 전체적 권력관계의 두 분야에서 특히 두드러진다. 이 두 분야는 후술하는 바와 같이 상호 관련되어 실제에서는 분리되지 않지만 여기서는 이해의 편의상 나누어서 설명하기로 하자.

---

[4] Ch. H. Haskins, *The Renaissance of the 12th Century* [Cambridge, Mass. 1927] 참조. 우리는 여기서 르네상스가 이미 칼 대제 치세인 8세기 말, 9세기 초에도 있었음을 상기할 필요가 있다.

2 절

정 신 세 계

1) 정신세계의 존립 양태: 동질성 대 이질성

중국문명과 서구문명의 정신세계에 있어서 가장 결정적 차이점은 양 문명의 특정 사상들이 가지는 실체적 내용에 있다기보다는 두 문명에서 각각 존재하는 전체 사상들이 상호 작용하는 양태에 있다고 말할 수 있다. 예컨대 중국을 대표하는 사상인 유교를 서구의 특정 사상과 비교하려 한다면, 우리는 다양한 서구사상 중에서 어떤 것과 비교할 것인지 망설이지 않을 수 없게 된다. 서구의 사상 중에는 유교와 근사한 것이 있는가 하면(예컨대 유교의 정치사상과 플라톤적 정치철학), 또한 극단적 차이를 보이는 것도 있을 것이다(예컨대 기독교 사상). 그러나 특정 사상의 실체적 내용이 아니라 전체 사상들의 존재 양태 내지 상호 작용에 주의를 기울여보면 양 문명의 정신세계에는 확연한 차이가 있었다. 전통 중국에서는 그 근본에 있어서는 유사성이 많은, 그래서 모순과 갈등이 없는 것은 아니지만 절충과 합의가 가능한 사상들이 "공존"하고 있었는 데 비해, 서구에서는 본질적인 상이함 때문에 쉽게 화합할 수 없는 사상들이 "경쟁"하고 있었다.

중국문명이 그 지리적 고립으로 인해 다른 고대의 주요 문명과 영향을 주고받음 없이 생성·발전했기 때문에 이 문명의 정신세계는 비교적 동질적인 사상들로 구성된 반면, 지중해라는 편리한 교통망을 통해 경제적·문화적 교류가 빈번하던 서구문명의 정신세계는 이와 다른 존재 형식을 가지고 있었다. 이러한 점은 교회와 기독교가 지배적 영향력을 행사한 서구의 중세도 마찬가지였다. 이 시기의 정신계에도 이질적 기원을 가진 여러 문화 전통, 즉 유대-기독교 전통, 그리스-로마 고전문화, 게르만 전통과 관습, 이슬람 문화 그리고 슬라브 문화 전통 등이 혼재하면서 충돌하고 있었다.[5]

---

[5] T. Steinbüchel, *Christliches Mittelalter* [Darmstadt 1968] 31ff 135f 참조.

　　이질적 사상간의 경쟁은 사회의 안정을 위협한다. 또 정신세계가 경쟁하는 사회에서는 사람들이 기존의 사상과는 다른 사상을 모색할 자극을 쉽게 받는다. 이러한 사회에 동태적 발전의 기회가 크다는 것은 자명하다. 이질적 정신세계의 충돌은 이질적인 것 모두를 통괄할 수 있는 더 일반적이고 더 보편적인 사유체계가 등장할 수 있는 기회를 제공하기도 한다. 특히 그리스인들이 논리학과 수학을 발전시키고 로마인들이 보편적 법체계를 발전시킨 것은 모두 이질적 문명의 만남에서부터 가능한 것이었다. 필자는 이 문제를 이미 다른 곳[6]에서 다룬 바 있으므로 여기서는 사회의 동태적 발전이라는 측면만을 다루기로 한다.

　　중국에서는 비교적 동질적인 사상들이 공존하고 있었던 반면 서구 중세의 정신세계는 이와는 달랐다는 구체적인 예를 이 시대의 정치사상에서 찾을 수 있다.

2) 서구적 정신세계: 이질성

　　중세 서구의 정치사상은 그리스-로마의 스토아 철학, 이 철학과 다른 서양 고전 철학에 영향을 받은 교부들의 사상, 그리고 게르만족들의 통치 이상 등이 융합되어 구현된 것이었다. 이 시대의 보편적 정치이론에 의하면 국가가 존재하는 가장 중요한 목적은 "정의"를 실현하고 유지하는 일이었다.[7] 이를 위해서 군주는 이기적 목적에서 벗어나 하느님의 뜻에 따라 신민의 복지를 위해 노력해야 했다. 신의 뜻과 정의의 이념에 따라 통치해야만 했던 중세의 군주에게는 권력의 자의적 행사가 엄격히 금지되고 오직 (정의가 구현된 것으로 믿어졌던) 법에 따라 국가를 다스려야 한다는 의무가 부과되었다. 그러나 군주의 통치권 행사에 대한 이러한 제한은 종교적·도

---

[6] 졸저 『동서문명과 자연과학』 21ff 및 졸고 「중국문명의 정체성과 유연성」(『과학사상』 10호[1994년 가을]에 수록) 159f 참조.

[7] R. W. Carlyle, A. J. Carlyle, *A History of Mediaeval Political Theory in the West* [Edinburgh 등지 1893] Vol. I, 3 79 219ff 229ff; Vol. II, 5ff; Vol. IV, 504ff 등 참조.

덕적인 것이었고, 군주가 반드시 법에 복종해야 한다는 제도적·법리적 강요를 항상 의미하는 것은 아니었다.

　서구 중세의 여러 시기에 따라 군주권 제한의 함의가 달랐지만 중세 초기에는 통치자의 권력을 통제할 수 있는 길이 사실상 전무했는데, 그것은 무엇보다도 이 시기에는 신정론적神正論的 정치이론이 주류를 이루었기 때문이다. 이 이론은 사도 바울로와 교황 그레고리오에 의해 발전되었는데, 그 요체는 다음과 같다.[8] 군주의 권력이란 신이 내린 은혜로운 선물이요, 군주는 바로 신을 대리하여 백성을 보호하기 위한 임무를 띠고 신에 의해 선발되었다. 따라서 군주는 신의 뜻에 따라 백성을 보살펴야 하고 백성이란 오직 군주의 후견 속에서 살아야만 하는 신민이다. 그러나 비록 군주가 백성을 위해 선정을 베풀어야 할 의무가 있다 하더라도 그것은 백성들이 군주에게 무엇을 요구한다거나 군주에 저항하여 자신의 이익을 관철시킬 수 있다는 것을 의미하지는 않는다. 백성에 대한 군주의 지위는 마치 가족 구성원에 대한 가장의 지위와 같다. 비록 군주가 독재적으로 정사를 이끈다 할지라도 백성은 이를 비판할 수 없고, 그의 정책이 그릇된 것일지라도 이에 대한 석명을 요구할 수 없다. 백성에게는 어떠한 저항권도 인정되지 않는다. 군주에 대한 저항은 군주를 대리자로 삼은 신에 대한 저항을 뜻한다. 요컨대 신정론적 정치이론에 의하면 백성은 능동적 권리 주체가 아니라, 군주의 명령을 그대로 받아들이는 수동적 통치 대상일 뿐이었다.

　이 이론은 중세 내내 커다란 영향력을 행사했지만 이것만이 유일의 강력한 정치사상이 아니었다. 이 이론과 함께 중세의 서구에는 게르만적 전통에서 기원한 정치사상 역시 상당한 세력을 가지고 있었다.[9] 이 사상의 요체는 군주와 신민은 상호적으로 신의를 지켜야 하며, 만약 군주가 신의를 어

---

[8] W. Ullmann, *Individuum und Gesellschaft im Mittelalter* [Göttingen 1974] 13-27 참조.

[9] O. Brunner, *Sozialgeschichte Europas im Mittelalter* [Göttingen 1978] 17ff. 게르만적 통치 이상에 의하면 군주는 국가와 군주의 상위에 군림하는 "영원한 법"에 따라 권력을 행사해야 한다.

겼을 때에는 신민에게 이에 저항하고 경우에 따라서는 군주를 폐위할 권리
가 인정된다는 것이다. 이 정치사상에는 신민의 권리가 군주의 권리보다
더 근원적인 것이요, 후자는 전자로부터 도출된다는 명제가 바탕으로 깔려
있었다. 이 사상에 있어서는 군주와 신민의 관계가 지배자와 피지배자의
관계라는 측면보다는 오히려 상호 계약적 관계라는 측면이 강했다. 따라서
군주가 신민과의 계약으로 지게 된 의무는 이행해야 하며 군주의 권리 행
사는 제한되어야 한다는 믿음도 신정론적 정치이론보다 게르만적 정치 이
상에서 훨씬 더 강했다. 물론 교회와 기독교가 강력한 지배력을 확보하고
있었던 서구의 중세에는 게르만적 정치 이상 역시 기독교 사상에 의해 윤
색되고 심화되었다. 그러나 이 이상은 군주의 절대권력을 강조하는 신정론
적 정치이론에 대항하는 명제로서 중세 내내 영향력을 유지했다.[10]

이 두 가지 상반된 이상 중에서 어떤 것이 더 큰 영향력을 행사했는가는
권력구조와 시대에 따라 달랐지만 대체로 초기에는 왕권을 강조하는 이론
이 더 강력했으나 이러한 경향은 시대가 흐름에 따라 점점 신민의 권리를
인정하는 쪽으로 발전했다.[11]

3) 중국적 정신세계: 동질성

전통 중국의 정치사상은 학파에 따라 그 내용을 달리했지만 신민을 권
리의 주체로 인정하여 군주와 대등한 지위를 부여한 경우는 거의 없었다.
이러한 점은 유교의 정치이론이나 법가적 이론에 있어서도 그러했지만 이

---

[10] Steinbüchel 135ff 175f; F. Berber, *Das Staatsideal im Wandel der Weltgeschichte* [München 1978] 135.

[11] Ullmann 95ff. 이러한 변화에 있어서 사상만이 영향력을 행사한 것은 물론 아니다. 사
실 신정론적 정치사상은 중세의 정치권력적 실제와 사회적 현실을 충분히 설명할 수 없었
다. 기독교의 영향으로 서구의 왕들이 신의 대행자로 인식된 것도 사실이지만 봉건제적 권
력구조는 군주와 신민의 상호 의무를 강조하는 게르만적 정치 이상과 오히려 더 잘 부합했
다. 기독교적 이상이 아니라 봉건제적 관행에서, 계약 당사자로서의 봉신에게는 신의 대행
자로서의 군주가 가진 권위를 인정하고 그에게 충성을 다해야 할 의무가 있었지만, 그의 실
제적 지위는 단순한 수동적 신민을 넘어서는 것이었다. 권리 주체로서 봉신은 군주가 계약
을 이행하지 못하면 저항할 권리를 가질 수 있었던 것이다.

들의 이론에 상반되는 정치적 이상을 추구한 도가의 철학에 있어서도 마찬가지였다.

도가의 정치철학이 추구하는 이상사회는 봉건제적 신분질서도 관료제적 억압도 없는, 모든 구성원들이 상호 평등한 지위를 가지고 평화롭게 협조하면서 살아가는 촌락 공동체였다.[12] 이 공동체는 문화와 교양에 의해 오염되지 않은 소박한 사람들이 욕심없이 조화롭게 살아가는 곳이다. 여기서는 통치 기능이 최소화되고 제도와 법도 필요하지 않다. 도가 철학자들은 효율적이고 엄격한 제도와 법을 통해 최고 통치자의 강력한 국가 운영을 표방하는 법가들이나, 학문을 연마한 관료의 도움을 받는 성왕의 덕치를 그 이상으로 하는 유가와는 전혀 다른 정치 이상을 가지고 있었다.

중국의 긴 역사를 통하여 도가의 정치적 이상은 유교적·법가적 통체체제와 정치사상에 대한 반란의 잠재적 에너지였다. 그러나 소박한 농촌 공동체를 추구하는 도가의 정치철학 역시 한 사람의 최고 통치자를 거부한 것은 결코 아니었다. 도가적 이상에 의하면 성왕이란 보통의 의미에서 통치권을 행사하지는 않았지만 지혜와 덕을 가지고 백성을 인도하고 전 사회의 조화를 유지할 능력을 가져야만 하는데, 이는 유교적 성왕의 이상과 대체적으로 일치했다. 그러므로 전통 중국에서 황제는 도교적 교단으로부터도 수장으로 인정받는 데 아무런 어려움이 없었다.

일반적으로 전통 중국에는 한 개인을 공공생활의 권리 주체로 인정하여 다른 주체와 계약을 체결할 수 있다는 사상이 존재하지 않았다. 이러한 것은 봉건제도를 통치 기반으로 삼았던 주周나라에 있어서도 마찬가지였다. 이 시대의 봉건제도는 서구 중세와는 달리 군주와 봉신간의 개별적 계약이 아니라 최고 통치권자인 천자(주왕)의 일방적인 국토 분배(분봉)로 성립되었다.[13]

---

[12] J. Needham, *Science and Civilization in China*, Vol. III [Cambridge 1959] 101 103 참조.

[13] 전목(錢穆)(권중달 역) 『중국사의 새로운 이해』 [집문당 1990] 13ff 참조.

도가든 유가든 법가든간에 군주의 하향적 통치만을 중요시하던 중국의 사
상가들은 신민이 군주와 대등한 권리 주체가 될 수 있다는 것을 생각해 낼
수 없었고, 따라서 대등한 당사자 사이의 계약과 계약이 함의하는 상호 제약
이라는 것 역시 생각할 수 없었다. 정치에서 전 사회 구성원의 조화와 협력
내지 일사불란한 복종을 추구한 중국의 정치사상은 지배자와 피지배자간의
대립관계를 바람직하지 못하거나 비자연스러운 것으로 보았을 것이다.[14]

여기서 우리는 맹자의 혁명사상에 대해 언급할 필요가 있다.[15] 맹자는 포
악한 군주에 대해서 백성들이 저항하여 새로운 군주를 세울 수 있는 권리
를 인정하고 있다. 그러나 그것이 그가 신민을 군주와 대등한 법적 주체로
서 인정함을 의미하는 것은 아니다. 맹자의 혁명사상은 군주에 대한 백성
들의 권리 주장이 아니다. 그것은 실정으로 인하여 하늘로부터 버림받아
이미 천자의 지위에서 사인私人으로 전락한 폭군을 제거하고 새로 천명을
받은 유덕한 사람을 지배자로 맞이하는 것을 정당화하는 이론이었다. 새
통치자 아래서도 백성은 여전히 수동적인 피지배자일 뿐이었다.

정치사상에 있어서 동질성은 중국문명이 다른 문명과 교류없이 자체적으
로 생성·발전했다는 사실의 한 단면이다. 중국의 여러 학파가 주장하는
상호 대립된 듯한 이론들 중에는 그 전제에 있어서 유사한 것도 적지 않
다. 예컨대 도가철학적 무위자연의 부드러움과 법가의 가차없는 형정刑政은
상반되는 것이지만, 사실 후자는 전자로부터 영향을 받아 도교적 성왕의
무위자연적 최소 지배의 이상을 법과 제도를 통해서 비인위적이고 자동적
으로 실현하려고 했다.[16]

---

[14] 이러한 대립적 관계는 후술하는 바와 같은 중국인의 유기체적 우주관 내지 사회관과 양
립할 수 없었다.

[15] 맹자 I/B/8.

[16] F. W. 모오트(권미숙 역) 『중국문명의 철학적 기초』 [인간사랑 1991] 173. 그러나 양 학
파 사이에는 실체적 내용에 있어 본질적 관련성은 없다. 곽말약(郭沫若) 『중국 고대사상사』
[도서출판 까치 1991] 455ff; K. C. Hsia, *A History of Chinese Political Thought*, Vol. I [Prin-
ceton 1970] 420ff 참조.

요컨대 중국의 정신세계는 이질적 요소가 풍부했던 서구적 정신세계가 유럽인들의 사고의 지평을 넓히고 사회의 변동에 적응하여 새로운 사상이 쉽게 대두할 수 있도록 한 것과 비슷한 역할을 할 수 없었다.

3 절

전체적 권력구조

1) 통합된 권력과 경쟁하는 권력

정신세계의 동질성만이 전통 중국사회가 정체할 수밖에 없었던 원인이 아니었다. 또 다른 중요한, 정신적 요소보다 훨씬 더 큰 역할을 한 원인은 서구와는 구별되는 전체적 권력구조였다.

전통 중국의 전형적 권력구조는 황제를 정점으로 하는 관료적 통일제국이었고, 그 사회에서는 여기에 도전하는 어떠한 권력체도 존재하지 않았다. 중국의 황제는 정치의 수장이었을 뿐만 아니라 종교의 수장이기도 했다. 중국에서는 종교인에 해당하는 사람들이 인도의 브라만 같은 자의식 강한 폐쇄적 신분계층을 이루지도 못했고, 서구의 가톨릭 교회 같은 세속권에 독립된 권력체를 형성하지도 못했다. 중국에서 종교는 정치에 종속되어 있었다. 그러므로 애초부터 세속정치 속에서 그 이상을 실현시키고자 했던 유교는 말할 것도 없지만, 비세속적 차원을 지향했던 도교와 불교 역시 황제를 수장으로 인정했다.

황제를 정점으로 하는 정·종의 이와 같은 결합은 반드시 사회 전체에 대한 엄격한 통제를 의미하는 것은 아니라 할지라도 전통 중국사회에 안정을 가져다주었고, 이것은 이 사회의 동태적 발전을 크게 제한했다. 이 문제를 상세히 설명하는 것이 앞으로의 주요 과제이나, 종교와 결합된 정치가 사회의 가장 강력한 중심축의 기능을 하는 한, 달리 사용되었더라면 전통사회의 틀을 깨뜨릴 수 있었던 사회 구성원의 창조적 활력이 모두 정치에 집결되었다는 사실, 즉 이것에 도전할 새로운 사회적 세력의 대두가 불가능했다는 사실 하나만으로도 전통 중국사회가 정체할 수밖에 없었던 이유를 짐작할 수 있을 것이다.

다른 한편 서구 중세에 있어서 전체적 권력구조는 권력체간의 경쟁을 그 전형적 특징으로 한다. 더욱이 이 경쟁에는 세속권력체뿐만 아니라 가톨릭 교회 역시 참여했는데, 이것이야말로 어떤 다른 문명권에서도 찾을 수 없는 서구 특유의 전체적 권력구조였다.

전형적인 중세의 서구사회는 단일한 권력이 아니라 종교권력과 세속권력에 의해 이중적으로 지배되었다. 그런데 양자의 통치구조는 같지 않았다. 종교권력체인 가톨릭 교회가 서구 전체를 통일적으로 통치하는 중앙집권적 관료조직을 확립한 반면, 세속권력은 통일을 이루지 못한 채 봉건제도에 의해 유지되고 있었다. 이 당시의 가톨릭 교회는 교황을 정점으로 하는 관료기구를 통하여 서유럽을 통치하는, 즉 서구의 모든 인민에게 조세권과 사법권 등을 행사하는 오늘날의 국가와 다름없는 권력체였는데, 그것도 어떤 다른 세속국가보다 더 강력한 권력체였다.[17]

다른 한편 세속권력은 교회와는 달리 여러 왕국으로 분산되어 있었고, 또 각 왕국의 통치권 역시 국왕에게 집중된 것이 아니라 국왕에게 충성을 서약하는 영주들에게 나뉘어져 있었다. 세속권력의 최고 지위는 명목상으로 신성 로마 제국의 황제가 가지고 있었지만, 황제의 통치권은 독일과 이탈리아 일부에 한정되어 있었을 뿐이어서 그의 실제적 지위는 국왕들과 다를 바 없었다. 국왕들은 황제에게 극히 의례적인 공경의 예를 표하는 것 이외에 어떤 실질적인 의무도 가지지 않았다.

중세의 유럽 사회는 전체적으로 어떤 권력체도 중국의 관료적 황제체제에 비길 만한 강력한 통치조직을 확립하지 못했는데, 그것은 무엇보다도 정치와 종교의 두 권력이 결합되지 못한 것에 기인한다. 이러한 것은 교황

---

[17] R. W. Southern, *Western Society and the Church in the Middle Ages* [Harmondsworth, Middlesex 1970] 18ff.

권이 최고조에 달한 11세기 후반에서 13세기 말에 이르는 시기에도 마찬가지였다. 당시의 교회는 세속권을 압도했지만, 이는 교회 자체가 모든 세속권을 제어하기 위한 실질적 힘을 가졌다기보다는 오히려 분열된 세속권을 배후에서 상호 조절함으로써 최고의 권위를 유지할 수 있었기 때문이다. 사실 이 시대의 교회는 세속권을 행사할 수 있는 실질적 수단인 군대와 경찰을 보유하지도 않았을 뿐 아니라, 또한 세속권을 완전히 통합하려 하지도 않았다. 교회는 비록 중요한 세속사에 관여하고 세속권력자들을 통제하려고는 했지만, 모든 세속사를 직접 관장하려고는 하지 않았는데, 그것은 세속사가 아니라 정신적 영역이야말로 자신의 본래적 관할 대상이라는 것이 교회의 믿음이었기 때문이다.[18] 권력체로서 교회는 기독교 본래의 종교적 순수성에서 크게 이탈하기는 했지만, 그래도 여전히 기독교의 정신은 교회의 정책을 결정함에 있어서 근본 규범으로 작용하고 있었던 바, 이로써 교회는 완전히 세속적 권력체와 동일한 행동양식을 가질 수 없었던 것이다. 이러한 것들이 교회가 세속권력체를 압도할 때에도 교권에 의한 서구의 실제적 통일이 달성되지 못한 이유를 설명해 주는 사정들이다.

2) 권력체의 경쟁과 서구의 근대화

통일이 되지 않은 상황에서 권력체들간의 계속적인 투쟁은 당연한 귀결이었고, 이것이야말로 서구가 근대화할 수 있었던 가장 중요한 원동력이었다. 지금부터 계속되는 권력체간의 투쟁으로 야기된 서구사회의 변화를 중국과 비교하면서 설명하기로 하자.

서구사회에서는 우선 보편적 지배의 이상과 통일제국 건설의 의지가 약화·소멸되었다. 그것은 무엇보다도 황제와 교황의 계속되는 투쟁에서 기인했다. 세속권을 대표하는 황제와 교권을 대표하는 교황은 각기 자신에 의한 보편적 지배를 주장했고, 이 과정에서 양자는 수차의 무력적 충돌을

---

[18] F. Kempf, "Das Problem der Christianitas im 12. und 13. Jahrhundert", in: *Historisches Jahrbuch der Görresgesellschaft* 79 [1960] 104ff 118.

했음은 물론 각각 당대의 뛰어난 학자와 법률가를 동원하여 이론적 논쟁도 계속했다. 어느 한쪽이 결정적 우위를 확보하기 어려웠던 봉건적 통치구조에서 양자의 투쟁은 쉽게 종식될 수 없었는데, 결국 이것은 당시의 서구인들에게 보편적 지배 이념 자체에 대한 회의를 유발했다. 이로써 로마 제국과 카로링거 왕국에서 실현된 후 중세 내내 많은 서구인들의 마음속에 살아남아 있던 통일제국 건설의 염원은 점점 그 힘을 잃게 되었다.[19] 후술하는 바와 같이 전통 중국에서는 수차의 분열기에도 통일제국 건설에 대한 염원이 강력히 살아 있어 매번 재통일할 수 있는 이념적 토대를 제공했다. 전통 중국인들에게는 보편적 지배의 내용이 서구처럼 달리 해석될 여지가 없었다. 대립된 권력체의 공존이란 전통 중국인에게는 극복되어야 할 상황이지만 서구인들에게는 점점 정상적인 것으로 인식되게 되었다.

서구에서는 13세기가 지나면서부터 권력의 중심축이 보편적 지배를 추구하는 세력으로부터 각 왕국으로 옮겨지게 되었다. 그간 각국의 왕들은 봉건제의 분산적 통치구조 속에서도 어느 정도까지는 영주들의 충성을 확보할 수 있었는데, 교회가 서구를 실질적으로 통일할 수 없었던 상황에서 이제 새로운 권력의 핵으로 등장하게 된 것이었다. 이들 왕은 대외적으로는 교황과 황제의 보편적 지배에 대항하여 싸웠고 대내적으로는 봉건 영주의 독자적 권력을 제압하여 중앙집권화를 꾀했다. 이런 과정에서 왕들끼리의 전쟁 역시 빈발했다.

경쟁은 새롭고 적극적인 사고와 행동을 요구한다. 전통에 안주하는 무사안일한 태도로는 경쟁에서 도태될 수밖에 없다. 현재의 상태가 신이 의도하는 영원한 질서요 이 질서를 바꾸려는 어떠한 정책도 바람직하지 않다는 중세의 기독교적·봉건적 사고로는 살아남을 수 없게 된 것이 그간 점차 변화하여 형성된 새로운 상황이었다.[20] 이 상황 속에서는 우선 정치에 대한 생각이 변하게 되었다.

---

[19] W. Theimer, *Geschichte der politischen Ideen*, 3판 [Bern 등지 1955] 66.

전형적 중세에 있어서 정치의 최고 목적은 신의 의지를 실현하는 데 있었다. 신이 원하는 대로 정사를 운용하여 백성에게 안전을 보장하고 국가에 정의를 구현하는 것이 군주에게 부여된 임무였다. 종교적 내지 윤리적 정치관이라고 말할 수 있는 이러한 사상은 권력체 사이에서 계속된 전쟁으로 말미암아 점점 인간적 정치관으로 바뀌었다. 새로운 상황에서 교황을 포함한 권력자들은 정권을 유지·획득하기 위하여 온갖 권모술수를 동원하고, 각종 비윤리적 수단(정략결혼·암살·배신·거짓 동맹·모략 등)을 사용하는 것을 주저하지 않았다. 정치는 이제 초월적 신의 영역이 아니라 인간의 현실적 영역이라는 것, 그리고 정치의 본질은 종교적 이상과 윤리를 실현하는 것이 아니라 권력을 위해 투쟁하는 것이라는 인식의 변화가 이루어지게 되었다. 이러한 새로운 인식을 이론화한 것은 이탈리아 사람 마키아벨리(1469~1527)였지만, 이 정치이론이 등장하기 훨씬 이전부터 서구의 권력자들은 이미 마키아벨리스트였다.[21]

정치의 탈종교화와 더불어 서구에서는 정치조직과 기구의 근대화가 이루어졌다. 새로운 상황에서 상대편 군주를 제압하기 위해서, 그리고 정치권력의 중앙집권화에 부응하기 위해서 각국의 왕들은 제도와 조직을 확충·신설·정비·개선하지 않을 수 없었다. 원래 서구의 정치·행정·사법 등 여러 제도와 조직은 대체적으로 전통 중국의 수준에 훨씬 미치지 못했다. 그러나 끊임없는 경쟁 상황은 서구의 군주들이 통치기구를 합리화·능률화하도록 이끄는 지속적 압력으로 작용했고, 19세기를 전후하여 마침내 서구의 여러 제도는 중국의 것을 앞지르게 되었다.

합리화는 정책 분야에 있어서도 이루어졌다. 특히 경제정책의 합리화는 국가의 흥망에도 중요한 영향을 미치는 문제였다. 중앙집권화된 국가가 형

---

[20] 서구 중세의 정체적 사회관 내지 가치관에 대해서는 A. J. Gurjewitsch, *Das Weltbild des mittelalterlichen Menschen* [München 1982]과 L. Bauer, H. Matis, *Geburt der Neuzeit* [München 1988] 15ff 참조.

[21] A. Hauser, *Sozialgeschichte der Kunst und Literatur* [München 1975] 399.

성됨에 따라 상비군을 조직하고 관료제도를 창설·유지하며, 나아가서 막대한 전비를 마련해야 했던 중세 내지 근대의 군주들은 항상 자금난에 직면했다. 이러한 상황은 이들에게 종전과는 다른 경제관을 가지고 재정을 운용할 것을 요구했다. 군주들은 반자본주의적 태도를 가지고 있었던 기독교적 세계관이나 봉건제도의 자급자족적 경제 운용에서 탈피하여 상공업을 장려함과 동시에 경제인들을 우대하고 보호하지 않을 수 없었다. 경제인(시민계급) 또한 군주와의 결합을 원하고 있었다. 교회의 반상업적 태도와 봉건제도하의 분산된 통치구조 때문에 활동이 심히 제약받던 경제인들로서는 군주가 성공적으로 중앙집권적 국가를 형성할 것을 바라고 있었기 때문이다.

이러한 변화들은 경제뿐 아니라 정치·사회·문화 등 여러 영역에서의 변화를 수반했다. 무사와 성직자들에 의해 지배되던 중세사회에 이제는 경제인이 사회의 새로운 계층으로 대두하게 되었고, 종교적 이념과 윤리가 주 가치이던 서구의 정신세계에 물질의 올바른 이용과 부의 형성이 중요하다는 의식이 자리잡게 되었다. 이로써 봉건제적 생산양식이 자본주의적 생산양식으로 변화할 수 있는 가장 중요한 밑바탕이 조성되었다. 경제인의 대두는 또한 정치적 민주화의 주요 전제가 되기도 했다. 그것은 사회의 권력이 여러 세력에 의해 분점된다는 점에서도 그러했지만, 경제인을 통제만 해서는 생산의 증가가 불가능하다는 인식 때문에 이들에게 많은 자유를 허용할 수밖에 없다는 점에서도 역시 그러했다.

사회의 여러 분야에 있어서 이러한 변동은 종교적 가치에 의해 모든 활동이 통일적으로 규제되어야 한다는 중세적 이상(이 이상은 교회가 강성하여 세속권을 압도하던 12~13세기에는 어느 정도 실현된 바가 있는데)이 붕괴하고 종교의 사회적·문화적 통제력이 크게 약화되었음을 의미한다. 이러한 변화는 교회가 다른 세속권력과 투쟁했다는 사실 때문에도 더욱 촉진되었다. 서구 이외의 다른 문명권에서는 종교가 세속권력과 강하게 또는 약하게나마 결합하여 세력을 유지할 수 있었지만, 서구의 교회는 세속권력과 경쟁을 계속함으로써 초연한 지위를 유지하면서 사회를 통제할 권위를 잃어버리고 스스로 소진해 버린 것이다.

서구의 이러한 전반적 변화(이것이 근대화의 주 내용을 이루는 것인데)는 무엇보다도 중세의 특별한 권력적 상황에서 비롯되었는데, 이것이야말로 정체적으로 보이던 서구 봉건사회를 활력이 넘치는 자본주의적 근대사회로 이끈 원동력인 것이다. 그렇다면 중국은 어찌하여 서구와는 다른 전체적 권력구조, 즉 통일제국을 이루게 되었던가? 또 어찌하여 중국은 수차례 분열의 시기가 있었음에도 늘 다시 통일하게 되었던가? 중국의 정신세계는 이러한 과정에서 어떤 역할을 했던가?

2 부

중국문명 I: 동태적 발전

중국문명 I: 동태적 발전

3 장

분열기의 역동성과 중국적 정신세계

1 절
분열기의 역동성

중국의 전형적 권력구조가 황제를 정점으로 하는 관료적 통일국가였고, 이
것이 중세 이래의 서구와 같은 동태적 발전을 가로막은 조건이였다 하더라
도, 중국문명 역시 그 형성기에 오랜 분열의 시기를 거쳤다. 춘추전국시대
(기원전 722~221)라고 불리는 이 시기는 중국 역사상 어떤 다른 시대와도 비교
할 수 없이 활력이 넘치는 동태적 진보의 시기였다. 내용은 후술할 것이지
만 이 시기에는 정치·경제·사회·문화·기술 등 모든 분야에서 커다란
변화가 있었다. 몇 가지 예를 들면, 정치적으로는 봉건적 통치제도가 관료
적 중앙집권 국가로 변모했고 행정·법 등의 제도 역시 이것에 부응하여
"근대적"인 것으로 발전했으며, 경제적으로도 상공업이 크게 발전하고 급
격한 생산력의 증가가 이루어짐에 따라 경제인의 사회적 대두 역시 두드러
졌다. 서구의 마키아벨리와 비슷한 이론을 내세웠던 법가들이 왕성한 활동
을 한 것도 이 시대였다. 여기서 분명해지는 바와 같이 이 시대의 중국은
중세 이래의 서구와 비슷한 발전 경로를 걷고 있었다.

경쟁이 발전의 활력을 불러일으키는 것은 중국과 서구가 다르지 않았다.
사실 중국이 이 시기에 발전시킨 정치체제 및 행정·법 등의 제도, 정치철
학·기술 등은 매우 효율적이고 "근대적"인 것이어서 나중에 통일제국을
유지하는 데 밑바탕이 되었다. 중국문명이 통일제국을 성취하고 유지하면
서 오랫동안 안정을 누릴 수 있었던 것은, 다시 말해 동태적 변화를 할 수

없었던 것은 분열기를 통한 발전이 있었기 때문에 가능한 것이었다. 이런 의미에서 분열기를 제대로 이해한다는 것은 중국문명을 그 역사적 전체로서 이해하는 데 필수적 요건이 아닐 수 없다.

중국의 분열에 있어서 경쟁 양상은 서구와 똑같지는 않았다. 그것은 무엇보다도 종교가 권력체의 형태로 조직되어 경쟁에 참가하는 일이 없다는 점에서 그러했다. 이러한 차이가 두 문명이 다른 발전 과정을 취하도록 하는 데에도 영향을 미쳤다고 여겨진다. 그러므로 중국의 분열기를 이해하기 위한 전제 중 하나로 중국적 정신세계 내지 종교에 대해 잠시 서술하기로 하자.

2 절
중국의 정신세계: 근대적 실체와 반근대적 기능

정치와 종교 사이에 갈등이 없었다는 것은, 좀더 일반적으로 말해서 종교가 정치에 독립된 세력으로 발전하지 못했다는 것은 중국문명의 중요한 특징 중 하나이다. 중국의 긴 역사에 있어서, 중세의 서구나 전통 인도와는 달리, 사회의 주도적 세력은 정치권력자의 손에 있었고 종교는 항상 정치에 종속되어 있었다. 종교가 독자적 세력을 형성하지 못했던 가장 큰 이유 중 하나는 중국적 정신세계가 초월적 영역을 충분히 발전시키지 못했기 때문이다.

중국인들은 내세보다 현세를 더 중요시하는 사람들이었다. 이들은 사후의 운명이나 이 세상 다음의 삶에 대해서보다 현세에서의 올바른 삶과 그 삶을 위한 사회적·정신적 조건에 대해서 훨씬 더 큰 관심을 가지고 있었다. 제자로부터 "죽음"에 대한 질문을 받은 공자가 "삶도 아직 모르는데 죽음을 어찌 알겠는가?"라고 반문했음은 잘 알려진 바이지만, 인간의 현실적 경험을 초월한 차원에 대한 무관심은 유교뿐만 아니라 소위 탈현실적 경향이 강한 노장사상도 마찬가지였고, 불교 또한 중국적 토양에서는 원래의 사변적·내세적 성격을 벗어나 현실적·현세구복적인 것으로 변했다. 물론 중국인들도 현세를 초월한 영역, 일상적 현실과는 다른 세계에 대한 관념을 가지고 있었다. 그러나 중국적 정신세계에 있어서 초월 영역은 기독교나 인도의 종교에서처럼 현실과 현저히 이질적인 것은 아니었다.

인도의 종교들은 현세의 삶을 전생의 업에 의한 속박이라고 믿어 이 속박에서 벗어나 해탈에 이르는 것을 삶의 가장 중요한 목표라고 생각한다. 또 기독교에 있어서는 현세의 삶이란 원죄의 멍에를 진 인간들이 모두 겪어야 하는 괴로운 것이며, 인생의 궁극적 목적은 구원자 예수를 믿음으로써 사후에 구원을 얻는 데 있다고 가르친다. 이들 종교에서 해탈이나 구원 이후의 삶은 현세의 삶과는 전혀 다른 그리고 비교할 수 없을 만큼 훌륭한 그 무엇이다. 그러나 현세적 삶에 대한 이러한 부정적 평가와 현세와 내세의 차이를 극단적으로 강조하는 것은 중국적 세계관에서는 찾을 수 없다. 만약 현실을 부정하고 초월세계를 절대시하는 것이 고등종교의 중요한 특징이라고 규정한다면 중국인들은 종교성이 부족한 민족이었다.

루돌프 옷토R. Otto는 널리 알려진 저서 『성스러움의 의미』*Das Heilige*에서 종교, 특히 기독교가 가지고 있는 비합리적 본질을 설명하고자 했다. 옷토에 의하면 종교의 가장 본질적인 범주는 바로 "성스러움"이라는 것인데 그것은 결코 윤리적인 최고 선을 의미하는 것이 아니다. 그것은 윤리적인 것과는 본질을 달리하는 것이요 또 건전한 이성이나 논리적 탐구로서 이해될 수 있는 어떤 것도 아니다. "성스러움"이란 종교에만 있는 특유한 경험으로서 일상생활의 용어로는 표현될 수 없는 "그 무엇"이다. 옷토는 이 경험의 작은 부분이나마 언어로서 표현하여 전달코자 했는데, 그 내용은 신비로운 경외감, 피조자로서 느끼는 무가치성, 초월자의 압도적 위엄에 의해 야기되는 두려움, 황홀감, 장엄성 등이다.[1] 이러한 종교 특유의 경험은 일상생활을 이루는 세속적인 것을 초월하므로 후자에서 통용되는 합리성과

---

[1] R. 옷토(길희성 역) 『성스러움의 의미』 [분도출판사 1991].

도덕성으로는 전자를 이해할 수도 판단할 수도 없다. 예컨대 구약성서에서 욥은 의인인데도 하느님으로부터 벌을 받는다. 기독교의 하느님은 심지어 인간에게 죄를 짓게 하고는 그 죄에 대하여 벌을 내린다.[2] 이러한 일들은 인간사회의 보편적인 합리성을 초월하는 차원에서 이루어지기 때문에 이성이나 윤리라는 척도로 판단할 수는 없다.

흔히들 중국 민족은 신화가 없는 민족이라고 한다. 현실적인 것을 추구하는 정신세계에 초자연적인 힘들이 엮어내는 초경험적·초역사적 사건은 의미를 가질 수 없었다. 이 문명 속에서는 수많은 신도들을 감동시키고 장구한 세월에 걸쳐 예술가와 신학자들에 대한 영감의 원천으로서 기능하던 기독교의 창조신화와 같은 이야기가 사람들의 정신에 중요한 자리를 확보하지 못했다. 중국의 사상과 철학 그리고 문학과 예술에서 다루어진 내용은 거의 모두가 경험적·인간적·현실적·현세적인 것이었지 초월적·초능력적·비현실적·내세적인 것이 아니었다.[3] 중국 경전의 "할아버지"인 『서경』書經의 첫머리는 우주와 인간에 대한 창조의 이야기가 아니라 사회 속의 인간이 그가 당면한 여러 현실적인 문제를 어떻게 해결해 나가는가에 대한 이야기로부터 시작한다. 『서경』의 모두冒頭는 전설상의 제왕인 요堯·순舜을 다루고 있으나 그것은 결코 현실과 동떨어진 이야기가 아니다. 현명한 지도자와 그의 훌륭한 보조자들이 합심하여 사회가 봉착한 문제들을 해결해 나가며, 그 사회에서 요구되는 제도와 규범을 만들어 내는 이야기는 비록 역사적 사실로 확인되지는 않았지만 결코 비현실적인 것이 아니었다. 그것은 중국 역사상 되풀이되는 항상 가장 중요한 정치적 관심사였다.

---

[2] 같은 책 147ff 157f 참조.

[3] 나까무라 하지메(中村元)(김지견 역) 『중국인의 사유방법』 [도서출판 까치 1990] 121ff 참조.

중국인들의 현실적·현세적 정신은 고전 중국 소설 가운데 가장 비현실적이라고 할 수 있는 『서유기』(西遊記)에서도 그대로 나타난다. 『서유기』에서 묘사된 천국은 현실과 완전히 다른 별세계라기보다는 오히려 인간 세상과 모든 면에서 흡사한 세계이다. 거기에서도 시간은 흐르고 계서(階序)적 질서 역시 지상과 다름없이 존재한다.

또 이들 전설적 지도자들이 후대의 사람들 특히 유학자들에 의해 미화·윤색되었다는 사실 역시 우리가 논의하는 문제의 본질과는 상관없다. 본질적인 것은 초월적 실재가 아니라 인간적이고 이성적인 행동과 노력에서 역사의 기원을 발견하고자 하는 중국인의 태도이다. 중국인들은 고대의 성왕들이 문제를 해결함에 있어 이성적 사고와 윤리적 규범을 일탈하지 않았다고 믿고 있다. 이들 성왕들은 신하나 백성들이 이해할 수 없는 초능력을 가진 카리스마가 아니었다. 이들이 추구하는 바는 인간으로서 할 수 있는 최선의 지적 사유와 윤리적 행동이었고, 바로 이때문에 이들은 후대의 영원한 모범이 된 것이다. 이들 성왕들은 우주의 주재자인 하늘의 도움을 받는 자들이었다. 그것은, 전통 중국인이 믿기에, 이들의 마음가짐과 행동이 하늘의 뜻에 합치되기 때문이었다. 중국인이 이해하는 우주의 주재자는 앞서 옷토가 서술한 바와 같은 종교의 신이 아니었다. 그것은 인간에게 압도적이고 무한한 힘으로 군림하면서 경외감과 황홀감 그리고 왜소감을 야기하는 존재도 아니었고, 또 인간의 이성으로서 도저히 이해 못할 무한자도 아니었다. 그것은 본질에 있어서는 인간과 다를 바 없는 최고의 이성적·윤리적 존재였다. 중국인들은 하늘의 뜻이 지상에서도 실현되며 또 되어야 한다고 믿었지만, 이러한 실현의 주체는 하늘이라기보다는 오히려 인간이었다. 최선의 노력을 다하는 인간에게 감동을 받고 이를 도와줄 수밖에 없는 것이 바로 하늘의 본성이기 때문이다. 전통 중국의 정신세계에서 우주의 주재자와 인간 사이에 건널 수 없는 심연 같은 것은 존재하지 않았다. 인간이란 원래부터 하늘의 본성을 타고 이 세상에 태어났으며, 이 본성을 자신의 노력으로 최고로 발휘하는 한 하늘과 합일할 수도 있고 또 소통할 수도 있다는 것이 전통 중국인들의 믿음이었다.[4]

---

[4] 정치에 있어서 이러한 사상이 가장 잘 드러난 것은 『서경』이다. 송 왕조의 신유학에서 크게 중요시된 『맹자』와 『중용』 두 책에서도 인간의 선한 마음이 하늘을 움직인다는 등, 하늘과 인간의 소통에 대한 진리가 전제되고 있다. 우주를 전체적으로 도덕적인 유기체로 보고 하늘과 인간이 조화로운 상호 작용을 한다는 이러한 믿음을 니담은 중국 사유의 "Key-Word"라고 불렀다. J. Needham, *Science and Civilization in China*, Vol.II [Cambridge 1956] 60.

중국문명의 정신세계는 종교적이라기보다는 윤리적이었고, 이 윤리적인 것 중심에 자리잡고 있는 인간의 의지와 능력에 대한 낙관적 신뢰는 이 세계의 가장 본질적 특성 중 하나였다. 원죄에 의해 타락되어 오직 외부의 힘에 의해서만 구원받을 수 있는 절박하고 왜소한 존재로서의 인간은 중국적 세계관이 알지 못하는 바였다. 유교로 대표되는 중국적 정신세계에서는 세속적 세계 및 그 속에서 생존하는 인간을 무가치한 것으로 평가하고 이에 대비되는 초월적 세계 및 초월자를 근거로 세속적 권력에 대항할 기반이 형성될 수 없었다.

루마니아의 종교학자 엘리아데M. Eliade는 종교의 근본 범주인 성스러움은 우선 세속적인 것에 반대되는 것으로 정의될 수 있다고 했다.[5] 그러나 중국적 정신세계에서는 성과 속이 확연히 구분되는 것이 아니었다. 세속의 정치와 일상생활은 초월적 영역과 대비되는 가치없는 영역이 아니라 바로 이 초월적 가치, 즉 천도가 실현되어야 할 곳이었다. 서구에서 가톨릭 교회가 정치에서 독립된 권력체로 성장할 수 있었던 것은 성과 속, 하느님의 영역과 카이사르의 영역을 엄격히 구분하고 영혼 구제라는 최고의 목표에 세속의 모든 삶을 종속시킬 것을 주장하는 교리적·정신적 기반에만 근거하지는 않았기 때문이다. 여기에는 무엇보다도 주변의 정치적 여건이 중요한 작용을 했다. 그러나 기독교적 정신세계는 정치에서 독립된 종교조직이나 세속 지배자보다 우월한 신분계층을 정당화할 수 있다는 점에서 중국적 정신 풍토와는 확연히 구별되었다.

중세의 서구와 같은 정치와 종교의 이원적 통치는 전통 중국적 정신 풍토에서는 형성될 수 없었다. 정치와 종교가 결합한 통치 형태는 중국문명의 역동적 발전을 제한하는 요소 중 하나였다. 중국의 종교는 기독교와는 달리 정치와 결합함으로써 그 영향력을 계속 유지할 수 있었다. 유교는 정치에 통치 이념을 제공하고 권력의 정당성을 보증하는 한편, 정치권력을

---

[5] M. 엘리아데(이동하 역) 『성과 속. 종교의 본질』 [학민사 1983] 10ff.

등에 업고 사회 전체를 자신의 가치관대로 통제했다. 정치와 종교가 결합하여 사회에 군림하는 한 이와는 다른 세력의 대두는 불가능했다. 여기서는 사회의 다원적 발전도 불가능했고 민주화 역시 이루어질 수 없었다. 특히 경제인들이 정치와 종교 세력에 종속하는 한 자본주의적 발전도 가능하지 못했다.

중국적 정신세계는 인간의 이성과 노력을 높이 평가하고 현세적 삶의 중요성을 강조한다는 점에서 어떤 다른 전통사회의 정신세계보다 오늘날의 기준으로 보아 더 근대화, 더 합리화되었다고 말할 수 있다. 그러나 그것이 곧 전통 중국사회에서 쉽게 근대화할 수 있는 여건이 갖추어졌다는 것을 의미하는 것은 아니다. 서구의 근대화란 어떤 한 측면에 있어서만의 탈전통화가 아니라 정치·경제·과학·법률·문화·종교 등 사회의 모든 면이 상호 관련된 총체적 변화이다. 여기서 특히 주목해야 할 것은 경제인들이 새로이 주요 세력으로 등장하여 사회 전체의 역학구도에 변화가 일어난 일이다. 중국에서 문명의 이른 시기에 정신적인 면이 근대화되었지만, 오히려 이것은 다른 조건들과의 관련하에서 전체 사회가 전통에 안주하도록 기여함으로써 중국이 근대화할 수 있는 기회를 억제했다. 전통 중국문명 속에서 발전된 행정제도 및 법제도에 대해서도 비슷한 말을 할 수 있다. 이것 역시 근대적인 것에 가까웠지만 전통사회를 안정시키는 요소로서 작용했을 뿐이다.

이러한 점을 충분히 이해하기 위해서 이제 중국 분열기의 역사를 분석하는 것에서부터 우리의 탐구를 시작하기로 하자.

주 문명의 성립과 붕괴, 춘추전국시대

1 절
주 문명의 성립

1) 상 문명

연대기적 기술은 이 책의 서술방법이 아니다. 그러나 중국문명의 전반적 성격을 이해하기 위해서는 주周의 건국과 진·한의 통일제국 형성에 이르는 시기가 반드시 언급되어야 한다. 주는 진정한 중국적인 문명을 이룩한 최초의 왕조이다.[1] 주 건국 이후에 발전된 높은 수준의 문물은 후대까지 전해졌고, 전통 중국의 많은 사람들에게 추모의 대상이 되었다. 이 과정에서 유학자들은 주의 문물을 이상화하고 계승·발전·전수하는 데 크게 기여했는데, 유교의 긴 생명력은 상당 부분 주의 문물을 그 기본으로 했기 때문에 가능한 것이었다.[2] 주는 상商 왕조를 멸망시키고 성립했다. 여기서 잠시 상에 대해서 몇 가지를 언급하기로 하자.

신석기 말엽의 중원(황하의 남북 유역)은 경제성 높은 농경지로 발전되어 있었고 이곳에 정주하는 여러 부족들은 경작지 쟁탈을 위해 상호 투쟁하면서 주로 도시국가(성읍국가) 정도의 무수한 정치 단위를 수립했는데, 상은 이러한 국가들 중 최초의 하나였다. 처음 이들 국가는 자위 능력을 가진 자급자족적 권력체였으나, 군사적 목적과 치수사업 등 경제적 필요 때문에 여러 연맹을 결성했고, 상은 이러한 연맹의 맹주였다. 상의 군주는 자신의

---

[1] 모오트 20; J. K. 페어뱅크 『신중국사』 [도서출판 까치 1994] 54.

[2] 에버하르트 44; 이춘식 『중화사상』 [교보문고 1998] 218 319 328 참조.

영역(상읍商邑)을 관료적 조직으로 다스리고, 연맹 내의 다른 국가들에게는 종주권을 행사하여 그들로부터 조공과 군사적 협조를 받아내고 있었다.[3] 상은 수준 높은 도덕체계를 지닌 의례문화와, 뛰어난 청동 무기 및 매우 정교한 공예품을 생산할 수 있는 기술을 발전시켰는데, 이것은 그의 군사력과 더불어 상의 군주가 중국의 다른 광범한 지역에 종주권을 확대하는 기반이 되었다. 당시 상의 연맹국이나 정복된 국가들은 상의 우수한 문화와 기술을 알게 되고는 점차 상을 선진국으로 인정하게 되었다.[4]

상은 대부분의 고대 도시국가와 마찬가지로 통치체제면에 있어서는 신정국가적 성격이 강했지만, 이것은 점점 세속화·합리화의 방향으로 진전했다. 종교적 의례행위의 근원은 초이성적 수준에서 이성적 수준으로 서서히 옮겨졌고, 귀신을 불러내는 거룩한 인간은 문서 기록을 통해 정치와 사회에 대한 경험적 지식과 지혜를 축적한 현명한 사람들(합리화된 샤먼)에 의해 점차 대치되었다. 앞에서 언급한 중국적 정신세계의 탈종교적·이성적·현세적 발전은 주 왕조와 더불어 본격적으로 진행되지만 그보다 더 이른 시기인 상 왕조에서 싹트기 시작했던 것이다.[5]

그럼 이제 주 왕조로 넘어가기로 하자.

2) 주 문명과 봉건제

주를 세운 종족은 매우 호전적·상무적인 사람들이었다. 원래 주는 상의 서쪽에서 상에게 종속되어 있었지만 국력을 기른 후 결국 이를 정복하여 천하의 중심적 위치를 차지하게 된 것이다. 주의 지도자들이 여러 부족의 연합군을 이끌고 경제적으로 풍요하고 문화적으로 앞서 있었던 상을 점령했을 때, 이들은 상 왕조의 문물을 배척·파괴하지 않고 수용·계승코자

---

[3] 이춘식 319 328 참조.

[4] H. 마스페로(김선민 역) 『고대중국』 [도서출판 까치 1995] 53; 모오트 18ff 참조.

[5] 모오트 53f; W. Bauer, *Chinas Vergangenheit als Trauma und Vorbild* [Stuttgart 등지 1968] 23 37ff 참조.

했다. 주의 지배계층은 상의 왕족과 귀족들을 자신들에게 통합하는 한편 상이 지금까지 중국의 다른 지역에 행사했던 정치적·문화적 종주권을 대신하려 했다.[6] 주가 상의 문물을 수용·계승함으로써 두 문화가 통합되고, 이로써 중국에는 좀더 새로운 문화가 탄생하게 되었다.[7]

중원의 서쪽 변방에서 많은 비중국 문화권의 종족들과 교류하면서 성장했던 주의 종족은 이들과 협력·교류하는 방법을 체득할 수 있었고, 이러한 경험이 상의 종족적 세계관에서 탈피한 더 보편적이며 더 개방적인 제도와 규범 및 사상을 창출하는 데 도움을 주었을 것으로 추측된다.[8]

양 문화가 통합되면서 발전한 새로운 문물은 주 왕조의 후반부, 즉 왕조가 쇠약하여 봉건 제후들이 새로운 권력 주체로 등장한 춘추전국시대에 상당한 변모를 겪게 되면서도 이 변화의 밑바닥에서 그 성격과 한계를 규정하게 된다.[9]

상의 후계자로서 새 왕조 건립에 도덕적 정당성을 부여하고자 했던 주의 지도자들은 백성들과 새로이 그 통치 대상이 된 부족의 지배자들에게 "천명天命"이라는 정치선전을 했다. 이들은 상의 조상신보다 보편적인 신인 하늘(天)을 숭배 대상으로 삼으면서 그들의 통치는 바로 이 하늘로부터 명을 받은 데 근거한다고 주장했다. 주의 지도자들이 내세우는 천명사상의 주 내용은 하늘은 오직 한 사람의 현명하고 유덕한 사람을 선택하여 아들로 삼고 천명을 내려 천하를 통치하도록 위임하는데, 만약 이 사람이 백성을 사랑하지 않고 정사를 그르친다면 하늘은 이미 내린 천명을 거두어들이고 새로이 유덕한 인사를 선택하여 통치를 위임한다는 것이다. 이 주장에 의하면 상이 패망한 것은 바로 올바른 정사를 베풀지 못해 천명을 잃고 하늘이 새로 천명을 내린 주에게 천하를 양보하지 않을 수 없었기 때문이라는 것이다.

---

[6] 모오트 20f.   [7] Hsiao 97.   [8] 페어뱅크 55.

[9] H. L. Chan, "Monarchie und Regierung: Ideologien und Tradition im kaiserzeitlichen China", in: *Saeculum* [1980] 7ff 참조.

　이러한 주장은 비록 천하에 공포된 것이기는 하지만 그 목적은 무엇보다도 상의 유민과 그때까지 상의 종주권을 인정하고 있던 부족들을 설득시키기 위한 것이었다.[10] 천명사상은 피통치자에게 통치자에 대한 이성적이고 합리적인 평가 기준을 제시하는 것이었고, 이 주장은 그 나름의 성과도 있었을 것으로 추측된다. 광대한 영역의 도처에 살고 있었던 상의 유민들은 정복된 후에도 주에 대해서는 잠재적 위협이었다. 주는 상이 통치하던 지역을 완전히 장악할 수 있는 권력 기반을 갖추지 못했으며, 당시는 교통도 중앙집권적 정부가 기능할 수 있을 만큼 발달되지 못했다.[11] 이러한 사정과 더불어 주의 권력이 미치는 지역 주변에 산재하면서 중국을 위협하는 수많은 야만족들 역시 주로서는 심각한 문제였다.

　이러한 문제들을 해결해 줄 수 있는 통치체제가 바로 봉건제도였다.[12] 서양의 것도 그러했지만 중국의 봉건제는 중앙집권적 관료제도를 확립할 수 없는 여건에서 외침의 위협을 방지하면서도 어느 정도 통일성을 확보할 수 있는 제도였다. 특히 상 정복에 참여했던 동맹 부족들이 보상을 기대하던 당시의 상황으로는 가장 적절한 것이기도 했다. 새로운 왕조의 건국자는 전쟁에 참가한 친척, 그리고 많은 경우 인척관계인 동맹국의 여러 수장과 장군, 그리고 상 유민의 지배자들에게 직할지(오늘날 서안을 중심으로 하는 지역)를 제외하고 전 국토를 많은 지역으로 분할하여 분배, 즉 분봉分封했는데 그 수는 대소 200여 개에 이르렀다(기원전 11세기경).

　서구의 봉건제도와 마찬가지로 주왕의 통치 지역은 그의 직할지에 한정되었고, 봉건 제후는 주왕에 대해 봉신으로서 충성을 맹세하고 조공과 군사 원조를 봉행할 의무를 지고 있었지만 자신의 통치 지역 내에서는 최고 권력

---

[10] 이춘식 75ff 참조.

[11] 화북지방의 황토층은 도로 건설에 적합하지 않았다는 것도 교통의 미발달에 한 원인이 되었다(에버하르트 45).

[12] 주의 봉건제와 그것의 변화 과정에 대한 설명은 D. Bodde(더크 보드), "Feudalism in China", in: R. Coulborn 편, *Feudalism in History* [Hamden, Connecticut 1965] 49ff 참조. 아래에서는 이 책의 역서(김동순 역 『봉건제의 이해』 [민음사 1996])에서 인용했다.

자로서 독자적 지배권을 행사했다. 봉건 제후가 그의 통치 영역 내에서 자신의 가신·친척·장군들을 봉신으로 삼아 영토를 나누어 준 것, 즉 재분봉 역시 서구의 경우와 비슷하다. 그러나 중국의 봉건제도는 군주와 봉건 영주(제후) 사이의 개인적이고 대등한 계약관계를 통해서가 아니라 강력한 무력을 갖춘 왕이 자신의 정복지를 친인척들에게 분배함으로써 성립했다는 점에서 서구의 봉건제도와는 다른 권위적이고 혈연적인 결합이라는 성격을 가지고 있다.[13] 개국 후 주왕은 봉건 영주들에게 강력한 권위를 가지고 있었는데, 그것은 그가 천명사상에 근거한 신의 아들로서 유일하게 하늘에 희생을 바칠 수 있는 종교적·제의적 권위를 가지고 있다는 것에도 근거했지만, 무엇보다도 강력한 군사력을 가지고 있다는 것에서 비롯했다.[14]

강력한 군사력, 천명사상이라는 통치 이데올로기, 합리화된 제도와 의례 및 봉건제도는 당시의 중국을 성공적으로 통치했고, 이로써 주 왕실은 명목상이나마 역사상 유례가 없는 긴 기간(약 800년) 존립했다.

그러나 주왕을 정점으로 한 봉건제적 통치의 질서와 평화는 오직 왕실이 강력한 군사력을 배경으로 제후를 제어할 수 있을 때만 가능했다. 질서와 평화의 시기는 전 존립 기간의 약 4분의 1에 불과했다. 그러나 왕실의 권위가 실추되었던 후대에는 봉건적 질서 역시 유지될 수 없었다.

2 절
춘추전국시대

전통 중국의 역사 서술에 있어서 주는 서주(기원전 11세기경~771)와 동주(기원전 771~265)의 두 시대로 나뉜다.

---

[13] 혈연, 즉 주 왕실 및 왕실의 친인척들이 봉건제도를 지탱하는 주체이므로 주의 봉건제도에는 종법제도(宗法制度)가 결합되어 있었다.

[14] 이춘식 71f 참조.

이 두 시기는 우선 주 왕실의 권위라는 점에서 큰 차이가 있다. 앞선 시대에 있어서는 주왕이 제후들에게 강하게 군림할 만큼의 권위를 유지한 반면, 서쪽 유목민들의 군사적 압력을 감당하지 못하여 호경鎬京으로부터 동쪽에 있는 낙양洛陽을 새 수도로 삼았던 후대에서는 더이상 실질적 권력을 제후들에게 행사할 수 없었다. 후대의 주왕은 실질적 최고 통치자가 아니라 종교적·의례적 권위만을 행사하는 상징적 존재에 불과했다. 이 무렵 권력의 핵은 주왕으로부터 몇 개의 주요 제후국으로 이동했다. 권력의 중심점이 분산됨으로써 통일적이고 평화로운 질서는 더이상 유지될 수 없었다.

춘추전국春秋戰國시대라고도 불리는 약 500년 동안의 동주시대는 서구 중세의 후반 이래 볼 수 있는 권력체간의 경쟁으로 이어졌고, 이에 따라 정치·경제·제도·군사·사상 등 여러 분야에 있어서 탈종교화·세속화·현실화·합리화가 이루어진 시기였다.[15] 이러한 현상이 이미 그 이전부터 있었음은 이미 언급했지만, 그 광범위함과 철저함에 있어서 이 시대는 앞선 시대를 훨씬 능가했다. 요컨대 이 시대는 격변의 시대요 발전적인 활력이 넘치는 시기였다. 중국 역사상 어떠한 시기도 이 시대에 비길 만한 동태적 진보를 이룬 적은 없었다.[16]

제후국 사이의 경쟁은 우선 야심적 제후들로 하여금 부국강병책을 실시토록 하는 강력한 동인이 되었다. 이들은 대외적으로는 약소 봉건국가를 정복·병합하여 영토를 확장하는 한편, 대내적으로는 봉건적 통치구조를 강력한 중앙집권적 지배체제로 바꾸고자 했다. 이 과정에서 제후들은 타국의 제후는 물론 봉건적 세습 특권을 주장하면서 집권화에 저항하는 친족·가신 등의 귀족세력과 투쟁해야만 했다.

이러한 과정에서 제후들은 그들을 도와줄 유능한 관료와 정책입안자와 군사전문가가 필요했다. 이러한 인재는 봉건적 신분질서가 엄격한 시기였

---

[15] 베버는 이 시대의 근대화·합리화의 원동력이 경쟁임을 통찰했을 뿐 아니라 경쟁으로 인한 모든 분야의 변동 역시 자세하고 설득력있게 서술했다(베버 61ff).

[16] 보드 114ff; 마스페로 187-278; 제르네 63ff 참조.

더라면 당연히 그의 귀족들 중에서 구했을 것이다. 그러나 당시는 이 질서가 붕괴하는 시기였고 또 귀족들은 제후의 잠재적·현재적 적대자였다.

제후는 광범위한 계층에서 인재를 구했다. 몰락한 귀족, 대귀족에게 하시를 당하던 하급 귀족, 상·주의 왕실에서 천문·점복占卜·의례·역사 등의 업무에 종사하던 지식인 내지 그 후예, 봉건적 토지의 계박繫縛에서 해방된 평민 등이 제후의 요구에 응할 수 있는 사람들이었다.[17] 이들은 봉신이 아니라 관료로서 제후에게 등용되었다. 제후는 이들의 도움을 받아 행정체제와 법체제를 정비·합리화하고 군제를 개혁하고 군비를 강화했다. 서구의 봉건제에서와 마찬가지로 중국의 군주 역시 원래는 자신의 상비군을 보유하고 있지는 못했다. 그러나 이제는 그때그때의 필요에 따라 가신들의 도움으로 유지하던 군제를 상비군제로 변혁하지 않을 수 없게 된 것이다.

관료의 등용, 제도의 정비, 군제의 개혁과 확충 그리고 전쟁 등은 많은 경비를 요구하는 것이었고, 제후들은 새 세원稅源을 확보하지 않으면 안되었다. 그들은 봉건 귀족을 억누르고, 타국을 정복하거나 새로이 토지를 개간함으로써 직령지를 확대하는 한편, 적극적인 경제정책을 실시하여 국고 증대를 꾀했다.

이 시기에는 각 제후국에서 기간산업의 국유화(예컨대 광산·제철 등)·무역 장려·물가 통제·도량형 정비 등의 조치가 이루어졌고, 식량증산을 위해서 개간사업 외에도 수리·관개 사업이 활발히 전개되었다. 군주들의 적극적인 부국강병책이 도로와 운하 건설에까지 이르렀던 이 시대는 상공업이 번창하고 농업생산력이 획기적으로 증대한 시기였다.[18]

이 시기에는 철의 사용법이 발견되었고, 이에 따른 여러 기술이 발전하여 중국 역사상 처음으로 철제 농기구가 이용되었다. 이러한 기술적 발전이 농업경제를 크게 발전시킨 것은 틀림없다. 그러나 기술이란 그 자체의 유용성이 아니라 그것을 요구하는 사회적 조건에 의해 발명·창안되고 또 현실

---

[17] 전목 21f; 모오트 52ff; 에버하르트 57. 이 시기의 사회적 유동성은 아주 컸다(Hsiao 85).

[18] 송영배 159 참조.

적으로 사용될 수 있게 된다. 이 시기에는 봉건 귀족의 토지에 계박되어 공동경작을 하던 농민들의 해방이 이루어지고 농토가 사유화되었는데, 이것은 생산 의욕을 자극하고 새로운 기술 도입을 모색토록 하는 강력한 동인으로 작용할 수 있었다. 그러나 이러한 제도적 개혁이 근본적으로는 경쟁 상황하의 부국강병책에서 비롯된 것인바, 여기서 우리는 농업 발전의 가장 큰 원동력이 바로 경쟁 상황이었다는 결론을 내리지 않을 수 없다.

이 시기에 발전한 공업과 상업에 대해서도 같은 말을 할 수 있다. 이때부터 중국에는 사·농·공·상이라는 경제에 대한 문화적 가치관이 존재했는데도 군주는 부국강병의 필요에 의해 상공업을 장려하고 경제인을 우대하지 않을 수 없었다. 중국 역사상 경제인의 정치적·사회적 진출이 이 시기처럼 활발했던 적도 없었다.[19] 요컨대 중세 후반 이래의 서구와 마찬가지로 이 시대의 근본적 발전 동인은 경쟁이었다.

사실 춘추전국시대가 시작되기 전의 상황들(느슨한 행정체제, 불편한 교통, 희박한 인구 그리고 도처에 군락을 이루며 중국을 위협하던 이민족 등)을 고려한다면 전체 중국은 물론이려니와 제후국에서도 근대국가와 비교될 수 있는 권력체의 발전은 기대하기 어려웠다.[20] 그러나 약 5세기가 지난 전국시대 말기에 이르면 상황은 크게 변하게 된다.

근대 서구의 민족국가가 대외적으로는 보편적 지배 이상을 표방하는 권력체(교회·신성 로마 제국)의 권위와 영향력을 극복하고 대내적으로는 봉건국가적 권력구조를 중앙집권적 체제로 변화시키면서 발전된 것과 마찬가지로, 전국시대의 주요 일곱 개 국가 역시 주왕의 권위와 국내 봉건세력을 극복하면서 근대국가적 체제를 갖추어 나갔다.

이런 의미에서 중국 통사의 서술에서 흔히 찾을 수 있는 역사적 시각, 즉 중국과 서구를 비교하면서 전자의 발전 상황을 연대기적으로 비슷한 후자의 역사적 단계와 동일시하는 것, 예컨대 진·한 제국을 로마 제국에 비

---

[19] 사마천(司馬遷) 『사기』(史記) 「화식전」(貨食傳) 참조.　　　[20] 마스페로 85 참조.

겨 고대 제국으로, 남북조 시기를 중세로, 송·명·청을 근대국가로 묘사하는 것은 납득될 수가 없다. 사실 중국 역사상 근대적 발전과 가장 유사했던 시기는 명·청 시대라기보다는 오히려 전국시대라고 생각된다. 만약 중국에서 분열기의 강대국들로 형성된 국제질서가 고착되고 이들 사이에 경쟁이 계속되었더라면 서구적 근대화와 적지 않은 면에서 근사한 발전이 일어났을 것이다. 그러나 잘 알려진 바와 같이 동주의 분열기는 진의 천하 통일로서 종식되었고, 이로 인해 근대화·합리화를 이끄는 발전적 동력 역시 멈추고 말았다.

그렇다면 도대체 어떤 조건들이 이 시기에 중국의 통일을 이루게 했던가? 통일은 당시 탁월한 군주나 뛰어난 장군 내지 경세가의 출현 같은 우연한 조건에 근거하는가 아니면 좀더 근원적이고 항구적인 조건 때문이었는가? 이러한 물음에 만족한 답변을 내릴 능력이 필자에게는 없다. 그러나 진의 통일뿐만 아니라 그 후대에도 여러 번 있었던 분열 상황이 매번 복수 국가 체제 아닌 통일제국으로 귀결된 점을 고려한다면, 우리는 좀더 근원적이고 항구적인 요인을 찾아내야할 필요를 느낀다. 예컨대 지리적 조건이 그러한 것이다. 그러나 긴 강들과 높은 산맥들로 나뉘어진 국토와 도로 건설에 불리한 황토 등의 여건을 생각한다면 지리적 조건 때문에만 통일이 용이했던 것은 아니라고 여겨진다. 필자는 이미 앞에서 언급한 바와 같이 중국의 문화적 요소, 즉 보편 제국의 이상에 대한 중국인들의 공감대가 통일의 주요 원인이라고 추측하는데 이 점은 춘추전국시대의 사상적 발전을, 특히 중요한 두 학파, 유학과 법가를 논의한 다음에 설명하는 것이 좋을 것이다. 이 시기는 중국 사상의 황금기로서 정신문화적 발전에 있어서도 활력이 넘치는 시대였다.

5 장

역동기의 두 사상: 이상론과 현실론

1 절
시대적 조류

문화적으로 후진국이었던 주가 상을 정복하고 이 왕조의 선진문화를 통합하게 되자, 정치적·군사적인 면에서뿐만 아니라 정신적·문화적인 면에서도 지도적인 국가가 되었다. 주는 수많은 주변국들에게 이들의 문화적 다양성을 아량있게 용인하면서도 자신의 우월한 문화를 과시·전파했다.[1] 이로써 점점 주의 문화는 왕실의 친인척이 지배하는 제후국가들뿐 아니라 중원에서 멀리 떨어진 야만족의 국가들에 있어서도 선망의 대상이 되었다. 이러한 상황에서 중국인들의 의식 속에 주의 제도와 의례 및 사상에 대한 절대적 신뢰가 자리잡게 되었다.

그러나 주 왕실이 흔들리고 제후들의 투쟁이 심화되어 가자 봉건체제를 바탕으로 한 정치·사회 질서는 물론 정신·문화 질서 역시 흔들리게 되었다. 많은 중국인들이 주가 확립한 제도·사상·의례·규범 등에 회의하기 시작했고, 이로써 정신세계가 중심축을 잃게 되었다. 바야흐로 문화와 사회 전반에 걸쳐 전통이 붕괴되고 무질서한 상황이 전개되고 있었다. 어떤 사회에서든지 전통의 붕괴는 새로운 사상과 철학을 대두시키는 기반이 되게 마련이다. 춘추전국시대의 사상가들은 바로 그때까지 주의 문물이 차지하고 있던 자리를 대신할 새로운 제도와 문화를 제시한 지식인들이었다.

---

[1] 페어뱅크 60.

　실로 많은 지식인들이 당시의 무질서를 문제로서 인식하고, 그것을 해결할 방안을 사색했다. 정신세계의 중심축이 크게 약화된 가운데 사색이 이루어진 만큼 이들이 제시하는 정책과 철학은 다양했다. 이들 중 상당수는 중국 각지를 유랑하면서 야심적인 제후를 방문하여 당시의 혼란을 불식할 방안을 제시했다. 제후의 경쟁은 지식인이 배출되고 활동하는 데 큰 자극이 되었다. 제자백가라고 불릴 만큼 다양한 학자와 사상가들이 활동·경쟁하던 이 시기는 후대에 발견되는 중국의 모든 중요한 사상과 철학의 원천이 되었다. 잠시 논의가 주지에서 벗어나지만 여기서 두 가지 점을 명백히 하는 것이 좋겠다.

　우선 이 시기에 새로운 사상이 대두한 것은 근본적으로 정치적·사회적 혼란에서 비롯되었고, 당시 사상가들의 관심 역시 주로 이러한 혼란을 해결할 새로운 정치·사회 질서를 만드는 구체적 방법론에 집중되었다는 점이다. 이 시기의 사상은 서양문화에서 자주 찾을 수 있는 자연철학·인식론·형이상학·논리학 같은 것이 아니라 현실 문제를 해결하고자 하는 정치철학 내지 사회철학이었다. 이 이후의 긴 역사에 있어서도 중국의 사상은 주로 실제적 문제 해결에 관심과 정력을 기울였고 비현실적·이론적·비경험적 문제는 등한시했다. 이것은 중국 철학과 사상의 본질적 특징 중 하나인바, 중국에서 근대적 자연과학이 발전하지 못한 것 역시 상당 부분 중국적 정신세계의 실제적 경향에 기인한다. 또 춘추전국시대의 사상가들은 같은 문화 전통 속에서 영향을 주고받는 가운데 그들의 학설을 발전시켰기 때문에 다양한 이 시기의 사상에는 공통적인 기반도 있다는 점을 유의해야 할 것이다.

　이 시기의 여러 사상 중에서 우리의 논의에 가장 중요한 것은 유교와 법가사상이다. 과거지향적이고 이상적 성격을 가지는 유교와 현재 상황을 직시하고 실제적이고 효과적인 문제 해결 방안을 제시하는 법가사상은 일견 크게 대립되는 것 같으나 양자는 결국 나중에 결합하게 되었고, 이 결합이야말로 중국문명을 안정시키는 데 가장 중요한 역할을 하게 된다.

2 절

유 가 사 상

1) 공자의 정치론: 반봉건적 덕치 이상

유교는 춘추시대의 하급 귀족 출신 사상가인 공자로부터 시작한다.[2] 공자는 유교의 비조일 뿐 아니라 제자백가 중 가장 앞선 사상가이기도 하다.

공자가 살았던 시기에는 끊임없는 전쟁과 권력투쟁으로 봉건질서는 물론이려니와 이와 밀접한 상관관계에 있던 종법적 질서 역시 붕괴하고 있었다. 당시 권력자들은 이러한 혼란을 해결하고 백성을 구제하려는 것보다는 그들의 세력 확장에 더 큰 관심과 힘을 쏟고 있었다.

자애에 넘치는 한 사람의 인간으로서 공자는 무엇보다도 백성의 고통을 외면할 수 없었다. 그는 질서와 문화 그리고 규범과 윤리가 비참한 전쟁과 살벌한 권력투쟁으로 무너지는 것을 크게 안타까워했다. 그는 옛날 이성적이고 자애로운 군주의 통치 아래 모든 문물이 정비되고 백성들이 평화로운 생활을 향유하던 시절을 동경했다.

과거의 황금시대에 대한 동경은 공자만이 품었던 것은 아니었다. 그것은 그 당시 중국, 아니 인류 역사상 거의 모든 전통사회에서 보편적으로 발견될 수 있는 현상이었다. 중국에서는 이미 상 왕조에서 이러한 풍조가 형성되었다. 중국 정신사에 있어서 매우 혁신적이라고 할 수 있는 천명사상 역시 어진 정사를 펼쳤던 고 성왕을 따를 의사를 명백히하고 있어 이러한 태도에서 벗어나는 것이 아니었다.[3]

"과거"가 전통 중국인의 가슴속에는 오늘날의 사람들이 상상하지 못할 만큼 중대한 의미를 가지고 있었고, 공자 역시 예외는 아니었다. 공자의 고향인 노魯나라는 제후국들 중 주의 문물이 가장 잘 전수·보존되고 또 존

---

[2] 크릴 34f 참조.

[3] 중국에는 공자가 태어나기 500여 년 전에도 과거를 존숭하는 관행이 존재했다고 한다. 크릴 165; 김승혜 『원시유교』 [민음사 1990] 53ff 참조.

숭되던 곳이었다. 그는 젊었을 때 노나라의 제후와 귀족들 주변에서 역사·의례·천문 등의 업무를 관장하며 문서를 관리하던 관료적 지식인들에게서 주의 문화, 제도 그리고 통치방법 등에 대해서 배웠다고 추측된다. 그는 주의 문물 속에 고 성왕의 통치 이념과 과거의 문화 및 제도가 가장 잘 종합·구현되어 있다고 믿었고, 이것을 회복하는 것이 당시의 혼란을 극복할 수 있는 좋은 방책이라고 생각했다. 이런 의미에서 그는 보수주의자로 간주될 수밖에 없고 그 스스로도 그렇게 생각했다.[4]

그러나 그는 결코 단순히 과거 그대로 복귀하는 것만으로 현실의 모든 문제가 해결될 수 있다고는 믿지 않았다. 공자는 전통을 존중했지만 전통에 대한 맹신자는 아니었다. 그는 주의 건국 이래 춘추시대를 거치면서 일어난 변화와 합리화의 물결을 무시하거나 외면하지 않았다. 그는 우선 봉건적 신분체제를 반대했다.[5] 공자는 평화로운 질서를 원했고 이를 위해서는 무엇보다도 통치자와 신하들이 고 성왕의 모범에 따라 훌륭한 인품과 능력을 가져야 한다고 믿었다. 이러한 인품과 능력은 혈통과 신분만으로 얻어질 수 있는 것이 아니므로, 봉건적 귀족들만이 지도자가 되어야 한다는 당위성은 없다는 것이 그의 생각이었다. 공자는 오직 올바른 교육만이 뛰어난 인재를 기르는 길이라는 신념을 가졌고, 이러한 신념으로부터 교육은 결코 귀족들에게만 한정될 것이 아니라 모든 사람에게 행해져야 한다고 주장했다.[6] 이러한 주장은 봉건적 신분제도의 이상과는 크게 모순되는 것이 아닐 수 없었다. 아무리 당시의 변화된 상황(귀족들 중에서 몰락하는 자들도 있고, 부분적이나마 평민이 토지를 소유하게 되었으며 또한 제후들이 인재를 구함에 있어 그 출신을 가리지 않게 되어가는 사회 전반에 걸친 변화)을 고려한다고 해도, 오직 귀족에게만 교육을 할 수 있다는 사고가 여전히 강력하던 시기에 이러한 주장은 실로 획기적인 것이었다.[7]

---

[4] 『논어』 VII/2. 카이즈카 시케키(박연호 역) 『공자』 [서광사 1991] 61ff 참조.

[5] 카이즈카 시케키 42 참조.   [6] 『논어』 XV/38.

[7] 크릴 164ff; 카이즈카 시케키 132ff 참조.

공자는 교육의 평등을 주장한 것만이 아니라 실천했다. 그에게는 수많은 제자가 있었고 이들의 출신 배경은 다양하여 결코 귀족에 한정되지 않았다. 교육의 중요성과 교육의 평등에 대한 공자의 철학은 중국의 후대에 그리고 오늘날까지도 커다란 영향력을 행사하고 있다.

공자의 교육철학은 무엇보다도 인간성에 대한 그의 낙관적 신뢰에 기초를 두고 있었다. 다시 이러한 신뢰는 우주의 주재자로서의 하늘에 대한 그의 신뢰에 근거했다. 그는 하늘이 선을 지향하는 윤리적 존재이며 인간 역시 이에 상응하여 자비롭고 따뜻한 마음을 가지고 옳은 일을 할 줄 아는 존재라고 믿었다.[8]

이러한 믿음을 바탕으로 하여 공자는 이상사회를 건설하기 위한 논의를 개진했다. 그는 우선 인간과 인간과의 투쟁이 아니라 원만한 상호 협조야말로 이상사회의 기본 조건이라고 생각했다. 이 사회에서는 모든 구성원이 자신의 직분을 충실히 지키는 가운데 전체적으로 조화와 협조가 이루어진다. 그의 눈에 당시의 권력투쟁은 무엇보다도 사회 구성원이 자신의 본분과 임무를 잊어버리고 그 실천을 게을리한 탓으로 보였다. 임금이 임금답고, 신하가 신하다우며, 아버지가 아버지 노릇을 하고 자식이 자식 노릇을 한다면 사회는 반드시 평화와 질서를 회복할 것이었다. 그러나 그 전에 무엇이 임금과 신하의 직분이며 무엇이 아버지와 자식의 본분인지를 명확히 하는 일이 필요한데,[9] 춘추전국시대처럼 기존의 질서가 흔들리고 사회적 변화가 급격할 때에는 특히 그러하다.[10] 이러한 것이 선행되지 않고는 사회 전반에 혼란이 일어나 통치는 물론 어떤 일도 제대로 이루어지지 않으므로 백성은 고달프게 된다. 자신의 본분과 직무를 정확히 인식하고 그것을 올바로 수행하고자 하는 노력은 사회의 모든 구성원에게 다 요구되는 바이지만, 공자는 일반 백성이 이러한 인식과 노력을 스스로 할 수 있다고는 믿지 않았다. 그는 지도층의 선도적 역할을 강조했다.[11] 공자는 오직 탁월한

---

[8] 크릴 135f; 모오트 68f 71f.

[9] 『논어』 XII/11, XIII/3; 김승혜 118 참조.　　　　　　　　[10] 곽말약 115 참조.

인품의 소유자만이 지도층을 형성할 수 있다고 믿었다. 하늘이 부여한 도덕적 성품을 충분히 갈고 닦아 훌륭한 인격자가 된 사람이 올바른 통치를 함으로써 백성을 편안하게 하는 것, 즉 수기안인修己安人이 바로 혼란을 극복하고 이상사회를 건립하는 방법이었다. 사실 공자의 교육철학은 바로 이러한 지도자를 양성하기 위한 이념적 기초와 방법을 제시하는 것이라고 해도 과언이 아니다.

공자는 참 지도자의 이상형을 고 성왕과 그들을 보좌한 훌륭한 신하들에게서 찾았다. 이러한 시각은 천명사상과 관련하여 과거의 통치자를 선·악 두 부류로 나누어 전자를 미화하고 후자를 매도한 주 왕실 지도자들의 시각과 일치하는 것이었다. 공자는 자신도 명백히 밝힌 바와 같이 주나라 문물의 영향하에 있었고, 이런 점에서 분명히 전통지향적·보수적인 사람이었다. 그러나 그는 고대의 위대한 지도자들의 모범적 인품과 훌륭한 업적이 꾸준한 수양과 노력의 결과이지 혈통과 신분에서 자동적으로 도출되는 결과가 아님을 믿었다. 공자는 수기치인修己治人을 목표로 꾸준히 노력하는 인간형을 표현하기 위하여 군자君子라는 개념을 제시했다. 군자란 원래는 귀족 혈통을 가진 사람을 의미했으나, 공자는 이 개념을 다시 정립했다. 공자에게 군자란 성인, 즉 하늘이 내린 덕성스럽고 자애로운 성품을 최고로 완성시킨 인격자의 경지로 나아가기 위해 끊임없이 노력하는 사람이다. 물론 인간의 최고 목표는 성인에 이르는 것이나 이것은 심히 도달하기 어려운 경지이므로 차선의 목표로 제시된 것이 군자이다.[12]

성인이나 군자에 의해 교화된 백성들이 자기 직분을 다하면서 넉넉한 살림 속에서 문화적 삶을 유지하는 것, 이것이 공자가 믿었던 과거의 황금시대상이었고 앞으로 건립해야 할 이상사회의 청사진이었다.

인간성에 대한 깊은 신뢰를 가졌던 공자는 인간의 교화 가능성을 믿었고 이것을 기반으로 덕치적 이상을 제시했다. 백성을 엄격한 형률로써 처벌하

---

[11] 마스페로 303.　　　　　　　　　　[12] 김승혜 96ff.

는 것이 아니라 덕으로써 교화시키고 올바른 도리로써 가르치는 것이 정치의 주종主宗이 되어야 한다는 것이 공자의 주장이었다.[13] 형률로써 다스리는 것은 백성들에게 법망을 피해 갈 수 있는 잔꾀만 길러줄 뿐이다. 인의를 체득한 지도자가 백성에게 모범을 보이고 이들을 교화할 때에만 무지한 백성도 잘못됨을 부끄러워하여 스스로 이를 고치고 마침내 좋은 사회 구성원이 된다. 공자는 결코 재판과 형벌이 불필요하다고 생각할 만큼 비현실적인 사람은 아니었지만, 중요한 것은 분쟁을 정확히 해결하고 죄인에게 공정한 형벌을 내리는 것이 아니라 분쟁과 범죄행위를 미연에 방지하기 위한 지도자의 교화활동이라고 생각했다.[14]

이러한 맥락에서 공자는 사회적 관계를 규제하는 주된 규범은 예禮가 되어야 한다고 주장했다. 예는 매우 포괄적 개념이어서 제사의식에 관계된 예법에서부터 일상사의 일견 사소한 예의에 이르기까지를 포함하는 문화규범이었다. 일반적으로 예는 권력자가 자의적으로 만들어 강제하는 규범이 아니라, 고 성왕이 제사의식을 바르게 수행하고 사회생활의 구체적 관계들을 올바르게 유지하기 위하여 하늘과 인간의 윤리적 본성에 상응하여 창조한 것이 오랫동안 전승되어 온 것으로 인식되었다. 봉건적 신분제도가 엄격하던 주대에 주왕을 정점으로 친인척관계를 이루고 있던 봉건 귀족들은 도덕적 자율성을 존중하는 매우 인간적인 규범, 즉 예에 의해 규제되었지만, 정당한 인간적 대우도 받지 못하고 제사 역시 올리지 못하던 평민들은 가혹한 형률에 의해 규제되었을 뿐 예의 적용 대상이 되지 못했다.[15] 그러나 모든 인간에 대해 낙관적 신뢰를 가졌던 공자는 예가 평민들에게까지도 확장되어야 한다고 생각했다. 예를 지키고 예에 의해 규율됨으로써 귀족과 평민을 포함한 사회의 모든 구성원은 하늘에 대한 경건한 의식에 같이 참여하고, 하늘과 인간의 도덕성에 부응하여 군신·부자·부부·친척·장유·이웃 등 모든 인간관계에 있어 질서있고 사랑이 넘치는 문화적·윤리

---

[13] 『논어』 II/1 3, XII/17, XIII/6 13.　　　　[14] 『논어』 XII/13.

[15] 『예기』(禮記) 「곡례」(曲禮) 7; 마스페로 89ff 참조.

적 공동체의 일원이 될 수 있을 것이다.[16]

공자는 예가 자애로운 천성을 인식하는 기회, 또 이 천성이 함양되어 마침내 사회생활 속에서 발현·실천될 수 있는 기회를 제공하는 수단이 되고, 더 나아가서 사회 전체를 조화롭게 결속시키는 가장 중요한 방법이 된다고 믿었다. 그래서 공자는 예가 인간의 자애로운 천성과 진정한 인간관계를 이탈하여 단순히 형식적인 규범으로 변모하는 것에 대해 극도로 경계했다.[17] 그에게 있어서 예란 오직 인仁의 기반 위에서만 의미를 가지는 것이었다.[18] 그래서 그는 자애로운 천성을 계발하기 위한 개인적 노력을 매우 강조했고, 군자가 되는 구체적 규범을 제시했다. 예컨대 그는 자기가 원하지 않는 것을 남에게 하지 말고 자기가 바라는 것을 남에게 베풀 것을 가르쳤고, 모든 생각과 행동에 있어 정성스러울 것과 그것을 남에게 확대할 것을 요구했다.[19] 오직 이러한 인품을 가지고자 노력하는 사람만이 예를 행하고 지식을 익혀 군자라 칭할 수 있게 되며, 오직 이런 사람만이 지도자로서 백성을 감화시키고 다스릴 수 있게 된다. 요컨대 이상사회의 실천을 위한 공자의 정치철학은 개인의 인격 완성이라는 도덕철학과 분리할 수 없는 하나이며, 후자는 전자의 전제가 되는 것이었다.

공자의 정치론에 있어서 핵심은 애민사상이었다. 그에게 있어 백성이란 결코 억압 대상이 될 수 없었다. 훌륭한 지도자와 백성 사이에 사랑과 신뢰가 넘치는 관계야말로 그가 추구하는 바였다.[20] 그래서 그는 국가경제의 운용에도 단순한 풍요보다는 모든 백성이 경제적 과실을 균등하게 차지하는 것을 이상으로 삼았다.[21] 차별과 착취가 없도록 정치가 행해진다면 지도자와 백성은 단합되고 민심은 인정된다. 이러한 사회는 번영하게 마련이다. 여기서는 백성들이 자신에게 부여된 임무를 눈가림식으로 때우거나 마지못해서

---

[16] H. 핑거레트(송영배 역) 『공자의 철학. 서양에서 바라본 예(禮)에 대한 새로운 이해』 [서광사 1993].

[17] 『논어』 III/4, XVII/11.　　　　[18] 『논어』 III/3; 김승혜 111ff 참조.

[19] 『논어』 XV/5 8 23, I/16.　　　　[20] 『논어』 XIII/1 4.　　　　[21] 『논어』 XVI/1.

행하는 것이 아니라 마음에서 우러나서 행하기 때문이다. 따라서 지도자들이 우선적으로 추구해야 할 바는 백성들에게 신뢰를 확보하는 일이지 군비 내지 권력의 강화나 경제적 발전을 도모하는 것이 아니다.[22] 후자는 물론 중요하다. 그러나 전자가 충족된다면 후자는 저절로 달성될 것이다. 착취와 차별이 아니라 신뢰와 사랑으로 정치가 행해지는 나라에서는 백성이 기뻐할 뿐 아니라 한걸음 더 나아가 타국의 백성까지 모여들어 마침내 강대국으로 발전할 수밖에 없다.[23] 따라서 덕정과 애민은 윤리적인 면에서 바람직할 뿐 아니라 부국강병의 가장 중요한 현실적 수단이 될 수 있다.

2) 유교사상의 현실성과 비현실성

이러한 공자의 정치적 이상은 제후국간의 살벌한 투쟁이 본격화되고 국가가 큰 규모로 성장하고 있었던 춘추 말기의 실제 상황에는 너무나 비현실적인 것이었다. 공자는 중국 고대의 낙관적 세계관과 천명사상으로 대표되는 도덕적 정치사상에서 너무나 큰 영향을 받았고 이로써 현실 문제를 제대로 인식할 수가 없었다.

공자의 시대에는 우주의 주재자로서 하늘이 상당히 비인격화되었다. 이 무렵은 하늘이 선행을 행한 사람을 곧 흥륭케 하고 악행은 곧 징벌한다든가, 인간이 제물로써 하늘을 기쁘게 하여 축복을 얻어낸다든가 하는 주나라 초기의 신관이 퇴색하고 있던 중이었다.[24] 이것은 무엇보다도 계속되는 제후국들 사이의 전쟁 때문에 인간의 사유가 크게 현실화·합리화된 결과인데, 실제로 공자에 약간 앞서서 자산子産·숙향叔向·안영晏嬰 등 제후국의 정치가들도 종교적·마술적 세계관에서 탈피하여 이성적이고 현실적인 사고를 기반으로 정사를 이끌었다.[25]

공자 역시 이 커다란 흐름의 영향을 받았다. 그는 인간의 이성으로서는 추리할 수 없거나 경험으로 인지할 수 없는 것, 예컨대 초자연적 힘·귀

신·사후세계 등에 대해서는 논의를 삼갔다.[26] 그는 경험과 사실을 존중했으며 이것에 근거하여 사색하고 이론을 제시했다. 그의 사상체계에는 기독교적 진리의 원천인 계시나 플라톤 철학의 핵심인 이데아 같은 초경험적·초이성적인 것이 없다. 경험적이요 합리적(합리주의적이 아니라)이었던 그는 자신의 과오와 무지 가능성을 충분히 자각하고 있었고, 자신이 도달할 지식이 궁극적인 것이 아닐 수 있다는 것 역시 잘 알고 있었다. 그는 아는 것과 모르는 것을 명백히하려 했고, 기존의 진리에 안주하지 말고 항상 사색하여 끊임없이 진리를 추구할 것을 강조했다. 자기가 항상 과오를 저지를 수 있음을 충분히 알고 있었기 때문에 자신의 과오를 인정할 줄도 알았다. 공자는 과실을 적게 하려고 노력하는 사람을 존경했다.[27]

『논어』를 읽는 현대의 독자들은 공자의 철학 태도에서 포퍼의 비판적 합리주의와 비슷한 것을 보는 듯한 느낌을 가질 수도 있을 것이다. 사실 공자처럼 스스로의 한계 내지 과오 가능성을 자각하고 독단에서 벗어난 사고를 존중한 사상가는 인류 역사상 거의 없었다.[28] 이러한 점에서 공자는 참으로 혁신적이고 개방적인 면모를 지니고 있었으며, 이것이 후세의 정치권력자나 유학자들에 의해 다소 변모·왜곡되었다고는 해도, 유교와 중국의 정신세계를 서구의 기독교와 비교하여 훨씬 덜 독단적인 것으로 만드는 데 기여했다.

그러나 우리는 공자 역시 시대적 한계에서 크게 벗어날 수 없었음을 인정하지 않을 수 없다. 비록 그가 하늘을 비인격적 존재로 보았고 현실적·경험적 바탕 위에 합리적인 사상체계를 정립했다고는 하지만, 하늘은 여전히 인간의 도덕성을 보증하며 자신에게 당시의 혼란을 극복하고 고 성왕의 통치를 회복할 사명을 부여한 우주의 주재자였다.[29] 천도와 인간성에 대한 낙관적 신뢰 때문에 공자는 춘추만의 살벌한 상황에 대해 너무나 안이한 정책을 제시했다. 그는 천하를 주유하면서 제후들에게 진언했지만 성공할

---

[26] 『논어』 VII/20, XI/11.

[27] 『논어』 II/15 17, VIII/18, I/8, XIV/26 등 참조.

[28] 크릴 156ff 참조.

[29] 『논어』 II/4, VII/22, IX/5, XVI/8 등 참조.

수 없었다. 공자보다 훨씬 이전에 현실 정책으로 산동성의 제齊나라를 크게 번영시키는 데 성공한 관중管仲 같은 인재를 찾고 있던 그 무렵 제후들의 입장에서는, 공자가 주장하는 방책이 현실감을 상실한 서생의 이론에 불과 했을 것이다.

공자의 사상은 그의 제자들과 또 이들의 제자들에 의해 형성된 여러 학 파를 통해서 발전·전파되었고, 이들의 노력으로 공자의 사상, 즉 유교는 전국시대에 강력한 영향을 발휘하는 집단으로 발전할 수 있었다. 이들 역 시 공자와 마찬가지로 당시의 혼란을 해결하기 위한 노력을 계속했다. 유 학자들은 많은 경우 제후들에게 환영을 받았는데, 그것은 이들이 훌륭한 인품을 양성하여 군주를 속이거나 배반하는 일이 없었기 때문이다.[30] 그러 나 공자보다도 더욱 살벌한 시대에 활동하던 이들 중 누구도 스승의 가르 침으로는 현실적인 방책을 제시할 수 없었고, 따라서 유학자들 중에서는 대 정치가로 성공한 사람이 한 사람도 배출될 수 없었다.

전국시대에 가장 유명한 두 사람의 유학자는 맹자孟子와 순자荀子이다. 양 자는 상당히 대조적인 면을 보이는데, 맹자는 공자의 도덕정치적 사상을 극단적으로 추구한 이상론자였다. 그는 천명사상의 실효성과 하늘로부터 부여받은 인간의 본성이 착함을 굳게 믿었고, 이것을 기반으로 민본주의적 도덕정치의 정당성을 공자보다도 더욱 강하게 주장했다. 그가 제후들에게 받아들여지지 못한 것은 너무나 당연한 일이었다.

맹자와는 반대로 순자는 유학자로서는 현실적인 사상가였다. 그는 인간 의 본성에 대해서 공자나 맹자보다 훨씬 더 부정적 견해를 가지고 있었다. 그는 성악설을 주장했다.[31] 그래서 공·맹이 백성들에게 덕정과 교화를 베 풀어야 함을 강조하는 데 반하여 순자는 이들을 예형禮形을 통해 강력히 제 재할 것을 주장했다. 순자는 통치의 모범을 과거 고 성왕의 치세에서만 찾 지 않았다. 그는 비록 옛 성인의 통치를 사모하면서도 당시의 힘을 바탕으

---

[30] 크릴 46f; 모오트 65 참조.

[31] 『순자』(荀子) 「성악편」(性惡篇) 참조.

로 한 현실 정치, 즉 맹자가 그토록 비난했던 패도정치 역시 긍정적으로 평가했다.[32] 이러한 점에서 순자는 유가의 주류에서 벗어난 이단 내지 법가 사상의 원조라고 간주되기도 한다. 사실 그의 제자인 이사李斯와 한비韓非는 대표적 법가였다.

그런데도 순자는 중요한 점에서 유교의 틀을 벗어나지 않았다.[33] 그는 우선 법가와는 달리 백성들을 위한 정치를 주장했다. 순자가 예형정치를 주장한 것은, 본성에 의해 좌우된 행동을 함으로써 개인적으로는 인간답지 못한 행동을 하고, 나아가 사회적 혼란을 야기할 수 있는 무지한 백성들을 올바로 이끌기 위한 자애로운 마음에서 나온 것이지, 법가처럼 백성을 부국강병의 수단으로 간주하는 입장에서 비롯된 것은 아니었다. 또 순자가 인간성의 부정적인 면을 부각했다고는 하지만 내적 수양과 교육 훈련을 통해 본성을 극복하고 윤리적으로 완전한 인간(성인·군자)에 이를 수 있다고 믿었다는 점에서는 성선설을 주장한 맹자와 다를 바가 없었다. 순자에게도 고 성왕은 중요한 의미를 가지는 것이었다. 고 성왕이란 악한 인간성을 극복하여 성인의 경지에 이른 모범적 인간이며, 예란 바로 이들이 보통 사람을 규제하고 사회 혼란을 방지하기 위해 만들어 낸 규범이다. 이것을 강요함은 개인의 올바른 삶과 국가와 사회의 존립을 위해 필요불가결한 일이며, 또한 이들의 뜻을 실현시키는 것이기도 하다.[34] 순자는 비록 예형의 중요성을 강조했지만 국가의 통치와 사회의 존립에 성인이나 군자의 존재가 객관적 제도 내지 규범보다 더 중요하다고 믿었다.[35] 요컨대 전통유가라기보다는 법가적 요소를 다분히 가진 순자의 사상에서도 윤리와 인격 수양은 여전히 국가와 사회를 운용함에 있어 기본 조건이었다.

객관적 법규범과 제도를 중시하는 법가의 사상과 비교할 때 인간적·도덕적 요소를 강조하는 유가적 사상은 지역적 정치 단위라면 몰라도 춘추전

---

[32] 『순자』 「왕제편」(王制篇) 「왕패편」(王覇篇) 「정명편」(正名篇) 등 참조.

[33] 곽말약 274ff; 모오트 97ff; 김승혜 226ff 참조.

[34] 『순자』 「수신편」(修身篇) 「성악편」 등 참조.   [35] 『순자』 「군도편」(君道篇) 참조.

국시대를 거치면서 대규모의 중앙집권적 권력체로 성장하는 각 제후국이나 한걸음 더 나아가서 전 중국을 통일한 제국에 대해서는 적합치 못한 통치 이념이었다. 그런데도 유교는 한의 통일제국에서 국가의 정통 이념으로 채택되었고 그후 이 지위를 20세기에 이르기까지 유지했다. 더욱이 송대 이후에는 현실적인 순자의 사상이 아니라 이상론적인, 정치에 있어서 개인의 내면적인 수양의 중요성을 극단적으로 강조하는 맹자의 사상에 기반한 성리학이 정통으로 인정되었다.[36] 그렇다면 도대체 무엇이 유교의 이러한 긴 생명력을 설명해 줄 수 있을까?

3) 유교의 긴 생명력

공자는 격변기에 살았지만 외래문명의 충격이 전혀 없었던 중국에서 활동했기 때문에 완전히 혁신적인 사상체계를 형성할 필요가 없었다.[37] 즉, 중국의 전통적 사상과 제도 및 규범은 춘추전국시대라는 변혁기의 밑바탕에서 여전히 작용하고 있었고, 공자의 사상은 바로 이 저변 위에 건립되었던 바, 그의 논의 중 혁신적 부분 역시 전통이라는 기반과 관련하여 개진되었다. 따라서 어떤 정치적 변화가 있더라도 전통을 완전히 버리지 않는 한 공자의 사상은 유효했다. 예컨대 새 왕조가 정통성을 천명사상에서 구하는 한 공자의 덕치 이상은 현실적 영향력을 가질 수 있었다.

전통에 기반한 것뿐 아니라 엄밀한 체계를 이루지 못한 것 역시 그의 사상이 장수하는 원인이 될 수 있었다. 이 점은 플라톤의 정치론과 비교하면 명백하다. 정밀하고도 완벽한 사상체계로서의 플라톤의 국가이론은 전부 적용되지 못한다면 완전한 헛소리에 불과했고 따라서 이 이론이 정치 현실

---

[36] 초기 유교가 성립한 이후 약 천 년간은 순자의 영향이 맹자를 능가했으나 송 왕조에서 유교 부흥운동, 즉 신유학운동이 일어난 이후에는 맹자가 순자를 압도했다.

[37] 플라톤의 체계적이고 방대한 저작에 비하여 공자의 비체계적이고 빈약한 저술에 이상한 느낌을 가지는 논자들도 있을 것이다. 그러나 전통과의 단절과 외래문명의 영향 속에서 "완전히" 새롭게 자신의 이론을 개진하는 것과 전통의 기반하에서 그때그때의 필요에 따라 견해를 밝히는 것이 같은 저술방법과 같은 작업량을 요구할 수는 없다.

에 적용될 기회란 거의 없었다. 이에 비하면 공자의 사상은 실제 상황과 관련하여 그때그때 개진된 "단편적" 주장들의 집합체에 가까웠기 때문에 현실적 필요에 따라 그 부분 부분이 다른 전체적 체계와 엄밀한 관련없이 적용될 수 있었다.

그러나 이러한 점은 후대에 공자의 사상이 정통 교리로서 오래 존속한 것에 대한 극히 하찮은 요인에 불과하다. 필자는 유교가 중국 역사의 장구한 흐름 속에서 정통 사상으로서 위치를 유지할 수 있었던 것은 일견 유교와 극명한 대조를 이루는 법가사상이라는 배를 탈 수 있었기 때문에 가능했다고 믿는다. 이제 분열기의 법가 이론에 대해 논의하기로 하자.

3 절

법 가 사 상

1)정치 현실론: 전통과의 단절과 성악설적 인간관

법가法家의 사상 역시 춘추전국시대의 다른 여러 학파와 마찬가지로 당시의 혼란을 극복하고 질서와 평화를 되찾으려는 목적에서 비롯되었다. 법가의 사상이라고는 하지만 각 학자마다 주장하는 바가 달라 한 가지로만 논의될 수는 없으나, 그 대강에 있어서는 다른 유파와 구별되는 특징을 어느 정도 확연히 인지할 수 있다. 우선 법가의 사상가들은 다른 어떤 학파의 사람들보다 당시의 상황을 더 정확하게 인식했고, 또한 법가들이 제시한 문제의 해결 방안 역시 다른 학파들보다 더 현실적이었다. 이러한 점은 인간성에 대하여 순진할 정도의 낙관적 신뢰를 정치철학의 기본으로 삼았던 맹자나, 현실 개혁에 대한 소극적 자세와 신비적·무위자연적 세계관을 가졌던 도가의 철학자들, 그리고 전쟁을 극구 비난하고 보편애를 문제 해결의 방책으로 제시한 묵가墨家의 사상을 생각해 보면 충분히 납득할 수 있을 것이다.

법가의 사상이 다른 학파의 주장과 구별되는 가장 큰 특징은 고 성왕의 통치방식을 되찾으려는 기도와 과거의 황금시대로 돌아가려는 노력을 비난한 것인데, 이것 역시 이 사상의 현실성에 기인하는 것이다. 상·주의 화려한 문화적 전통 속에서 과거를 이상화한 것은 중국적 정신세계의 보편적 경향이었음은 이미 언급한 바이다. 공·맹은 말할 것도 없지만 묵자墨子 역시 하夏의 성왕 우禹의 정치를 본받고자 했고, 도가도 번거로운 제도나 규범 없이 살았던 과거의 원시적 공동체를 동경했다. 이러한 전통에 반하여 법가들은 고 성왕의 통치 이념이나 제도가 현실의 문제 해결에 도움이 되지 않고 오히려 방해가 된다고 생각했는데, 그 이유는 바로 시대가 변했다는 것이었다. 사실 그들이 주장하는 바와 같이 시대는 변했다.

이미 춘추시대가 시작되면서부터 사회는 변해오고 있었지만 법가의 대표자인 이회李悝·오기吳起·상앙商鞅·이사·한비 등이 활동하던 춘추말 전국시대에는 이러한 변동이 이미 돌이킬 수 없을 만큼 명백해졌다. 이때에는 각 제후국의 군주가 오직 주 천자만이 사용할 수 있는 칭호인 왕을 참칭했고, 심지어 진秦의 어떤 군주는 제帝라는 왕을 넘어서는 칭호를 사용했는데, 이는 주의 봉건적 신분질서가 극도로 문란해진 한 단면을 보여준다.

오랜 투쟁은 제후 사이에 친인척이라는 동류의식도 크게 약화시켰고, 또한 전쟁의 양상 역시 완전히 바꾸어 버렸다. 이 시대의 얼마 전만 하더라도 제후국들이 전쟁을 하게 되면 전투의 장소 및 일시의 통고는 당연한 것이었고, 기근에 시달리거나 국상을 당한 나라는 침공하지 않았으며, 전투 중이라 할지라도 서구의 기사도에 비길 만한 규범을 지켰다.[38] 승리 자체가 아니라 명예로운 승리가 더 존중되었던 것이다. 그러나 전국시대의 전쟁은 수단과 방법을 가지지 않고 상대방을 제압하는 것을 목적으로 했다.

전쟁 양상의 이러한 변화는 전국시대를 마감하고 통일된 천하의 첫번째 황제가 될 진왕 정政과 그의 유능한 장군인 왕전王翦 사이에 일어난 일로써

---

[38] 베버 69; M. Granet, *Die chinesische Zivilisation* [Frankfurt am Main 1985] 125ff 참조.

잘 알 수 있다. 삼진三晉을 이미 병탄한 진왕 정은 이제 최대의 적수인 초楚를 공격하고자 왕전에게 얼마의 병력이 필요한지를 묻는다. 이에 왕전은 60만이 아니면 불가능하다고 대답한다. 왕전이 너무나 많은 병력을 요구한다고 생각한 진왕은 20만의 병력이면 충분하다고 주장했던 젊고 용감한 장군 이신李信에게 군사를 주어 초를 정벌케 한다. 그러나 이신은 초에게 크게 패하고 만다. 진왕은 하는 수 없이 이미 향리로 돌아가버린 왕전을 찾아가 초를 정벌해 줄 것을 간곡히 부탁한다. 왕전은 전과 다름없이 정벌에 60만의 병력이 필요함을 아뢴다. 그렇다면 왕전은 왜 이렇게 많은 병력을 요구했던가? 그 대답은 춘추전국시대의 역사를 이야기 형식으로 엮은 후대의 책에 잘 요약되어 있다.

옛날과 오늘날은 싸우는 방법이 다릅니다. 옛날엔 반드시 싸울 날짜를 통지하고 나서 서로 진을 쳤고, 싸우되 반드시 진 앞에서만 싸웠으며, 달아나고 뒤쫓는 데도 규칙이 있었습니다. 무기로 적을 치되 되도록 중상을 입히지 않는 것으로 명예를 삼았으며, 그 죄를 꾸짖고 항복만 받으면 그만이지 오늘날처럼 땅을 뺏진 않았고, 비록 칼과 창으로 싸울지라도 어디까지나 예의로써 대하며 비겁한 수단을 쓰지 않았습니다. 그러므로 옛 제왕들은 싸우되 많은 군사를 쓰지 않았으며, 제 환공齊桓公이 천하 패권을 잡았을 때만 해도 군사 3만 명이면 충분했습니다. 그런데 오늘날은 어떠합니까! 오늘날은 모든 나라가 예의로써 싸우지 않고 다만 힘으로써 약한 자를 무찌르는 시대입니다. 즉, 수효가 많은 군사로써 수효가 적은 상대방 군사를 덮어누르는 시대입니다. 만나면 반드시 서로 죽이고, 공격하면 반드시 그 땅을 빼앗는 시대입니다. 그렇기 때문에 오늘날에 가까워질수록 상대방 나라의 성을 포위하면 군사들은 농사를 지으면서 몇 해든지간에 공격을 가하는 실정입니다. 자, 보십시오. 오늘날은 농사짓는 농부들까지 모두 무기를 잡으며, 어린 동자童子들도 모두 병적에 올라 있습니다. 이렇게 시대로 변했고 세상도 변했습니다. 그러므로 수효가 적은 군사로는 어찌해 볼 도리가 없습니다.[39]

사회 전반에 있어서 변화는 누구에게나 명백했지만 거기에 대처하는 정책은 같지 않았다. 사회가 변화하는데도 여전히 과거에 집착하거나 전통적 이상을 고수하는 경우는 역사 속에서 흔히 관찰되는 일이다. 상황이 급격히 변화한 전국시대 말기에도 많은 사람의 정신세계에는 여전히 전통적 이상이 큰 부분을 차지하고 있었음은 진왕 정의 재상인 여불위呂不韋의 주도로 편찬한 『여씨춘추』呂氏春秋에도 잘 나타나 있다.[40] 그러나 법가들은 달랐다. 그들은 과거가 아니라 현재, 이상이 아니라 현실, 그리고 공허한 주장이 아니라 엄연한 증거를 중시했다. 그들은 명백한 증거도 없이 과거를 동경하는 이상론자의 생각이 얼마나 허황된 것인가를 간파했다.

> 공자와 묵자는 모두 요·순을 말하면서도 그 취사한 것이 같지 아니한데, 모두들 자기가 진짜 요·순의 학문이라 한다. 그러면 요·순이 다시 살아날 수 없으니 또한 누가 유가와 묵가의 정통을 결정케 하겠는가? … 참고할 증험도 없이 꼭 그렇다고 주장하는 것은 어리석은 자이고 꼭 그런 것이 아닌데도 그것에 의거한다는 것은 사기꾼이다.[41]

요·순을 두고 상이한 해석을 하면서 다투는 유가와 묵가는 그들의 의도와는 달리 요·순이 지닌 권위 자체에 대한 회의를 유발했다. 이러한 것은 서구에서 보편적 지배 이상을 두고 교황과 황제의 긴 투쟁으로 이 이상 자체의 정당성이 부정된 것이라든지, 또는 서구의 자연법에 대한 18세기와 19세기의 각각 다른 해석이 자연법 사상을 약화시키고 실정법 사상을 강력히 대두시킨 원인 가운데 하나였다는 사실과[42] 그 맥락을 같이하는 것이다. 전통이 붕괴되고 가치 기준이 모호해지면 많은 경우 초경험적 이념보다는 경험적 타당성이 그 힘을 발휘하게 된다.

---

[39] 김구용 역 『열국지』(列國志) [민음사 1994] 제10권 320-1.

[40] 곽말약 513ff 참조.   [41] 『한비자』(韓非子) 「현학편」(顯學篇).

[42] Max Weber, *Wirtschaft und Gesellschaft*, 수정 5판 [Tübingen 1980] 501.

인간성에 대한 법가의 부정적 견해 역시 현실의 경험에서 출발한 것이었
다. 법가적 사상가들은 당시의 권력투쟁적 정치 현실과 약육강식의 전쟁,
출세를 위하여 경쟁하는 지식인의 행태와 천하를 돌아다니며 이익을 추구
하는 상인들의 활동을 보면서 인간은 그 본성이 착한 것이 아니라 악한 것
이요, 정의보다 이익을 앞세우는 탐욕스런 존재임을 알게 되었다. 인간에
대한 경험적 관찰에 근거하여 법가들은 전통을 지향하는 이상주의자들을
반박했다. 유·묵 등의 전통주의자들은 과거의 황금시대에는 성왕의 통치
아래 사람들이 서로 양보하고 다투지 않았다고 주장하지만, 그것은 그때에
는 재화가 풍부하고 인구가 적었기 때문이지 사람의 본성이 착했기 때문은
아니다. 그러나 세월이 흐르면서 인구가 기하급수적으로 증가하여 심한 노
동을 하더라도 결코 의식衣食을 풍부하게 조달할 수 없는 것이 지금의 상황
이요, 이때문에 생존과 이익을 위해 서로 다투지 않을 수 없는 것 역시 오
늘날의 엄연한 현실이다. 후대에 칭송되는 고 성왕 요·순의 선위도 실상
을 살펴보면 그럴 만한 가치가 전혀 없다. 성왕이 군림하던 시기에 문물은
소박했고, 기술은 보잘것 없어서 임금의 생활이래야 현재의 농부나 문지기
에 비해 나을 것이 없었다. 그들이 오늘날 살았더라면 임금의 지위는커녕
현령의 자리도 양보하지 않았을 것이다. 이러한 실정을 모르고 과거를 이
상화하는 것은 가소로운 일이다. 더욱이 과거는 이제 회복될 수도 없다.
기술적 진보에서도 충분히 알 수 있는 바와 같이 사회는 이미 엄청나게 변
화해 왔기 때문이다.[43]

　이제 법가들에게 있어서는 더이상 고 성왕의 통치가 모범이 될 수 없었
다. 새로운 시대의 새로운 성왕이라면 변화된 상황에 변화된 수단으로 대처
할 능력이 있어야 한다. 이익을 위하여 서로 다투는 인간들과 이로 인해 어
지러워진 현실 사회를 인간성에 대한 신뢰와 사회 구성원의 상호 협력과 조
화에 바탕을 둔 고 성왕의 치도治道(내지 이를 존숭하는 유가와 묵가의 사

---

[43] 『한비자』 「오두편」(五蠹篇).

상)로써 다스리려 하는 것은 시대착오일 수밖에 없고, 이것은 혼란만을 가중시킬 뿐이라는 것이 법가의 믿음이었다.[44] 법가에 의하면 군주는 백성들을 인의로써 다스려서는 안된다. 인간의 본성은 이기적인 것이므로 인의를 가지고 정치를 이룰 수는 없는 것이다. 예를 들어 공자는 백성을 기쁘게 해주는 것이 정치라고 말하지만 그렇게 된다면 공 없는 자도 상을 받고 죄진 자도 처벌을 면하게 되어 국가의 기강이 무너지고 결국 정치가 어지러워진다.[45] 또 군주와 백성 사이의 관계가 부모와 자식 사이처럼 자애가 넘쳐야 된다고 유가나 묵가가 주장하지만, 실제 부모라 할지라도 사랑만으로는 결코 자식을 올바로 이끌 수 없는데 하물며 인민과 신하를 자애와 인의로 통치한다는 것은 불가능한 일이다. 이상론자들은 고 성왕이 백성 하나하나에게 연민을 가지고 있어서 어쩔 수 없이 어떤 백성을 사형에 처해야만 하는 경우가 생기면 음악을 금하고 눈물을 흘렸다고 하는데, 그 왕은 어짊을 이루었다고는 말할 수 있어도 정치를 이루었다고는 말할 수 없다.[46]

그렇다면 도대체 어떻게 해야 진정한 정치를 이룰 수 있을 것인가?

2) 법가적 정치 이념: 법과 제도를 통한 통치, 엄형주의와 우민정치

잘 알려진 바와 같이 법가들은 통치자가 아니라 비인격적인 법과 제도를 통해서만 진정한 정치를 이룰 수 있다고 주장한다. 그들은 국가와 사회가 방대해지고 복잡해졌음을 명확히 인식하고, 통치가 군주의 개인적 역량에만 의존할 수는 없다고 믿었다. 복잡한 시대의 통치란 군주의 인의로서는 감당할 수 없는 것이지만, 더욱이 요·순 같은 인의를 행할 수 있는 군주는 천세에 한 번 나올 정도이다. 군주의 세습제가 당연시되는 현실 속에서 대부분의 군주는 요·순 같은 대성인도 아니요 걸주 같은 저급한 인간도 아닌 보통 사람들이다. 혹 특출한 군주라면 몰라도 보통 역량을 가진 군주가 국가와 백성을 다스리기 위해서는 통치자의 인격에 좌우되지 않는 엄격

---

[44] 같은 책 「팔설편」(八說篇).　　[45] 같은 책 「난삼편」(難三篇).　　[46] 같은 책 「오두편」.

한 법을 보편적으로 제정·공포·시행하는 것이 필요하다.[47]

여기서 법가들이 주장하는 법의 내용을 좀더 구체적으로 살피기로 하자. 법가들이 다른 사상가들과 구별되는 것은 그들만이 부국강병책을 논했기 때문이 아니라 그들의 독특한 부국강병책 때문이며, 이 독특성이 그들이 주장하는 법치의 기본적 내용을 결정했기 때문이다. 법가들은 부국강병책을 추구함에 있어 다른 어떤 학파보다도 전통과의 단절을 꾀했다. 따라서 그들이 주장하는 법치의 내용 역시 전통과는 크게 다를 수밖에 없었다.

어느 사회도 구성원을 규제할 규범이 없이는 존립하기 어려운 법이다. 사실, 법가들이 법에 의한 통치를 주장하기 훨씬 전에도 주나라와 제후국들이 일정한 법규에 따라 통치되었음은 물론이다. 이 법규가 바로 고대의 성인이 제정하여 오랜 세월 전래된 예禮였는데, 사람들은 이를 신성한 규범이라 믿었다. 예는 내용에 있어 포괄적이고 형식에 있어서도 다양했으며, 또 그 기원에 있어서도 관습법적인 것과 통치자가 제정한 것을 포함하는 규범의 총체였다. 예는 주의 통치질서가 잘 유지될 때는 종교의식·세속의례·정치·행정·사법 등 국가사회의 중요한 분야에서 일상사의 행위에 이르기까지 무리없이 규율했지만, 새로운 질서를 감당하기에는 더이상 적합하지 못했다. 수많은 세월은 거치면서 그때그때의 필요에 의해서 도입되거나 정립되고, 단순히 오래된 것이기 때문에도 지켜졌던 이 포괄적 규범은, 통일적인 체계에 있어서도 미흡했고 또 적용에 있어서도 구체적 정황에 따라 좌우된다는 단점이 있었다. 그러나 무엇보다도 그것을 수용하고 지지한 주체가 친인척으로 이루어진 지배계층인 봉건 귀족이었다는 점에서 예는 새로이 대두하는 비인격적 권력체인 중앙집권적 국가의 통치규범으로서는 적합할 수 없었다. 그 전체적 성격상 예는 가혹하다기보다는 인간적이요, 강제적이라기보다는 도덕적 자율성을 바탕으로 하는 것이었다. 다른 한편 이러한 예의 규제 대상이 되지 못하던 일반 백성들에게도 새로

---

[47] 같은 책 「난세편」(難勢篇): 이승환 『유가사상의 사회철학적 재조명』 [고대출판부 1998] 191-2 참조.

운 규범이 필요하기는 마찬가지였다. 이들은 통일적·보편적인 성문 법전에 의해 규제된 것이 아니라 각 지역과 부족에 따라 내용이 다른 관습법에 의해 규제되었다.

이러한 여러 사정 때문에 예는 대귀족을 억압하고, 각 지역을 통합하면서 새로이 대두하는 반(反)봉건적 국가질서는 물론 귀족의 몰락과 평민의 신분 상승으로 인해 변화하는 새로운 사회질서에도 부합하지 못했다. 요컨대 새로운 현실을 규제할 새로운 법규의 제정이 필요한 시대였다.

법가는 이러한 시대적 요구를 다른 어떤 사상가들보다 더 빨리 그리고 더 깊이 인식한 사람들이었다. 춘추시대 중반 이래 여러 제후국에서는 선구적 정치가들이 법가적 변혁을 단행했다. 법제사적 관점에서 중국의 법가들이 행한 변혁은 다른 문명에서는 거의 찾을 수 없을 정도로 급격한 것이었다.[48]

이들은 변화된 상황을 감당할 수 있는 법을 과거와 관련지움 없이 완전히 새롭게 제정하고자 했다. 이 과정에서 전통은 철저히 부인되었고 중세 이래 서구의 법 발전사에서 볼 수 있는 것처럼 관습을 새로 제정된 실정법에 다시 도입하는 일은 찾을 수 없었다. 법가들에 의해 주창된 "법"이란 과거의 규범인 예와는 달리 오직 입법자의 목적적 행위에 의해 만들어지고 성문화된 실정법만을 의미하는 것이었다.[49] 이들이 주장하는 진정한 정치란 무엇보다도 이러한 법을 공포하여 사회의 모든 구성원에게 예외 없이 보편적으로 적용함으로써 얻어질 수 있는 것이었다. 법의 보편적 지배란 바로 봉건적 특권의 부인을 의미하는 것이었다.

기원전 535년, 앞에서도 이미 언급한 바 있는 정(鄭)나라의 재상 자산은 사유권 보호를 주요 내용으로 하는 성문 형법전을 제정·시행했는데, 처음에는 물론 심한 반대에 부딪쳤지만 나중에 그 실효성이 나타나자 커다란 환영

---

[48] K. Bünger, "Das chinesische Rechtssystem und das Prinzip der Rechtsstaatlichkeit", in: *Max Webers Studie über …*, 137-8.

[49] 앞의 논문 136.

을 받게 되었다.[50] 정에서의 성공적 변혁은 다른 나라에도 영향을 미쳐 진晉을 비롯한 여러 제후국이 자산의 전철을 밟았는데, 특히 전국 초기 위魏나라의 이회는 후대의 진·한 제국에도 영향을 미칠 형률을 제정했다. 자산과 마찬가지로 이회의 성문법 역시 사유권을 보호하고 경제적 발전을 촉진하는 조치로 부국강병을 꾀하는 것이 그 목적이었다.[51] 이회의 변법으로 위나라는 부강해졌고, 그가 섬기던 군주의 치세는 바로 이 나라의 전성기였다. 그러나 법가적 사상이 가장 성공적으로 실현된 것은 잘 알려진 바와 같이 이회의 영향을 상당히 받은 상앙이 진秦나라에서 행한 변법을 통해서이다. 상앙의 정책으로 진나라는 더 진전된 중앙집권 국가가 되었고, 또한 높은 경제적 생산력과 강력한 군대를 보유할 수 있게 되었다. 후일 진나라가 천하를 통일하게 된 것도 결국은 상앙의 변법에 힘입은 바가 매우 컸다.[52]

법가의 법은 귀족과 서민, 지역 내지 부족간의 차별없이 보편적으로 적용되며, 우연한 상황이나 사정에 좌우되지 않는 객관적인 법을 의미한다. 다양한 내용의 체계없는 여러 관습법이 공존하는 데다가 이것을 보편적 원칙도 없이 적용했던 이전 시대에 비하여 법가들의 이상은 근대적인 것이었고, 또한 이들의 업적은 분열기 전체를 통한 합리화 과정의 중요한 부분이기도 하다.[53]

이러한 과정이 서구의 근대적 발전과 비슷함은 말할 것도 없다. 서구에서도 역시 사유권을 보장하는 보편적 성문법의 제정이 근대화의 중요한 내용 중 하나요 그것이 경제적 발전을 촉진했음은 잘 알려진 사실이다.[54] 그러나 중국의 법제적 발전과 서구적 발전은 본질적 차이가 있다. 서구에서는 강성해진 시민계급이 기성 지배세력인 왕·봉건 귀족·성직자에 대항하여 자신들의 자유, 특히 경제적 자유를 위해 성문법적 보장을 쟁취한 것에서

---

[50] 곽말약 389-90.　　　　[51] 같은 책 390ff 참조.　　　　[52] 같은 책 402ff 참조.

[53] 이승환 196; G. Franke, R. Trauzettel, *Das chinesische Kaiserreich* [Frankfurt am Main 1968] 66.

[54] D. North, R. P. Thomas, *The Rise of the Western World: New Economic History* [Cambridge 1973] 참조.

그 발전이 최정점에 도달한 반면, 중국에서는 변법이 야심적 군주에 의해서만 이루어졌을 뿐 더이상 서구적 진전은 없었다. 서구에서도 봉건제도를 처음으로 극복하고 중앙집권화를 추구한 주체는 중국의 제후와 비교될 수 있는 각국의 왕이었다. 서구의 왕들이 새로운 국가 형성을 위한 사업을 하고 이에 요구되는 법제를 정비하는 초기부터 경제인들의 협조가 필요했다. 이러한 의존이 결국 후자의 세력을 강화시키는 요인이 되었으며, 중국에서도 비슷한 정치적 변화가 진행되었다. 그러나 초기는 물론이고 상황이 충분히 진행된 후에도 경제인의 성장이나 경제인에 대한 군주의 의존도는 아직 서구에 비할 바가 아니었다. 이러한 차이의 원인을 규명하는 일은 그 자체로도 하나의 긴 논문이나 책을 이룰 만큼 힘든 작업일 것이지만, 여기서 몇 가지 잠정적인 대답은 제시할 수 있을 것이다. 즉, 중국 대륙보다 훨씬 더 편리한 지중해의 교통, 기독교가 권력투쟁에 참여함으로써 상업에 대한 종교적 편견이 일찍 약화되었다는 점, 그리고 봉건제도 성립 당시의 권력의 차이, 즉 중국의 제후가 재분봉하는 자로서 상당한 권력을 보유한 데 반하여 서구의 국왕은 자신의 영주들에 대해서 중국의 제후에 비할 만한 세력이 없는 대등한 계약자였다는 점 등이 서구에서 경제인이 쉽게 성장하고 서구 군주가 경제인에게 더 크게 의존하게 된 원인이었을 것으로 짐작된다. 중국에서 정치권력에 대한 경제인의 세력이 서구와 비슷한 수준으로 성장하기까지에는 좀더 오랜 세월의 경쟁 기간이 필요했을 것이다.

이상의 논의에서 본다면 중국의 법치주의는 서구의 그것과는 전혀 다른 내용이었다. 후자는 경제인 세력이 자신의 영역에 대한 국가권력의 자의적 개입을 막고자, 즉 법적 안정성을 보장받고자 내세운 원칙임에 반하여, 전자는 바로 국가 주도의 부국강병책이요 국가가 국민을 효율적으로 규제하기 위한 수단이었다. 여기에는 시민의 자율적 영역이 존재할 수 없었다.

이 시대의 전형적 중국법은 사유권을 보장하여 생산을 장려함과 동시에 부국강병에 도움을 주는 백성의 행위, 예컨대 농사에 힘써 생산을 증가함으로써 많은 세금을 내거나 전쟁에서 공을 세우는 것, 범죄자를 고발하는 것 등은 상을 주고, 부국강병에 저해되는 행위는 처벌하는 것을 주 내용으로 하면서 국민생활에 철저히 개입하는 효율적 도구로서 기능했다.

법가들은 신상필벌의 원칙이 행해지지 않고서는 국가의 위신이 세워질 수 없기 때문에 상벌의 시행에 착오가 없어야 백성을 효율적으로 규제할 수 있다고 주장했다.[55] 법가들의 상벌원칙은 심히 가혹했다. 그것은 무엇보다도 그들이 인간성을 악하게 보는 데서 유래한다. 어리석고 이기적인 백성들 사이에 질서를 확립하고 이들을 국가가 지향하는 목표로 이끌기 위해서는 우선 가혹하게 다루어야 하며, 또한 연좌제 같은 굴레에 강하게 묶어두어야 한다. 군주는 백성들의 자발적 협조를 기대해서는 안되며, 도리어 이들이 국가의 목적에 어긋나는 행위를 하지 않도록 철저히 예방해야 하는데, 여기에는 엄형이 최고의 수단이다. 이러한 법가의 이론과 실천 때문에 중국의 법치주의에는 서구와 같은 시민의 권리 보호라는 긍정적 의미가 조금도 없었다.

법가들의 엄형주의는 곧 우민정책과 짝을 이룬다. 백성은 그저 열심히 일하여 생산을 많이 하고 적과 용감히 싸울 수 있으면 족한 것이다. 그외에 실용적 목적과는 상관없는 지적·심미적 활동은 철저히 배척되어야 한다. 예컨대 어떤 사람이 생산과 전투에 능하지 못하다면, 아무리 역사와 문학에 박식하고 기예가 뛰어나고 고귀한 인품을 가졌을지라도 국가가 이런 사람을 잘 대우하는 일이 있어서는 안된다. 만약 이들에 대한 대우가 좋다면 백성은 생업에 종사하지 않으려 할 것이고, 이로써 국력은 약화될 것이다.[56]

요컨대 법가들이 주장하는 법치란 춘추전국시대의 살벌하고도 혼란스러우며 급변하는 현실에 직면하여 새로운 질서를 추구하는 날카로운 현실주의자들이 제시한 부국강병의 수단이었다.

이 시대의 부국강병을 위한 수단은 성문법 제정 내지 법치 외에도 관료조직의 정비, 군제의 개혁 및 군비 강화, 세제개혁, 경제에 대한 국가의 적

---

[55] 사마천 『사기』 「상군열전」(商君列傳) 참조. [56] 곽말약 484ff 참조.

극적 개입 등이 있었다. 이 모든 것은 법의 정비와 직·간접으로 관련되는 사안들로서 인치를 중시하는 유가나 묵가가 아니라 제도적 요소를 중시하는 법가들의 주 관심 대상이었다.

3) 법가와 술가述家의 융합

중요한 법가들인 이회·오기·상앙 등이 제시한 이론은 국가의 부강을 위한 수단과 방책이었지만 군주 개인의 권력을 강화하는 데 필요한 계책은 아니었다. 그러나 춘추전국시대에는 어떤 사상가도 군주의 권력 기반을 굳건히 하기 위한 방도를 제시하지 못하는 한 그의 이론이 완전하다고 할 수 없었다. 이 시대에는 공적으로는 중앙집권적 국가가 대두하고 있었지만, 사적으로는 군주와 그의 가신인 대귀족 그리고 귀족과 귀족, 나아가서 귀족과 그의 가신 사이에 권력투쟁이 계속되고 있었다. 법가가 말하는 보편적 성문법과 합리적 제도는 권력 기반이 안정되었을 때에만 부국강병의 뒷받침이 될 수 있었다. 그러나 정치적 투쟁으로 이 기반 자체가 흔들릴 때에는 거의 무용지물일 뿐이었다.

이 시대에 어떻게 하면 군주가 정치적 투쟁의 와중에서 권력 기반을 확고히할 수 있을 것인가에 대해 연구한 대표적 사상가는 술가述家라고 불리는 신불해申不害이다. 흔히들 마키아벨리를 중국의 법가에 비교하지만 그 역시 군주가 권력을 획득·유지하는 방안을 연구하고 이론화했다는 점에서는 오히려 술가와 가깝다고 할 수 있다. 그러나 중국의 법가와 술가는 전혀 다른 학파들이었다기보다는 오히려 양자가 종합될 때 비로소 완전해질 수 있었다. 바로 전국 말기의 법가인 한비는 법과 술을 종합한 이론체계를 제시했는데, 이것은 법가사상의 논리를 궁극적으로 밀고 나간다면 얻어질 수밖에 없는 결과라고 생각된다.

법가가 전통을 부정하는 이유는 시대 상황이 변하면 이를 규제하는 도구 역시 변해야 한다고 믿기 때문이다. 여기서 법가는 중요한 법철학적인 문제에 직면하게 된다. 즉, 시대에 따라 법이 변해야 한다면 이 새로운 법을 만들어 내는 주체는 도대체 누구인가 하는 문제가 그것이다. 규범이란 천도와 인간의 본성에 부응하여 고대의 성인이 만든 것으로서 시대를 초월하는 타당성을 가지고 있다고 믿는 유가나 묵가의 이상주의자들에게는 이러한 문제가 생겨날 수 없다. 그러나 전통을 부인하면서 정치와 사회의 실제적 현상과 인간의 현실적 행동을 관찰하고 여기서부터 이론을 도출한 법가들은 이와 같은 믿음을 가질 수 없었다. 법가의 사상에서는 우주론이나 형이상학과 같은 사변적 관심도, 인생의 의미에 대한 깊은 통찰이나 윤리에 대한 반성적 사고의 흔적도 찾을 수 없다.[57] 법가들에게 있어서 법 제정의 주체는 군주 개인 이외에 그 어떤 것도 불가했다. 귀족들이란 부국강병의 전제가 되는 중앙집권을 가로막는 집단이요, 민중이란 눈앞의 이익에만 좌우되는 어리석고 이기적인 존재일 뿐이었다.

법치가 실현되기 위해서는 법 제정 주체에게 튼튼한 권력 기반이 마련되어야만 했다. 한비는 법을 최상의 통치수단으로 존중했듯이 군주의 지위에 대해서도 극단적인 존중심을 표현했다. 이러한 한비의 태도는 군주권력의 잠재적·현재적 위협 요소, 즉 봉건 귀족 내지 신하에 대한 철저한 불신으로 이어졌다. 고 성왕과 고대의 여러 어진 신하들 사이의 조화로운 관계를 사모했던 유학자들은 한비자에 의해 철저히 비판된다. 인간성에 대한 그의 부정적 시각은 일반 백성뿐 아니라 신하에게도 어김없이 적용된다. 신하들이란 덕행이 높은 사람도 아니요, 군주에게 충성을 바치는 자도 아니다. 그들은 임금을 속이면서 자신의 이익을 취하며, 심지어는 대중의 인망을 얻어 군주의 지위를 노리기도 한다. 군주는 늘 이들을 경계하여 간사한 짓을 하지 못하게 해야 한다.[58]

군주가 권력을 유지하기 위해 신하를 통어하는 원칙과 성문법을 운용하는 원칙은 다르다. 법이란 만인에게 공개되어서 상벌의 정확한 예측이 가능해야 그 실효를 거둘 수 있는 데 반하여, 권력을 유지하기 위한 군주의

---

[57] 모오트 173.　　[58] 『한비자』 「설의편」(說疑篇) 「이병편」(二柄篇) 참조.

술책은 공개성과 예측 가능성이라는 원칙에서 철저히 멀어지지 않고는 소기의 성과를 거둘 수 없다. 군주는 신하들에게 자신의 마음을 내보여서는 안된다. 그는 신비로운 위치에서 신하를 조정해야 한다.[59] 그는 군주가 가진 위세를 최대한 활용하여 신하들 위에 군림해야 한다. 덕행이 아니라 위세야말로 신하를 복종시킬 수 있기 때문이다. 군주는 위세를 결단코 신하들과 나누어 가져서는 안된다.[60] 군주는 정보망과 밀고제를 활용하여 신하들의 동정을 늘 파악해야 하며, 때로는 벌로써 위협하고 때로는 상으로써 달래면서 이들을 통제해야 한다.[61] 군주는 그 누구도 신뢰하면 안된다. 그는 심지어 그의 아버지나 형제조차 경계해야 하는데, 이들 역시 그의 지위를 위협할 수 있기 때문이다.[62] 여기서 우리는 한비가 제시한 마키아벨리적 수단들을 더이상 열거할 필요가 없을 것이다. 그러나 한비의 주장이 상앙의 정책으로 부강해진 진나라 군주 정의 마음을 사로잡은 것만 보더라도, 실로 그가 당시의 현실을 정확히 파악하여 긴요한 방책들을 제시한 것은 분명하다.

법가적 제도 혁신의 이론과 술가적 권력투쟁의 이론은 모두 분열기의 본질적 상황에 대한 현실주의적 통찰로부터 생성된 것이요, 이러한 현실주의는 이 양자를 종합한 한비의 사상에서 그 정점에 도달한다. 법가의 중요한 선구자였던 관중이나 자산에 있어서는 말할 것도 없지만, 이회나 오기에 있어서도 우리는 법가사상이 상당히 전통의 덕치론적 이상에 의해 물들어 있음을 알 수 있다. 그러나 상앙, 특히 한비에 있어서는 이러한 흔적이 전무하게 된다.

---

[59] 『한비자』 「주도편」(主道篇).
[61] 같은 책 「간겁시신편」(姦劫弑臣篇).
[60] 같은 책 「난세편」(難勢篇).
[62] 같은 책 「팔간편」(八姦篇).

6 장

통일의 원동력:
주 문명과 문화적·세계관적 기반

한비에 의해 완성된 법가사상은 전통을 존중하고 천도에 근거한 덕치를 이상으로 삼았던 중국 정신사에 있어서 획기적 사건이었다. 그것은 오직 수백 년 동안 계속되었던 경쟁 상황 속에서 발전될 수 있었다. 이러한 사상은 당연히 전통적 문물, 즉 주의 문화와 제도가 아직도 영향력을 발휘하고 있는 지역이 아니라 이 문물의 영향이 비교적 적은 지역에서 쉽게 수용될 수 있었다.[1] 진은 중국의 서북쪽 변방에 위치한 국가였다. 이 지역은 방어하기가 쉬웠고 또한 교역에도 유리했다.[2] 진이 문화 정도가 낮은 주민을 복속시키고 주변의 오랑캐와 싸워가면서 국력을 신장한 것 역시 변방이라는 지리적 이점 때문이었다. 그러나 무엇보다도 법가적 정책을 수용함에 문화적 저항이 적었다는 것 역시 근원적으로는 이러한 이점에 기인하는 것이었다.

법가사상을 부국강병책으로 전면 수용함으로써 전국시대의 최강국으로 발전한 진은 마침내 천하를 병탄하여 중국 최초의 통일제국을 이루게 된다. 진 제국 이후 사이사이에 분열기가 있었지만 중국 역사는 통일국가가 항상 주류를 이루었다. 그러면 중국 대륙에서 통일국가가 항상 다시 형성된 원동력은 무엇이었을까?

서구문명의 발전과 비교하는 관점에서 조심스러운 답을 내린다면 그것은 긴 역사를 통하여 중국인들의 의식 속에 깊이 배어 있었던 통일에 대한 염

---

[1] E. O. 라이샤우어, J. K. 페어뱅크(전해종·고병익 역) 『동양문화사』 [을유문화사 1964] 67-8 참조.

[2] 에버하르트 89.

원, 좀더 정확히는 통일을 정상적이고 당연시하는 의식이었다. 이미 논의한 바와 같이 서구에서는 중세 이래 기독교라는 문화적 동질성 속에서도 통일제국의 이상이 일찍부터 약화되었다. 로마 제국이 멸망한 후 칼Karl 대제의 일시적이고 불완전한 통일제국을 제외하고는 어떠한 강자도 — 교황 인노센트 3세, 합스부르크의 칼 5세, 프랑스의 루이 14세, 나폴레옹, 히틀러 등 — 서구의 통일을 달성하지 못했다.

중국인들의 통일에 대한 염원은 전통 중국사회의 모든 중국인들의 사유와 행동의 근저에 깊이 뿌리박혀 있던 중화사상의 중요한 구성 부분이기도 하다. 중화사상이란 중국문명이야말로 지상에서 이룩된 최고의 문명이요 중국의 문물이야말로 모든 사람과 모든 국가가 따르고 배워야 할 이상적인 것이라는 믿음이다. 중화사상 속에는 중국인들이 자신들의 우수한 문화를 타민족에게 전파하고 이들을 교화하지 않으면 안된다는 생각까지 포함되어 있었다. 이러한 사상과 생각이 단순히 허구와 이상에만 그친 것은 결코 아니었다. 사실 위에서도 언급한 바와 같이 다른 고급 문명과 지리적으로 떨어져서 발전한 중국문명은 주변의 어떤 문명보다도 더 "우수"했고 주변 민족 역시 이를 인정했다. 그리고 또 주변 민족에 대한 중국인들의 문화적 교화는 다른 어떠한 문명에 있어서보다 더 열성적이고 더 오랜 세월 동안 실행되어 왔다.[3] 중국인들의 우월의식은 천명사상에도 표출되어 있다. 천명사상에 의하면 천자, 즉 하늘로부터 위임받은 자의 통치 영역이란 결코 중국에 한정된 것이 아니라 지구상 모든 사람이 사는 지역을 다 포함하는 것인데, 하늘이 하나이듯 하늘의 명을 받아 다스리는 자의 지배 대상 역시 여러 민족이나 독립된 정치 단위로 분리될 수 없는 것이었다. 중국인들은 천하의 모든 백성, 모든 민족을 교화하고 지도해야 할 사람은 다름아닌 능력과 덕행이 뛰어나 하늘에 의해 선택받은 사람, 즉 중국의 황제여야 한다고 생각했다.

---

[3] H. Miyakawa, "The Confucianization of South China", in: A. F. Wright 편, *The Confucian Persuation* [Chicago 1953] 19ff 참조.

요컨대 정치적 선전이론으로 출발한 주의 천명사상은 한편으로는 통치권력을 윤리적으로 정당화하는 이론이지만 다른 한편으로는 중화사상을 기반으로 한 중국인 특유의 세계관, 즉 천자를 정점으로 하는 천하일국天下一國의 보편적 국가상을 그 내용으로 하는 세계관을 내포하고 있었다.[4] 이러한 중화사상적 정치 이상은 춘추전국시대 여러 학파간의 투쟁 속에서도 유·묵을 포함한 사상가들이 포지하고 있었고, 비록 법가들이 전통적 이상을 부인했다고는 하지만 적어도 중국이 천하의 중심이요 중국의 통치자가 바로 천하의 통치자가 되어야 한다는 믿음은 버리지 않았다. 이러한 중화사상적 정치 신조는 통일국가에 대한 염원과 분리할 수 없다. 중국이 천하의 중심적 지도국이 되어야 한다면 분열되어 상호 투쟁할 것이 아니라 통일되어 평화로운 질서를 유지해야 할 것이다.

춘추전국시대의 많은 사상가들이 주장한 이론들이 그 내용에 있어서는 다양했지만 정치적 질서 회복에 대한 염원을 잠재적·현재적으로 바탕에 깔고 있었다는 점에서는 거의가 일치한다. 공자는 주나라 문물을 존숭했고 상앙과 한비는 이를 부정했지만, 이들 모두 통일된 질서와 평화를 회복하려고 노력한 점에서는 동일했다. 또 맹자는 극히 이상적이고 도덕적인 정치철학을 가지고 있었고, 진왕 정은 극히 현실적이고 무력적인 정책을 실행했지만, 양자 모두 통일국가를 형성하려고 한 점에서는 공통되었다.[5]

춘추전국시대의 유능한 인재들이 보여준 행동양식에는 애국적이라든지 지역적 배타성이라고 명명할 만한 것이 없었다. 공자·맹자·순자·손무孫武·오기·묵자·소진·장의張儀·상앙·여불위 등 당대 최일급 인물들의 행적에서 알 수 있듯이 이들은 자신의 정책과 이상이 실현될 수 있는 곳이면 어떤 국가에서라도 기꺼이 일하려 했다. 유세객들이라고 불리던 지식인들은 중국 전체를 유랑하면서 각국의 군주를 설득하여 통일된 질서를 이룩

---

[4] 이춘식 206 263.

[5] 황인우(黃仁宇)(홍광훈·홍순도 역) 『거시 중국사』[도서출판 까치 1997] 54 참조.

하고자 노력했다. 이사의 유명한 글「간축객서」諫逐客書가 전하는 바와 같이 장차 천하 통일의 대업을 이룩할 진나라를 부강하게 만든 인물들은 거의가 외국인이었다.[6]

요컨대 중국인들의 관심은 통일된 질서의 형성에 있었고 공자의 말로 전해지는 "하늘에는 해가 둘이 없고 땅에는 두 임금이 있을 수 없다"라는 격언은 춘추전국시대라는 분열기에도 그 힘을 잃지 않았다.[7] 복수국가의 병존이 당연시되는 세계관과 이를 비정상적인 상태로 간주하는 세계관은 인간의 행동에 결코 같은 영향을 미칠 수 없다. 대체적으로 말하여 전자의 경우 어떤 한 나라가 강성해지면 사회의 유능한 인재들은 다른 나라를 도와 세력 균형을 꾀할 것이지만, 후자의 경우는 일단 유능한 지도자가 나타나 의욕적인 부국강병책을 촉진하기만 한다면 그 주위에 인재가 결집하여 통일적 질서를 성취할 세력이 형성될 것이다.

여기서 우리는 통일이라는 것에 많은 단계가 있음을 유념해야 할 것이다. 주의 봉건적 통치체제를 보면 정치적으로는 수백 제후국으로 분열되어 있었지만 천자는 전체 중국의 정신적·의례적 최고 중심적 위치를 차지하고 있었고, 주 왕실의 권위가 지속되는 한 중국은 "통일국가"였다. 주의 봉건제도 역시 비록 명실상부한 통일국가를 통치하는 기능을 행하지는 못했지만 그전의 어떠한 제도보다도 더 강하게 정치적 보편성을 창출하려는 시도에서 비롯되었다.[8] 이러한 보편성이 동주시대에 파괴되었지만 이 시대 역시 어느 정도의 통일성은 가지고 있었다. 이 시대에 활동한 여러 학파의 사상가들이 통일제국의 이념을 공통으로 표출하는 등 문화적인 통일 기반이 형성되기도 했고, 또 다른 한편 상업이 발전하고 물적 교역이 증대하여 중국 전체는 경제적으로도 상당히 통합되어 있었다. 이런 의미에서 진의

---

⁶ 사마천 『사기』 「이사열전」(李斯列傳) 참조.

⁷ 페어뱅크 63 67; 전목 22-3; Hsiao 23; P. Weber-Schäfer, *Oikumene und Imperium: Studien zur Ziviltheologie des chinesischen Kaiserreichs* [München 1968] 23 등 참조.

⁸ 보드 117.

통일은 완전히 새로운 업적이라기보다는 수백 년 전서부터 내려온 중화의식과 통일 이상의 정치적·군사적 최종 마무리라고 하는 편이 더 정당할 것 같다.[9]

　전국시대의 다른 강국을 물리치고 진이 천하를 통일한 것은 분명히 상앙의 법가적 혁신이 결정적 원인이었다. 그러나 중국에 통일 자체가 이루어진 것은 이 법가적 혁신 근저에서 중국인의 사유도 행동을 지배하고 있었던 전통과 정신세계의 힘에 기인한 바가 컸다. 상·주의 긴 역사 속에서 형성된 중국의 문화는 사람들의 의식 밑바닥에서 분열기의 혼란 속에서도 그 생명력을 잃지 않고 이들이 사유하고 행동하는 데 지침이 되었던 것이다. 이러한 주의 문화 전통이 가지는 끈질긴 힘은 어떤 학파보다도 이 문화를 옹호하고 전승하는 데 더 큰 기여를 한 유학파가, 이 문화를 부인하는 사상으로써 분열기를 정치적·군사적으로 통합하는 데 가장 큰 기여를 했던 법가들에 대하여 최후의 승리를 이룩한 것에서도 또 한번 인식할 수 있다.[10]

---

[9] 이춘식, 앞의 책 191-2 참조. 막스 베버는 춘추전국시대가 전례없는 혈전의 시기인데도 문화적으로는 통일된 시대였음을 잘 인식하고 있었다. 베버에 의하면 이러한 통일의 담당자는 당시의 지식인(Literaten), 즉 제후를 찾아다니면서 정책을 건의하고 그 정책이 채택되면 새로운 지배계층으로 등장한 사람들이었다(베버 68ff).

[10] 유교가 법가사상에 승리한 내용은 아래에 언급될 것이지만 아직까지도 이 승리에 대한 완전한 설명은 오늘날까지, 많은 역사적 사건이 그러하듯이, 이루어지지 않은 것 같다. Weber-Schäfer, 앞의 책 227f. 더크 보드는 중국의 정신세계를 분석하는 그의 긴 논문에서 이 정신세계의 가장 중요한 특징은 우주와 인간에 대한 낙관적 신뢰와 우주 전체에 대한 조화의 원리라는 점을 지적하고, 법가적 인간관과 통치술이 장기적으로는 이러한 정신 풍토에 깊은 뿌리를 내릴 수 없었을 것이라고 주장하는데, 필자는 아직 이 주장에 대한 판단을 할 능력이 없다. D. Bodde, "Harmony and Conflict in Chinese Philosophy", in: *The Confucian Persuation* ... 19ff 참조.

3 부

중국문명 II: 정체적 균형과 안정

7 장

통일제국과 중국적 기본 체제의 형성

1 절
진 제국의 성립과 붕괴

진왕 정政이 중국을 통일하자 스스로를 시황제始皇帝라 칭하고 천하 최고 유일의 통치자임을 선포했다. 그는 법가인 재상 이사의 건의를 받아들여 분열기 각국의 중앙집권적 정책으로 이미 상당히 약화된 봉건제도를 일소하고 군현제를 실시함으로써 전 국토를 황제가 직접 통치할 수 있도록 했다. 수백 년에 걸친 투쟁의 결과로 중국은 이제 봉건제의 분권적 통치체제에서 중앙집권적 관료통치 체제로 그 모습을 바꾸었다.

시황제는 전 국토를 36개의 큰 지역(郡)으로 나누고 이 지역을 다시 몇 개의 작은 지역(縣)으로 나누었는데, 군에는 민정관인 군수郡守와 군사 지휘관인 군위郡尉 및 감찰 업무를 담당하는 감어사監御史를 두었고, 현에는 현령縣令을 두어 다스렸다. 이들은 모두 중앙에서 파견된 관료로서 황제로부터 봉록을 받는 자들이었는바, 세습적으로 지역에 대한 모든 지배권을 직접 행사하던 봉건 귀족과는 본질적으로 달랐다. 이제는 사법·조세·군사권 등 모든 통치권이 봉건 귀족들의 손에서 황제에게로 집중되었다.

시황제의 통일사업은 정치적·군사적 영역에만 국한한 것은 아니었다. 통일 전 각국에서 여러 가지 상이한 형태로 사용되었던 서법書法·도량형·화폐·차축車軸 등을 표준화시켰다. 또 대규모의 도로와 운하 및 수로를 건설한 것도 그의 업적이었다. 이러한 그의 업적은 오랜 경쟁기를 통하여 효율적으로 발전된 행정제도와 법제도의 뒷받침을 받아 이루어진 것임은 물론이다. 시황제는 그의 통일사업을 너무 서둘렀고 그것은 진이 일찍 몰락한 원인이 되었다. 그는 과도한 군사정책과 토목사업을 실시함으로써 국가 재원을 고갈시키고 경제를 피폐케 했다. 시황제 치하에서 백성들의 생활은 심히 어려웠다. 특히 진의 체제에 익숙지 못한 피병합 국가의 백성들일 경우는 더욱 그러했다. 시황제가 자신의 지도 노선과 반대되는 여러 사상, 즉 전통문화와 깊은 연관을 가졌던 유학 등의 사상을 탄압한 것 역시 새 제국의 체제 유지에 불리하게 작용했다.

2 절
한 제국과 중국적 기본 체제

1) 유교의 정통화

시황제 사후 유약한 후계자는 그가 벌인 모든 사업의 후유증을 감당할 수 없었고 전국 각지에서 반란이 일어났다. 이러한 혼란기를 종식시키고 새로이 건설된 통일제국이 한漢(기원전 221~서기 220)이다.

한의 건국자와 그의 신하들은 주 왕조가 "800년"을 지속했음을 상기하면서 진이 너무나 일찍 몰락한 원인을 탐구했다. 그들은 흥망성쇠에 대한 전통적·천명사상적 판단에 근거하여 지도자의 실덕失德이 진을 멸망케 했다고 주장했다. 이제 바로 법가의 사상, 전통적 덕치주의를 매도한 현실주의적 정치이론이 비판의 표적이 된 것이다. 한의 지도자들의 판정이 적절했다면 진을 멸망시킨 요인은 바로 그전에 진을 흥기시키는 데 가장 큰 기여를 한 요인이었단 말인가?

우리는 여기에 상당 부분 긍정할 수밖에 없다. 진은 법가적 정책을 극단적으로 추구함으로써 성공했지만, 그것은 이 정책이 국내적으로는 봉건세력이 강했고 국외적으로는 살벌한 경쟁이 계속되던 상황에 적합했기 때문이다. 그러나 봉건세력이 상당히 약화되고 경쟁 상황이 종식되어 정치권력

의 기틀이 잡혀가는 통일제국에서 법가적 이상을 일방적으로 실시할 이유
는 없었다. 전시가 아닌데도 인민을 무리하게 동원한 것은 백성의 불만을
사기에 충분히 어리석은 짓이었다(어쩌면 전시가 아니었기 때문에 인민이
더욱 가혹하게 동원될 수 있었는지도 모른다. 적의 위협이 없었기 때문에
지배자와 그의 관료들은 그들의 조치가 생산 기반을 무너뜨릴 정도인지 아
닌지를 판정할 필요없이 안이하게 동원할 수 있었기 때문이다. 이것은 통
일 후 통치 영역이 확대된 상황에서 더욱 그러했을 것이다).

또 제후국 시대의 영역보다 훨씬 넓은 중국 대륙을 단시일 내 중앙집권
화할 수 있다는 태도 역시 옳지 않았다. 아무리 제도가 우수하고 새로이
교통망이 확충되어도 당시의 여건으로 그 넓은 영역을 다스리기 위해서는
부분적으로 봉건제도를 병용하는 정책이 바람직했다. 이것은 정복된 지역
의 왕족과 봉건 귀족의 협조를 얻고 이들을 새 체제에 통합시키는 수단이
될 수 있었을 것이다.

처음 실시할 때 법가적 조치는 평민을 봉건적 계박에서 해방하고 토지의
사유를 보장한 진보적 조치였다. 그러나 이것이 충분히 실행된 후의 가혹
한 정책을 백성이 환영할 수는 없었다. 무엇보다도 성악설에 근거하여 인
민을 이기적 존재로 파악하는 사상 역시 살벌한 경쟁시의 일시적 정책 기
조는 될 수 있을지언정 항구적 국가경영철학이 될 수는 없었다. 특히 세습
군주의 권위가 "저절로" 보장될 수 있는 통일제국에서 군주와 신하의 관계
를 술가적 정치이론에 근거하여 정립할 수는 없는 노릇이었다.

요컨대 시황제가 법가 정책만을 기조로 하여 국가를 경영한 것은 분명히
변화된 상황과 조건에 대한 인식 부족이었다.

한의 창건자와 그의 신하들이 당시의 변화된 상황과 백성들의 요구에 부
응하여 법가적 정책을 완화한 자리에는 좀더 인간적이고 좀더 민본주의적
인 정치철학이 자리잡을 수밖에 없었다.[1] 이들이 새 제국의 통치를 과거의

---

[1] W. M. Tu, "Struktur und Funktion des konfuzianischen Intellektuellen im alten China", in:
S. N. Eisenstadt 편, *Kultur der Achsenzeit*, Bd. II. [Frankfurt am Main 1987] 187-8 참조.

전통, 특히 주의 전통과 접합하여 정당화하고 또 전 국토를 운영함에 소용되는 충성스러운 관료를 확보해야 할 필요가 있었을 때 이 요구를 가장 잘 충족시켜 줄 수 있었던 것은 유학파였다. 이미 논급한 바와 같이 유학은 한편으로는 전통과 주의 문물 그리고 덕치사상을 이상화하고 모범삼았지만, 다른 한편으로는 봉건세력이 붕괴하고 합리적 사상이 대두하는 시대적 상황에 부응하여 능력 위주의 인재 등용과 교육 평등의 이념을 주장했다.

공자에게 있어서 학문과 교육이란 정치의 본질적 구성 요소였는데, 특히 정치에서 성공을 거두지 못했기 때문에 배우고 가르치는 데 그가 쏟은 정열은 엄청났다. 그는 수많은 제자를 길렀으며, 그의 사후에 여러 학파로 나뉘어 활동한 그의 제자 역시 많은 제자를 양성했다. 이들은 실제 정치에서나 사회 저변에서 활동하여 상당한 세력을 확보했다.[2] 전국시대의 중요한 법가인 이회·오기·상앙·이사·한비는 그 시작에 있어서 모두 유학자의 제자였다는 점을 상기한다면 당시의 유학파가 가졌던 영향력을 짐작할 수 있을 것이다. 유학자들은 법가의 현실주의적 정책에 밀려 전국시대의 정치 현장에서 소외된 것이 사실이지만, 주의 문물과 이상이 완전히 소멸되지 않은 이상 그들은 사회에서 입지를 계속 확보·유지할 수 있었고, 시황제가 천하를 통일하기까지도 여전히 왕성한 활동가요 정신세계의 강력한 대표자였다.[3] 시황제가 이사의 건의를 받아들여 이들을 탄압한 것 역시 어느 정도까지는 이들의 세력을 의식한 것이었다. 그러나 이 탄압은 오히려 이들의 세력을 강화하는 작용을 했다. 서구의 기독교도들이 로마 제국의 박해 속에서 신앙과 결속을 강화하면서 정체성을 더욱 분명히했던 것처럼, 이 시대의 유가들 역시 제국의 현실 정치가 가하는 압력 속에서 전통문물과 이상 그리고 공자의 가르침을 연구·전승하면서 법가와는 다른 자신들의 이상을 굳게 지켜나갔다.[4]

유학자들은 군주와 권력을 다투는 자가 아니라 군주가 믿을 수 있는 충성스러운 신하요, 인민에게 가혹한 관리가 아니라 이들에게 자애로운 지도

---

[2] 모오트 65-6.　　　　　[3] 크릴 245.　　　　　[4] 같은 책 246.

자며, 오직 현세적 이익과 물질적 실용성을 추구하는 인간이 아니라 우주의 섭리를 받아들이고 시서詩書와 예악禮樂을 받들고 즐기는 교양인이 되고자 했다.

새 제국은 이러한 유교적 이념과 유교적 군자를 필요로 하고 있었다. 어떤 다른 대안, 예컨대 도가나 묵가의 사상도 유가를 따를 수 없었다.[5]

2) 유·법의 결합과 제국의 법가적 기반, 법의 윤리화

한 제국은 진의 통치체제와 관료제도 및 법제를 그대로 받아들였다. 이제 봉건제도로의 복귀는 더이상 요구되지 않았고 황제를 정점으로 하는 중앙집권적 관료체제는 확고히 자리잡게 되었다. 이 체제가 비록 효율적인 것임에는 틀림없지만 인간의 정신이 효율성만을 요구하는 것은 아니다. 인간은 의미를 추구하는 존재이며, 정신적 영역을 등한시하는 법가의 이론은 그것이 국가경영의 철학이 되기 위해서는 의미의 영역에 의해 자리매김받지 않으면 안된다. 흔히들 한대에 유가가 법가에 대해 승리하여 국교로 인정받았다고 하나, 그것이 유가가 새로운 통치원리로서 법가를 완전히 대신하게 되었음을 의미하는 것은 아니었다. 그것의 진정한 의미는 법가가 주장한 정치사상과 제도, 즉 긴 분열기의 합리화 과정을 통해 성취된 제도와 법률 그리고 이와 동시에 발전한 정치적 현실주의를 새 제국의 기초적 하부구조로 받아들이면서 여기에 부족된 부분을 유교의 윤리적 정치 이상으로 보충·장식하게 된 것이었다.[6]

유교의 이상적 정치론과 법가의 현실적 이론은 상당한 차이가 있어 양자의 연결은 일견 어려운 일처럼 보인다. 그러나 유가들이라고 할지라도 거

---

[5] 어떤 다른 사상적 대안도 정치철학으로서 유교를 따를 수 없었다. 인위적 제도와 규범 및 지식을 부인하고 소박한 자연생활을 동경하는 도가사상이나 극단적 실용주의와 보편애를 주장하는 묵가사상 모두 유교가 가지는 "균형"과 "현실감"에 압도되었다. 같은 책 75-6; 라이샤우어 등 86 참조.

[6] 이런 의미에서 전통 중국 제국의 성격은 유가적이라기보다 법가적이다. P. T. Ho, "Salient Aspects of China's Heritage", in: *China's Heritage and the Communist Political System* [P. T. Ho 등 편, *China in Crisis*, Vol. I, Chicago 1968] 10; 제르네 103 참조.

대한 영토와 인민을 통치한다는 현실적 요구 앞에서 법과 제도를 도외시하고 지도자의 인격과 교화 능력을 내세울 수만은 없는 노릇이었다. 중국인들은 현실적·실용적 민족이요, 유가철학 역시 그 본질에 있어서는 현실문제의 해결을 지향하고 있었는 바, 유학자들이 현실적으로 그 유용성이 입증된 법가적 법과 제도를 구태여 배척할 이유는 없었다. 더욱이 유교의 이상을 새로운 통치철학으로 요구한 제국의 지배세력은 당연히 정치적 현실주의자들이었다. 또 현실을 인정한다는 기반 위에서 유교적 성선설과 법가적 성악설은 크게 다르지 않았다. 유교에서도 현실적으로는 수많은 백성에게 교화와 덕정을 베풀고 형사법 적용은 최소한으로 줄여야 한다는 주장을 끝까지 관철할 수가 없었다. 요컨대 당시의 실제적 조건하에서 유교는 제한된 범위에서만 요구되었고 유학자 역시 이를 인정해야만 했다.

한 제국에서는 유가와 법가 사이에 "대타협"이 이루어졌고, 여기에는 도교와 음양오행설 등 분열기로부터 발전해 온 다른 사상들까지 절충·융합되었다. 이로써 한대의 유교는 그 본래적인 것에서 어느 정도 벗어나 법가를 비롯한 다른 사상의 성격도 지니게 되었고, 법가적 제도 역시 상당히 유가적 면모를 지니게 되었다. 원래 유교는 봉건적 신분질서에 대항하는 반체제적인 성격을 다분히 가지고 있었지만 이제 통일제국의 정통 이념으로서현 지배체계를 긍정하는 어용철학으로 변하게 되었고, 이에 따라 유교적 여러 덕목들은 황제의 통치 방향과 관료의 행동을 비판하는 기능도 했지만 많은 경우 상위자에게 복종을 강요하는 권위주의적 기능도 하게 되었다.[7]

다른 한편 엄격한 형벌로 백성들을 가혹하게 다스려야 한다는 법가사상은 유교의 인본주의적 이념(뿐만 아니라 도교의 무위자연적 통치사상)에 의해 상당히 완화되었다.

위에서도 이미 언급한 바와 같이 법이란 중국에서 성문화된 실정법을 의미하는 것이었는데, 법가들의 법은 그 주된 내용에 있어서는 오늘날의 형

---

[7] 크릴 251ff 참조.

법과 행정법에 해당되는 것이었다. 관료적 통일제국이 지역적 차이와 신분적 차이를 일소하고 난 기반 위에서 성립하는 것이라면, 한대에 들어 성문법을 확충하고 정비할 필요가 전 시대보다 더욱 증대한 것은 당연한 일이라 하겠다.

이 새 제국을, 내용적으로 매우 잡다하며 신분 등 구체적 경우에 따라 달리 적용되고 또 불문법적 규정이 대부분인 예로써 통치할 수는 없었다. 법가사상의 유교화는 예가 아니라 법이 국가 통치에 절대적으로 요구된다는 것과 보편적으로 적용되는 성문 실정법을 통치 근간으로 한다는 것을 전제로 하여 이루어진 것이었다.

사실 진은 물론이지만 한 제국 이후의 전통 중국에서는 법에 의한 통치라는 법가적 원칙이 잘 지켜졌다.[8] 그러나 이 원칙은 법의 유교화로서 그 내용과 방향이 새로이 규정되었다. 우선 유교적 이상이 법치주의에 침투함으로써 법가적 국가에서 통치 현실로부터 소외되었던 예가 다시 수용되어 법전에 명문화되었다. 그러나 국가의 통치에 그 실효성을 가질 수 있었던 것은 관습법적 성격을 가졌던 예가 아니라 오직 성문화되어 실정법의 지위를 차지한 예에 국한되었다.[9] 그러나 법의 유교화가 가진 이것보다 더 중요한 의미는 바로 예가 실정법의 내용과 방향을 규정하는 상위 원칙의 지위를 획득하게 된 것이다. 유학자들이 예를 중시한 것은 이 속에 천도와 고성왕의 이상이 구현되어 있다고 믿었기 때문이다. 그래서 그들은 정치 현실이 규범의 성문화·실정법화를 요구한다는 사실을 인정한다 해도 그 내용은 예에 구현된 윤리적 이상에 부합해야 한다고 믿었다. 실정법의 내용에 대한 윤리적 규제 원칙으로서 예의 역할은 바로 서구에 있어서 자연법의 역할과 매우 흡사했다.

유교적 이상에 의하면 실정법은 우주의 최고 원칙인 천도와 예에 의해서 규제되어야만 했다. 중국의 법질서에는 천도, 예 그리고 실정법이라는 것

---

[8] Bünger 139.　　　　[9] 같은 논문 140.

이 위계적 관련하에 존재하고 있었는데, 법은 예와 천도에 그리고 예는 다시 천도에 의해 규제받아야 되나 동시에 각자가 어느 정도의 독자성을 가지고 있다는 것이 중국인들의 생각이었다.[10]

전통 중국에는 윤리성과 합리성에 근거하여 제정된 법률은 일반 백성은 물론 관리와 심지어 황제까지도 준수해야 한다는 보편적 믿음이 형성되어 있었다. 비록 전제군주의 법을 무시한 행동과 국가 운영은 역사상 여러 번 관찰될 수 있는 현상이지만 그것은 항상 신하와 백성의 비판을 받았다. 관리 역시 재판을 비롯한 모든 정사를 충실히 법에 의해 처리해야만 했다.

한나라 이래 중국의 모든 왕조에서는 국가의 조직·행정·형벌 그리고 소송 절차에 있어서 상세하고도 체계적인 법령이 구비되어 있었다. 중국의 합리적 법체계는 원활한 통치를 가능케 함으로써 제국의 장수에 기여한 요인 중 하나가 되었다. 상세하고도 합리적인 규정을 통해 관리의 자의적 재판을 방지하고 범죄인의 인권을 보장하여 사법적 정의를 실현하고자 했던 중국의 법체계는 근대초 유럽의 중국 연구가들에게 깊은 인상을 주었다. 정통 중국의 긴 역사를 통하여 많은 통치자들과 관료들이 법령을 제정하고 정리하는 데 큰 관심과 노력을 기울였고, 이 결과로 만들어진 기념비적 법령 체계는 동아시아의 다른 국가에도 영향을 미쳤다.[11]

이러한 점에서 진 왕조 이래의 통치 형태는 유가적인 면보다 법가적인 면이 더 강하다. 그러나 유교가 국가의 정통 교리로 인정되고, 또한 법가적 왕조인 진의 조속한 멸망과 시황제의 폭정이 두고두고 후세의 부정적인 전례가 된 현실에서 공식적인 서적이나 문서에서는 통치에 대한 법가적 기여가 인정되지 않았고, 또 춘추전국시대의 법가적 저술 역시 홀대를 면하지 못했다.[12] 그러나 우리는 유가적 상부구조의 지탱을 가능케 한 법가적 하부구조가 중국 역사에서 차지하는 역할을 도외시하고는 전통 중국문명의 안정성을 이해할 수 없다.

---

[10] K. Bünger, "Die Rechtsidee in der chinesischen Geschichte", in: *Saeculum* [1952] 205-6.

[11] K. Bünger, "Das chinesische Rechtssystem ..." 141ff 참조.　　　　　[12] 같은 논문 166.

통일제국에서 유교는 법가적 하부구조에 적절한 이념을 제공했을 뿐 아니라, 한편으로는 법의 제정과 집행을 인간적·민본주의적으로 제한하면서, 다른 한편으로는 법이 미치지 못하는 생활 영역, 예컨대 가정생활, 사회생활, 촌락의 자치체 운영 등에 규범을 제공했다.[13] 양자의 이러한 통합이야말로 거대한 농업국가를 통치함에 매우 효율적이었고, 중국문명이 오랫동안 살아남을 수 있었던 가장 중요한 원동력이었다.

3) 중국적 기본 체제와 문명의 정체

도덕정치를 그 중요한 내용으로 하는 전통적 정신문화의 거대한 물결은 분열기의 변화 속에서도 유교를 통해 살아남았고 한걸음 더 나아가서 자신에 대한 날카로운 공격자인 법가들의 제도와 사상을 통합함으로써 그 도도한 흐름을 20세기에 이르기까지 계속할 것이었다. 법가적 제도와 전통문화 및 유교사상의 결합을 그 근간으로 하는 통일제국의 통치체제는 그 효율성과 강력함 때문에 전 사회의 모든 가치관, 모든 집단과 세력, 모든 생활 영역에 군림하면서 이들을 규제할 수 있었다. 전통 중국에는 이 체제에 도전할 어떠한 세력도 어떠한 사상도 존재하지 않았다. 전통사회의 모든 가치관과 세력을 장악하고 있었던 이 합리적인 기본 체제의 계속적인 존립은 중국문명이 정체할 수밖에 없다는 것의 다른 표현일 뿐이다.

여기서 우리는 중국문명이 서구문명보다 훨씬 더 이른 시기에 성취한 합리성 내지 근대성 때문에 정체의 길로 들어섰고, 또 서구적·본격적 근대화

---

[13] 전통 중국의 거대한 제국을 운용하는 데는 법가적 이상과 체계적 법제도의 뒷받침이 필수불가결했지만, 근대 서구와 비교할 때 전통 중국사회에서 법이 차지하는 비중은 작은 편이었다. 유교적 이상·도덕·예 그리고 관습은 법률의 밑바탕이 되었을 뿐 아니라 실제 생활에 있어 현대사회에 있어서라면 법의 규제를 받을 영역을 규율했다. 서민들은 분쟁이 일어났을 때 비용이 많이 들고 관리의 협잡이나 무서운 심문의 위험이 따르는 공식적 소송을 피하고자 했다. 많은 경우 분쟁은 지방의 인망이 있는 자와 씨족의 우두머리들이 도덕·관습·"정의의 원칙"에 의해 해결했다. 이러한 현상은 특히 사적 분야에서 두드러졌는데, 그것은 로마와는 달리 중국에서는 성문 민사법의 발달이 극히 부진했기 때문이다. 페어뱅크 246 참조.

를 성취할 수 없었다는 결론을 내릴 수 있는데, 이 결론에는 하나의 중대한 의문이 내포되어 있다. 즉, 전통 중국문명에서 근대적인 것이 달성되어 있었다면 왜 이 문명은 서구의 충격을 받았던 19세기 중반 이래의 본격적인 근대화에 그리도 지지부진했을까? 전통 중국사회에서 달성된 근대적인 것은 서구의 본격적 근대화와 비길 때 어떤 특색과 한계를 가지는가?

3 절

중국적 근대화와 그 한계, 중국문명의 독자성

전통 중국사회에서 성취된 근대성을 높이 평가하는 학자들은 그것이 서구에서 성취된 근대화에 매우 근접되어 있었다고 생각하는데, 이러한 생각은 이 사회가 시간만 더 있었더라면 서구문명의 충격 없이도 완전한 근대화를 성취할 수 있었으리라는 믿음과 쉽게 연결될 수 있다. 또 전체 중국 역사를 서구와 마찬가지로 고대·중세·근대로 구분하면서 청 왕조를 서구적 근대국가와 평행적으로 비교하는 것 역시 같은 맥락에서 이해될 수 있다. 이러한 믿음과 비교는 또한 사회진화론적인 주장, 즉 모든 인류사회가 그 발전 속도에 있어서 차이는 있지만, 마치 아이가 중도에 사망하지 않으면 언젠가는 반드시 어른으로 성장하듯이 그 원시적 단계에서 점점 높은 단계로 진전해 나아가는데, 서구는 이러한 발전 과정의 최후 단계라는 주장과도 밀접한 상관관계가 있다. 그러나 필자는 이 모든 주장과 믿음이 근거없는 것이라고 생각한다.

어떤 문명 내지 사회에는 그 속에서 사고하고 행동하는 인간과 집단들이 오랫동안 살아온 결과가 극히 다양한 모습으로 나타나 있다. 그러나 사회나 문명의 본질적 성격을 이해하기 위해서 이러한 모습을 다 파악해야 한다고 요구할 수는 없다. 어떤 대상이든지 그 모든 모습을 안다는 것은 인식론적으로 불가능한 일일 뿐 아니라, 설사 그것이 가능하다고 해도 그것은 그 사회 또는 문명에 대한 의미있는 정보를 제공하지 못한다.

따라서 문명을 비교함에 있어서는 인간의 사유와 행동을 지배하는 중요한 가치관, 규범, 제도 또는 정신적·문화적 성취와 물질적 생산력과 생산기반 등을 비교의 기준으로 삼는 경우가 대부분이다. 어떤 문명 속에서 지배적 위치를 가졌던 종교의 교리, 국가의 통치구조 및 행정제도, 가족제도, 기술 수준, 경제적 번영 정도, 사회적 신분구조 등은 문명 비교에 있어 중요한 기준이 될 수 있음이 분명하다. 이러한 기준에서 본다면 전통 중국사회가 상당히 근대화되었다는 것은 의심할 여지가 없다. 이미 언급한 바와 같이 유교의 합리적·세속적 교리, 합리적 제도로 운영되는 중앙집권국가, 봉건적 신분제도 철폐와 높은 사회적 유동성, 경제활동에 대한 광범위한 자유 보장 및 이에 따른 경제적 번성 등은 전통 중국문명의 근대적 측면을 보여주는 중요한 사례들이다. 이때문에 논자에 따라서는 전형적인 전통 중국사회는 봉건제도보다는 진전되었지만 자본주의 사회에는 아직 도달하지 못한 단계에 있었다는 주장을 제기하기도 한다.[14]

그러나 전통 중국사회는 서구사회와 같은 궤도를 앞서거니 뒤서거니 하면서 발전한 것이 아니라 서구와는 다른 상황과 다른 가치관 속에서 그 나름의 독자적 발전 경로를 가졌던, 따라서 발전 단계라는 기준으로서는 원칙적으로 상호 비교가 불가능한 문명이었다는 것이 필자의 생각이다. 문명을 이해함에 있어서는 위에서 예시한 것들도 각각 비교 연구의 기준이 될 수 있지만, 좀더 전체적이고 본질적인 이해를 위해서는 그 문명을 이루는 여러 중요한 측면 내지 분야들이 형성하는 상호 관련성을 비교하는 것이 필요하다. 필자는 이러한 상호 관련성에 대한 이해 없이는 문명에 대한 전체적 조망이 불가능하기 때문에, 특정한 분야의 단순 비교는 별 의미가 없을 뿐 아니라 심지어는 올바른 지식 정립에 방해가 될 수 있다는 것을 염두에 두어야 한다고 생각한다.

---

[14] 송영배 291 참조.

　유교가 합리적·근대적이었다는 것은 기독교의 교리와 단순 비교의 결과로서 도출할 수 있는 것이지만, 바로 이 합리적인 교리가 경쟁의 역동성을 크게 제한한 통일제국과 전통문화를 정당화하면서 그 존속에 기여했다는 것만 보더라도 이러한 비교가 빚을 수 있는 위험을 잘 알 수 있을 것이다.

　또 중국의 법제도와 행정제도가 효율적·근대적이었다는 것은 분명한 사실이지만 이 제도들은 도덕철학과 형이상학적 천명사상 아래에서 기능하면서 전통문화와 제국의 장수長壽에 기여했다는 사실도 같은 맥락에서 이해되어야 할 것이다. 역사에서 자주 볼 수 있는 경제적 번성 역시 마찬가지이다. 이미 언급한 것처럼 중국의 경제적 번성은 사회 전체를 규제하고 있었던 정치세력에 대립하는 새로운 사회세력의 대두를 의미하는 것이 아니었다. 그것은 바로 이 세력의 규제하에, 이 세력이 지지하는 세계관 속에서 일어난 것으로서, 이로 인해 전통사회의 기본틀에는 아무런 본질적 변화가 생기지 않았다. 중국 역사상 어떠한 시대에도 정치 담당자들이 경제의 중요성을 서구의 근대에 비길 만큼 인식한 적도 없었고, 경제인들이 관료나 학자보다 더 중요할 수 있다는 문화적 가치가 형성된 적도 없었다. 이러한 점은 경제인들의 사회적 진출이 가장 현저하던 전국시대에 있어서도 마찬가지였다.[15]

　여기에 이 시대에 있었던 유명한 대화를 인용하기로 하자.

> (당시 거상巨商이던 여불위는 자신의 재산을 털어 진의 왕손을 왕위에 앉힐 것을 계획하고 그 득실을 알기 위해 자신의 부친에게 묻는다.)
> "농사를 지으면 이익이 몇 배입니까?"
> "열 배지."
> "주옥珠玉의 이익은 몇 배입니까?"
> "백 배는 되겠지."

---

[15] 전국시대의 경제적 발전과 경제인의 사회적 진출에 대해서는 이춘식 『중국 고대사의 전개』 [신서원 1990] 124ff 160f 참조.

"임금이 될 왕은 사두면 이익이 몇 배나 됩니까?"

"그것은 셀 수 없을 정도이다."[16]

이 대화에서 15~16세기 독일의 대금융가인 푸거Fugger 가家 사람들이 가졌던 자부심은 찾을 수 없다. 여기 야콥 푸거가 자신의 묘비를 위해 만든 비명을 인용하면,

> … 아우구스부르크의 야콥 푸거는 그의 계급과 인민의 자랑이요 황제 막시밀리안 1세와 칼 5세의 고문관이었으며, 거부의 축적에 있어, 관대함에 있어, 도덕심의 견고함에 있어, 그리고 영혼의 위대함에 있어 어느 누구에게도 뒤지지 않았다. …[17]

중국의 통일제국에서 가치관과 규범을 창출하고 유지하는 기능을 하는 사람들은 물론 유학자 관료들이었다. 이들이 지향하는 경제윤리는, 비록 기독교의 성직자들처럼 극단적이지는 않았지만, 개인의 경제적 자유와 이익 추구를 긍정하는 시민계급 출신의 서구 정치가들이 가졌던 경제관과는 거리가 멀었다. 뒤에 서술하겠지만 이들은 중앙집권적 관료제도를 기본적 통치체제로 하는 통일제국에서 황제의 지지자로서 이와 공생하면서 막강한 권력을 손에 쥐고 있었는데, 이 기본적 체제가 붕괴하지 않는 한 경제의 서구적 발전은 불가능했다. 앞에서도 강조했듯이 자본주의적 발전이란 단순히 경제적 번성을 의미하는 것은 아니었다. 그것은 사회의 세력구도와 사회문화적 가치관에 있어서 근본적 변화를 함축하는 것이었다. 그러나 중국의 강력한 전통 속에서는 부유한 경제인들이 정치세력에 도전하는 일도, 경제가 정치와 종교에 못지않는 생활 영역이 될 수 있다는 가치관이 대두하는 일도

---

[16] 전국책(戰國策), 진책(秦策) 참조.

[17] C. 브린튼, J. B. 크리스토퍼, R. L. 울프(양병우 등 역) 『세계문화사』 상권 [을유문화사 1963] 627에서 인용.

없었다. 이러한 것은 통일제국에서는 물론이지만 수차 있었던 분열기에도 마찬가지였다. 경제가 정치에 독립된 생활 영역이 될 수 없고, 경제인은 정치 담당자에게 종속되어야 한다는 문화 전통은 중국 역사에서 면면히 이어져 20세기까지도 변하지 않았다. 우리는 뒤에서 이러한 전통이 근대화 과정에 얼마나 큰 장애가 되었는지 보게 될 것이다.

전통 중국사회가 이룬 근대적인 성취의 또 다른 예는 봉건제도가 일찍 소멸함에 따른 사회적 계층간에 신분 이동이 자유로웠다는 것이다. 그러나 이것 역시 전체적인 맥락에서는 중국사회가 진정하게 근대화로 진입하는 것을 방해한 요소였다. 신분 이동이 자유로웠으므로 경제적 여유가 있는 사람들은 주로 사회의 최고 신분인 유학자가 되고자 했다. 유학자야말로 지배계층인 관료의 주 공급원이었다. 신분의 자유로운 이동은 유능하고 야심있는 인재를 유학자에게 쏠리게 함으로써 사회의 다른 분야, 특히 경제 분야를 상대적으로 약화시켰고, 이러한 것은 결국 시민계급의 사회적 대두를 그 중요 특징으로 하는 자본주의적 발전을 가로막는 요인 중 하나가 되었다.

법 분야의 근대적 발전 역시 마찬가지다. 중국에서 법적 발전은 국가의 원활한 통치를 위한 공법 분야에 한정되었고 민사법 발전은 극히 부진했다. 근대 서구의 경제적 발전이 로마에서 발전하여 중세 서구에 전승되어 온 사법에 힘입은 바와는 대조적으로, 전통 중국에서는 사법의 미비로 민간의 경제적 활동을 충분히 뒷받침할 수 없었다. 공법의 근대적 발전이란 국가가 민간 부분을 효율적으로 규제한다는 것이요, 이것은 또한 사회변동에 대한 효율적 억제를 뜻하는 것이기도 했다.

이상에서 살펴본 바와 같이 전통 중국사회에서는 여러 분야에서 개별적으로는 근대적인 성취가 있었지만, 그것은 다른 요인과 관련하여 무엇보다도 정치 및 사회를 안정시키고 전통적 가치관을 존속시키는 데 기여함으로써 사회 전반의 본질적 변화를 뜻하는 서구적 근대화를 방해하는 기능을 했을 뿐이다.

중국의 법 발전은 또 다른 중요한 측면에서 서구와 대조된다. 현대 서구의 법에 대한 태도는 중세 내지 근대의 자연법적 이상에서 크게 탈피했다. 현대에는 형이상학적·초자연적 근거와 상관없이 사회의 필요에 따라 법이 제정되거나 폐지된다. 법에 대한 이러한 현대적 태도, 즉 법실증주의는 춘추전국시대의 법가들이 이미 가지고 있었다. 그러나 앞에서 언급한 바와 같이 법가적 이상은 한대에서 다시 유가의 자연법적 이상으로 대치되었다.

서구적 근대화라는 관점에서는 이러한 대치가 역사 발전에 있어서 반동적·역행적 과정임에 틀림없다.[18] 그런데 이러한 부정적 판정은 모든 문명이 발전 속도에 있어서 차이는 있을지언정 같은 경로로만 발전한다는 가정에서만 그 정당성이 인정될 수 있는 것으로서, 만약 우리가 중국문명의 독자적 발전에 주목한다면 다른 판정을 도출할 수밖에 없다. 한대에 있어서 법의 유교화는 백성의 지지를 얻어 권력 기반을 공고히하고, 사회의 중요 세력인 유학자들을 포섭하기 위해서도 요구되는 현명한 정책이었다. 그것은 당시로서는 결코 반동적이 아니라 진보적인 조치였다.

요컨대 중국문명이란 중국인들이 그들의 가치관과 이상하에 그들이 가진 역량으로서 자연적·사회적 문제를 해결한 결과의 총합이며, 이것에 서구적 발전을 기준으로 하여 판정을 내릴 수는 없는 것이다.

4 절

중국적 기본 체제의 내용

1) 역사 속에서의 유교와 유교적 기본 체제

한 왕조에서 완성된 통치의 기본 체제·규범·제도·사상 등은, 일반적으로 말해서, 인간이 하늘의 뜻에 부응하여 창조한 최고의 것으로서 존중

---

[18] 막스 베버는 자연법 이상에서 탈피하여 실정법 사상으로 변화한 것을 서구적 법사상의 근대화 과정으로 이해한다(Weber, *Wirtschaft und Gesellschaft* 496ff).

되었는 바, 이러한 존중은 20세기에 이르기까지 계속되었다. 한 왕조 이래 중국의 역사에는 정치·경제·사회·문화·기술·과학 등 전 분야에 있어서 "성장"이라고 칭할 수 있는 변화는 있어도 서구에 비교할 만한 본질적인 변혁은 없었다. 전통 중국인들은 한대에 완성된 제도와 사상의 기본틀을 신뢰하여 이것과는 다른 방향으로의 발전이 가능하다는 생각을 할 수 없었다. 그것은 무엇보다도 이 제도와 사상이 사회 전반의 생활에 효율적 기반이 되었기 때문이다.

그러나 이러한 것이 전통적 기본틀이 어떠한 위험도 겪지 않았고 어떠한 도전도 받지 않았다는 것을 뜻하는 것은 아니다. 이 기본틀로써 운영되던 어떤 왕조도 우리 나라의 고려나 조선에 비길 만한 존속을 누리지 못했다. 관리는 부패했고 백성은 주기적으로 기아에 시달렸으며, 민중들의 반란 역시 수없이 반복되었다. 아무리 제도가 효율적이어도 이민족의 침입에 국토가 유린되는 것을 막지 못했고, 유교사상 역시 불교나 도교가 민중들의 생활을 지배하는 것을 묵인해야만 했다. 이러한 모든 사건과 상황은 정통적 제도와 사상에 대한 심각한 위협이 될 수도 있었다. 그러나 유교적 기본 체제는 이러한 위협을 극복할 수 있었는데 이것이야말로 중국문명의 "위대함"이다. 아래에서는 이러한 측면에서 중국문명을 이해하기로 하자. 이를 위해서 앞부분의 서술과 다소 중복되더라도 이 기본틀에 대한 약간의 체계적 서술이 필요할 것이다.

봉건제도가 철폐되고 황제통치 체제가 일단 성립한 후 그것은 전통 중국 사회 최고의 핵심적인 제도로서 불변의 지위를 차지하게 되지만, 이 체제를 뒷받침하는 정통 교리인 유교와 관료제도의 내용과 실체적 위상은 시대에 따라 달랐다. 위에서도 언급한 바와 같이 유교는 한대에 분열기부터 발전한 다른 여러 사상·학파와 절충·융합되었는데, 특히 도교와 음양오행설의 영향으로 형이상학적이고 우주론적인 성격을 가지게 되었고, 법가와의 타협으로 권위주의적 기능을 하게 됨으로써 공자와 맹자의 비판정신 역시 어느 정도 퇴색했다. 그러므로 인격의 수양과 현실 정치 및 실제 생활에 있어서 문제 해결을 주내용으로 하는 도덕적 사회철학으로서의 원시 유교와 한대에 변질된 정통 교리로서의 유학은 적지 않은 차이가 있었다.

어떤 사상이든지 그것이 국가의 정통 교리로 인정되는 한 비판적 기조를 철저히 유지하는 것은 불가능하며, 또한 제국의 지적 분위기는 권력의 주체들이 사상가들을 자기편으로 끌어들이기 위하여 노력했던 분열기의 자유로운 분위기와는 크게 다를 수밖에 없다.

한대에 있어서 변질에도 불구하고 유교는 주의 덕치 이념과 공자의 가르침에 따라 황제와 관료의 권력 남용을 제한하는 기능을 했다. 유교는 한이 멸망한 후 남북조시대와 수·당 시대에는 불교와 도교에 의해 압도당했지만, 유교 본래의 정신을 견지하고 공자의 가르침을 전파하려는 유학자들은 이 시대에도 열정적으로 활동했다. 이러한 강렬한 전통은 송대에 이르러 마침내 불교와 도교의 세력을 억누를 신유학이 탄생하는 원동력이 되었다.

일반적으로 말해 중국의 긴 역사에서 유교는 세력이나 내용면에서 한결같지는 않았지만, 정통의 지위에 있을 때조차도 현실 정치에 순응하거나 권력자에게 복종만 한 것이 아니라, 이에 도덕적 기준을 제시하고 이 기준에 맞지 않을 때에는 비판자의 기능을 행했다. 유교의 이러한 역할은 현실적 생활에서 어려움을 겪고 있는 서민들로부터 많은 지지를 확보할 수 있었다. 사실 전통 중국사회에서 공·맹이 가르친 유교의 참 정신에 충실했던 유학자들에 대한 민중의 기대와 존경은 실로 대단한 것이었다. 황제의 폭정에 항의하고 간사한 관리의 착취를 비난하는 일에 심지어 목숨까지 바치는 유학자들은 민중의 위대한 사표로서 당대에는 물론 먼 후대까지 존숭되었다.[19]

---

[19] 최고 통치자에게 비판을 가하여 정사를 바로 이끄는 강직한 선비의 이야기는 중국 역사상 수없이 찾을 수 있다. 비판 전통은 중국에서 공자 이전부터 형성되어 공자 이후에도 2,000년 훨씬 넘은 기간 이어진 것으로, 실로 중국 정신사에서 빠뜨릴 수 없는 중요한 부분이다. 강직한 비판자에 대한 민중의 존경은 오늘날 젊은이들이 연예계의 스타에게 열광하는 것에 비길 수 있을 정도로 대단한 것이었다고 한다. Ho의 논문에 대한 Creel의 "Supplementary Notes", in: Ho 등 편, *China in Crisis* Vol. I, 69ff; Tu의 논문 199도 참조. 중국의 비판

중국 제국에서 유학자들은 비판자, 가치 및 규범 제공자로서 뿐만 아니라 무엇보다도 관료로서 기능했다. 진에서 황제통치 체제가 확립됨에 따라 관료제도도 자리잡게 되어, 한대에는 비교적 합리적이고 개방적인 관료 선발 제도가 있었다. 그러나 관료제도의 완전한 정착은 송대에 비로소 이루어졌다. 송대에는 관료 선발에 있어 개방성·평등성·공정성이 상당히 실현되었고, 그것은 그 이후의 왕조들에도 계속되어 중국 제국은 명실공히 황제통치의 관료국가라고 일컬어질 수 있었다. 이 시기의 관료들은 송 이래 유교가 정통의 지위를 되찾은 만큼 당연히 유학자들이 대부분이었다. 그러면 황제통치 체제와 그것을 뒷받침하는 관료제도는 어떠한 세계관과 가치에 의해 자리매김을 받았는가? 전체 중국사회를 규율·통제하는 기본 체제를 정당화한 전통적이고 유교적인 이상은 무엇이었는가?

2) 유교적 세계관: 우주관·사회론·인간관

우주의 주재자인 하늘과 인간이 상호 작용·상호 교류를 하고 있다는 믿음, 인간사가 우주 섭리의 일부분이라는 믿음은 중국적 정신세계의 본질적 구성 요소 중 하나요, 유교철학의 중요한 기반이다. 중국인들에게 우주란 모든 구성분자가 위계적으로 상호 연관된 하나의 커다란 유기체이다. 그 모든 구성분자가 조화로운 상호 작용을 하는 가운데 이 유기체가 운행된다는 것이 전통 중국인들의 믿음이었다. 중국의 사상가들은 우주에 대해 낙관적 신뢰를 가지고 있었다. 그들은 우주의 섭리가 선을 지향한다는 것을 믿었을 뿐 아니라 한걸음 더 나아가서 우주를 구성하고 있는 분자가 모두 선하며, 비록 그 중요성에 있어서는 차이가 있지만 우주의 운행에 있어 다 같이 필요한 존재들이라고 믿었다.

정신 전통에 대해 R. Dawson은 다음과 같이 말한다. "The classical insistence on remonstrance had been very strong, ... But when the centralized state developed, compromise was necessary. ... Nevertheless when the emperor committed what seemed to be a major outrage, many were found to remonstrate at risk of losing their lives" (*The Chinese Experience* [N.Y. 1978] 43).

우주의 질서 중에서 인간은 가장 중요한 구성 요소였다. 우주의 섭리가 선을 지향하듯이 인간과 인간이 모여 사는 사회에도 선이 구현되어야 할 것이었다. 유학자들은 인간이란 우주의 주재자인 하늘의 명에 의해 고귀하고도 선한 성품을 그 바탕으로 지닌 자이기 때문에 이 성품을 갈고 닦아 그 본래의 고귀함과 선함을 최고로 발휘할 수 있도록 해야 하며, 또한 다른 사람과 사회를 위해서도 노력해야 한다고 생각했다. 유학자들에 있어서 인간이란 고립된 존재가 아니라 사회 속에서 다른 사람과 함께 협조하면서 살아가는 정치적·사회적 존재였다.

3) 유교적 정치 이상, 황제통치 체제, 관료제와 과거제

인간의 사회성을 강조하는 유교적 세계관에 있어서 정치 및 사회 질서란 중요한 의미를 가지는 것이었다. 그들은 이 질서 속에 우주 섭리의 구체적 표현인 예와 고 성왕의 위대한 가르침이 실현되어야 하며, 이 질서의 정점에는 이것을 실현할 능력과 인품을 갖춘 사람이 있어야 한다고 믿었다. 황제로 칭해지는 이 통치자는 그의 덕과 능력 때문에 하늘로부터 아들로 선택되어 하늘을 대신하여 천하를 통치하는 자라고 여겨졌다.[20]

황제는 인민을 지배하는 세속적 통치자일 뿐 아니라 그들을 정신적으로 교화·교육하는 권능까지 부여받은 정치와 종교의 최고 수장이었다.[21] 그는 우주의 주재자에게 제사를 올림으로써 자신의 효순함을 표현하는 동시에 그의 덕을 백성은 물론 자연에까지 미치게 함으로써, 천하에 질서와 평화 그리고 행복을 보장하고 궁극적으로는 하늘과 인간 그리고 자연의 조화를 유지하는 책무를 가지고 있었다.

그가 만약 덕이 부족하여 이러한 책무를 다하지 못하고 백성에게 편안한 생활을 보장하지 못한다면 하늘은 그로부터 명을 거두어 다른 유덕한 사람에게 통치자의 권능을 위임하게 된다. 맹자가 강조하는 바와 같이 최소한

---

[20] 보드, 앞의 논문 67 참조.　　　[21] Granet 234ff 참조.

원칙적으로는 실정·실덕한 군주는 더이상 천자가 아니기 때문에 이에 대한 백성의 저항은 부당한 반역이 아니라 우주의 섭리에 부응하는 정당한 권리 행사이다. 요컨대 도덕적 우주론과 결합된 중국의 정치철학에서 황제는 하늘의 아들로서 신성한 권위가 부여되지만 다른 한편 선정을 베풀지 못하면 비난과 저항을 면할 수 없고 퇴위까지 감수해야만 했다.[22]

중국의 도덕적 정치철학에서 백성은 매우 중요한 의미를 지니고 있었다. 일반적으로 군주의 실정 여부, 즉 하늘이 군주에게 내린 통치 임무를 다시 거두어들일 것인지의 여부는 백성들이 정치에 얼마나 만족하고 있는가에 의해 결정되어야 한다고 믿어졌다. 군주의 덕치 이상에 근거하는 유교철학의 신봉자들은 공자와 맹자에서 시작하여 후대의 모든 유학자에 이르기까지 한결같이 군주의 주된 임무는 백성을 편안하게 돌보는 것이라고 주장하고 있어 백성을 억압·착취하는 황제의 정책과 행동은 중국의 긴 역사에서 항상 비판의 표적이 되었다. 이렇게 중국의 황제가 최고 지존의 권력자라고는 하지만 그는 법을 준수해야 한다는 법가적 이상뿐 아니라 유교적 도덕에 의해서도 규제되었다.

중국에서는 황제가 하늘의 아들이라고 믿어졌지만 황제에게 어떠한 결점이나 오류도 없는 완벽한 인품이나 초인적인 능력을 기대하지는 않았다. 물론 중국 역사에 있어서 많은 황제, 특히 창업주에 대해서는 카리스마적 자질, 예컨대 탄생 당시 초자연적인 징조, 범인과는 다른 신체적 특질과 능력, 위기에 처했을 때의 천우신조 등이 알려지고 있었다. 이런 (많은 경우 날조된 것이라고 추측되는) 점들이 이들 황제가 천명을 받은 징표로서 기능한 것도 사실이었다. 그러나 이러한 점을 너무 강조할 필요는 없다.[23] 우리는 유교에 의해 이상화된 고 성왕의 인품과 행적에서 초인적 요소보다

---

[22] Tu 190 참조.

[23] 베버는 황제의 카리스마적 성격을 너무 강조하는 듯하다. 베버, 앞의 책 39ff. 이러한 것이 그의 중국에 대한 부정적 시각에 일조를 하고 있다. 중국의 정신세계가 인간 본성의 평등을 인정하고 초월적 영역을 부정하는 현실성을 지니는 한 베버의 견해는 적절치 못하다. 줄리아 칭 117-8 참조.

는 오히려 인간적이고 이성적인 모습을 더 많이 찾을 수 있다. 또 후대의 어떠한 황제도 고 성왕이 가졌던 탁월한 자질을 가지지 못했다는 이유로 비난되거나 폐위되지는 않았다. 유교, 특히 신유교에서 모든 인간이 성인이 될 수 있다는 전제하에서 성인의 경지에 이른 사람만이 황제의 임무를 수행할 수 있다는, 즉 내성외왕內聖外王의 이상을 표방했지만, 이러한 이상하에서도 현실적으로는 황제에게 인간적으로 가능한 노력과 합리성을 요구하는 데 그쳤다. 요컨대 유교적 관점에서 바람직한 군주는 고 성왕의 인품과 행적을 본받아 자기수양에 노력하고 경천애민의 정신으로 정사를 이끌기에 힘쓰는 것으로 충분했다. 황제가 자신의 과오를 뉘우치고 고침으로써 신민의 칭송을 받은 많은 예에서 보듯이, 완벽함 자체라기보다는 완벽함을 지향하여 과오를 줄이려는 노력이야말로 유학자들이 군주에게 요구하는 바였다. 통치자의 이러한 노력에는 주변에 좋은 조언자를 구하는 것이 무엇보다도 긴요하다고 유학자들은 믿었다. 어질고 능력있는 선비를 구하여 관료로 임명한 후 이들의 조언과 비판에 귀를 열어 결점과 과오를 고치고, 마침내는 하늘의 뜻과 고 성왕의 도를 실현하려는 의지와 정성을 가진 황제야말로 유학자들이 현실적으로 기대하는 군주상이었다.[24]

관료제도는 황제통치제도와 마찬가지로 중국적 정치철학의 중요한 부분이었다. 봉건제도에 비해 관료제도가 얼마나 합리적이고 근대적인가 하는 것은 두말할 나위도 없을 것이다. 중국에서는 한걸음 더 나아가서 관료제도를 잘 실현할 수 있는 기반이 될 관료 선발제도, 특히 과거제도가 발전되었다. 과거제도는 개방성과 공정성이 잘 보장된 관료 선발제도였다. 역사상 세계의 주요 국가 중에서 현대의 서구 제국을 제외한다면 중국만큼 지배계층의 충원에 근대적이고 합리적인 절차를 가진 나라도 없었다.[25]

---

[24] 청 왕조 치세시의 강력한 군주인 건륭제는 다음과 같은 말을 했다고 전해진다. "인간의 개인적 능력은 제한되어 있어 심지어 요·순 같은 고 성왕도 유능한 신하의 도움을 받아서야만 공업을 이룰 수 있었다. 요·순에 비길 수 없는 군주라면 얼마나 많은 인재를 등용해야 하겠는가!" R. Dawson 19에서 인용.

[25] 라이샤우어 등 208-9.

관료 선발에 있어서 개방성은 원래 춘추전국시대의 계속되는 경쟁 속에서 국가경영의 효율성을 추구하지 않을 수 없었던 긴박한 상황에서 비롯된 것이지만 그것은 중국 정신의 낙관적 우주론과 인간론으로도 정당화되었다. 유교에 의하면 모든 인간은 하늘로부터 착한 품성을 받아 누구나 성인이나 군자가 될 수 있는 잠재력을 가지고 있으며, 이러한 잠재 능력을 학문과 수양을 통하여 현재화할 수 있는 사람은 다른 사람을 지도할 수 있는 자격을 가지게 된다. 이러한 사상에 있어서 혈통은 큰 의미가 없다. 사회의 최하층에서도 얼마든지 탁월한 인물이 배출될 수 있기 때문이다.[26] 문제는 하늘로부터 받은 품성을 개발하려는 개인의 노력이지 혈통이 아니었다. 과거라는 객관적 기준(과거에 출제되는 문제는 당연히 유교적 세계관과 가치관에 근거하는 것이었다)에 의해 자신의 인품과 능력을 증명한 사람이라면 누구에게나 천자를 도와 백성을 지도할 권능을 부여하는 것이 마땅하다.

최고 통치자를 초인이나 초능력자로 보지 않았던 중국의 현실적·합리적 문화에서는 황제가 훌륭한 신하의 도움을 받는 것이 너무나 당연하고도 바람직한 일로 여겨졌다. 전설에 의하면 요·순 등 성왕들의 주위에는 많은 어진 신하가 있었는데, 이들 성왕이 신하의 자문을 구하고 충언을 수용한 것은 이들의 부족함이 아니라 현명함의 징표로 찬양되었고, 이것은 또한 후대 제왕의 모범이 되었다. 다른 한편 유교는 황제에게 충언·직간하여 정사를 올바로 하는 것을 관료 및 유학자들의 가장 중요한 임무 중 하나라고 가르쳤다.

이러한 점에서 본다면 유교적 내지 전통 중국적 정치철학의 지도자상은 상당히 현실적이고 이성적임을 알 수 있다. 이상국가의 지도자가 되기 위해서는 이데아의 세계를 통찰해야 한다는 플라톤의 황당무계한 주장보다, 어떤 권력자가 여러 사람과 상의하여 정사를 무리없이 이끄는 한 천명이

---

[26] 베버 218 참조.

주어진 것으로 보는 유연한 사상이 훨씬 더 현실적 적용 범위가 넓음은 말할 나위도 없다.

그러나 중국 정치의 이론과 실제에 있어서 반이성적·초자연적 측면이 없었던 것은 아니다. 특히 유교를 정통 사상으로 만드는 데 기여가 컸던 한 왕조의 학자 동중서董仲舒가 음양오행설의 영향을 받아 창출한 정치이론에 의하면 황제가 실정을 하면 하늘이 자연재해를 내린다고 한다. 즉 가뭄·홍수·지진·일식·월식·혜성의 출현 등은 단순한 자연현상이 아니라 하늘, 인간 그리고 자연의 조화를 유지할 임무가 있는 황제가 실정을 함으로써 조화를 파괴한 것에 대한 하늘의 경고 내지 징벌이라는 것이다. 원래 황제로 하여금 도덕정치를 행하도록 유도하기 위해서 만들어진 동중서의 이 정치철학은 공허한 이론적 유희에만 그친 것이 아니라 후대의 현실 정치에 두고두고 그 영향력을 발휘했다. 자연재해는 그것이 일어날 때마다 신하들이 황제에게 간쟁하는 빌미가 되었다.

그런데도 중국의 정치이론에서는 비이성적·초자연적인 면보다는 이성적·인간적인 면이 더 본질적이었다. 일반적으로 자연재해가 있다는 사실만으로 황제의 퇴위가 주장될 수는 결코 없었다. 황제가 어진 신하와 합심하여 올바른 정사를 베풀기에 노력하는 한 어떠한 자연재해도 그가 가진 천자의 지위를 흔들지 못했다. 요·순·탕 같은 고 성왕 역시 10년 홍수, 7년 가뭄이라는 자연재해를 겪었지만 그들은 어진 신하 및 모든 백성과 단합하여 이 재해를 극복했기에 칭송받았다. 유교의 현실적 이성은 통치자의 덕과 능력보다 이들이 겪은 자연재난에 결코 더 큰 비중을 두지 않았다. 유덕한 통치자는 인격의 힘으로 백성을 감화시킬 뿐 아니라 궁극적으로 자연조차 제어할 수 있다는 것이 유교적 도덕철학의 믿음이었다.

4) 천하일국 사상: 이상과 현실

중국 세계관에서는 천자의 통치권이 중국 영토와 중국 인민에게 뿐만 아니라 하늘 아래의 모든 것, 즉 중국 외의 영역과 비중국인들에게까지 미쳐야 한다고 믿어졌다. 하늘이 하나이듯 하늘의 명을 받은 자도 둘일 수 없다는 것이 전통 중국인의 믿음이었다.[27] 이러한 세계관에서는 오늘날 당연시되고 있는 대등한 복수국가의 공존은 있을 수 없었다. 그것은 우주의 주재자로서 하늘의 단일성을 부정하는 것이었다.

천하일국天下一國에 대한 전통 중국인들의 믿음은 중국의 천자가 지구상의 모든 영역을 정복하고 직접 통치해야 한다는 것을 의미하지는 않았다. 일반적으로 중국의 영토는 황제가 직접 통치하는 반면 비중국의 영역은 간접적으로 통치한다고, 즉 황제에 의해 신하로 인정받은 이국異國의 군주가 다스려야 한다고 믿어졌다. 중국에서 멀리 떨어진 땅의 지도자는 중국의 문화를 사모하여 내조來朝・칭신稱臣함으로써 천자의 권위를 인정하고, 황제는 덕으로써 이들을 포용하고 고 성왕의 가르침으로써 교화시킨 후 이들에게 현재 그들이 거주하는 영역을 봉토로 인정하여 다스리게 한다. 그러나 만약 원방의 오랑캐들이 너무나 무지몽매한 나머지 중국 문물의 의미를 이해하지 못해 내조・칭신하지 않는다면, 황제는 이들을 적극적으로 계몽해야 하며 이를 위해 필요한 경우는 무력까지도 행사해야 한다.

문화 전통에 대한 중국인들의 자부심이 대단한 것은 잘 알려진 사실이지만 "야만인"들을 그들의 문화로 "계몽"시키려는 의지와 노력 역시 역사상 알려진 그 어떠한 것보다도 강력하고 집요했다. 이미 주대에서 시작된 문화 전파와 계몽의 노력은 후대에도 계속되었는데, 그 중간 외래종교인 불교에 의해 중국의 전통문화가 위협당하고 유교가 세력을 크게 상실했을 때에도 중국인들, 특히 유학자들의 이러한 노력은 중단되지 않았다.[28]

이러한 계몽 노력은 다른 문화를 중국의 전통문화와 유교적 교리로 동화시키는 데 상당한 성공을 거두었다. 예컨대 중국인들은 그들과 관계를 가지거나 그들이 정복한 나라에 유교학교를 세워 그 나라의 귀족적 청소년을

---

[27] 이러한 믿음의 기원과 그 역사적 실제에 대해서는 윤내현 「천하사상의 시원」(전해종 등 『중국의 천하사상』[민음사 1988] 11ff) 참조.

[28] Miyakawa의 논문 참조.

교육시키기도 했고, 때로는 이들을 중국에 오도록 하여 중국식의 학문·문화·제도·풍습·예절 등을 익히도록 했다. 그러나 중국인의 문화 전파 노력이 성공적이었던 반면 불복하는 주변 민족에 대한 군사적 정복은 그다지 성공적이지 못했다. 중국인들은 역사상 여러 차례 이민족의 침략 위협에 직면하였던 바, 황제가 이 위협을 완화하기 위하여 굴욕적인 조건으로 조약을 체결하기도 했고 심지어는 이민족에 의해 정복되기도 했다.[29]

중국적 내지 유교적 세계관과 정치 이상 중에서 오늘날 국제질서라고 부를 수 있는 것만이 현실에 어긋나는 것은 아니었다. 천자로 일컬어지는 중국의 황제도 많은 경우 성인이나 군자이기는커녕 향락을 탐하는 무능한 군주가 아니면 폭군이었다. 유교적인 정치제도와 사상에 대한 이상과 현실의 차이는 여러 측면에서 존재했고, 이것은 전통 중국적 기본틀에 대한 중대한 위협 요소였다. 다음 장에서는 이러한 위협을 몇 가지로 나누어 고찰하고, 이 위협에도 불구하고 기본틀이 붕괴하지 않았던 원인을 규명하기로 하자.

---

[29] 천하일국 사상의 이상과 그 역사적 현실은 김한규 「한대(漢代)의 천하사상과 기미지의 (羈縻之義)」(전해종 등 『중국의 천하사상』에 소록)에서 그 일면을 살필 수 있다.

8 장

기본 체제에 대한 위협 요인

1 절
체제 자체의 모순과 중국적 흥망론

1) 황제통치의 관료제도: 통치자와 독서인 사이의 이해관계 일치

중국 관료제도의 기원은 매우 오래된 것으로 추측된다. 중국문명의 맹아기에 갖은 자연재해와 역사상 항시 있어온 이민족의 침입은 효율적인 관리제도를 발전시켜야 할 압박 요인으로 작용했다. 그러나 중국에서 본격적으로 관료제가 발전한 것은 위에서도 수차 언급한 바와 같이 춘추전국시대였다. 이 시대의 관료제도는 중앙집권화를 추구하는 제후(군주)와 혼란기를 틈타 출세를 꾀하던 신흥 독서인 내지 지식인들이 협력하는 가운데 발전하다가 결국 통일제국의 황제통치 체제의 핵심적 기관으로 자리잡게 되었다.

새 제국에서 황제와 관료 사이의 결합은 그때까지 수백 년 동안 주 지배계급이었던 봉건 귀족을 일소하고 이들로부터 함께 탈취한 권력을 나누어 가질 수 있다는 사실, 즉 이해관계의 일치가 있었기 때문에 가능한 것이었다.[1] 벌써 이러한 사실이 유교에 의해 이상화된 황제와 관료의 관계, 즉 천도를 실현하고 백성을 위해 정사를 베푸는 성인 또는 군자들의 조화로운 협력관계가 현실에 의해 크게 제한될 수밖에 없다는 것을 말해준다.

흔히 전통 중국을 문치 관료국가라고 부른다. 중국에서 문관이 무관의 지위를 능가하게 된 것은 매우 오래된 일이다. 선비를 뜻하는 한자 사士는 원

---

[1] 베버는 이 점을 적절히 지적한다(베버 71ff).

래는 무사를 뜻하는 말이었고, 위에서 언급한 바와 같이 군자 역시 봉건 귀족의 아들을 의미하는 말이었다. 그러나 무사계급이 주축이었던 주의 봉건제도가 춘추전국시대에 약화되면서 점점 지식인·독서인을 중요시하는 풍조가 형성되었다. 이것은 물론 당시의 상황이 기질과 가치관에 있어 봉건 귀족과 반대되는 독서인을 요구할 수밖에 없다는 것으로 설명이 가능하겠지만, 그 이후 중앙집권적 통일국가에서도 항상 독서인에게 군대의 지휘자보다 더 중요한 지위와 임무가 부여되었다. 그러나 이것이 중국의 정치가 문文에만 기반을 두고 있었다는 말은 아니다. 사실 중국 역사상 모든 혼란기에 군사력의 기반없이 정권을 다툰 사람은 하나도 없었으며, 또 모든 창업주는 군대 지휘관이거나 군대를 배경으로 하는 있는 사람이었다. 그러나 건국 후에는 소위 "말 위에서 천하를 얻을 수는 있으나 말 위에서 천하를 다스릴 수는 없다"라는 진리가 통용되어 문신 위주의 관료체제가 확립되었다.[2]

문신을 중용하고 무신의 권력을 낮추는 일은 중앙집권적 통일국가에서는 불가피한 것으로 여겨진다. 무신이 군대에 요직을 차지함으로써 그 지위와 위엄을 확보하게 되면 항상 황제권에 대한 위협이 될 수 있고, 실제로도 병권을 가진 무장이 반역을 꾀하여 정권을 뒤엎은 일이 적지 않았다. 그래서 창업주는 우선 유력 무장을 제거하거나 약화시키는 것으로 새 국가의 기틀을 다지고자 했는데, 한 고조가 건국 직후 자신의 창업에 없어서는 안 될 기여를 한 무장들을 제거한 것은 바로 그러한 예이다.

중국에서 문신 관료체제는 송(947~1279)이 건국되고 완벽하게 정착되었다. 송 태조 조광윤趙匡胤은 당 왕조가 방어의 필요에 의해 설치했던 번진藩鎭의 군대 지휘관인 절도사에 의해 붕괴되었고, 또 당 이후의 분열기인 오대五代(907~947)에는 무장들의 하극상, 찬탈로 야기된 혼란이 계속되었음을 교훈삼아 무장의 지위를 크게 약화시키고 문신 우위의 관료제도를 확립했다.[3] 조광윤은 요직에 있는 문신 관료 역시 황제에게 위협을 줄 수 있음을 알고

---

[2] 크릴 256ff 참조. 　　[3] 양종국 『송대 사대부사회 연구』 [삼지원 1996] 28ff 참조.

있었지만 그 폐해는 무장이 실권을 가졌을 때보다 훨씬 덜하다고 생각했다. 송대에 확립된 문신 관료제도는 다른 한편 한에서 위진남북조를 걸쳐 수·당에까지 조정에서 중요 관료직의 대다수를 차지하고 서민 출신의 관료 등용을 사실상 크게 제한하던 대가문(호족과 귀족)의 세력을 완전히 종식시키는 것을 뜻하는 것이기도 했다.

송대에서는 그전 왕조와는 달리 관료가 충원된 것은 대가문에서가 아니라 전국민에게 개방된 과거제를 통해서였다. 한걸음 더 나아가서 국가에서는 과거 합격자뿐 아니라 유학자 내지 독서인까지도 역법役法과 형법에 있어서 우대함으로써 문신 관료체제의 확립에 노력했다.

요컨대 중국 제국의 문신 관료제도는 근본적으로는 유교적 정치 이상에서가 아니라 무장·대가문을 누르고 황제권의 강화를 꾀하는 군주, 그리고 독서인인 유학자의 이해관계가 합치되어 발전·확립된 것이며, 과거제란 이 공통 이해를 실현시키기 위한 도구였다.[4] 이러한 관점에서는 황제와 관료간의 조화로운 협력이라는 유교적 이상은 이해의 합치라는 전제하에 실현된 군주와 그의 관료 사이의 세력 균형을 극단적으로 미화한 것이라고 볼 수 있다.

2) 황제와 관료의 세력 균형

일반적으로 중국의 황제는 전통적·유교적 규범과 이상, 법률 그리고 초야에서 큰 명성을 가진 대유학자 등의 제한에 의해 전제적이 될 수 없었다. 그러나 황제는 무엇보다도 관료집단의 제재를 받아야만 했다. 황제들 중에 이 집단의 제재를 피하고 권력을 좀더 강력하고 자유롭게 행사하고자 기도한 경우도 적지 않았다. 이럴 경우에는 환관들이 황제의 수족으로 중요한 역할을 했다. 그러나 황제와 환관의 결합은 그 결과가 대부분 바람직하지 않았다. 환관들에게는 윤리적 사명감도 없었고 제도적 규율도 통용되

---

[4] 베버 176-8.

지 않은 데다가, 유학자의 반발로 국정이 제대로 수행될 수 없었기 때문이다. 유교가 전통에 근거하여 정치와 사회에 중요한 정신적 영향력을 행사하고, 관료제도가 진·한 이래 통치체제의 불가결한 부분으로 인정되고 있는 상황에서 황제가 원활하게 국정을 운영하기 위해서는 유학자들의 협력을 구하는 방법 외에는 없었다.

사실 유학자들이란 자신들의 이상을 실현하고 이익을 지킴에 있어서 결코 소극적인 집단이 아니었다. 우리는 앞에서 한 왕조에서 유교가 정통의 지위를 획득할 수 있었던 것은 무엇보다도 유교를 요구하는 시대적 상황과 조건 때문이라는 것을 논한 바 있다. 그러나 이것이 곧 유학자들이 그들의 목적을 아무런 노력없이 달성했다는 말은 아니다. 그들은 전국시대의 반전통적 조류와 패권주의 속에서도 자신들의 이상과 철학을 전파하고 추종자를 획득하여 세력을 확장하는 데 큰 힘을 기울였다. 유학자들의 세력은 진나라의 가혹한 탄압에서도 살아남았고, 진이 멸망하자 한의 건국자를 도와 왕조의 기틀을 공고히하는 데 기여했다. 유학자들은 또한 정통이라는 지위로 부상하는 과정에서 법가나 도가들과 투쟁해야만 했고, 또 한이 멸망한 후에도 타종교·타세력과의 투쟁은 계속되었다(후술). 요컨대 유학자들은 자신들의 이상을 실현하고 이익을 지키기 위해서 정신적으로 단단히 무장된 세력집단이었다. 이들의 세력과 타협없이 황제가 그 지위를 보존하기는 매우 어려웠다.

다른 한편 유학자 집단은 전체로서 하나의 단일한 세력을 형성함으로써 황제를 완전히 무력화시킬 수는 없었다. 막스 베버가 지적하는 바와 같이, 관직에 비해서 과거 합격자수가 늘 많았고 또 임용·진급과 보임 등의 인사권은 궁극적으로 황제의 손에 있었기 때문에 과거 합격자 내지 관료들은 황제의 환심을 사기 위해서 상호 경쟁하지 않을 수 없었다.[5] 그밖에 황제는 어사대라고 불리는 감찰관 제도를 통하여 관리를 규찰·통제했고, 또 관리

---

[5] 베버 89ff.

들이 지방에서 정치세력화하는 것을 막기 위하여 한 임지任地에서 근무 기간을 3년 이하로 제한하고, 출신지에는 지방관으로 보임시키지 않는 원칙을 실천했다. 황제의 이러한 제도 운용과 인사 관리 원칙을 통한 관료 통제는 성공적이었던 것으로 평가된다.[6]

중국의 긴 역사에 있어서 황제가 매우 영특하고 정력적이거나 극히 무능한 양극단을 제외한다면 양자 사이에는 대체적으로 어느 한쪽도 상대방을 완전히 무력화시킬 수 없는 균형 상태가 유지되었다.[7]

황제와 관료집단이 세력 균형을 이루고 있었다는 것, 그리고 황제에게 개개인의 관료를 통제할 수단이 있었다는 것이 곧 관료의 부패를 막을 수 있는 제도적 장치가 있었음을 뜻하지는 않는다. 비록 오랜 전통을 지닌 관리에 대한 감찰제도가 있었다고는 하지만 감찰관의 숫자가 충분치 않았고 또 이들 자체가 부패하는 경우도 적지 않았다.

3) 관료의 부패와 왕조 멸망

일반적으로 전통 중국에서 독서인은 사회적으로 상당한 인정을 받았다. 특히 과거에 합격한 사람에게는 일반 백성과 구별되는 신분이 주어지고 그에 상응하는 예우를 했는데, 관리일 경우에는 상당한 특권과 사회적 존경을 향유했다. 따라서 관리가 일반 서민들과는 다른 생활을 할 권리가 있다는 것은 당연한 일로 여겨졌고 그것은 최고 집권자 역시 인정하였다. 과거에 합격하여 관리가 된다는 것은 바로 부귀를 누릴 수 있는 특권을 획득한다는 것과 같은 말이었다. 관리가 정상적인 급료 외에 선물 같은 형식을 통해 부유하게 되는 것은 바람직하지는 않지만 결코 비정상적인 것으로 간주하지 않았던 것이 전통 중국인들의 일반적 감정이었다. 황제는 관료집단이 자신의 권력에 위협이 되지 않는 한, 관료는 지위를 보유하고 재산을 축적할 수 있는 한, 양자의 공조는 무난하게 이루어졌다.

---

[6] Weber, *Wirtschaft und Gesellschaft* 609.　　　[7] Chan 17.

관료의 부패는 결국 왕조의 조속한 멸망으로 이어졌다. 서구의 근대에도 부패는 물론 있었지만 생산력이 날로 증가하는 자본주의 경제에서 관료의 부패가 국가를 극단적 파국으로 몰고가지는 못했다. 그러나 전통 중국의 경우는 달랐다. 이 문제를 살피기 전에 중국에서 과거제와 관리의 재산 축적에 대한 몇 가지 문제를 설명하는 것이 앞으로의 논의에 편리할 것이다.

전통 중국에서는 사람이 개인으로 존재했다기보다는 가문의 한 구성원으로서 존재했다. 그러므로 과거에 합격한다든지, 관리로서 출세하고 재산을 축적한다든지 하는 것은 개인으로서 영광과 안락을 향유하는 것은 물론이지만 가문 전체의 영예와 행복에 관련된 것이기도 했다. 과거가 전통 중국에서 차지하는 권위는 대단한 것이었다. 학문을 통한 교양 성취와 진리 탐구, 지도자 특히 문관으로서 천자를 보필하고 백성을 보살피는 지위의 획득, 품위있고 풍요로운 생활, 이것들은 유교적 이상이 추구하는 바였다. 과거의 합격은 바로 이 모든 것들이 실현될 수 있다는 가장 명백한 징표였기 때문에 과거의 합격 여부, 나아가서는 과거에 통과한 단계(명·청 시대에는 3단계가 있었다)는 개인과 가문의 품격을 가늠하는 척도로 인식될 정도였다. 중국인들의 과거에 대한 집착은 굉장했다. 과거에 합격하는 것은 과거를 준비할 여건이 되는 모든 사람들의 가장 중요한 소원이었으며, 비록 응시할 조건을 갖추지 못한 사람이라 할지라도 자신의 후손만은 과거에 합격하여 가문을 빛내 줄 것을 기대했다.[8]

봉건제가 일찍 철폐된 중국에서 과거제는 원칙적으로 모든 백성에게 개방되었다. 서구와는 달리 일찍이 제지술과 인쇄술이 발달하여 싼값에 책을 공급할 수 있었기 때문에 서민일지라도 재능만 있으면 과거에 합격할 수 있었다. 중국 역사상 위대한 인물들 중에는 극도의 열악한 환경에서 공부하여 과거에 합격한 인물이 적지 않았고, 이런 사람들이야말로 재능있는 젊은이들의 우상이었다.

---

[8] Creel, "Supplementary Notes" 69.

그러나 과거란 아무리 재능있는 자라고 할지라도 수년을 공부해야만 비로소 합격할 수 있는 것이어서 대다수의 과거 응시자 및 합격자는 시험 준비를 경제적으로 뒷받침할 수 있는 가문 출신이었다. 과거에 계속 응시할 수 있는 여건을 마련한다는 것은 어떤 가문에게도 매우 중요한 관심사였는데, 특히 과거 합격자를 배출한 가문에게는 그러했다. 일단 권력과 재산 축적의 맛을 알았는데다가 다른 관료 가문과의 경쟁관계 속에서 가문의 세력을 계속하려는 의지는 비합법적 방법을 통해서라도 아들이나 조카 등 집안의 유망한 청년들에게 과거 준비를 위한 경제적 기반을 마련하거나 확충하려는 노력으로 이어졌다.

우리는 여기서 전통 중국의 관료들이 많은 토지를 소유하고자 했던 욕구를 이해할 수 있게 된다. 농업국가에서 토지는 부의 가장 중요한 원천이요 모든 사람이 원하는 바이지만, 특히 관료는 특권을 이용하여 토지를 쉽게 획득할 수 있었고 이것을 가문의 세력을 계속할 기반으로 삼았던 것이다.[9]

많은 학자들이 한·위진남북조 시대의 귀족과 호족 그리고 송 왕조 이후 관료들의 토지 겸병이 왕조 멸망의 가장 중요한 원인의 하나였다고 생각한다. 일반적으로 왕조의 후반기에 이르면 오랜 평화기에 뒤따르는 인구 증가로 인해 농민들은 부족한 토지와 궁핍한 생활에 시달리게 되고 그들의 담세력 역시 한계점에 도달한다. 다른 한편 대토지를 소유한 대가문이나 관료들은 자신의 특권을 이용하여 정부의 과세를 피할 수 있었다. 많은 농민들은 징세를 피해 이들 대토지 소유자에게 토지와 함께 자신과 가족을 기탁하여 이들의 반예속인으로서 생활하게 된다. 이로써 토지를 소유하는 관료는 더욱 부유해지는 반면 국가는 세원을 상실하게 되고 이것은 농민에게 더욱 무리한 세금 징수로 이어지는데, 과도한 징세를 견디지 못하는 농민들은 자신과 가족을 의탁할 유력자를 찾게 된다. 이러한 악순환으로 농촌은 피폐하고 국가 재정은 궁핍하게 되어 마침내 왕조의 생명은 끝나게 된다.[10]

---

[9] 무어 182-3 참조.

[10] 송영배 241ff; 라이샤우어 등 142-7.

4) 기본 체제에 대한 신뢰

이러한 일은 중국 역사상 반복되는 현상이었으므로 중국인들은 그들의 통치제도와 정통적 정치철학이 과연 정당한가를 회의하면서 새로운 제도와 사상을 모색할 수 있지 않았겠는가? 새로운 것을 모색하는 가운데서 근대 서구에서 발전된 정치제도와 경제질서(민주주의 정체와 시장경제)를 발전시킬 가능성은 없었을까? 결론부터 말한다면 다른 고급 문명과 접촉이 거의 없었던 중국인들로서는 새로운 것을 사유·모색할 수 있었다 해도 그것이 서구의 근대적 정체와 제도일 가능성은 전혀 없었다.

서구의 근대화란 위에서 논한 바와 같이 서구에만 독특한 우연한 전체적 권력관계에서 이루어진 것이다. 즉, 서구의 근대적 제도와 기본 질서는 어떤 개인이나 조직이 의도하고 계획한 것이라기보다는 오히려 이들이 생존과 권력을 위해 투쟁하는 가운데서 우연히 발전한 것으로, 이 발전의 궁극적 결과는 그들이 결코 의도했다고는 말할 수 없다. 예컨대 중세의 독특한 권력관계에서 중앙집권을 꾀하던 군주들은 경제인이 그 주축인 시민계급과 결합했다. 이것은 이 계급의 자부심을 고취하는 원인이 되었으며 궁극적으로는 전자를 전복할 세력으로 성장하여 시민혁명을 일으킬 기회를 제공했다. 또한 서구의 교회는 영향력을 강화하기 위하여 세속권력과 투쟁하고 세속적 사업에 참여했는데, 이것은 결국 서구에서 종교가 사회를 통제하는 권위를 상실케 하는 결과를 초래했다. 시민혁명이나 종교의 권위 상실은 모두 서구 근대화의 중요한 계기가 되는 것이었지만, 그것의 궁극적인 원인을 제공한 집단은 그것을 결코 계획하지도 않았고 예상하지도 못했다. 요컨대 근대적 발전의 최종적 소산은 원인 제공자의 의도에 반하는 것이었다.

그러므로 중국과 서구의 발전을 비교함에 있어서 관건이 될 수 있는 기준은 어떤 개인이나 집단의 의도라기보다는, 이 의도를 예기치하지 못한 결과로 이끌 사회적 조건이다. 분열기가 종식된 후 중국의 조건이 서구의 그것과 같지 않았음은 누차 설명한 바와 같다. 이런 상황에서 전통 중국의 지성들이 근대 서구적 제도와 질서를 모색할 수 있었는가의 여부에 대해 논의하는 것은 아무런 의미가 없다.

중국에서는 아무리 관료가 쉽게 부패하고 그것이 결국 통치 기능의 마비를 초래하더라도, 그 원인을 제도와 그 제도를 정당화하는 사상에서가 아니라 제도를 운용하는 사람에게서 찾았다. 설사 제도에서 문제점을 찾더라도 그것은 제도의 일부였지 통치체제 자체의 존폐와는 상관이 없었다. 이러한 "착각"을 하게 된 데는 결코 원인이 없지 않다. 우선 우리는 중국의 관료주의가 매우 효율적이었음을 잊어서는 안될 것이다. 그것은 적지 않은 경우 탐욕스런 관료가 이익을 추구하는 것을 "정당화"하기도 했지만 전체의 중국을 무리없이 통치하여 질서를 유지하는 데 기여했고, 특히 문치 위주의 관료주의는 중국 대륙이 군대 지휘관의 각축장이 되는 것을 방지했다. 또 중국의 많은 관료가 자신의 잇속을 챙기기는 했지만 그들의 지배는 서구의 봉건 귀족들이 무사적 조야함으로 주민들을 억압했던 것에 비하면 훨씬 개명되고 인간적인 것이었다. 우리는 적지 않은 관료들이 유교적 이상을 실현하기 위해 헌신적으로 노력했다는 것 역시 기억해야 할 것이다. 특히 왕조의 초창기에 정력적 황제와 그를 돕는 양심적이고 탁월한 신하들이 행한 정치는 실로 유교적 이상과 근접하고 있었다는 것 또한 많은 사람들로 하여금 전통적 제도와 사상으로 충분히 태평성대를 이룰 수 있다는 믿음을 가지게 했다.

여기다 전통사회에서는 드물게 개방적이고 공정하게 운영되던 관료 선발 제도가 전통적 기본틀에 대한 신뢰를 두텁게 했다. 어떤 중국 연구가에 의하면 과거제의 개방성과 공정성으로 인한 사회계층간의 유동성은 현대 산업사회의 민주국가에 못지않았다고 하는데,[11] 이 주장의 진위는 차치하고서라도 전통 중국의 중요한 정치가들 중에는 빈천한 가문 출신이 많은 것으로 보아 상당한 정도의 사회적 유동성이 있었다는 것은 분명한 사실이다.

---

[11] P. Weber-Schäfer, "Die konfuzianische Literaten und die Grundwerte des Konfuzianismus", in: *Max Webers Studie über ...*, 208.

여기서 우리는 유교가 어느 정도 설득력있는 교설을 제시하여 중국인의 정신을 지배할 수 있었다는 사실도 기억해야 할 것이다. 유교는 덕치주의 이념과 반귀족·반군사적 사상으로 중국을 문치주의 관료국가로 만드는 데 이론적 근거를 제시했고, 적지 않은 황제로 하여금 천자의 지위에 합당한 통치를 하도록 이끌었으며, 특히 많은 유학자가 — 재야의 선비든 대관료든 — 고 성왕의 도와 공·맹의 가르침을 실현하기 위해 최고 통치자에게 죽음을 무릅쓰고 직간直諫하는 일을 주저하지 않도록 가르치는 데 성공했다.

유교적 이상 군주인 고 성왕과 이들을 도운 현명한 신하들 그리고 과거의 이상적 통치를 현세에 실현하기 위해 목숨조차 아까워하지 않은 진정한 유학자, 이 모든 것은 유교적 가르침의 성공적인 전파로 한갓 전설과 이상에만 그친 것이 아니라 현실적인 힘으로 작용했다. 유교, 특히 신유교는 누구나 성인이 될 수 있다고 가르침으로써 유교적 이상정치가 현실적으로 실현 가능하다는 믿음을 중국인에게 심어주었는데, 이로써 인간의 불완전함과 이기적인 행동이 비정상적인 것으로, 성인군자의 덕정과 인치가 오히려 정상적이고 당연한 것이라고 믿게 되었다.

정치가 어지러워지고 관료가 부패한 시기라 할지라도 중국 대륙의 어느 곳에도, 중국인의 그 누구도 명백히 유교의 가르침을 배척하고 전통적 제도와 사상을 타기하면서 새로운 대안을 분명히 제시하지 못한 것으로 보아 중국적 문화 전통의 힘과 유교의 설득력은 상당히 강력한 것이었다고 결론지을 수밖에 없다.

5) 중국적 고금흥폐론과 맬더스의 덫

전통의 덕치 이념과 유교적 인간 신뢰에 충실하여 문제는 사람에 있지 제도에는 있지 않다고 생각한 전통 중국인들은 반복하는 왕조의 건립과 멸망을 다음과 같이 이해했다.

천명을 받은 황제가 창건한 왕조는 그 초창기에 있어서는 항상 번영기, 즉 치세를 누리게 된다. 이때 황제와 그의 탁월한 신료는 하늘의 뜻을 받들어 정사에 힘쓰고 또한 열심히 백성을 보살핀다. 그러나 후대에 내려올수록 이러한 건강하고 청신한 창업정신은 쇠퇴하게 되는데, 이 무렵이면 궁중의 과잉 보호와 향락에 길들여진 무능한 황제가 등극하게 되고, 그 주위에는 간사한 무리와 소인배가 모여들어 자신들의 이익과 권세를 위해 충신과 간관을 따돌리면서 천자의 눈과 귀를 흐리게 만든다. 이로써 국가의 기강은 무너지고 자연재해가 빈발하여 백성은 도탄에 빠지게 되는데, 이것은 도처의 반란으로 이어진다. 실정으로 천명을 잃어버린 왕조가 멸망하여 분열기가 시작된 것이다. 온 국토가 혼란에 빠진 가운데 한 유덕한 인물이 새로이 천명을 받아 난세를 수습하고 질서와 평화를 되찾는다. 새 천자는 전 왕조의 멸망을 거울삼아 훌륭한 선비를 등용하여 정사에 힘쓰고 궁핍해진 백성을 돌봄으로써 다시 태평성대를 이룬다. 그러나 뒤를 잇는 황제가 창업주의 정신을 망각하고 간사한 무리에 휩싸여 정사를 돌보지 않아 백성의 생활을 궁핍하게 한다면, 앞선 왕조의 전철을 밟는 것은 불가피하다. 이러한 것을 피하기 위하여 황제는 경천애민하던 조종의 거룩한 정신을 잊지 말고, 고 성왕의 가르침을 배우고 실천함에 게으름이 없어야 하며, 또한 항상 주위에 올바른 신하를 얻기에 노력해야 한다. 황제의 이러한 노력이 있을 때 비로소 탁월한 유학자들이 그 뜻을 펼 수 있게 되고, 간신과 소인배는 발붙일 자리가 없게 된다. 황제와 그를 돕는 군자들이 정사를 바르게 할 때 하늘과 인간 그리고 우주는 조화를 이룰 수 있게 되며, 자연재해가 없어지고 풍년이 계속되어 백성은 넉넉한 생활을 누리면서 기뻐한다. 그러나 슬프게도 왕조 후대에 탁월한 군주와 뛰어난 신하가 나오는 것은 지난한 일이므로 모든 사람, 특히 위정자와 유학자들은 이 점을 경계하여 대비하지 않으면 안된다.

그러나 이러한 고금흥폐론古今興廢論은 왕조 순환의 부분적 원인만을 설명할 수 있을 뿐이다.[12] 왕조의 초기에 태평성대가 이루어진 것은 무엇보다도

---

[12] 라이샤우어 142ff 참조.

혼란기를 거치면서 감소한 인구와 몰락한 대토지 소유자 덕분에 관료와 백
성들에게 나누어 줄 토지가 충분했기 때문이요, 후대에 몰락을 겪은 것은
황제의 무능과 창업정신의 쇠퇴 및 관료 기강의 해이라는 점도 분명히 작
용했지만, 무엇보다도 지속적인 평화기를 통한 인구의 증가, 관료의 토지
겸병, 농촌의 피폐 그리고 국가 재정의 파탄 때문이다. 이 무렵이면 국가
의 재정이 부족하여 수리시설에 대한 보수도 제대로 행하지 못해 작은 자
연재해도 커다란 피해를 유발하게 된다.

　왕조의 흥망에 대한 이러한 일반적 견해를 수용한다면, 왕조 몰락의 가
장 근본적 원인은 맬더스가 주장하는 바, 인구 증가로 인한 식량 부족 현
상의 주기적 반복이라는 사실을 인식하지 않을 수 없다. 설사 왕조 후기에
도 성왕과 군자에 의한 통치가 계속되어 관료에 의한 토지 겸병이 일어나
지 않았다고 해도, 그것은 중국 역사상 반복적으로 일어나던 안정기의 급
격한 인구 증가를 막을 수는 없었을 것이고, 또 왕조 몰락을 늦출 수는 있
었을지언정 궁극적으로 막지는 못했을 것이다.[13]

　물론 전통 중국인들이 직접 피부로 느끼고 눈으로 보았던 것은 인구 증
가라기보다는 무능하고 향락에 빠진 황제, 탐욕스런 관리의 억압과 토지 겸
병이었을 것이다. 그러나 무능과 부패 그리고 혼란이 반복되는 것을 경험하
고서도 인간성에 대한 절대적 신뢰를 가르친 사상에 근거하여 정치와 사회
의 근본적인 모든 문제를 인간의 수양, 인격의 완성이라는 것으로 환원하여
생각할 뿐 체제 자체에 대한 의심에까지는 전진하지 않았다는 것은 오늘날
의 관점에서 납득할 수 없다. 천자이거나 관료이거나간에 사리사욕을 억제
하고 오직 백성을 위해 힘쓰는 군자나 성인이 되라고 가르친 것은 실로 현
실성이 결여된 것이요, 또한 어떠한 정치권력이든지 강력한 견제세력이 없
는 한 부패하게 마련이라는 점을 생각한다면, 자신들의 제도와 사상의 기본
틀이 모든 인류가 가져야 할 가장 완벽한 것이라는 믿음에서 탈피하지 못한

---

[13] 번성기를 통한 급격한 인구 증가는 실제로 중국 역사에서 수차 확인할 수 있다(송영배
281 참조).

전통 중국인들이 우둔해 보이기조차 한다. 그러나 이러한 생각은 다양한 역사적·사회적 경험을 축적한 현대인들만이 할 수 있을 뿐이다. 우리는 지리적으로 고립되어 다른 문명과의 교류가 극히 제한되어 있는 데다가 비교적 효율적으로 작동하고 있는 제도와 사상의 지배 속에서 중국인들이 전통적 기본틀과는 다른, 새로운 대안을 모색했을 가능성을 기대해서는 안된다.

2 절
외래세력의 위협과 극복

1) 이민족과 중국문화

잘 알려진 바와 같이 중국 대륙은 주변의 이민족들에 의해 여러 차례 지배를 받았다. 이들 이민족은 중국인들이 야만인이라고 경멸하는 종족들이었다. 이들의 지배는 중국인들에게 큰 굴욕감을 안겨주었고, 그것은 또한 이 자존심 강한 민족으로 하여금 자신의 전통문물에 대해 회의를 하도록 한 계기가 되었음에 틀림없다. 그들의 제도와 문화가 우수하다면 왜 보잘 것없는 야만족에게 정복되어 지배를 받는다는 말인가?

그러나 이민족의 지배를 받았다는 것만으로는 중국인들이 지니고 있던 전통문물에 대한 절대적 신뢰, 중화사상을 약화시킬 수 없었다. 그것은 무엇보다도 이민족의 지배자들이 중국문명 속에서 성취된 통치제도 및 법체제·정치철학·사회규범 그리고 예술과 기술의 우수성을 인정하고, 중국을 통치하는 데나 그들이 생활하는 데 이것을 그대로 사용했기 때문이다. 중국 문물에 대한 존중은 만주족인 청나라 황제들에 있어 특히 대단했다. 청나라 전성기의 황제(강희·옹정·건륭제)들은 유교적 이념을 기반으로 통치하고자 하여 유교의 경전을 익히기에 열중한 결과 자신들이 탁월한 유학자의 경지에 도달했다. 이들은 공자에 대해서도 최대의 경의를 표했는데, 한나라에서 이미 시작된 공자에 대한 신격화는 청 왕조에서 그 극에 도달했다.[14] 이민족 지배자들에 의한 중국적 제도와 문화의 수용은 어떤 점에서는 중국인들이 전통문물에 대해 가진 신뢰를 강화시키는 기능을 했다. 이것이 보편적 통용성과 우수성을 가지지 않았다면 어찌 야만족들에 의해 수용될 수 있겠는가?

그러나 이러한 일반적인 서술로는 중국문명이 이민족의 침입으로 직면했던 큰 위기와 그 극복 과정을 제대로 전달할 수 없다. 사실 한 제국이 멸망하고 처음으로 이민족의 정복을 당한 시기의 중국인들은 그들의 전통적 제도와 사상에 대해 커다란 회의를 가지게 되었다. 북방 민족들의 침입으로 국토가 분열되고 왕조의 부침이 빈번하던 이 시기에는 전통적인 통일 이상이 흔들렸을 뿐 아니라 관료제 역시 대귀족 가문의 득세로 크게 퇴색되었다. 이 시기에 전통문물이 직면한 위기는 외래종교인 불교의 융성으로 더욱 심각해졌다. 불교는 유교를 압도하여 중국인의 정신과 생활에 광범위하게 침투했다. 이 시기의 위기를 극복하여 유교적 전통을 되찾고 전통문물에 대한 신뢰를 회복한 것은 중국 역사에 있어 춘추전국시대의 혼란을 종식시킨 진의 중국 통일과 버금가는 중요한 의미를 지닌다.[15]

이 시기를 논하기 전에 중국적 세계관에 있어 "이민족"이라는 개념이 함축하는 바를 미리 밝혀둘 필요가 있다. 중국 정신세계에 있어 "이민족"이라는 말은 원칙적으로 부정적이거나 적대적 의미를 가지는 것이 아니었다. 앞에서 이미 논한 바와 같이 중국인들은 모든 인간의 본성이 원래부터 선하다는 것과 교육을 통한 인격 완성의 가능성을 믿고 있었으므로, 비록 이민족이라 할지라도 그 바탕은 착하기 때문에 고 성왕과 유교의 위대한 가르침으로 충분히 교화할 수 있다고 생각했다. 사실 중국 민족인 한족漢族 역시 문명의 초창기에 많은 민족의 교류를 통해 형성되었고, 또 중국 역사상 주변 민족이 내조來朝하거나 중국의 문화에 동화되는 사례가 흔했기 때

---

[14] Ho 9; R. Dawson 19ff.

[15] A. F. Wright, "The Formation of Sui Ideology 581-604", in: J. K. Fairbank 편, *Chinese Thought and Institutions*, 5판 [Chicago 1968] 71ff.

문에, 중국인들은 이민족을 인종적인 편견에서 다루지는 않았다. 중국에 있어서 "야만족" 내지 "이민족"이란 인종적 개념이라기보다는 오히려 문화적 개념이었다. 비록 한족이라 할지라도 중국문화에 의해 교화되지 못한 사람은 야만인이라고 불릴 수밖에 없고, 비록 이민족이라 할지라도 고 성왕의 도를 배우고 중국문화를 따르는 한 "중화인"·"문화인"이 된다.[16] 중국인들의 문화적 보편주의와 인간성을 신뢰하는 세계관에는 오늘날 민족주의나 인종주의에 해당되는 개념은 원칙적으로 존재할 수 없었다.

모든 인간이 평등하다는 사상은 기독교 역시 주장하는 바이다. 그러나 인간 본성이 선하다는 생각은 기독교의 교리에 있지 않았으므로, 비기독교적 이방인에 대한 기독교인의 적대감은 비중국 문화권 사람에 대한 중국인의 그것보다 훨씬 더 심한 것이었다. 이러한 것은 유대인들이 서구에서는 계속적으로 심한 탄압을 받았던 데 비하여 중국 땅에서는 대체로 평화로운 삶을 누렸다는 사실에서도 확인할 수 있다. 중국인들은 그들의 조상들이 고 성왕에 의해서 교화되었던 것과 마찬가지로 이방인이나 야만족 역시 교화될 수 있으리라 믿었다.[17] 이민족에 대한 중국인의 이러한 기본 태도는 중국문화와 제도를 수용하는 이민족 지배자들에 대한 적대감을 상당히 완화시켰음에 분명하다.

그러면 이제 한 제국이 멸망한 이후의 중국 역사에 눈을 돌리기로 하자.

2) 남북조시대와 중국문명의 위기

한이 멸망한 중국 땅에는 위魏·오吳·촉한蜀漢의 3국이 성립하여 약 반세기간(220~265) 상호 투쟁하다가 위나라에서 세력을 기른 진晉(265~317)에 의해 통일된다. 그러나 진은 북쪽에 있는 이민족들의 침입을 받아 멸망하고 한족

₁₆ Hsiao 137ff.

¹⁷ H. Schmidt-Glintzer, "Ausdehnung der Welt und innerer Zerfall (3. bis 8. Jahrhundert)", in: W. Bauer 편, *China und Fremden: 3000 Jahre Auseinandersetzung im Krieg und Frieden*, [München 1980] 101ff.

은 황하를 건너 남쪽 지방으로 이주하여 그곳에 새로운 국가를 건설한다.

육조六朝시대 또는 남북조南北朝시대(317~589)라 불리는 이 시기의 화북지방은 유목민이 세운 열여섯 개 나라가 경쟁하면서 부침했고, 화남에서도 여러 개의 왕조가 잇따라 교체되었다. 한 왕조와는 달리 이 시대의 각 왕조는 강력한 중앙집권적 통치권을 확립하지 못했고 호족 내지 귀족들이 반독자적 세력을 형성하고 있었다. 진秦 왕조의 건국과 함께 일소된 봉건세력이 다시 대두하고 있었던 것이다.

이 시기에 유목민들에게 문명의 본거지인 중원에서 쫓겨 남쪽으로 내려온 한인들은 심리적 충격과 정체성의 위기를 겪으면서 한 제국이 멸망한 원인에 대해 사색하고 토론했다.[18] 다른 한편 그들은 남방이 생활하기에 매우 좋은 터전이라는 것을 알게 되었다. 양자강 유역은 중원에 비해 기름질 뿐 아니라 기후 역시 따뜻하여 북쪽과 같은 혹독한 겨울이 없었다. 남쪽에서의 편리한 생활은 중원을 회복하여 통일제국을 재건하려는 의지를 약화시켰음이 분명하다.

이 시기에는 한 왕조에 비해 유교의 영향력이 당연히 약화되었고 새로운 풍조와 행동양식이 대두했다. 이 시대에는 사회적이고 현실 참여적이며 낙관적인 사조가 아니라 개인주의적이고 현실 도피적이며 염세적인 풍조가 팽배했다.[19] 많은 지식인들이 유교에 대한 실망 때문에 현실적인 문제를 외면하게 되었고, 자연 속에서 시가와 음주를 즐기면서 불안한 시대 상황을 잊으려고 했다. 이러한 분위기에는 우주 내지 자연과의 신비적 일체화를 통하여 개인적인 열락悅樂을 추구하는 도가철학이 더 적합했다. 도가철학적 진리는 바로 현상의 차별을 초월한 무無의 원리로서, 선악·성패·진위·생사를 확연히 구분하면서 현실을 일정한 가치 기준에 의해 개조하고자 했던 유교적 이상과는 상당한 차이가 있었다. 다른 한편 통일제국의 붕괴로 생겨난 권력의 공백을 틈타 도교라고 불리는 민중종교 역시 대중으로부터 많

---

[18] Wright 74.

[19] 같은 논문 75; 황인우 142f 참조.

은 지지자를 획득하고 있었다.

유교가 그 영향력을 점점 상실하고 도가철학과 도교가 성행하게 된 것은 또한 외래종교인 불교가 세력을 확장하는 계기가 되기도 했다. 불교는 처음에는 도교의 한 종파로 인식되었고 불교의 교리 역시 노장철학적 관점에서 이해되었는데, 이것은 외래종교가 전파되는 과정에서 항상 있는 토착정신 세력의 거부감을 크게 완화했다[20](불교는 남방보다는 외래종교에 대한 중국적 선입관이나 유교적 전통이 없었던 북방의 지배층에 의해 더 쉽게 더 자유롭게 수용될 수 있었다). 불교는 그 근본 교리에 있어 중국적 정신세계의 기본 태도와는 크게 대립되는 것인바, 불교의 성행은 전통문화에 대한 커다란 위협이 아닐 수 없었다.

불교는 이 세상의 삶이 괴로운 것이라는 대전제에서 출발한다. 생로병사와 만나고 헤어짐이 모두 괴로운 것이라는 염세적 세계관이 불교적 교리의 바탕이다. 또한 불교는 이 세상과 세상에 존재하는 모든 것이 영속하는 것이 아니라 결국은 소멸하고 만다는 것, 우주에는 영원불변하는 것이 하나도 없다는 것, 즉 무상無常을 가르친다. 무상이라는 불교의 교리에 의하면 자아라는 개념 역시 허구에 지나지 않는다. 자아란 시시각각 변하는 감각에 따라 형성된 것에 불과한 것이며, 불변하는 실체로서는 존재하지 않는다. 이 진리를 모르고 자아에 실체성을 부여하여 집착하는 것은 허망하고도 해로운 일이다. 자아에의 집착은 쾌락과 명예에 대한 욕망을 낳고 그것은 결국 고통을 더할 뿐이다. 집착과 욕망은 새로운 업業을 낳고, 업은 생사의 윤회를 계속시키는 원동력이기 때문이다. 불교는 집착과 욕망에서 해방되어 윤회의 사슬을 끊음으로써 열반에 드는 것이 인생 최고의 목적이라고 가르친다.

이러한 불교의 교리가 중국적 정신세계와 가치관에 첨예하게 대립됨은 명백하다. 중국인들은 결코 이 세상이 본질상 고통스러운 것이라고 생각하지 않았다. 그들은 비록 비탄과 슬픔이 이 세상의 삶에서 없애기 힘든 것이

---

[20] 구보 노리따다(窪德忠)(최준식 역) 『도교사』 [분도출판사 1990] 112ff; 키무라 키요타카 (木村清孝)(장휘옥 역) 『중국불교사상사』 [민족사 1989] 15ff.

라고는 해도 인생은 살 가치가 있는 것이라고 생각했다. 그들은 우주와 인생에 대한 낙관적 신뢰를 가지고 있었는데, 죽음은 피할 수 없고 인생은 참으로 무상한 것이지만 바로 그때문에라도 인생을 열심히 살면서 행복을 추구해야 하며, 만약 행복을 보장할 사회적 여건이 마련되어 있지 않다면 이를 적극적으로 개선해야 한다고 믿었다. 현세의 삶을 긍정하고 현세적 행복을 추구하는 중국인들에게는 건강·장수·안녕·물질적 풍요가 중요한 의미를 가지는 것이었고, 그것이 실현되는 현실적 바탕, 즉 정치제도·사회규범·가족관계·경제질서 역시 중대한 가치를 지니는 것이었다. 중국적 철학은 올바른 사회를 이룩하기 위하여 인仁·의義·충忠·효孝·신信 등의 덕목을 실천하라고 가르쳤는데, 명예란 이러한 덕목을 실천하면서 국가와 사회를 위해 헌신하는 사람들에게 주어지는 보상이었다. 사후의 세계를 부정하거나 거기에 큰 의미를 부여하지 않는 중국인들에게 있어서 죽음이란 사실상 개인의 삶에 대한 돌이킬 수 없는 종식을 뜻하는 것이므로, 반드시 없어지고야 말 삶에 의미와 영원성을 부여할 그 무엇을 추구하는 욕망은 매우 강렬했다. 그들은 개인이 생전에 올바른 행위와 업적으로 얻은 명성이 삶을 영원토록 하는 것이라 믿었다. 명성이란, 불교적 입장에서는 분명히 업을 쌓고 고苦를 더할 뿐인 욕망과 집착에 불과하지만, 야심있는 중국의 젊은이들에게는 열정을 가지고 획득코자 하는 인생 최고의 목표였다. 전통 중국적 정신과 가치관을 고수하는 사람들로서는 불교는 결코 용납할 수 없는 세계관과 가르침을 가진 종교였다.[21]

남북조시대는 두 개의 큰 사건, 즉 이민족 침략과 외래종교의 풍미로 인해 정치적·사회적·정신적 등 여러 방면에서 한대에 이룩된 동질성이 붕괴된 시기였다.[22] 그러나 이 두 가지 중 그 어떤 것도 중국 전통적 문물의 큰 흐름을 본질적으로 바꾸지 못했다. 중국 땅에는 다시 중앙집권적 통일

---

[21] 불교와 중국의 전통사상과의 차이 내지 충돌에 대해서는 K. 첸(길희성·윤영해 역) 『불교의 이해』 [분도출판사 1994] 141f 169ff 참조.

[22] Wright 75.

제국이 형성되어 남북조의 분열과 봉건적 통치체제를 종식시켰고, 또 이것보다는 후대의 일이지만 현실 긍정적인 유교 역시 불교를 극복하고 그 지배력을 회복했다.

3) 위기 극복과 그 역사적 의의

전통 소생의 움직임은 바로 이것이 가장 위기에 처한 것처럼 보이는 상황에서 일어났다. 우선 중국적 제도와 사상의 효율성을 재발견한 것은 북방을 지배하던 이민족의 군주들이었다. 그들은 일시적 정복이 아니라 안정적 통치를 하는 데 있어서는, 그리고 자신의 권력을 강화하기 위해서는 전통적 관료주의와 행정 및 법 제도 그리고 유교적 통치 이념이 매우 유용하다는 것을 알게 되고 이를 배워 현실 정치에 적용하려 했다.[23] 거대한 농업국가를 다스림에 있어서 그들은 중국의 전통적 기본틀보다 나은 대안을 모색할 수 없었기 때문에 유학자들과 유교적 규범에 따르는 중국의 명문 호족들과 긴밀한 협조를 하면서 점점 자신들 본래의 제도와는 다른 중국적 제도를 도입하는 한편 문화적으로도 중국화정책을 실시했다.[24] 이 과정에서 중국의 호족들은 중앙의 관료로 포섭되어 이민족 왕조의 핵심세력으로 부상하는 반면, 중국적 체제에 적응할 수 없었던 이민족의 귀족들은 새 관료 체제에서 소외되었다.

이로 말미암아 유목민의 부족적 제도와 문화 그리고 결국은 유목민 자체도 소멸의 길을 걷게 되었다.

당시 중국의 모든 군주들은 분열과 재봉건화의 와중에서 중앙집권적 권력을 확립코자 종교적 집단을 회유하는 한편, 종교를 통하여 자신의 통치권을 정당화하는 이념을 안출하고 나아가서 국민적 통합을 도모하고자 했다. 따라서 당시 민중과 지식인들 사이에서 많은 신도와 추종자를 확보하고 있던 불교와 도교가 정치적으로 이용되었음은 물론이다. 그러나 다른

---

[23] Schmidt-Glintzer 107f. [24] Wright 76.

어떤 종교보다도 최고 통치자의 이러한 의도에 부합하고, 나아가서 전 중국을 통일하는 데 있어서 적절한 이념을 제공한 것은 이미 통일제국의 정통 교리로 기능한 바 있는 유교의 정치 이상이었다.[25]

불교는 비록 초월종교이기는 하지만 서구나 인도에 있어서처럼 정치에 독자적인 지위를 항구적으로 확립하는 데 성공하지 못했다. 중국 땅에서 불교는 극히 짧은 기간 동안만 정치에서 독립된 지위를 향유할 수 있었을 뿐, 결국 세속 지배자들에게 종속되고 말았다.[26] 봉건적 경향이 있는데도 한의 관료제도를 본받아 자신의 통치체제를 확립하고자 했던 이 시대의 군주들과, 세속권력에 독립적인 종교조직을 납득할 수 없었던 정신세계에 대항하여 불교가 독자적 조직을 확립할 수는 없었던 것이다.

남북조시대에는 불교 신도가 급속히 증가하여 집집마다 부처를 모시고 있는 실정이었으나 이러한 가운데서도 가족과 사회는 유교적 규범에 의해 지배되었다. 유교적 가치관과 규범은 중국적 전통에서 유래한 데다가 400년 계속된 한 왕조에서 사회생활과 개인의식에 깊숙이 뿌리박아 정치적·사회적·문화적 혼란에도 불구하고 상당한 추종자를 확보하고 있었다.[27] 다른 종교에 의해 유교가 압도당할 때에도 유교의 추종자들은 지식인과 대가문을 핵심세력으로 하여 전통적 질서를 회복하고 유교적 가르침을 전파하고자 진력했다. 전통적 정치제도와 함께 다시 일어난 유교는 점점 그 세력을 강화하여 마침내 신유교운동을 통하여 불교에 중대한 타격을 가하게 된다(아래 10장 참조).

중국적 제도와 사상으로써 분열된 시기를 종식하고 관료적 통일제국을 건립한 것은 북쪽의 왕조인 수隋(580~618)였고, 통일제국은 수를 이은 당唐(618~906)에서도 계속되었다. 통일제국의 군주들은 중앙집권을 공고히하기 위하여 유교적 전통을 재강조했고, 여전히 강력한 귀족세력을 억압하기 위하여 한 왕조에서는 이차적 중요성만 가졌던 과거제를 확충하거나 본격적

---

²⁵ 같은 논문 81ff.　　　²⁶ 첸 168f 172ff 참조.　　　²⁷ Schmidt-Glintzer 96 참조.

으로 실시함으로써 제국을 관리할 인적 자원을 비귀족 출신 가운데서도 확보하고자 했다. 이로써 점차적이나마 관료제도가 귀족들의 전유물에서 해방되게 되었다. 중국의 전통적 제도와 유교적 이념 이외에 어떠한 것도(도교나 불교 그리고 유목민의 전통과 제도) 통일제국의 운영과 유지에 본질적으로 기여하지 못했다. 요컨대 유교적 이상과 철학 그리고 전통 중국의 정치제도는 한때 큰 위기에 빠졌으나, 통일제국을 건설·유지하려는 야심적 군주의 욕구에 가장 잘 호응함으로써 다시 살아남을 수 있었고, 이와 더불어 중국인의 전통에 대한 신뢰와 자부심 역시 회복되었다.

후대에 중국인들은 야만족이 침입하여 그들을 지배하더라도 남북조시대만큼 커다란 정체성의 위기는 겪지 않았다. 그것은 무엇보다도 야만족의 지배자들이 중국적 제도와 문화를 그대로 수용했다는 것에 기인하지만, 남북조시대의 역사적 경험으로 일종의 면역이 형성되었기 때문이다.[28]

재통일로서 형성된(회복된) 통일제국과 그것을 정당화하는 사상은 20세기 초까지 본질적인 변함 없이 존속했다. 중국인들은 후대의 분열기에도 더 이상 전통을 회의하지 않고 유교적 이상에 따라 통일국가를 재건설했다. 중국적 전통의 강인함은 단순히 정치 영역에서만 확인된 것이 아니다. 그것은 정신적 영역에서도 불교를 극복하는 과정에서 실증되었다. 그러나 이 문제를 논의하기 전에 우선 남북조시대를 서양사의 발전 과정과 비교하면서 중국문명의 중요한 특징, 즉 전통의 현실적 생명력을 재확인하기로 하자.

---

[28] 글안족의 요(遼) 왕조(967~1125)와 여진족의 금(金) 왕조(115~1115)는 중국의 북방을 점령하고는 철저히 중국문명에 동화되었다. 그들은 중국적 제도와 사상으로 원래보다 훨씬 더 중앙집권화된 국가를 건설했다. 전 중국을 정복하면서 원(元) 제국(1280~1368)을 수립한 몽고족들은 여진·글안족만큼 완전히 중국문명에 동화되지는 않았더라도 통치를 위해 중국적 제도와 사상을 수용해야만 했다. 만주족 역시 전 중국을 지배했는데, 앞선 정복자들보다 더 철저히 중국문화를 수용했다. 중국인들은 외국 통치자에 대항하여 싸운 적도 물론 여러 차례 있었지만 그것은 이들의 학정에 대한 것이었지 중국적 제도와 규범에 대한 것은 아니었다. K. Tietze, "Vom ostasiatischen Großreich zur mogolischen Provinz", in: *China und Fremden ...*, 134ff. 참조.

4) 전통의 현실적 힘과 시대 구분의 문제

한 제국이 멸망한 후의 중국과 로마 제국 멸망 후의 서구는 분열과 야만족의 침입, 봉건화의 진행, 보편종교(서구의 기독교와 중국의 불교)의 전파와 확립 등의 사건에서 보는 바와 같이 매우 유사한 흐름을 보이고 있다. 그래서 양 문명의 발전 과정에서 유사성을 찾으려는 학자들은 남북조시대를 중국의 중세라고 부르기도 한다. 특히 프랑스의 중국학자 자크 제르네는 중국과 서구의 평행적 발전을 극히 강조하는 사람이다. 그는 중국의 역사 역시 서구와 마찬가지로 고대 · 중세 · 근대의 세 시대로 나눈다.

그는 남북조시대에서부터 수 · 당에 이르기까지 불교가 융성했던 사실과 서구 중세에 기독교가 융성한 것을 평행적으로 비교하고, 송宋(960~1279) 왕조에서 신유교가 불교를 공격한 것과 르네상스의 반종교적 성향을 같이 취급한다. 그에게 있어서는 유교 원래의 정신을 되살리자는 신유교운동은 고전의 부흥이라는 점에서 르네상스 운동과 다를 바 없기 때문에 전자를 중국의 르네상스라고 부른다. 그는 또 통일제국이면서도 귀족에 비해 과거제를 통해 등용된 관료가 미약한 세력을 가졌던 당 왕조으로부터 귀족이 몰락하고 완전한 관료제도를 확보한 송 왕조로의 이행을 서구에 있어서 중세 국가로부터 근대국가로의 이행과 대응시킨다.

제르네에 의하면 11~13세기의 중국은 정치 · 사회 · 경제 · 문화 등 각 분야에 있어서 그전 시대와는 근본적으로 다르고 서구의 발전과는 아주 비슷한 근대적 특성을 가진다. 그는 상업, 화폐경제 및 해외무역의 발전, 과학기술의 발전, 도시의 발달, 경제인 계급의 출현, 농업 노동자 계급의 발전, 사회의 유동성 증가 등을 그 예로 제시한다.[29] 한걸음 더 나아가서 제르네는 17~18세기의 중국(청 왕조)을 본격적 근대화 과정의 서구 국가와 같이 비교한다. 그는 당시 중국의 황제(강희 · 옹정 · 건륭)를 계몽적 전제군주로 칭하면서 이들의 통치 아래 중국은 경제적 · 정신적으로 근대화하고

---

[29] 제르네 12장 14장(223ff 260 263ff 274ff) 참조.

번영했음을 밝히고 있다.[30]

비교의 대상에서 유사점을 더 많이 찾는가 아니면 상이점에 더 주시하는가는 인식의 관점에 따라 결정될 문제이다. 그러나 제르네의 방식으로 역사를 보는 것은 단순히 유사점을 찾는 작업을 훨씬 넘어서 도식화될 수 없는 것까지 일정한 틀 속에 억지로 집어넣음으로써 객관적 역사 인식을 크게 방해하고 있다.

우리는 비록 양 문명의 발전 과정 사이에 유사한 부분들을 발견할 수 있다 할지라도 그 발전 방향이 현저히 달랐음을 인정하지 않으면 안된다. 우선 남북조시대의 불교가 서구 중세의 기독교와 같은 영향을 미쳤다고 생각해서는 안된다. 한 제국이 멸망한 후에도 중국적 전통과 문화는 서구 중세에 있어서의 고전문명처럼 심한 쇠락을 겪지는 않았다.[31] 중국 땅에서 불교가 상대했던 것은 중세의 기독교가 상대했던 것보다 훨씬 더 강한 적수였다. 불교는 수천 년 지속된 현세적 세계관과 수백 년 동안 정치·사회·문화에서 커다란 영향력을 행사해 온 유교와 충돌해야만 했다. 불교가 사회의 변동과 전통의 약화를 틈타 중국 인민 및 화북에 침입한 유목민에게 커다란 호소력을 가지기는 했지만 근본적으로 현실적인 것을 지향하는 중국적 정신세계를 완전히 바꿀 수는 없었다. 거기에 비하면 기독교는 서구의 정신세계를 철저히 변혁했을 뿐 아니라 사회 전반에 걸쳐 엄청난 영향력을 행사했다. 기독교는 이미 로마 제국에서 국교의 지위를 누렸고 제국을 침입하는 야만족에게 제국의 문화 유산을 전수하는 스승으로서의 권위를 행사할 수 있었다.[32] 중세 서구에서 기독교는 그에게 도전할 어떠한 정신세계와도 상대할 필요가 없었다. 기독교는 야만족의 정신세계보다 훨씬 더 만족스럽게 생의 의미를 충족할 수 있는 가르침으로 이들을 개종시키는 데

---

[30] 같은 책 23장(414ff 422ff) 참조.　　　　[31] 라이샤우어 등 229; 보드 137f.

[32] 따라서 교회가 게르만족에게 영향력을 행사할 수 있었던 중요한 근거는 바로 로마 제국의 권위를 배경으로 할 수 있었기 때문이라고 보아야 한다. H. Pirenne, *Geschichte Europas* [Frankfurt am Main 등지 1982] 47-51; C. Dawson, *Die Gestaltung des Abendlandes* [Frankfurt am Main 등지 1961] 28ff 41ff 참조.

성공했다.[33] 또 불교와는 달리 서구에서 기독교는 아주 오랫동안 세속권력에 대등하고 독자적인 조직을 확립·유지할 수 있었다.

중국 역사에서 당 왕조는 분명히 불교국가로 불리어도 좋을 만큼 이 외래종교가 융성했지만 도교 역시 황실과 서민으로부터 많은 애호를 받았고, 제국을 지탱하는 관료기구에는 불교에 심취한 귀족들과 더불어 유학자들 역시 많이 등용되어 있었다. 이것은 중세와 근대에서 서구의 세속정치를 이끌어 가던 주역들인 봉건 귀족(무사)·성직자·시민계급이 모두 기독교인이었던 점과는 분명히 차이가 있었다.

앞에서 언급한 바와 같이 당 왕조의 후반부부터는 한 왕조 이래로 사실상 호족이나 귀족에 의해 좌우되던 관료제도에 황제의 지배력을 강화하기 위해 전 왕조보다 더 철저하게 과거제도를 시행했고, 시대가 진행됨에 따라 관료 유학자들의 세력이 점점 강해져서 마침내 송 왕조에는 본격적인 관료국가가 성립하는데, 이 관료국가 역시 서구의 근대국가와는 그 기원에 있어 차이가 있었다. 우리는 서구적 근대국가의 기원을 주로 중세적 제도와 권력 상황에서 찾을 수 있는 반면[34](예컨대 서구의 의회) 송 왕조의 근대국가는 위진남북조와 수·당의 봉건적·귀족적 세력을 극복하고 진·한 제국이 본래 의도했던 통치체제를 회복·강화한 것이다. 여기서 우리는 소위 중국의 근대에도 여전히 살아 있는 전통의 커다란 힘을 인식하게 된다.

전통의 위대한 힘이라는 면에 있어서 신유교 역시 서구의 르네상스와는 분명히 다르다. 신유교운동이란 공·맹의 정신을 회복하기 위해 명백히 불교를 배척하는 것이었고, 르네상스란 본질적으로 기독교도인 서구 중세의 지성인들이 교회의 권위를 인정하면서 그리스-로마 문명의 세속적·합리적 사상과 예술을 배우고 전파하거나, 이 문명의 정신으로 학문과 문예활동을 함으로써 중세사회의 세속화에 어느 정도 기여한 사조에 불과했다.[35]

---

[33] 같은 책 128ff; 도오슨(노명식 역) 『서구문화와 종교』 [현대사상사 1977] 2-6장 참조.

[34] J. R. Strayer, *Die mittelalterlichen Grundlagen des modernen Staates* [Köln 1975] 참조.

[35] Pirenne 503-4 참조.

제르네는 단지 상공업의 융성, 도시의 발달 등의 현상에만 주목하여 당 왕조 후기 이후의 발전에서 근대 서구적 역사 과정과 동일한 모습을 찾고 있지만 그가 도외시한 것은 이러한 현상이 일어났던 밑바닥에 존재하는 전체적 상황과 조건이었다. 송·명·청의 왕조와 서구적 근대국가가 아무리 비슷하다 할지라도 전자가 통일제국이었는 데 반하여 후자는 다른 국가와의 계속적인 경쟁 상황에서 존립했고, 이 경쟁 상황이야말로 중국과는 다르게 서구에서 근대화가 부단히 추진된 원동력이었음은 위에서 누차 설명한 바와 같다. 제르네는 중국적 통치제도가 합리적인 것으로 보고 근대적이라는 판정을 한 것 같으나 이 합리적인 통치제도는 사회를 정치에 효율적으로 통합함으로써 사회 내에서 정치 이외의 다른 세력, 특히 경제인 세력이 자율적으로 성장하는 것을 방해했다.

우리는 17~18세기 중국의 경제 발전을 산업혁명 전단계로 이해해서는 안된다. 이 시기의 중국은 상공업이 발전하고, 농업생산력이 매우 높았으며 산업혁명에 요구되는 기술적 기반마저 갖추고 있었지만, 이것만으로 서구적 산업혁명을 이룰 수는 없었다. 경제 발전에 있어서 진실로 본질적인 것은 경제 활동에 창의적으로 헌신하는 사람들과 이들에게 자유로운 활동을 보장하는 법적·제도적 장치이다. 이러한 사람과 장치가 있는 한, 그 사회에 부존하는 인적·물적 자원을 가장 합리적으로 활용하고 기술개발과 경영 혁신을 통하여 생산력을 증대하려는 노력만 부단히 이루어진다면 경제는 발전하게 마련이다. 이것을 위해서는 경제인들이 사회에서 상당한 세력을 확보하여 정치권력자들에 대해서도 자신감과 자부심을 가지고 그들의 권리와 자유를 주장할 수 있어야 하는데, 중국적 권력 상황에서 이러한 조건은 충족될 수가 없었다. 아무리 전통 중국에서 경제가 발전했다 해도 경제는 정치에 종속된 생활 영역에 불과했다. 우리는 서구의 산업혁명을 단순히 공장화·기계화·생산력의 획기적 증가로만 이해해서는 안된다. 그것은 중세 이래 사회 세력관계의 변동, 문화적 가치관의 변화와 제도적 발전을 바탕으로 하여 일어난 경제의 근대적 변혁이었다. 그것은 전통적 기본틀의 전반적 변화 없이는 달성될 수 없는 것이었다. 따라서 우리는 산업혁명의 기원을 18~19세기보다 수세기 앞에서 찾지 않으면 안된다.[36] 우리가 중국과 서구의 문명을 개개의 현상이 아니라, 이 현상의 배후에 있는 전체적 맥락과의 관련하에서 비교한다면 중국 역사에서는 서구적 의미의 중세와 근대는 찾을 수 없다.

3 절

종교세력들 사이의 갈등

1) 종교적 투쟁의 제한조건

본서에서 우리가 제시한 가장 중요한 명제는 중국문명이 오랫동안 정체한 이유를 경쟁의 부재에서 찾아야 한다는 것이다. 그렇다면 유교·도교·불교 등의 종교적 세력이 공존하던 전통 중국에서 이들 사이의 정신적·권력적 갈등이 야기될 기회는 없었는가? 만약 이들 사이에 심한 갈등이 일어나 전통질서를 크게 위협하는 데까지 이르렀다면 전통 중국사회에서도 역시 동태動態적 발전이 가능하지 않았을까?

결론부터 말한다면 전통 중국에서는 종교적 세력들이 대체로 평화공존 상태에 있었기 때문에 이들 사이의 갈등으로 인한 동태적 발전은 유발될 수 없었다.

평화공존이 가능했던 것은 서구와는 근본적으로 다른 중국의 정신세계와 전체 권력적 상황에서 비롯되었다. 이러한 점은 막스 베버가 그의 중국 연구에서 설득력있게 설명한 바 있는데, 다음 몇 가지로 요약할 수 있다.

첫째, 이미 여러 번 언급한 바와 같이 중국적 정신세계는 일찍부터 초이성적·비합리적·내세적 차원이 아니라 현세적·이성적·인간적·실용적

---

[36] C. Cipolla, "Die industrielle Revolution in der Weltgeschichte", in: C. Cipolla, K. Borchardt 편, *Die industrielle Revolution* [Europäische Wirtschaftsgeschichte, Bd. III, Stuttgart 등지 1976] 2. 더구나 중국과 서구에서 본질적으로 달랐던 자연과학상의 발전까지 고려한다면 안이한 평행적 비교는 더욱 성립될 수 없다.

차원에 관심을 집중했다. 더욱이 이 문명의 정신세계에는 우주와 인간성이 완전하다는 믿음이 있었으므로, 이 문명에는 원죄나 절대악 혹은 인간의 불완전함을 근거로 영혼의 구제를 추구하거나 현생 부정을 근거로 해탈을 추구하면서 세속권력에 우위나 독립을 주장할 수 있는 사제집단이 존재하지 않았으며, 하느님 말씀으로 지상의 정치를 비판했던 구약의 예언자 같은 존재도 찾을 수 없다. 서구의 중세나 인도의 전통사회와는 달리 중국사회의 주도권은 종교집단이 아니라 정치집단에 집중되어 있었다.[37]

둘째, 오랫동안 유지된 중국의 통일제국은 정치적 경쟁뿐 아니라 종교세력 사이의 경쟁 역시 크게 제한했다. 유교는 바로 이 통일제국의 정통 교리로서 다른 종교세력을 통제·조절할 수 있었다.[38]

셋째, 다른 문명과 지리적으로 격리되어 발전한 중국문명의 정신세계는 다양성보다는 동질성을 그 특색으로 하고 있어서, 여기서 일어나는 정신적 투쟁의 양상은 결코 융합할 수 없는 극단으로 치닫지는 않았다. 더욱이 우주와 인간에 대한 낙관적 신뢰를 가지고 있었던 중국적 정신은 이 세상 모든 것이 각각 그 나름의 쓰임새를 가지고 있는 것이며 또한 전체로서 조화를 이루어야 한다고 믿었기 때문에, 비록 이단적 사상이라고 할지라도 그것이 정통에 의해 제어·조정될 수 있다면 절멸하려 하지 않았다.[39] 막스 베버에 의하면 이단이 서구와는 달리 정통 종교에 의해 억압·말살된 것이 아니라, 오히려 정통이 다할 수 없는 사회적 기능을 하도록 유도된 것이 전통 중국사회에 있어서 정통과 이단 사이의 가장 본질적 특색이다. 아래에서는 이상과 같은 베버의 설명을 기초로 하여 논의를 전개하기로 하자.

2) 민중종교의 세력과 그 한계

유교가 아무리 이상정치와 그것의 실현방법에 대하여 설득력있는 이론을 제시했더라도 고단한 일상의 삶을 영위하던 보통 사람들을 충분히 만족시

---

[37] 베버 213ff 225ff.　　[38] 같은 책 225 251ff.　　[39] 같은 책 260ff 272 참조.

킬 수는 없었다. 현실적 어려움이나 죽음에 직면해서조차 의연할 수 있는 극소수의 사람을 제외한 대다수의 전통 중국인에게는 유교 이외의 다른 의미체계가 필요했다. 그래서 전통 중국에서는, 특히 서민들 사이에서는 인간의 소원을 들어준다고 믿어지는 많은 신령들이 숭배되었고 마술 역시 일상적으로 행해졌다.[40] 그런데 이러한 서민들의 기복신앙적·주술적 관행들은 불교 및 도교와 접근·결합하게 되었다.

잘 알려진 바와 같이 원래의 불교는 자기수행을 통하여 현세적 삶을 초월하는 궁극적 진리에 도달하는 것을 목적으로 하는 가르침이지, 미신적·현세구복적·주술적 관행이나 의식과는 상관이 없었다. 그러나 어떠한 종교라도 다른 문명권에 전파되면 어느 정도는 변모하지 않을 수 없는데, 그것은 중국에 들어온 불교 역시 마찬가지였다. 중국에서의 불교는 이 문명의 현세적·실용적 전통에 순응하여 그 목적이 철저한 수행으로써 해탈을 추구한다기보다는 오히려 부처의 공덕과 위력에 의지하여 이 세상의 안녕과 행복을 추구하는 방향으로 변질되어 갔다. 사실 중국에 전파된 불교의 종파 역시 주술이나 기도를 금지하는 소승불교가 아니라 어느 정도까지 이를 용납하는 대승불교였다.[41] 개인의 해탈을 위한 수행과 엄격한 계율을 그 핵심으로 하는 소승불교와는 달리 붓다를 믿고 그의 위대한 공덕에 귀의함으로써 구원을 받을 수 있다고 가르치는 대승불교는 기복이나 주술의 대상을 찾는 중국 서민들의 욕구를 잘 충족시킬 수 있었고, 이로써 중국의 불교는 쉽게 민간신앙과 결합하게 되었다.[42]

물론 기복적·주술적이라는 것만으로 중국의 불교를 특징지을 수는 없다. 불교는 중국화하면서 인도 불교와는 다른 차원과 깊이를 가지게 되었는데, 도가철학의 영향을 받아 발전한 선불교가 그러한 예이다. 그러나 사변적·형이상학적·내세지향적인 인도 불교에 비하여 선불교를 포함한 모든 중국 불교의 전반적 경향은 현세적·현실적·실생활적이었다.[43]

---

[40] 구보 노리따다 25ff 358ff 참조. [41] 나까무라 하지메 128.

[42] 베버 328; 나까무라 하지메 127. [43] 나까무라 하지메 121ff 참조.

중국의 정신은 외래의 종교에 무방비적으로 개방되어 있었던 것이 아니었다. 예컨대 중국인들은 인도의 불교 경전을 그 원래의 의미와 취지를 정확히 전달하려는 목적으로 번역한 것이 아니라 중국적 방식과 중국적 세계관에 맞추어 번역했다.[44]

중국의 정치적·사회적·정신적 풍토에서 불교의 상당한 변모는 어쩔 수 없는 노릇이었다. 남북조시대에는 불교가 인도에서처럼 세속권력으로부터 독립된 종교적 조직체가 되어야 한다는 주장이 제기되기도 했다. 이러한 주장은 중앙집권화 정도가 낮았던 남쪽에서만 가능했다. 그러나 남쪽에서도 역시 중앙집권적 관료제도에의 이상은 한대와 마찬가지로 살아 있었기 때문에 불교의 독립 주장은 극히 일시적으로만 관찰될 수 있었을 뿐이요, 일찍부터 황제의 권력 기반이 확고했던 북쪽에서는 제기될 수조차 없었다.

불교가 중국 땅에서 직면해야 했던 것은 강력한 정치권력만이 아니었다. 중국인들의 전통적인 가정윤리와 사회규범 역시 불교가 제 모습을 유지하는 데 커다란 방해물이었다. 불교가 중국에서 제시한 윤리체계는 오직 한정된 승려집단 안에서만 지켜졌다.[45] 그외의 거의 모든 대중은 전통적·유교적 윤리와 규범에 따라 생활했다. 중국인들은 정상적인 사람이면 누구나 결혼하여 2세를 생산함으로써 대를 이어가는 것을 당연하고도 자연스런 이치로 여겼다. 그것은 동시에 다른 중요한 의무, 즉 부모에 대한 효도와 조상에 대한 제사의 중요한 전제가 되는 것이기도 했다. 그래서 깨달음을 얻기 위하여 출가하는 것은 일반적으로 배척되었고 또 삭발과 고행 역시 신체의 온전한 보존을 효도의 첫걸음으로 여기는 전통윤리의 가르침에 크게 어긋나는 것이었다.[46] 중국 불교에서 후대에 내려올수록 효를 중요시하는 교리가 발전하고

---

[44] 같은 책 곳곳.

[45] C. K. Yang, "The Functional Relationship between Confucian Thought and Chinese Religion", in: *Chinese Thought ...*, 279.

[46] 중국인의 불교에 대한 공격은 민족주의적·이론적·경제적·정치적인 네 방향으로 분류될 수 있는데, 불교의 금욕적 계율은 본성이 사악한 인도인에게 적합할 뿐 천성이 선하고 온화한 중국인에게는 필요없다는 것이 민족주의적 비판의 예이다. 첸 179ff 참조.

조상의 영혼을 위한 기도와 공양이 불교 사원의 중요한 행사가 된 것은[47] 이
외래종교가 새 풍토에서 살아남기 위해 어쩔 수 없는 일이었다.

유교적 가정윤리의 최고 덕목인 효는 정치권력적 관계에서는 군주에 대
한 충忠으로 이어졌다. 황제를 정점으로 온 천하가 하나의 평화로운 위계질
서를 유지하고자 하는 중국적 이상에 대하여 조직적 독자성을 주장하는 것
은 말할 것도 없지만, 인생은 고苦라든지 윤회의 사슬을 끊어야 한다든지
하는 등의 가르침을 강조함으로써 중국의 이상을 폄하하는 것은 비난받아
마땅한 불충이었다.

중국의 모든 불교는 마침내 황제를 수장으로 인정하고 그의 안녕장수와
국태민안을 기원하는 것을 중요한 임무로 수용함으로써 인도 불교와는 상
당히 다른 모습을 지니게 되었다.[48] 이와 관련하여 우리는 유교가 불교 도래
훨씬 이전부터 중국인의 의식을 지배해 오고 있었으며, 특히 정통 종교로서
지식인과 대중을 계몽하기 위한 수단(예컨대 중앙과 지방의 학교)을 독점하
고 있었다는 것을 상기할 필요가 있다.[49]

요컨대 불교는 중국의 정치적·정신적·사회적 조건과 유교의 큰 세력
속에서 생존하기 위하여 철저히 중국화하지 않을 수 없었다. 불교는 다음
에 논할 도교와 마찬가지로 민중 속에 깊이 뿌리박을 수 있었으므로, 때로
는 민중의 불만을 결집하여 유교적 통치체제에 대한 잠재적·현재적 반란
세력의 기능을 하기도 했다.

도교는 중국 고대의 민간신앙과 신선설神仙說을 기반으로 하되 도가사
상·주역·음양오행설·도참설 등을 더하여 발전시킨 주술적 경향이 강한
현세구복적 종교였다.[50]

---

[47] 효에 관한 대표적인 불교 경전은 「부모중은경」(父母重恩經)이다. 조상을 위한 대표적
법회는 우란분회(盂蘭盆會)이다.

[48] 나까무라 하지메 179ff; Schmidt-Glintzer 316 참조.

[49] Zürcher, "Buddhism in China", in: R. Dawson 편, *Legacy of China* [Oxford 1964] 58.

[50] 구보 노리따다 55.

도교의 발전에 어느 정도 기여를 한 도가사상은 노자·장자·열자 등을 대표로 하는, 중국 전국시대에 성립된 철학이었다. 이들 도가 철학자들은 많은 점에서 유교의 입장과는 상반되는 사상을 가지고 있었다. 유교가 백성을 계몽하고 제도를 개선하며 또 올바른 통치질서를 수립함으로써 이상사회를 이루려는 반면, 도가들은 이상사회란 오히려 무위無爲로서, 백성의 생활에 개입하지 않음으로써 달성될 수 있다고 보았다. 또 유교가 인간다운 생활을 하기 위해서 윤리와 규범을 지키고 학문과 지식을 배워 익혀야 한다고 주장한 반면, 도가들은 인간 본래의 순수성이 인위적인 윤리와 규범 그리고 이성적 조작에 의해 오염되고 왜곡된 것이야말로 그릇된 생활과 사회적 혼란의 원인이라고 믿었다. 도가 철학자들은 적극적인 사회 참여보다는 자연 속에서 유유자적한 생활을 영위하기를 원했고, 지적인 노력이 아니라 자연 및 우주와 합일하는 신비적 체험 속에서 궁극의 진리를 찾고자 했다.[51] 이러한 경향 때문에 도가철학은 합리적이고 이성적인 유교보다 더 쉽게 민중들의 미신적·주술적 조류와 결합할 수 있었다. 이 점이 도교가 그 발전 과정에서 도가철학과 쉽게 결합할 수 있었던 원인이었다.[52] 특히 도교는 노자 같은 도가의 대사상가를 그들의 숭배 대상으로 삼을 수 있었다. 도교는 도가사상과 내용에 있어서는 본질적으로 다른 것이지만 후자로부터 영감을 받고 권위를 빌려올 수 있었던 것이다.[53]

도교는 기복을 위한 여러 신들을 만들어 내고, 주술과 기도를 대행하고, 사후세계에 대한 이론을 만들어 내고, 점을 치고 부적을 만들어 주는 등의 행위로써 신도를 확보했고, 이와 더불어 조직과 교리를 갖추어 교단을 형성하고 세력화했다. 후한後漢말에 성립된 태평도太平道·오두미도五斗米道는 본격

---

[51] 도가철학의 신비적 체험에 대한 필자의 이해는 오쇼 라즈니쉬의 노자, 장자 및 열자에 대한 저술에 의해 크게 도움받았다. 바그완 슈리 라즈니쉬(정성호 역)『도(道)』[명문당 1993]; Bhagwan Shree Rajneesh, *The Empty Boat* [Poona, India 1976]; Bhagwan Shree Rajneesh, *Tao: The Pathless Path* [Poona, India 1978]; 오쇼 라즈니쉬(김현배 역)『금단의 비밀』[늘푸름 1992] 등 참조.

[52] 베버 258ff 274 참조.　　　　　　　　　　　[53] 구보 노리따다 69 160.

적 도교 교단의 시초였다.[54] 역시 후한말에 있었던 황건적黃巾賊의 난亂도 장각張角이 이끄는 도교 교단의 소행이라는 사실에서도 알 수 있듯이, 중국 역사상 도교는 불교와 함께 유교와 지배층에 대한 위협세력으로 발전하는 경우가 적지 않았다. 이들 종교는 미래의 모든 어려움으로부터 인간을 구제할 부처(미륵불)나 도교적 성군에 대해 가르치면서 무능한 황제나 가렴주구하는 관리 때문에 곤궁한 생활을 하는 민중들에게 희망을 주는 한편, 국가의 권력 기반이 약화되는 시기를 틈타 반란을 주도했다.[55]

그렇다고 해서 이들 종교의 모든 종파가 늘 지배층과 적대관계에 있었다는 것은 아니다. 오히려 많은 경우 이들 종교는 황제를 그들의 수장으로 인정했고 황제의 비호와 후원을 받으면서 번영을 누리기도 했다.[56] 불교 또는 도교의 특정 종파와 황제의 결합은 유학자와 관료들에게는 위협적일 수 있었다. 사실 황제들은 유학자의 견제를 피하고 강력한 권력을 행사하려 할 때 불교나 도교로부터 도움을 받고자 했다(이럴 경우에는 대부분 환관들이 가세했다). 그러나 도교든 불교든 국가 통치를 위한 현실적이고 체계적인 이론을 제시하지 못했을 뿐 아니라 통일제국의 관료제도를 깨뜨리고 유학자들에게 대항할 세력도 확보하지 못했다. 그러므로 불교나 도교가 일시적 반란세력이 될 수는 있어도 항구적 지배세력이 될 수는 없었다.

불교나 도교의 교단들은 여러 종파로 분열되어 있었을 뿐 아니라 같은 종파라 할지라도 통일적 조직체를 형성하지 못했다. 각 사찰은 조직적으로나 재정적으로나 모두 독립된 개체였다. 중국의 불교조직에는 본산本山과 말사末寺라는 계서적 질서가 존재하지 않았고, 더욱이 같은 사찰이라도 주지가 바뀌면 그에 따라 종파 역시 바뀌었다.[57] 이러한 조직적 비통일성은 도교의 사찰(도관道觀)에도 그대로 적용된다.[58] 평화시에 불교나 도교의 조직은 유교적 관료제도의 적수가 될 수 없었다.

---

[54] 같은 책 120ff 참조.

[56] 구보 노리따다 179ff 220ff 273ff 등 참조.

[58] 구보 노리따다 35ff.

[55] Zürcher 59 62 66.

[57] 나까무라 하지메 148f.

3) 종교들의 평화공존

일반적으로 중국에서는 유·불·도교 그리고 도가사상 등의 종교 내지 사상들이 평화공존 상태에 있었다. 불교를 제외한 종교나 사상들은 모두 중국 전통에 공통된 뿌리를 가지고 상호 영향을 주고받으면서 발전했기 때문에 이들 사이에는 외견상의 차이에도 불구하고 공통된 기반이 있었고 이것이 갈등을 완화했다.

예컨대 유교와 도가의 사상 모두에 중심 개념 중 하나인 "도"道는 공통적으로 "우주의 본체적 원리"로서 인간과 사회에도 역시 구현되어야 할 것이라는 의미를 가지고 있다.[59] 신비적이고 현실 도피적인 경향에도 불구하고 도가들은 현세의 중요성을 인정하고 이승에 있어서의 올바른 삶을 위한 방안을 제시한다는 점에서는 유가들과 본질적으로 다르지 않다.[60] 구원이나 해탈을 위해 현세적 삶의 중요성과 이승의 행복을 부인했던 중세의 기독교인들이나 불교도들과는 달리, 도가들 역시 유가들과 마찬가지로 이 세상 삶에 있어서 행복을 추구했던 것이다. 도가들은 개인적 행복에 있어서 사회적 질서가 중요하다는 것을 인식하고 있었다. 그들 역시 유가들과 마찬가지로 이상사회를 추구하고 있었고, 그들의 이상사회는 기독교의 파라다이스와는 달리 바로 이 세상에서 구현되어야 할 것이었다.[61]

도가 사상가들 역시 지도자가 필요하다는 것을 부인하지 않았다. 그들이 이상으로 여기는 삶으로 인간을 이끌고 이러한 삶이 가능한 사회를 실현·유지하기 위해서는 지도자가 있어야 했다. 그러나 도가적 지도자는 목표를 정하고 이것을 실현하기 위해 계획을 세우고 이 계획에 의해 백성을 규제·인도하는 일을 하지 않는다. 그는 우주의 가장 큰 원리와 자연의 질서를 신

---

[59] 베버, 앞의 책 260-2. 쇼오류 시키타이(小柳司氣太)(김낙필 역) 『노장사상과 도교』 [시인사 1988] 76ff 참조. 유학자들은 사람의 도의 궁극은 천도에 있다고 믿었다. 도가의 도 개념은 신유교의 철학적 사유에 영향을 미쳤는데, 이것은 양자 사이의 근본적 동질성 없이는 생각할 수 없는 일이다. 모오트 107.

[60] 막스 칼텐마르크(장원철 역) 『노자와 도교』 [도서출판 까치 1993] 186 참조.

[61] 같은 책 186.

비적으로 체득함으로써 커다란 능력을 갖추게 되었고, 이 능력을 통해 무위 無爲로써 백성에게 이상적 삶에 필요한 모든 것을 이루는 사람이다.

도가 철학자들과 이들에게서 영향을 받은 도교의 신자들에게 있어서도 이상적 군주는 필요했고, 또 이들이 현실에서 살아남기 위해 황제를 그들의 수장으로 인정한 것은 당연한 일이었다. 백성들의 생활에 과도하게 개입하는 것은 바람직하지 않으며, 물리적·형법적 수단을 통한 강제보다는 군주의 위대한 인격을 통한 교화로써 천하가 평안히 다스려질 수 있다는 믿음은 대부분의 유학자들 역시 가지고 있었다.[62] 또한 도가 내지 도교와 유교는 인간성에 대한 낙관적 신뢰를 가지고 있었고 이러한 점은 외래종교인 불교에 있어서도 마찬가지였다.

"절대악"이라는 개념이 존재하지 않았던 이 모든 사상들이 비록 투쟁을 벌인다 하더라도 극심한 것이 될 수는 없었을 것이다.

4) 정통의 이단 통제와 중국적 세계관의 절충성과 실용성

중국적 세계관에서는 불교나 도교가 지배층 세력에 도전만 하지 않는다면 구태여 탄압할 이유를 찾을 수 없었다. 유교적 관료들은 불교나 도교를 탄압하기보다는 오히려 자신들의 하위 보조자로서 사회 안정을 위해 요구되는 역할, 즉 약한 민중의 "어리석은" 욕구를 충족시키는 역할을 수행하도록 조절·통제했다.[63] 전반적으로 보아 유교적 관료주의의 이단 통제는 성공적이었다.

---

[62] 유교적 덕치 이념을 잘 이해하는 가장 좋은 길은 사서삼경을 읽는 일이다. 여기서는 『중용』(中庸)의 몇 구절만 인용하기로 한다. "큰 덕은 화성(化性)을 돈후히 하는 것이니 이 것이 천지의 위대한 소이다", "오직 천하의 지성(至誠)이고서야 능히 천하의 대경(大經)을 경륜할 수 있고, 천하의 대본(大本)을 세울 수 있으며, 천지의 화육(化育)을 알 수 있다", "군자는 상주지 않아서도 백성들을 스스로 권면(勸勉)하고 성내지 않아서도 백성들은 … 두려워한다", "군자는 공경(恭敬)을 돈독(敦篤)히함에 천하가 화평해진다. 성색(聲色)이란 백성을 교화시킴에 말단이다." 이상 이동환 역해 『대학·중용』 [현암사 1965] 266 270 276-8 279에서 각각 인용. 요컨대 무위이치(無爲而治)(『논어』 XV/4)는 유학자에게도 중요한 이상이었다. 같은 책 279; 베버, 앞의 책 266 270 272 참조.

[63] 베버 256 278; S. van der Sprenkel, "Die politische Ordnung Chinas auf lokaler Ebene: Dörfer und Städte", in: *Max Webers Studie über ...*, 106.

중국에서의 이단이라는 개념은 기독교적 개념과는 다른 것이었다.[64] 그것은 원천적으로 절멸해야 할 대상이라기보다는 무지 때문에 저질러진 교화 가능한 과오 정도로 여겨졌다. 서구 중세의 이단재판이나 마녀사냥 같은 끔찍한 일은 중국 전통사회에서는 찾을 수 없었다. 공자는 이단에 대하여 "이단을 공격(또는 전공)하는 것은 해로울 뿐이다"라는 정도의 평을 했고,[65] 맹자는 좀더 날카로운 비판을 퍼부었지만,[66] 기독교적 이단의 개념과는 거리가 멀었다. 더욱이 통일제국이 형성되어 원시 유교적 이상 이외의 사상·철학·미신적 자연관 등이 유교에 흡수된 이후에는 이단에 대한 태도가 완화될 수밖에 없었다.

일상생활에 있어 유학자들의 이단에 대한 태도는 매우 너그러웠다. 유학자들이 도가철학을 배우고 노장의 자연관·심미적 태도·초월적 상상력에 경탄하면서 도가적 문학과 예술에 심취하는 경우는 흔한 일이었고, 유가와 도가가 두터운 교분을 가지고 왕래하는 것 역시 보편적으로 관찰될 수 있는 현상이었다. 유학자의 이러한 태도는 특히 관료의 지위에서 은퇴하거나 정치적으로 불우하던 시기에 더욱 심했다. 어떤 의미로는 정신 일부분에 도가의 사상이 자리잡고 있었다고 말해도 좋을 만큼 많은 유학자들의 실생활은 노장적 성향을 보이고 있었다. 도가사상에 대한 유학자들의 태도는 거의 그대로 불교에도 적용된다.[67]

뿐만 아니라 적지 않은 경우 — 예컨대 과거시험을 앞두거나, 자신이나 가족이 병마에 시달릴 경우 — 유학자들은 민중신앙적 기원을 사원이나 도관에 올리기도 했다.[68] 정도의 차이는 있을지언정 유교적 합리성과 현세성이 인간 욕구의 모든 면을 충족시킬 수 없었음은 유학자에 있어서도 마찬가지였던 것이다. 민중신앙적 기복과 초월자에 의지하고자 한 성향은 유학자 중의 유학자이어야 할 황제에게서 특히 자주 발견할 수 있다. 황제가 유학

---

[64] 베버 277.　　　[65] 『논어』 II/16.　　　[66] 『맹자』 III/A/5, III/B/9, VI/A/1, VII/A/26 참조.

[67] 예컨대 임어당(林語當)(진영희 역) 『소동파 평전』 [지식산업사 1987] 182ff 301ff 등 참조.

[68] 구보 노리따다 18ff 참조.

자들과 권력투쟁을 할 목적이 전혀 없으면서도 승려나 도사를 가까이 하고 궁중 내에서도 불교의 의식을 거행하는 일이 자주 있었는데, 이것 역시 비인격적인 천天을 숭배하는 것만으로는 죽음에 대한 불안을 해소하거나 삶에 대한 의미 욕구를 충족시킬 수 없었다는 데 기인한다. 어쩌면 황제라는 숭배 대상을 가졌던 관료보다 그러한 숭배 대상이 없었던 황제에게서 불·도에 대한 의존 현상이 더욱 잦았던 것은 당연한 일이었는지도 모른다.

일반적으로 전통 중국에서는 교리나 이상의 차이 때문에 종교가 갈등을 일으키는 일은 드물었다. 종교적 이상의 차이로 인한 다툼은 대개 논쟁으로 그쳤고 물리적 투쟁으로 발전하지는 않았다.

중국에서의 종교 탄압은 정치적·경제적 문제에 기인한 경우가 대부분이었다.[69] 도교나 불교의 교단이 지배층에 대해 저항세력화하거나 사찰이나 도관이 (면세 특권을 누림으로써) 국가 재정을 좀먹고 (출가자들이 병역과 부역을 면제받음으로써) 인적 자원을 소모할 적에는 국가가 이에 상응한 탄압 조치를 취했지만, 그들이 주장하는 바가 정통 교리에 어긋난다는 이유로 유교적 공권력이 개입한 경우는 거의 없었다.

여기서 우리는 기독교의 배타적 유일신관과 구별되는 조화적·포용적 우주관의 일면을 인식할 수 있을 뿐 아니라 중국인들의 실용적 절충주의의 일면 역시 볼 수 있다. 복잡다단한 일상생활과 다양한 인간관계를 유지하는 데 있어서 엄격한 원칙을 고수하는 것은 실용적일 수 없다. 원칙이란 현실의 다양함에 일정한 거리를 두고 이를 추상화할 때 비로소 인식될 수 있는 것이다. 원칙은 현실을 어느 정도 설명할 수 있는 힘을 가지지만 현실이 원칙대로 움직이는 것은 아니다. 원칙에 대한 고수가 아니라 그때그때 다른 목적에 적합한 다른 행동양식을 취하면서 이들을 절충하는 것이 실용적 삶의 태도이거니와, 이것은 바로 중국인들의 종교에 대한 일반적 태도이기도 하다.[70]

---

[69] 베버 300ff; R. Dawson 301f, 구보 노리따다 186ff 240ff 253f 참조.

[70] 나까무라 하지메 199ff 참조.

중국의 낙관적이고 현세적인 정신세계에 구원이나 해탈 같은 절박한 영적 갈구는 없었으므로, 실존적 결단이 아니라 현세적 편의가 대부분 민중의 종교적 선택을 결정했다.

대부분의 중국인들은 확정불변의 종교를 가지고 있지 않았다. 그들은 한편으로는 유교적 규범과 가치관에 따라 일상생활을 유지하면서도, 다른 한편으로는 그때그때의 목적과 필요에 따라 도관이나 사찰을 찾아 특별한 신령에게 기복의식을 올리거나 점을 치고 주술을 행했다.[71] 이들에게 미륵불, 석가모니불, 아미타불, 관세음보살, 노자, 공자, 안자, 관운장, 산신, 강신, 토지신, 부엌신, 조상 … 등 누구도 숭배 및 기원 의식의 대상이 될 수 있었다. 중요한 것은 신적 대상이 아니라 대상을 향해서 기원하는 주체의 "실용적" 욕구였다. 인간의 욕구가 다양하듯 전통 중국에는 수많은 신들이 숭배되었다.[72]

중국인들은 이들 중 어느 것이 다른 것에 대하여 결정적으로 우월하다든가 또는 이들이 상호 배타적 투쟁을 한다고 생각하지 않았다. 이 사회의 모든 구성원이 상호 유기적 협력관계를 유지하고 있듯이, 모든 신령들 역시 전체적으로 평화공존, 상호 협조하고 있다는 것이 전통 중국인들의 보편적 믿음이었다. 이들은 사회질서의 정점에 황제가 군림하고 있듯이 신들의 평화공존적 질서의 정점에는 우주의 최고 주재자로서의 비인격적 하늘이 자리잡고 있으며, 그 밑에 수많은 신과 영들이 있어 각자 자기의 위치에서 고유의 기능과 임무를 수행하고 있다고 믿었다.[73]

물론 유학의 정통성을 고수하는 진정한 유학자들의 태도는 민중들과 같을 수 없었다. 이단적 종교와 민중이 숭배하는 귀신과 영들에 대한 이들의 기본적 태도는 공자의 가르침대로 경이원지敬而遠之하는 것이었다.[74] 그러나 유학자를 포함한 상당수는 지식인들은 유·불·도가 근원에 있어서 일치한

---

[71] Yang 282.　　　[72] 구보 노리따다 28ff.　　　[73] Yang 287; 베버 38 참조.
[74] 유교의 귀신에 대한 태도에 대해서는 『대학·중용』 196ff에 있는 이동환의 글 참조.

다거나 상호 보완적이라는 이론을 전개했다.[75] 이러한 절충적·융합적 태도
는 중국적 정신세계에 기독교 같은 절대악이라는 개념이 존재하지 않았다
는 이유도 있지만, 대상을 엄격한 논리로 체계화하여 인식하기보다는 실제
적 필요에 따라 논리적 엄밀성을 항상 도외시하는 중국인들의 실용적 생활
태도에도 기인하는 것이었다.

---

[75] 나까무라 하지메, 앞의 책 202ff; 구보 노리따다, 앞의 책 297 345. 중국의 유명한 고전
『서유기』는 본질적으로는 불교소설이지만 유·불·도 3교의 조화가 이상으로 추구되고 있다.
또 요괴가 성불(成佛)한다는 줄거리에서 전통 중국인들의 낙관적 세계관을 엿볼 수 있다.

4 부

보충적 그리고 예비적 논의

제4부는 앞부분의 논의를 보충하고 제5부의 내용, 즉 중국문명이 서구문명과 충돌하면서 적응하는 과정을 이해하기 위해 요구되는 예비적 지식을 제공하려는 의도에서 마련되었다.

지금까지의 서술에서도 밝혀진 바와 같이 중국 전통적 문화와 유교적 이상은 제국주의 침입 전의 중국사회를 안정시키는 데 상당히 큰 역할을 했다. 그것은 분열기에도 사람들에게 통일의 희망을 잃지 않도록 했고, 또 외래종교의 침투에 대항하여 중국문화의 정체성을 지켜주었다. 이러한 전통적·문화적·정신적 요소와 긴밀히 연관하여 성립·지속한 통일제국 역시 사회와 문화를 안정시킴으로써 중국문명이 다르게 발전할 여지를 차단했다. 서구에서는 정신세계에 있어서나 권력구조에 있어서 안정성이 없었고 그것이 비교적 관점에서는 근대화의 가장 큰 원동력이었다.

우리의 이러한 결론이 옳은 것이라면 서구에 있어서 특정한 사상 내지 사조는 전체적 권력관계의 불안정성에 비하여 근대화에 기여한 정도가 덜했다고 할 수밖에 없다. 어떤 특정한 사상이나 사조가 아니라 전체로서의 정신세계 자체가 뚜렷하고도 항구적인 중심 세력을 찾을 수 없을 만큼 이질적이었다는 것이 서구적 변화를 촉진한 원인이었기 때문이다. 거기에 비해서 중국의 동질적인 정신세계에 있어서는 전통문화에 뿌리박은 뚜렷한 중심 세력인 유교가 있었다.

제4부에서는 이러한 점을 명확히하기 위해 유교가 전통 중국사회를 안정시키는 것에 기여한 역할 중 지금까지 서술하지 않은 사항을 간단히 언급한 다음(9장), 상이한 전체적 권력관계가 양 문명의 각각 다른 발전에 얼마나 큰 영향을 미쳤는지 증명하기 위하여 똑같은 성격의 정신운동이라고 할지라도 상이한 권력관계에서는 그것이 초래하는 결과 역시 다를 수밖에 없었음을 논한다(10장). 다음 장에서는 서구 특유의 권력관계가 근대화에 가장 중요한 원동력이었다는 것을 재확인하고자 흔히 서구 근대화의 주요 동력으로 인정되는 것, 즉 과학·기술·진보사상 등과 비교·검토할 것이다.

불안정한 권력관계를 원동력으로 하여 서구사회에서 일어난 변화 중 가장 중요한 것은 인적·물적 부존자원과 여건을 가장 효율적으로 활용할 수 있는 경제 체제, 즉 시장경제 체제가 성립되어 그것이 어떤 다른 경제 체제를 압도했음은 물론, 마침내는 사회 내에서 가장 중요한 생활 영역이 되었다는 사실이다. 다소 도식적이라는 비난을 고려하더라도, 우리는 서구의 역사에서 중세에는 종교가, 근대 이후 수백 년간은 정치가 가장 중요한 생활 영역이었고, 그리고 현금에 있어서는 경제가 점점 이들의 자리를 대신하고 있다는 것을 인식할 수 있다. 시장경제 제도는 자유로운 경제 활동과 경제 주체 사이의 무한한 경쟁을 그 특징으로 하는 역동적 체제이다. 요컨대 다가올 21세기는 경제의 무한경쟁 시대이며, 성직자와 정치인의 시대가 아니라 기업가와 경영인의 시대요, 시장경제의 엄청난 힘이 사회의 모든 세력을 압도하고, 또 지구상의 모든 인적·물적 자원이 시장경제적 원리에 의해 배분·결합되는 시기이다. 이러한 현상은 사회진화론에서 주장하는 것처럼 인류의 모든 사회가 저절로 달성하는 것은 결코 아니지만, 권력체가 경쟁하는 이상 어쩔 수 없이 도래되어야 할 것이라는 점에서 "필연적"이다(11장). 이 점을 충분히 인지하지 않고는 20세기 중국 역사를 제대로 이해할 수 없을 것이다.

전통 중국사회가 정체할 수밖에 없었던 것은 막스 베버가 주장하는 바와 같이 정신세계에 있어서 적극성이나 긴장 부족 탓은 아니었다. 청교도 정신과 유교에 대한 그의 비교 연구는 사회과학의 거장다운 최상급의 정교한 이론적 성과이기는 하지만, 정교하다는 것만으로 이론이 정당화되지 않음은 물론이다. 필자는 유교적 세계관에도 긴장감이 있었음을 밝힘으로써 막스 베버를 반박할 터인데, 사실 20세기의 공산혁명은 유교적 정신의 적극성·긴장성 없이는 이루어지기 어려운 것이었다(12-13장).

그러나 중국의 공산혁명은 진정한 의미의 근대화가 아니었다. 그것은 근본적으로 전통 중국의 정신과 이상에 근거한 것이었는 데 반해, 누차 강조한 바와 같이 서구적 근대화는 어떤 사상이나 이상에 근거한 것이라기보다는 오히려 권력체간의 경쟁에 기인한 것이기 때문이다. 중국이 진정 그리고 적극적으로 서구문명의 도전에 응전할 수 있는 방법은, 모든 것을 정치에 집중하는 전통적 가치관에서 탈피하여 근대화 과정에서 경쟁했던 서구 국가들과 마찬가지로 경제에 중요성을 부여하는 것, 좀더 구체적으로는 시장경제를 받아들이는 것 이외에는 없다. 사실 이것이야말로 문화혁명 이후 현명한 중국의 지도자가 선택한 길이며, 이때부터 비로소 중국문명은 1세기가 훨씬 넘는 시련을 겪은 후 올바른 적응 방향을 찾게 된 것이다(5부).

9 장

공식 통치조직에 대한 문화적 보충과
비공식 통치조직

정통 종교인 유교 세력은 근본적으로는 그것과 결합한 정치권력에 기인하지만, 이것이 유교가 전통사회에서 행사했던 모든 영향력이 정치권력에 환원된다는 것을 의미하지는 않는다. 전통 중국의 정치권력은 광대한 제국을 강력하고도 효율적으로 다스릴 수 있는 제도와 수단을 가지지 못했고, 이러한 불완전함을 보충한 것은 문화적·정신적 힘, 특히 유교의 힘이었다.

전통 중국에서 영역의 대부분을 차지하고 있었던 농촌에는 그 지역 주민의 광범위한 자치가 인정되고 있었다. 그것은 방금 언급한 바와 같이 중앙정부가 농촌 구석구석을 관장할 만한 행정수단을 구비하고 있지 못한 것이 주원인이지만, 중국의 정치철학적 기조에도 근거하는 것이었다.[1] 무위자연을 강조하는 도가철학은 말할 것도 없고 유교 역시 국가권력이 모든 지역을 구석구석까지 침투하여 세세히 규율하는 것보다는 오히려 각 지역의 통치는 그 지역 주민(그 대부분은 씨족집단이었다)의 자치에 맡기는 것이 바람직하다고 믿었다.[2] 물론 시대와 통치자에 따라 지방자치의 정도가 달랐고, 특히 교통이 발전하고 관료제도가 정비된 후대에 내려올수록 중앙통제의 정도가 심해지는 경향이 있었지만, 일반적으로 중앙정부는 통치의 대강과 사회·문화의 기본적 규범만 관장하고 세세한 부문은 촌락자치에 맡기는 것을 지방정책의 기조로 삼았다. 대체적으로 전통 중국에서는 황제권을 대표하는 중앙관료의 지배와 농촌의 씨족자치가 상호 균형을 이루고 있었다(그리고 도시에서는 상인조합 등 경제인의 자율적 결사체에 의한 자치가 촌락자치와

---

[1] Sprenkel 96ff; 베버 139ff 참조.　　　　　[2] Chan 21f.

비슷한 기능을 했다).[3] 이러한 광범위한 자치가 없었던들 조직과 인원이 미비한 중앙정부는 전 제국을 원활히 통치할 수 없었을 것이다.

관료의 숫자가 턱없이 부족한 것 외에도 중앙에서 파견된 관리가 지방을 장악하는 데는 제한 요인이 있었다. 우선 관리는 (출신지에 보임되는 것이 원칙적으로 금지되었기 때문에) 임지의 방언을 이해하지 못했다. 그래서 지방관은 그 지역 출신 서리의 도움 없이는 임무를 수행할 수 없었다. 그러나 이것만으로 중앙정부의 정책을 제국 전체에 관철하기에는 충분하지 못했다. 이러한 상황에서 신사紳士·향신鄕紳·진신搢紳이라는 유학자 집단이 중앙의 미비한 지배력을 보충하고 제국의 안정을 위해 중요한 기능을 했다.

향신이란 독서인 계층으로서 과거 합격자를 지칭한다. 그런데 상술한 바와 같이 과거 합격자 내지 관리는 상당한 토지를 소유하는 것이 보통이었다. 여기서 우리가 논하는 신사, 향신이란 유교적 이상과 고전적 교양을 가진 과거 합격자로서 상당한 부(토지)를 소유한 사람을 말한다. 관료제가 보편화되고 과거의 선발 인원이 크게 증가한 송대 이후에도 과거에 합격한다는 것은 극히 힘든 일이요 또한 모든 백성이 원하던 바이므로, 향신들은 관직을 현재 보유하고 있는 소수의 사람(대부분 향신 출신)을 제외하고는 사회의 최고 엘리트로서 권위와 존경을 누리고 있었다.[4] 이들은 촌락의 대가에서 살거나 관아의 소재지에 살면서 자신들의 경제력과 권위를 바탕으로 하여 정치적·사회적·문화적으로 매우 중요한 역할을 했다. 이들은 황제권을 대리하는 지방 관아의 장(성주·현령)과 이들이 관할하는 지역의 자치체 사이를 왕래하면서 한편으로는 씨족집단과 농민들에게 중앙정부의 방침을 전달하고, 다른 한편으로는 이들의 요구사항을 각 지방관에게 전달·관

---

[3] Sprenkel 98 107; Chan 22.
전통 중국의 중앙권력이 촌락을 완전히 장악하고 있었다는 주장은 앞에서도 밝힌 바와 같이 비트포겔에 의해 제기되었다. 그러나 그의 주장을 지지하는 학자는 소수이다. S. van der Sprenkel, "Max Weber on China", in: *History and Theory* [1964] 368f 참조.

[4] 라이샤우어 등 391ff 참조. 명대의 과거 급제자수는 그들의 직계가족과 더불어 전체 인구의 2% 정도였다.

철하면서 양자의 이해관계를 조절했다. 이들은 또한 정부의 보수 없이 공공 업무(예컨대 수리·관개 시설, 운하, 도로, 교량의 건설 및 유지 보수와 관련된 업무를 보조하거나 경우에 따라서는 주도하는 것)를 수행하기도 하고 불우한 사람을 돌봐주거나 재난시에 구호사업을 전개하기도 했다.

이들 향신과 지방관인 관료는 똑같은 유학자 신분으로서 이상, 교양 및 취미에 공통점을 가지고 있었고, 과거 합격자라는 동일한 자부심을 가지고 있었으므로 쉽게 친해질 수 있었다. 양자의 친목은 상호간에 유용했다. 향신은 관리와 교류함으로써 자신의 위신을 더욱 높였고 또한 자신의 경제적 이익을 도모하는 데에도 관리의 힘을 이용했다. 다른 한편 관리 역시 향신의 협조를 통하여 자신의 임무를 원활히 수행할 수 있었다.[5]

이들 향신의 기능 중 극히 중요한 것 하나는, 백성들에게 유교적 이상과 가치를 전파하여 이들을 교화하는 일에 관련된 것이었다.

국가권력을 통해 지방을 완전히 통제하는 것이 불가능한 이상 중앙정부는 향촌사회를 안정시키는 방법으로 교화를 최우선시했고, 사실상 그 효과도 상당했다.[6] 지방관들은 각종 수단을 동원하여 정례적으로 교화 업무를 수행했는데, 특히 엄숙한 분위기에서 의식을 행함으로써(그 장소는 거의 공자의 사당) 유교 도덕을 주입하거나 황제의 가르침을 전달했고, 이로써 백성들이 현 체제를 인정하고 국가 시책에 협조하도록 유도할 수 있었다.[7] 또한 농촌에 향약(농촌 거주자들이 스스로 행위 준칙을 세우고 서로 격려·감시하면서 향촌 전체를 교화·선도하는 민간 사회단체) 같은 자치조직을 통하여 유교적 덕목(상급자·연장자에 대한 존경, 상호 부조, 법에 대한 존중, 사회적 약자 보호 등)을 실천하도록 이끄는 것 역시 중앙정부와 지방관의 중요한 일이었다.[8] 이러한 일에 향신의 협조는 필수적이었다.

---

[5] Sprenkel, "Die politische Ordnung ..." 100; 페어뱅크 141 ff.

[6] 송정수 『중국 근세 향촌 사회사 연구. 명청 시대 향약 보갑제의 형성과 전개』 [도서출판 혜안 1997] 330.

[7] Sprenkel 101.　　　　　　　　[8] 송정수 106ff.

향신들 역시 유교의 이상을 전파하는 것을 그들의 주임무로 알고 있었다. 권위와 신분적 특권을 누리는 제국의 엘리트로서도 사회의 안정을 바라고 있는 이들이 교화사업에 적극성을 보이는 것은 당연한 일이기도 했다.

향신들이 국가적 시책에 항상 순기능만 하는 것은 아니었다. 그들이 사적 이익을 추구함으로써 역기능을 하는 경우도 물론 있었다.[9] 그러나 향신들로서는 가능한 한 국가 시책에 협조하면서 사익을 추구하는 것이 더 안전하고 더 떳떳했을 것이다. 대체적으로 평가하여 향신들은, 오늘날의 기준으로 보아 느슨하고 불완전한 국가권력 체제가 광대한 제국을 통치하는 데 도움을 주었고, 특히 조직상 불완전함을 보충하려는 국가의 정책에 보조자로서 또는 독자적으로 중국의 전통문화와 유교정신을 보급하는 데 큰 기여를 했다. 요컨대 유교적 가르침과 이상은 정통 종교로서 정치권력을 그 바탕으로 하여 전통 중국사회의 모든 분야에 엄청난 영향력을 행사했지만, 뒷받침해 줄 권력이 없거나 약할 때에도 그 독자적 힘으로 사회를 정치적·문화적으로 통합하고 안정하는 데 큰 힘을 발휘했던 것이다.

일반적으로 유교가 백성들에게 행한 교화의 노력은 성공적이었다. 그 예로서 전통 중국에는 수많은 반란이 있었지만, 그 반란의 대상은 유교적 이상이 표방하는 천명사상과 도덕정치, 황제통치와 관료제도가 아니었다. 이 사상과 제도의 정당성에 대해서는 반란의 지도자들 역시 의심하지 않았다. 그들이 비판한 것은 사상에 거역하고 이 제도를 그릇되게 운영하는 무능한 황제와 부패한 관리였다. 반란의 지도자는 그들이 타도하고자 하는 현재의 집권세력과 정치철학 및 정치제도에 대한 이상에 있어서 동일했다. 이것이 많은 반란이 진정한 의미의 혁명이 될 수 없었던 소이이다.[10]

---

[9] 같은 책 251.

[10] R. Trauzettel, "Stabilität und Kontinuität der chinesischen Gesellschaft: Bemerkungen zum Werk des Sinologen Etienne Balázs", in: *Saeculum* [1967] 274.

이 점은 관리에 저항하고 정부군에 대항하여 싸우는 것을 그 주요 내용으로 하는 고전소설 『수호지』(水滸誌)를 생각한다면 잘 이해할 수 있다. 이 소설이 비록 집권층에 의해 배척받았을지라도 주인공들은 천도의 정당성 및 황제통치 체제와 관료제도를 그대로 인정했고 또 충효라는 유교적 덕목은 그들에게 있어서도 거역할 수 없는 근본 규범이었다.

10 장

정신운동과 전체적 권력구조

1 절
신유교운동과 전통의 부활

중국문화는 불교라는 외래종교가 전파됨으로써 더욱 풍성해졌다. 중국인들은 불교를 통해 지금껏 알지 못했던 새로운 정신 영역으로 인도되었고, 이로써 문학과 예술은 다양성과 재미가 더해졌으며 사상과 철학은 더욱 깊어졌다. 그러나 위에서도 언급한 바와 같이 중국의 정신세계가 불교의 영향을 받았음에도 결국은 그것을 압도했는데, 이 사실의 가장 중요한 예를 신유학운동에서 찾을 수 있다. 신유학은 불교가 융성하던 당 왕조에서 발단하여 송 왕조에서 완성된 후 청말까지 이어진 전통 중국의 가장 주류적 사상이었다. 신유학은 한대 이후 퇴색되어 온 원시 유교의 근본 정신, 즉 공자와 맹자의 원래 이상과 가르침을 되살리자는 목적으로 일어난 정신운동이었다.

신유학운동이 일어나기 전까지 공·맹이 추구한 이상은 정치적 현실주의에 의해 제대로 적용될 수 없었다. 또 유교사상 그 자체만 하더라도 한대에 비유교적인 여러 사상(음양오행설, 도가의 학설, 법가사상 등)과 결합함으로써 변질되었는데, 이로써 유교적 정치철학의 중심은 공·맹이 강조하던 인격 수양과 인간 완성에서 형이상학적이고 공허한 우주론이 되고 말았다. 한이 멸망한 이후에 유교는 세력면에서도 불교와 도교에 압도되었고, 이러한 상황은 당 왕조에까지 이어졌다.[1] 당이 제국을 운영함에 있어

---

[1] 노사광(勞思光)(정인재 역) 『중국 철학사』 [탐구당 1991] 「송명편」(宋明篇) 2ff 참조.

관료제도의 뒷받침은 필수적인 것이었지만, 이 시대의 관료기구는 유교적 독서인으로 충원되었다기보다는 오히려 대문벌에 의해 좌우되었고, 이들 문벌 귀족들은 당 왕실과 공히 불교에 크게 심취되어 있었다.

그러나 이미 당 제국에서부터 신분을 초월하여 유교적 독서인에게 관료 충원의 문호를 점점 넓히는 방향으로 체제가 변화하고 있었고, 본격적인 관료제도는 송 왕조가 성립하면서부터 자리잡기 시작했는데, 이로써 황제의 독재권 역시 강화되었다. 이제 사회에서 가장 강력한 세력으로 등장한 유교적 독서인(사대부)은 정치와 사회를 제도적·정신적으로 개혁할 필요를 느꼈고, 이것과 더불어 신유학운동은 전개되었다.

신유학 주창자들은 유교의 참여적·개혁적 정치철학에 반하는 도가의 무위자연 사상이나 불교의 탈세속 출가주의를 비난·배척하는 한편, 그간 훼손·약화되어온 공·맹의 근본 정신을 재정립하고 전파하려고 노력했다.[2]

신유학운동의 전개로 불교는 큰 타격을 입었는데,[3] 이것은 후자로부터 전자가 아무런 영향을 받지 않았다는 것을 의미하는 것은 아니다. 구체적인 예를 들자면, 신유학의 발전·정립에 기여한 중국의 사상가들은 공·맹과 마찬가지로 어떻게 하면 인간이 올바른 심성을 갖추고 마침내 성인의 경지에 이를 것인가에 대해 깊이 사색했다. 이 과정에서 그들은 불교의 논리적이고 설득력있는 세계관과 인간정신의 분석 그리고 불교적 수행방법에서 깊은 영향을 받았다. 논리를 등한히하고 실제적·현실적 차원에만 머물러 있던 중국인들과는 달리 인도인들은 고도의 논리체계를 발전시켰고, 또한 현실을 초월한 정신 영역을 개척했던 바, 불교가 전래되었을 때 중국의 사상가들은 그들이 그때까지 몰랐던 새로운 내용과 형식의 정신적 산물을 경험하게 되었던 것이다. 그들은 이 외래종교의 가르침에 매료당하기도 하고 또 이로부터 새로운 영역을 사색하고 그 결과를 더욱 논리적이고 세련되게 표

---

[2] 시마다 겐지(島田虔次)『주자학과 양명학』 19ff 참조.

[3] 신유학은 불교가 쇠퇴한 결과로 흥기한 것이라기보다는 오히려 신유학의 흥기로 불교가 쇠퇴한 것이라고 보는 것이 더 타당할 것이다. 라이샤우어 등 297.

현하도록 자극을 받기도 했다. 이러한 사정은 신유학자들의 사유와 이론 전개에 있어서도 마찬가지였다. 여기에는 도가적 우주론과 형이상학 그리고 도가철학에서 발전된 개념과 용어도 영향을 미쳤지만 가장 큰 영향을 미친 것은 역시 불교의 거대한 사상체계였다.[4] 불교의 영향을 받은 신유학자들은 인격 완성을 위한 명확한 이론적 근거를 제시하고자 했다. 이들은 자연과 인간의 근원이 되는 우주의 생성 및 그 운행원리 같은 형이상학적인 문제와 연관지어 인간의 본성을 연구·분석했다. 신유학자들은 우주·인간·사회를 포괄하는 사변적 이론체계를 완성시켰는데, 이러한 것은 공자와 맹자의 저술에서는 찾을 수 없는 바였다. 우리는 신유학의 이론 속에서 실용적·현세적인 중국 사람들도 사변적·형이상학적 문제를 사색하고 또 이러한 사색의 결과를 정교하게 이론화할 수 있다는 것을 확인할 수 있다. 그러나 아무리 신유학이 내용과 형식에 있어 새로운 것이라고는 하지만 좀더 자세히 들여다보면 그것 역시 전형적으로 중국 전통에 뿌리박고 있었다.

일반적으로 신유학운동은 당대의 유학자인 한유韓愈(768~824)의 불교배척론에서 시작하는 것이라고 알려져 있다. 한유는 황제가 불교를 믿고 불골佛骨을 숭배하는 것에 반대하면서 중국 전통의 문화와 공자의 가르침을 회복할 것을 주장했다.[5] 불교에 대한 한유의 공격은 중국인의 보편적 심성, 즉 실제성·실용성 및 현세성을 대변하는 것이었다. 한유에게 있어 불교를 믿는다든지 불골을 숭배하는 일은 아무런 현실적 효험이 없는 것이요, 불교 승려의 존재는 경제를 좀먹고 국가 재정에 해를 끼치는 것에 불과했다.

한유는 불교를 배척하고 유학의 부흥을 주장했지만 그의 사상을 체계화·이론화하지는 않았다. 그러나 한유 이후 송·명에서 사변적인 이론체계를 발전시켰던 신유학의 대표자들도 그 근본적인 관심은 실제적 사회 문제에 있었다는 점에서는 한유와 본질적으로 다름이 없었다. 이들이 비록

---

[4] 장군매(張君勱)(김용섭·장윤수 역) 『한유에서 주희까지. 중국 근세 유가철학』 [형설출판사 1991] 123 140-7 참조.

[5] 같은 책 91; 노사광 27ff 참조.

형이상학적 우주론이나 사변적인 인성론을 전개했지만, 그들의 근본 의도가 순수한 지적 호기심 또는 종교적 욕구를 충족함에 있는 것이 아니라 현실을 개조하고 올바른 사회와 이상정치를 구현함에 있었음은 그들의 선구자와 조금도 어긋나지 않았다.

사실 신유학자들이 고도의 사변적 이론을 전개한 목적은 바로 불교적인 세계관에 대항하여 유교적 세계관이 진실됨을 증명하기 위함이었다. 불교적 세계관에 의하면 이 세상은 실재하는 것이 아니라 환상에 불과한 것이요, 또 이 세상의 일이나 인간관계에 집착하고 이 세상을 개선하려는 노력은 모두 업을 쌓는 것으로서 비난의 대상이 된다. 이러한 세계관에 대항하여 신유학자들은 이 세상은 실재하는 것이며 그리고 이 속에서의 삶 역시 살 만한 가치가 있다는 것을, 그리고 이 세상에서 맺는 인간관계와 이에 통용되는 윤리 그리고 이 세상을 개선하려는 모든 노력과 정책이 의미있는 것이라는 사실을 밝히기 위해서 사변적인 이론을 개진했던 것이다.[6] 전통 중국인에게 있어서 유교적 세계관은 정교한 이론체계를 바탕으로 하는 불교의 도전이 없었더라면 이론화할 필요도 없는, 아니 논의의 대상조차 될 수 없는 "선험적 지평"이었다.

신유학의 가장 중요한 목적은 불교를 극복함에 있었고, 이를 위해 신유학자들이 그들의 이론을 개진함에 있어 불교적 사상과 논의의 전개 방법을 상당히 수용하고 활용한 것은 당연한 것이었는지도 모른다. 이로써 불교는 전통 중국의 정신세계와 내용과 형식면에서 다르다는 것으로부터 얻을 수 있었던 우위마저 잃게 되었다.

신유학이 도덕정치를 실현하고 이상사회를 구현하려는 점에서 원시 유교적 사회철학이 지향하는 바와 근본적으로 다를 바 없다면, 신유학 역시 현실적·현세적이라는 점에서 중국적 정신세계에서 본질적으로 이탈한 것이 아니라면, 그것은 중국의 전통문화 위에 세워진 "상부구조"에 불과했다.

---

[6] 노사광 90ff 364ff 참조.

우리는 결코 신유학의 사변적·이론적 경향의 의미를 과대평가할 필요가 없다. 신유학의 이론체계는 항상 현세적 생활과 현실의 문제 해결을 중시하는 중국의 문화 전통에 연결되어 있으며, 그것의 길고도 강한 영향력 역시 이러한 연결을 고려하지 않고는 설명될 수 없다.

우리는 가끔 신유학운동을 서구의 종교개혁이나 르네상스에 비교하는 학자들을 본다. 이들은 신유학을, 그리고 경전의 자구 해석에만 매달리거나 현실 정치 속에서 권위적·타성적이 되어버린 유학자들을 비난한다. 또한 이들은 신유학운동을 원시 유교의 열렬한 개혁정신을 되찾고자 한 점에서는 (교회의 세속적·타협적·권위적인 태도를 비난하면서 초기 기독교의 순수하고도 뜨거운 신앙을 회복하고자 했던) 종교개혁에, 또 종교(불교)의 영향에서 벗어나 현실을 존중하는 철학(유교)을 부흥했다는 점에서는 (교회에 반하여 그리스-로마의 세속적 문화와 현세적 정신을 부활했던) 르네상스에 각각 대응시키고 있는 것이다. 이들은 신유학운동에 종교개혁과 르네상스가 서구 역사에서 차지하는 것과 동등한 의미, 즉 중세를 종식하고 근대를 앞당긴 역사적 계기라는 의미를 부여한다.[7]

그러나 이러한 역사 인식은 현상의 비슷함만을 보고 내린 성급한 결론일 뿐이다. 이러한 역사 인식에는 전체적 관련성에 대한 통찰이 결여되어 있다. 다수의 권력체가 대립·투쟁하는 서구에서 일어난 종교개혁 운동은 결국 세속권력체간의 투쟁을 격화시키는 데 기여했고 이것은 다시 중세사회를 해체시키는 요인이 되었다. 그러나 단일한 권력체가 통일제국을 형성하고 있었던 중국 땅에서는 비슷한 정신운동이라 하더라도 그 결과가 같을 수 없었다. 신유학의 대두로 인한 정신계의 분열은 (서구처럼) 다양한 정치권력에 의해 이용됨으로써 투쟁 양상이 복잡·격렬하게 된 것이 아니라, 신유학과 단일한 정치권력이 결합함으로써 중국사회는 더욱 안정되었다.

---

[7] 앞서 논한 제르네말고도 송·명 성리학의 정신적 근대성을 내세워 서구의 르네상스나 종교개혁과 유사한 특징이 있다는 주장은 예컨대 진래(陳來)(안재호 역)『송명 성리학』[예문서원 1997] 43ff 참조.

신유학의 최고 집대성이라고 일컬어지는 주희朱熹(1130~1200)의 사상은 우주·자연·사회·인간을 포괄하는 이론체계인데, 여기에는 정치·사회·가정 생활에 대한 규범과 이론이 제시되어 있다. 주희의 사상은 그의 사후 정통적 교리의 위치를 굳히게 되었다. 통일제국의 최고 지배자가 통치권력을 정당화하고, 모든 중요한 생활 영역에 대한 권위있는 이론을 정통 교리로 받아들임으로써 전통 중국사회는 더욱더 강하게 통합될 수 있었다.

송대에는 춘추전국시대 이래로 발전해 온 중국의 정치·행정·법률상의 제도가 그 정점에 이르렀고 경제가 번성했으며, 과학과 기술 역시 크게 발전했다. 전통사회에서는 보기 드문 높은 수준에 도달한 각 생활 영역이 신유학이라는 포괄적 사상과 관료제를 기반으로 하는 통일제국에 의해 통합됨으로써 중국문명은 고도의 정치적·문화적 균형과 결속 속에 안주하게 된 것이다.[8] 사회가 안정을 누리는 이상 동태적 혁신의 기회는 줄어들게 된다. 송대에 극치를 이룬 중국문명의 안정 상태는 서구문명의 충격을 받는 19세기 중반까지 계속될 것이었다.

2 절
르네상스, 종교개혁 및 전통의 붕괴

14세기에서 16세기에 걸쳐 일어났던 르네상스는 그리스-로마 시대의 세계관·사유방법·철학·문학·예술·자연과학·풍습 등을 재생하자는 지식인들의 정신운동이었다. 중세와 비교하여 그리스-로마 문명은 훨씬 더 현세적이고 합리적이었다. 고전 부활론자들은 신 중심의 중세적 세계관에 대하여 인간의 힘과 주체성을 강조하고, 모든 인간이 공동체 속에서 서로 조화롭게 살아가야 한다는 유기체적 사회관의 이상과는 달리 개인과 개성의

---

[8] 라이샤우어 등 303-4.

중요성을 부각했다. 또한 기독교적 윤리가 금욕을 지향하는 데 반하여, 르네상스의 지식인들은 감각적 쾌락을 죄악시하지 않았다. 그래서 고전문화를 부활하려는 지식인들의 운동은 교회와 마찰하고 성직자의 비위를 거스르는 경우가 적지 않았다.

그러나 이미 언급한 것처럼 이 운동이 근본적으로 반교회적 · 반기독교적인 것은 아니었다. 르네상스의 지도자들은 기독교적 이상과 그리스-로마의 문화가 조화될 수 있다고 생각했고, 또 조화시키려고 노력했다. 일반적으로 르네상스의 충격은 중세적 세계관의 붕괴나 근본적 변혁을 초래하기에는 너무나 작았다고 평가된다. 중세적 세계관과 행동양식이 변화한 것은 근본적으로는 위에서 이미 언급한 바와 같이 중세 특유의 분권적 구조에 기인했다. 르네상스 운동은 어차피 근대화로 향하여 붕괴하는 과정에 어느 정도 촉진제 역할을 한 것에 불과했다.

이러한 점은 고전문화 유산 중 하나인 로마법이 서구사회에 미친 영향에서 잘 확인할 수 있다. 로마법은 서구 중세에도 열정적으로 연구되었다. 로마법 사상은 중세의 법 이상과는 달랐다.

중세에 법은 신의 뜻과 정의가 구현된 것으로서 지배자보다 상위에 존재하는 것이기 때문에 군주가 마음대로 개폐할 수 없는 것이라 여겨졌다.[9] 거기에 비해서 로마의 법학자들은 불변하는 특정 원칙을 제외한 구체적인 법들은 필요에 따라 임의로 개폐될 수 있다고, 그리고 법을 개폐하는 주체는 최고 통치권자라고 생각했다. 이러한 생각은 중세나 르네상스 시대의 법학자들에게 상당한 영향을 미쳤다. 이러한 사상은 또한 중세적 통치구조를 청산하고 새로운 통치체제를 확립하려는 당시 국왕들의 권력 욕구에 부합하여, 근대국가의 창설 과정에 촉진제가 될 수 있었다. 그러나 로마법 사상은 근대국가 창설에 없어서는 안될 조건은 아니었다. 그것은 군주가 이미 진행하고 있는 중앙집권화에 구실로 사용되었을 뿐이었다.[10]

---

[9] 타이어니, 페인터(이연구 역)『서양중세사』[집문당 1986] 317; Berber 193f 참조.

[10] P. Vinogradoff, *Roman Law in Medieval Europe* [Oxford 1961] 143; Strayer, 앞의 책 24.

　로마법은 또한 국왕의 중앙집권화 정책을 돕고 있었던 관료와 경제인들의 이해에도 일치했다. 당시의 관료와 경제인들은 귀족들의 봉건적 특권과 자의적인 권력 행사에 대항하여 행정의 자율성과 계약의 유효성을 항시 보장받기를 원했고, 따라서 어떠한 상황에서도 어김없이 법적 구속력이 있고 누구나 법률행위의 결과를 정확히 예측할 수 있는, 마치 기계처럼 작동하는 법체계를 필요로 했다. 이러한 요구를 채워줄 수 있었던 것은 형식적 합리성을 기조로 하는 로마법이었다.[11]

　요컨대 그리스-로마의 고전문화가 서구의 중세사회를 해체하고 근대화하는 과정을 촉진했다고는 하나 이 문화가 그러한 역할을 하도록 만든 기본적 바탕은 바로 서구 중세사회에 내재하는 조건, 특히 경쟁으로 치달을 수밖에 없는 전체적 권력구조였다. 이러한 점은 중세와 근대 사이에 있었던 또 하나의 역사적 사건인 종교개혁의 경우에 있어서도 마찬가지이다.

　가톨릭 교회는 12~13세기의 전성기가 지나감에 따라 세속화하고 타락했고, 이로써 교회가 원래 가졌던 종교적 열정과 청신한 기풍은 점점 쇠퇴해 갔다. 하나의 권력체로 비대해진 이상 교회 역시 그 본래의 이상에 투철하기보다는 현세적 이익과 세속적 권력 확장에 더 큰 관심을 가지는 것은 당연한 일이며, 이로써 개혁정신을 실종한 것 역시 당연한 일이다.[12] 14세기 이래의 교회는 스스로를 개혁할 의지를 잃은 것은 물론이지만 교회밖의 새로운 신앙운동에 대해서도 의구스러운 눈으로 보았다. 이 시대의 교회는 11세기의 클뤼니 수도원에서 발단한 열렬한 신앙운동을 수용함으로써 자신을 일신할 수 있었던 정신적 유연성과 개혁 의지를 더이상 가지지 못했다. 타락과 무기력으로 교회는 당시 수많은 사람들의 종교적 열망에 부응할 수 없었고, 이것은 바로 16세기 종교개혁가들이 해결하고자 하던 문제 상황이었다.

　이들은 초기 기독교의 소박하고도 열렬한 신앙을 되살리고자 했다. 그들은 어떠한 선행, 어떠한 의식이나 성사聖事 그리고 세례도 구원에 영향을 미

---

[11] Weber, *Wirtschaft und Gesellschaft* 487.　　　　　[12] 타이어니, 페인터 484.

칠 수 없다고 믿었다. 그들은 신에 대한 순수한 신앙과 절대적 복종을 강조했다. 종교개혁을 통해 의식의 주관자로서 성직자의 역할은 크게 감소된 반면 일반 신도들의 자부심과 개인주의적 성향은 크게 강화되었는데, 이것은 이 운동이 근대의 정신세계에 남긴 중요한 영향이었다.[13]

그러나 전반적으로 보아 종교개혁이 서구사회를 세속화·근대화하는 데 직접 미친 영향은 크지 않았다. 오히려 종교개혁가들의 의도와 가르침 자체는, 많은 경우 근대적인 성향들과 크게 상반되었다. 종교개혁은 결코 근대화·세속화를 위한 운동이 아니었다. 그것은 원시 기독교의 순수한 신앙과 그리스도의 참 정신을 되살리자는 점에서, 또 신앙을 강조한 나머지 선행이나 계율 또는 이성을 낮게 평가했다는 점에서, 그리고 인간을 왜소화했다는 점에서 인간이 종교에서 해방되어 스스로의 힘을 의식하게 되는 것을 중요한 내용으로 하는 근대화와 상반되는 것이었다. 일반적으로 종교개혁가의 신학은 이성과 신앙의 조화를 꾀하던 중세의 가톨릭 신학보다 훨씬 전근대적인 성격을 띠는 것이었다. 종교개혁은 우리가 생각하는 민주주의와도 아무런 상관이 없었다. 루터와 칼빈 같은 개혁가들은 신도들에게 자유방임을 허용하지도 않았고, 특히 칼빈주의자들은 스스로를 선택받은 자로 생각하여 다른 사람들과 철저히 차별화했다. 요컨대 종교개혁이란 그 주창자들의 목적과 의도로 보아서는 근대적인 것과는 별 상관없는 정신운동이었다.[14]

그러나 그것은 서구에 특유한 권력관계 속에서는 근대화를 촉진하는 기능을 할 수 있었다. 가톨릭 교회와 개혁종파 사이의 정신적·종교적 투쟁은 권력자들의 투쟁과 결합하여 복잡한 양상을 띠게 되었다. 예컨대 당시 프랑스는 가톨릭 교회를 지지하여 개혁종파와는 적대적 관계에 있었는데, 마찬가지로 가톨릭 교회를 지지하던 당시 서구의 최고 권력자인 신성 로마

---

[13] T. Parsons, *The System of Modern Societies* [Englewood Cliffs, N.Y. 1971] 48.

[14] C. 브린튼(최명관·박은구 역) 『서양 사상의 역사』 [을유문화사 1984] 316-26 참조.

제국 황제 칼 5세를 견제하기 위하여 오히려 개혁종파를 옹호하는 군주를 응원했다. 심지어 교황 역시 세속권력상의 이해 때문에 이 최고 권력자가 성공적으로 개혁종파를 지지하는 국가를 제압할 것을 원하지 않는 실정이었다.[15] 이러한 상황에서 종교적 · 정신적 투쟁은 정치권력적 투쟁으로 변질되어 갔고, 어떤 정치권력체가 압도적 우위를 장악하지 못하는 한 종교적 투쟁 역시 장기화될 수밖에 없었는데, 이러한 것은 종교 자체를 약화시키는 결과를 초래했다. 종교개혁은 가톨릭 교회에 의해 유지되던 서구의 문화적 통일성을 깨뜨렸으며, 이로써 서구사회에 새로운 사상과 이념이 쉽게 대두할 수 있는 바탕을 마련할 수 있었다.

이상의 서술로써 우리는 서구의 근대화에 전체적 권력관계가 얼마나 중요한 역할을 했는지 확인하게 되었다.

---

[15] L. Stone, *The Past and the Present* [London 등지 1981] 104.

11 장

전체적 권력구조와 시장경제의 승리

1 절
근대화의 본질과 원동력

중세시대의 서구에서는 정치권력들 사이 그리고 정치권력과 종교권력 사이의 경쟁이 불가피하던 분권적 권력구조 때문에 종교적 이상과 교회의 사회적 통제력이 점점 약화되었고, 이에 따라 기독교적 사상에 반하는 가치관은 물론이려니와 기존 세력(정치 및 종교 세력)과 대등한 또 다른 사회세력이 대두하는 것 역시 가능했다.

필자는 이러한 가치관과 세력의 변화 가운데, (정치와 종교적 활동뿐 아니라) 경제활동도 중요한 생활 영역이며 경제적인 부富의 축적은 바람직한 것이라는 가치관과, 경제인들의 세력이 발전한 것이 가장 두드러진 변화라고 생각한다. 이러한 변화가, 경쟁하는 권력체들이 경제의 중요성을 인식하게 된 사실에서 연유했음은 위에서 언급한 바와 같다. 물질적 부를 높이 평가하는 가치관 속에서 경제인들이 필요할 경우에는 폭력적 수단(혁명)을 사용하면서까지 자신들의 활동에 방해되는 왕·성직자·봉건 귀족들의 세력을 억누르고 경제활동의 자유를 보장받은 것, 그리고 이와 관련하여 시장경제 제도가 발전한 것, 이것이야말로 서구 근대화의 가장 중요하고도 핵심적인 내용이다. 서구의 근대화에서 권력체의 경쟁보다 더 중요한 원동력을 그리고 시장경제의 발전보다 더 중요한 내용을 찾을 수 있을까? 현재 고도로 발전된 과학기술에 경탄하는 사람들은 여기에서 근대화의 원동력과 가장 본질적인 내용을 찾을지도 모른다.

필자는 이미 근대과학이 당시의 경제적 기반과 독립해 성립되었음을 밝힌 바 있고 또 근대과학의 발전이야말로 서구문명이 이룬 가장 특징적이요 가장 위대한 업적이라고 생각하고 있다.[1] 그런데도 근·현대 과학이 인류에게 미친 영향을 자본주의적 시장경제의 발전에 비길 수는 없다. 과학이란 원래 소수 학자들의 활동에 의해 성립된 것인 데 반하여, 근대적 경제제도는 경제생활에 종사하는 모든 사람의 잠재력을 효율적으로 발휘할 수 있도록 했다.

2 절

과학·기술과 근대화

일반적으로 과학적 세계관과 과학이론은 두 가지 방법으로 사회에 영향력을 발휘하는 것인데, 첫째는 기술에 이론적 기반을 제공함으로써, 둘째는 인간의 사유에 영향을 미침으로써이다.

우선 전자부터 논하기로 하자.

사실 과학과 기술은 상당히 구별되는 인간활동의 영역이다. 과학이 자연현상을 수학이라는 언어로 기술하여 추상적이고 통일성있는 이론체계를 형성하는 것을 목적으로 한다면,[2] 기술이란 인공물을 제작하여 인간에게 구체적인 효용을 주는 것을 목적으로 한다. 현재의 많은 기술이 과학적 지식을 그 기반으로 하고 있으나 추상적 이론이 기술적 목적에 구체화되는 과정은 공리에서 정리를 유도하듯 당연하고 자동적인 것이 아니라 많은 시행

---

[1] 졸저 『동서문명과 자연과학』 30-1 106ff.

[2] 이러한 목적을 실현하기 위해서는 다양한 대상(물질적 자료)은 이론에 적합한 것이 될 수 있도록 부단히 변모되어야 한다. 이러한 변모 없이는 우연한 관계에 있는 이질적 현상이 동질화하여 필연적인 관계가 될 수 없기 때문이다. 이러한 의미에서 자연과학적 사실이란 이미 이론에 의해 변모된, 이미 이론화한 사실이다. 이론적 전제 없이 경험된 사실은 이론의 체계에 통합될 수 없다. 경험적 사실과 이론의 관계 그리고 자연과학이 추구하는 궁극적 목적으로서 이론체계의 성질에 대해서는 E. Cassirer, *Philosophie der symbolischen Formen*, Bd. III. *Phänomenologie der Erkenntnis* [Darmstadt 1977] 474ff 참조.

착오를 거쳐야 할 복잡한 과정이다. 과학은 기술적 인공물의 물리적 가능성의 한계를 규정짓지만 그 구체적 최종 형태는 결정할 수 없다.[3] 또한 역사적으로 기술은 과학이론의 뒷받침 없이도 고도로 발전할 수 있었고, 현대의 기술 중 상당 부분 역시 그러하다.

설사 근대과학이 고도의 기술 중 거의 모든 것의 발전을 가능하게 했다손치더라도 그것만으로는 서구의 근대화에서 볼 수 있는 인간생활의 전반적 변혁을 초래하기엔 크게 미흡했다. 일반적으로 기술이란 그 사회의 경제적·문화적·제도적 조건에 의해 수용 여부 및 사용 범위가 결정되는 것이지 그 역은 아니기 때문이다. 따라서 어떤 기술이 오늘날의 관점에서 효용성이 크다고 해서 그 기술이 다른 문명에서 오늘날과 같은 사용 범위를 가진다고 생각해서는 안된다. 예컨대 전통 중국에서 발전한 우수한 기술들은 가끔 서구의 산업혁명을 이루었던 기술들에 비견되기도 하지만 중국의 기술 외적 여건상 경제적·사회적 변혁을 초래하지는 못했다.[4] 그것은 무엇보다도 전통적 생산방법을 혁신하여 과감하게 기업활동을 할 시민계급이 없었기 때문이다. 근대적 무기인 총 역시 중국에 도입된 후에도 오랫동안 이들의 군대에서 주무기로 사용되지 못했는데, 그 이유는 총이 당시 전근대적 군대체제와는 쉽게 합치될 수 없는 이질성이나 검에 대한 높은 문화적 평가에서 찾을 수 있다.[5] 또 조선시대에 한글의 보급이 지배자들의 위신과 이해관계 때문에 크게 제한된 것 역시 단순한 실용성이 기술의 확장·보급을 보장하지 않는 예다.

---

[3] G. 바살라(김동광 역) 『기술의 진화』 [도서출판 까치 1996] 143.

[4] 전통 중국의 기술적 발전과 또 그것이 서구적 산업혁명을 이루기에 큰 부족함이 없었다는 것에 대해서는 엘빈, 앞의 책 183ff 참조. 그러나 필자는 엘빈이 전통 중국사회에서 산업혁명이 일어나지 못했던 이유를 역사상 한 시점의 거시경제적 상황을 분석함으로써 설명하려 한 것에 대해서는 찬성할 수 없다. 327ff 참조. 그의 이론(소위 "고도 균형 함정")이 옳다고 하더라도, 그것은 일시적·경제적 번성이 일어나지 못했던 이유는 설명할 수 있어도 서구적 산업화가 일어나지 못했던 것에 대해서는 아무런 설명력이 없다. 서구의 산업혁명은 어떤 시점의 거시경제적 상황이 아니라 사회 전체의 권력관계 및 장기간에 걸친 사회문화적 가치관의 변동과 관련해서만 설명할 수 있는 역사적 현상이다.

[5] N. 파킨슨(안정효 역) 『동양과 서양』 [고려원 1983] 214ff 참조.

　서구에서 기술이 사회변동의 역할을 하면서 한편으로는 항상 새로이 발전할 수 있었던 것은 그 기술을 활용할 경제활동이 왕성했다는 사실에 기인하는 것이요, 또 왕성한 경제활동은 경제적 자유를 보장하는 제도와 물질을 높이 평가하는 문화적 인식이 뒷받침됐기 때문에 가능했다. 요컨대 경제적·문화적·사회적 조건들이 기술 발전과 그 활용을 결정하는 것이지 기술 자체의 "객관적" 효용성이 이들 조건의 변혁을 초래하는 일은 거의 없다.[6]

　기술이 사회 발전의 원동력이 될 수 없다면 기술에 이론적 기반을 제공하는 과학 역시 근대화의 주역은 될 수 없다. 그렇다면 인간의 사유와 행동에 영향을 주는 세계관으로서 기능했던 과학이 근대 및 현대 세계의 형성에 미친 영향은 어떠할까?

3 절

근대과학적 세계관, 계몽 및 진보 사상과 근대화

근대 자연과학적 세계상은 기계론적인 것을 그 특색으로 한다. 인간을 포함한 우주의 모든 것이 상호 관련되어 있다고 믿는 유기체적 세계관의 인간들은 자연을 단순한 물리적 단편으로서가 아니라 자신들과 유기적 상관관계를 가진 전체로서 체험한다. 이들은 자연현상의 배후에서 신의 섭리와 삶의 목적, 그리고 사회와 규범의 존재 이유를 이해하고 탐구하고자 한다. 이에 반해 자연을 관찰 주체인 인간과 분리된, 생명없는 기계적 실체로 상정하는 근대과학의 기계론적 세계관에서는 자연을 기본적 구성체로 분리하고 정량화하여 이용하는 것을 주목적으로 한다.

　근대화의 주내용이 자연의 효율적 지배와 이용에 있다면 자연을 객관적 실체로서 철저히 분석하고 수량화할 수 있다고 믿는 기계론적 세계관이 인

---

[6] L. v. 미제스(이지순 역) 『자유주의』 [한국경제연구원 1995] 145; M. 노박(허종열 역) 『가톨릭 윤리와 자본주의 정신』 [한국경제신문사 1994] 109f 참조.

간의 사유와 행동을 근대화에 유리하도록 이끌었다는 것은 자명한 일이다. 그러나 문제는 그 기여의 정도다.

여기서 필자는 우선 많은 논자들이 주장하는 것과는 달리 최소한 기술에 대한 이론적 뒷받침 역할을 한 근대과학의 세계관이 기계론적이 아니라 유기체적·전체론적인 것이었다 할지라도 근대화의 결과는 별반 다르지 않았을 것이라는 점을 명백히하고 싶다.

어떤 세계관이 아무리 환경친화적·전체론적이라 할지라도 경제활동이 근대 이래처럼 경쟁적 상황에서 최대한의 이윤을 목적으로 전개된다면 이 세계관에 기초해 발전한 기술이 반환경적 목적에 사용되는 것을 막기란 매우 어렵다. 기술을 직접 활용하는 것은 경제적·사회적인 구체적 필요성이지 추상적 세계관이 아니기 때문이다. 경쟁 상황(자신이 남을 누르지 않으면 상대방에게 눌리는 긴장관계)이 외부의 정책이나 제도에 의해 조절되지 않는 한 환경친화적인 자연과학 이론은 어떤 방법으로든지 반환경적인 기술로 구체화될 것이다. 여기서 우리는 전통 중국에서 유기체적 자연관이 지배적이었는데도 사회적 필요에 의해 만리장성이나 대운하 같은 세계적인 대규모 역사가 이루어졌다는 사실을 상기할 필요가 있다.

그렇다면 근대 자연과학의 기계론적 세계관은 인간의 행동과 사유에는 어떤 영향을 미쳤던가?

근대 자연과학의 성공에 많은 감명을 받은 당시 서구의 지성들은 데카르트와 뉴턴의 이상에 따라 자연을 정량적으로 파악하고, 또 베이컨의 지론에 따라 이렇게 파악된 자연을 의식적이고 계획적으로 인간의 복지에 이용해야 한다는 사상을 지니게 되었다.[7] 이 사상은 미래의 인류사회는 물질적으로 더 풍요로워지고 자유와 행복이 더 증대되는 방향으로 변해간다는 믿음, 즉 진보사상과 쉽게 결합하게 되었다. 이러한 근대적 믿음은, 참다운 행복이란 오직 저 세상에서만 가능하기 때문에 천국을 준비하는 비천한 장

---

[7] F. 카프라(이성범·구윤서 역) 『새로운 과학과 문명의 전환』 [범양사 출판부 1985] 50ff 참조.

소에 불과한 이승에 관심을 가지는 것은 이 행복을 지연시킬 뿐이며, 또 하느님의 섭리에 따라 형성된 현존 사회질서는 지상에서 영속하는 것이므로 이것을 의식적으로 개선할 수 없다는 중세적 사상에서는 상상할 수 없을 정도로 새롭고 혁명적인 것이었다.

이제 서구인들은 하늘에서가 아니라 바로 지상의 현실 속에서 행복을 추구하려는 의식적인 노력에 대한 사상적 뒷받침을 획득하게 되었다.

18세기에 이르러 이 새로운 사건은 계몽주의라는 이름으로 불리는 사상운동에서 더욱 포괄적이고 체계적으로 나타나게 되었다. 계몽주의자들은 기독교와 교회의 독단과 비이성적 교리, 그리고 전통사회에서부터 통용되어 온 여러 가지 불합리한 제도·관습·미신 등을 인간의 자율적 의지와 이성 그리고 과학적 지식에 근거하여 배척했다. 이들은 신의 도움이 아니라 인간의 선한 의지와 노력으로 행복해질 수 있고 완전한 사회를 이룰 수 있다고 주장했다. 진보된 미래에는 도덕적으로 완벽한 인간이 불합리와 부조리가 없는 사회에서 물질적 풍요와 자유를 향유한다는 것이 이들의 믿음이었다.[8]

계몽주의자들은 당시 발전하는 과학과 기술 그리고 상업에서 좋은 동맹자를 찾았다. 상업은 편견에서 벗어나게 하고 지식의 교류를 촉진하여 궁극적으로 자유의식을 일깨운다. 과학과 기술은 인간을 독단, 무지와 미신에서 해방시키며 자연 이용을 가능케 하고 인간에게 효용을 제공한다.[9]

근대의 자연과학적 세계상 및 과학적 성과와 상호 관련하에 발전한 이러한 사상들이 근대화를 촉진하고 자연 정복을 가속화했다는 것은 의심할 바 없으며, 이 사상들이 여전히 현대인들의 사유와 행동에 가장 강력한 영향력을 행사하고 있다는 것 또한 사실이다. 다른 문명에서는 발견되지 않았던 근대과학의 이러한 사회적 기능 때문에 많은 학자들은 근대 및 현대 세계의 형성 과정과 이에 부수되는 문제점들을 논함에 있어 데카르트·뉴턴

---

[8] 브린튼 382 389ff 참조.

[9] 노명식 『자유주의의 원리와 역사. 그 비판적 연구』 [민음사 1991] 158ff.

적 세계상을 중심으로 삼아 논의하고 있다.[10] 그러나 우리는 근대과학과 그 세계상을 근대화 과정의 원동력으로 평가할 수 없다.

일반적으로 어떤 사상이 지속적으로 사회에 영향력을 행사하기 위해서는 이 정신적 산물을 받아들여 실천함으로써 이익(물질적이든 정신적이든)을 얻는 집단이 존재해야 한다. 어떤 집단이 사고하고 행동하기 위해서는 의식적이든 무의식적이든 그것을 정당화할 사상적 기반이 필요하며, 이때문에 특정 집단을, 특정한 사상을 스스로 창조하거나 기존의 사상 중에서 선택하게 된다. 우리는 자연을 효율적으로 개발해야 하는 집단(시민계급)이 근대의 기계론적 세계관을 창안했다고 상정할 이유는 없지만, 최소한 이 세계관이 지속적으로 영향력을 발휘하기 위해서는 이것과 친화력을 가진 집단들이 이것의 발전 시기를 전후하여 존재해야 했다고 생각하지 않으면 안된다.

사실 근대과학이나 진보적 세계관은 중세와 근대의 분기점에서 대두되기 시작했지만, 중세의 전형적인 가치관이나 세계관에 대해 물질적 이익을 추구하고 신분상의 제약을 벗어나려는 집단(즉, 시민계급 내지 경제인 집단)은 근대 훨씬 전부터 존재했다. 교회와 봉건적 통제가 약했던 이탈리아의 도시국가에서는 약 천 년 전부터, 다른 서구 지역에서는 13세기부터 이들은 이미 상당한 영향력을 확보했다. 이 계급의 사고와 행동방식은 교회와 봉건제에 의해 지탱되는 서구 중세사회의 지배층이 표방하는 생활 태도와는 다른 것이었다. 이들은 세력이 확대됨에 따라 서서히 성직자와 무사들이 표방하는 경제관과는 상반되는 경제윤리, 그리고 종교적 이상과는 다른 새로운 인생관을 발전시키고 있었다. 이들은 물질적 부를 추구하는 것을 더이상 부정적으로 보지 않았다. 근대의 기계론적 세계관이나 진보사상 및 계몽주의는 중세사회에서 근대사회로 이행하는 수백 년에 이르는 시기에 전통윤리와는 달리 경제적 이익과 물질적 진보, 그리고 자연의 효율적 개발을 목적으로 행동하는 시민계급의 사고와 활동 방향을 명확히하고 강화했다.[11]

---

[10] 카프라 96ff 참조.

그러나 이러한 새로운 경향의 사고방식과 행동양식은 이 세계관들이 나오기 훨씬 전부터 경제인들에 의해 발전해 오고 있었던 것이니, 이 세계관이 없었더라도 이들의 사유와 활동에는 큰 차이가 없었을 것이다.

사실 서구의 근대에는 한 가지 방향의 사상만이 존재한 것이 결코 아니었다.[12] 근대과학이 대두한 후에는 물론, 계몽사상기에도 종교는 여전히 일반 대중의 사고를 지배했고, 계몽주의는 19세기에 이르러 이성보다는 감정과 정열을, 중세를 배격하기보다는 찬양·동경하는 낭만주의적 조류에 의해 크게 공격받았다. 어떤 사회에서 여러 모순된 사상이 존재하는 가운데 특정 사상이 영향력을 발휘할 수 있다면 우리는 당연히 그것을 선택한 집단이 다른 집단보다 더 큰 영향력을 확보했다고 상정해야 하며, 중요한 것은 바로 이 집단이 그러한 세력을 확보할 수 있었던 경제적·사회적·정치적 등의 여러 조건이다.

요컨대 기계적 세계관이나 계몽주의 등이 시민계급으로 하여금 근대적 발전과 물질적 풍요를 성취토록 했다기보다는 오히려 후자가 전자의 지속적 존립을 가능케 했다. 이 점을 명백히한다는 것은 단순한 지적 호기심을 만족시키는 데 그치는 것이 아니라 현대문명의 문제점에 대한 윤리적 처방을 제시하는 데도 중요한 의미를 가진다. 근대화 내지 현대문명의 기초가 특정 사상이나 세계관에 크게 힘입지 않았다면, 그 병폐를 고치는 일도 특정 사상을 폐기하고 새로운 사상을 수용하는 것으로는 충분하지 못하다.[13]

서구 근대화에서 가장 중요한 원동력과 결과는 권력체의 경쟁과 이에 따른 새로운 경쟁적 경제질서의 대두다. 이것만 있었다면 근대과학적 세계관이 없었더라도 서구에는 지금과 본질적으로 크게 차이가 없는 근대화가 가능했다고 믿어진다. 근대과학·진보사상·계몽사상 등은 서구 근대화 과정의 충분조건도 필요조건도 아니었다. 그것은 다만 서구 근대화의 중요한 특색을 이룰 따름이다.

---

[11] G. 르페브르(민석홍 역) 『프랑스 혁명 — 1789년』 [을유문화사 1980] 8 참조.

[12] 브린튼 416-7 참조.　　　　　[13] 아래 18장 2절 참조.

4 절

시장경제와 그 적들

다른 어떠한 경제 체제보다 시장경제 체제에서 인간의 생산적 잠재력은 최고도로 발현된다. 이 체제에서 기업은 경쟁의 압력 속에서 경영과 생산을 합리화하고 기술을 혁신하지 않을 수 없게 된다. 시장의 가격기구가 어떠한 계획보다도 더 신속하고 정확하게 각 개인과 기업의 활동 방향을 제시함으로써 그 사회에 존재하는 생산 요소를 가장 효율적으로 배분한다는 것, 그리고 각 개인의 경제적 능력이 가장 창의적으로 발휘되고 가장 효율적으로 조직화되는 것 또한 이 체제의 장점이다. 요컨대 시장경제 체제를 채택하는 국가나 집단은 경제적으로 반드시 번성하며, 그것도 경제활동의 자유를 완벽히 보장할수록 더 큰 번영을 누린다.

어떤 국가도 다른 국가와 경쟁하는 이상 시장경제 체제를 채택하지 않을 수 없다. 자본주의 국가와 공산주의 국가간의 경쟁에서 후자가 패한 것은 너무나 당연한 일이었다.[14] 공산주의가 붕괴한 후 자본주의적 시장경제가 전 지구촌에 지배적인 질서가 되었다.

이러한 결과는 서구 중세 이래 권력체가 경쟁을 계속해 온 이상 필연적인 것이다. 그러나 경쟁 상황이 존재하지 않았더라면 시장경제의 발전과 확산이 당연한 일이라 할 수 없다. 어떤 경제제도가 단순히 생산성이 높다는 이유로 채택되는 것은 아니다.

우리가 위에서 살펴보았듯이 기술은 효율성이 뛰어나다는 이유만으로 수용되지는 아니한다. 기술의 수용은 문화적 가치, 지배세력의 이해관계, 사회적·경제적 조건 등의 기술 외적 여러 요인에 의해 결정된다. 마찬가지로 어떤 경제적 체제 역시 경제 외적 조건에 의해 채택이 결정된다. 경제

---

[14] 20세기에 있어서 사회주의 내지 공산주의적 경제에 대한 날카로운 비판은 잘 알려진 바와 같이 미제스나 하이에크 같은 위대한 자유주의자들에 의해 이루어졌다. L. v. Mises, *Socialism: An Economic and Sociological Analysis* [Indianapolis 1969]; F. A. v. Hayek, *The Fatal Conceit: The Errors of Socialism* [London 1988] 참조.

외적 조건만을 고려한다면 자본주의 시장경제는 심히 채택되기 어려운 경제 체제이다.

어떤 전통사회든지 나름대로의 세계관과 사회철학을 발전시켜 왔는데 그 중 대표적인 것이 플라톤의 『국가론』에서 찾을 수 있는 유기체적 사회관이다. 이 사회관에 의하면 인체의 각 부분이 상호 보완적 기능으로 인해 생명을 유지하듯, 사회 역시 구성원들의 유기적 협조로서 그 존립이 유지된다는 것이다. 이 사회관은 각 개인에게 그들 신분에 알맞게 부여된 임무를 충실히 수행할 것을 요구한다. 원래의 신분과 임무에서 벗어나 타인의 지위를 탐내는 것은 사회 전체의 존립을 위태롭게 한다. 신체의 어떤 부분이 (예컨대 팔이) 다른 것으로(예컨대 머리로) 되려고 한다면 어떻게 생명이 유지될 수 있겠는가?

유기체적 사회관은 동양의 유교권에서도 오랫동안 지지를 받았고 서양 중세에서도 지배적인 영향력을 행사했다. 이 사회관에서는 개인의 돌출 행동이 당연히 적대시된다. 창의와 혁신을 통한 재산 축적이 사회 전체의 부를 증진시킨다는 시장경제적 기본 논리가 여기서는 통용될 수 없었다. 그것은 여타 사회 구성원에 대한 가해행위일 뿐이었다.[15]

유기체적 사회관뿐 아니라 이와 밀접한 관련을 맺고 있는 대부분의 종교적 이상도 경제에 억압적이었다. 전통사회에서 강한 사회적 통제력을 보유하고 있던 종교인들은 인간의 탐욕이 진실된 삶과는 배치되는 것으로 비난했다.

이윤 추구를 목적으로 하는 경제인들의 기여에도 불구하고 이들이 다른 집단에 의해 백안시된 것은 역사상 늘 관찰되는 현상이다. 적대감은 특히 상인에 대해 강렬했다. 상인은 아무런 생산 없이 오직 물자만 이동하여 이윤을 취하는 불로소득자로 비난받았다. 상인들의 활동으로 사회적 분업이 촉진되어 생산력이 증대하며 결국 공업의 발전도 유도할 수 있다는 사실은 유기체적 사회관 속에서 살고 있는 전통인에게는 쉽게 이해될 수 없었다.

---

[15] 서구 중세에 있어서 유기체적 사회관과 반경제적 태도에 대해서는 R. H. Tawney, *Religion and the Rise of Capitalism* [Harmondsworth, Middlesex] 27-67 참조.

물론 역사상 상인들이 지배력을 확립하여 경제적으로 번창한 사회도 있었다.[16] 그러나 사회의 어떠한 지배권력이라 할지라도 — 비록 그 권력자가 경제인이라 할지라도 — 경제에 항상 억압적이게 마련이다. 지배적 권력이란 자유경쟁이 아니라 독점적 이익을 추구하기 때문이다. 더욱이 전통사회의 지배계급은 대체로 성직자나 학자 혹은 무사계급이었다. 이들은 거의 경제인들을 사회의 최하층에 두고 일정한 세력 이상을 확보하는 것을 억압했다. 이러한 점은 서구 중세에 있어서도 마찬가지였다. 당시 서구를 지탱하는 두 중추적 제도인 교회와 봉건제도 그 어느 것도 시장경제적 발전에는 적대적이었다.

봉건 영주의 장원이 자급자족적 경제 단위였다는 것 외에도 봉건적 지역할거는 경제인의 활동을 크게 제약했다. 그들은 수많은 독자적 권력자들에 의해서 간섭받았다. 또한 사치를 즐기고 호방함을 자랑하는 게르만 전사인 봉건 지배자들의 눈에는 치밀한 계산을 하면서 이윤을 추구하는 경제인들의 행태는 이해할 수 없는 것이었다.

경제에 대한 적대적 태도는 교회도 다를 바 없었다. 성직자들은 그리스도의 가르침에 따라 시민계급의 탐욕과 이익 추구를 비난했고, 경제 정의를 실현하고자 이자를 금지하고 공정가격을 강요했다. 경제에 대한 서구 중세교회의 제재는 다른 어떤 문명종교에 비교해서도 그 정도가 심했다. 이러한 지배계급의 세력이 분산되거나 약체화되지 않는 한 전통사회에서 경제 체제의 본질적 변화는 기대할 수 없었다.

그러나 서구의 경우 봉건적 세속국가와 교회의 두 세력에 의해 통치되던 중세의 권력체제가 붕괴된 후에도 경제는 오랫동안 독자성을 확립하지 못했다. 봉건제를 종식시키고 교회의 권위에 도전하면서 중세적 통치구조로부터 근대적 국가를 형성하는 데 있어서 주도적 역할을 한 것은 각국의 왕들이었다. 경제인들은 이들에게 종속되어 있었으므로 국왕들이 시민계급을

---

[16] 시오노 나나미(정도영 옮김) 『바다의 도시 이야기 — 베네치아 공화국 1천년의 메시지』 [한길사 1996] 참조.

보호하고 경제활동을 장려했다고 해도 그것은 중상주의라 불리는 부국강병책의 일환일 뿐 경제 자체에 자유를 주려는 것은 아니었다.[17] 군주들의 조치는 궁극적으로 경제의 자유를 제한하는 족쇄가 되었다. 경제인들은 시민혁명을 통해 이러한 족쇄를 깨뜨리고 경제활동에 많은 자유가 허용되는 법제도를 구현했는데, 이것이야말로 산업혁명을 가능케 하는 등 경제가 비약적으로 발전하는 뒷받침이 되었고, 이로써 서구문명이 여타의 문명을 결정적으로 압도하게 되었다. 이것은 압제자와 맞서서 싸울 만큼 자부심 강한 경제인 계급 없이는 이루어질 수 없는 일이었다.

그러나 그것이, 곧 국가권력을 장악한 집단이 자유주의적 시장경제를 전면적으로 허용한다는 것을 의미하지는 않았다. 이때에도 많은 경우 정치논리가 경제논리에 우선했다. 사실 자유주의적 시장경제가 크게 번성한 19세기의 서구는 인류 역사상 일찍이 경험하지 못했던 물질적 진보를 구가했지만, 이 시기에도 집권자들이나 국민들이 시장경제에 대해 충분히 이해한 것은 아니었다. 19세기 후반에 이르면 다시 국가의 개입이 증대하게 되었고, 특히 독일과 같은 후발국에서는 자국 산업의 보호라는 이름 아래 더욱 그러했다. 또 서유럽 국가들은 제3세계에 대해서는 자유로운 생산과 교역으로 번영을 추구한다는 시장경제의 논리가 아니라 정치적·군사적 힘의 논리를 행사했다. 이들은 아시아·아프리카에 경쟁적으로 식민지를 형성하여 원주민들을 착취하고 약탈했다.[18]

요컨대 자유주의가 크게 융성했다는 19세기에도 서구 국가는 중상주의적 이상과 틀에서 완전히 벗어나지 못했다.

원래 자유주의 경제의 지지자들은 자유로운 기업활동과 이들 사이의 자유로운 경쟁이야말로 창조적 발전과 왕성한 생산의 원동력이며 이를 보장하는 것이 국부 증진의 요체라고 주장한다. 따라서 이들이 국가의 기본 정책을 실시할 강력한 세력으로 결집되기는 일반적으로 어렵다. 왜냐하면 이

---

[17] G. 폿지(박상섭 역) 『근대국가의 발전』 [민음사 1995] 108ff 참조.

[18] 미제스 15-6 27-33 194ff 참조.

들은 서로 경쟁관계에 있는 자들이어서 결집이 쉽지 않을 것이기 때문이다. 만약 이들이 결집한다 해도 오직 일부만이 결집할 것이며, 이들 역시 자신을 위한 독점적 이익을 유보하게 될 것이다. 일반적으로 경제적 경쟁논리는 지배력을 배타적으로 요구하는 정치력이나 이들과 결합하여 자신들의 특정한 이익을 관철시키고자 하는 집단(이익집단)들에 의해서 항상 위협받고 있으며, 후자가 경쟁원리에 우월하는 대의명분(정의·평등·이상·약자 보호·국가·민족 등)을 발견하는 데에는 어떠한 어려움도 없다.

여기서는 사회주의가 표방하는 대의명분에 대해서 잠시 살펴보자.

시장경제의 발전과 산업혁명으로 서구의 도시에는 많은 공장이 생겨나고 이곳에 결집한 노동자는 새로운 사회계층을 형성했다. 산업화 당시 노동조건이 매우 열악했기 때문에 사회주의 사상가들은 노동자들도 잘 살 수 있고 모든 사람이 평등한 풍요와 자유를 누리는 이상사회를 제시했다. 잘 알려진 바와 같이 이 사상가들 중 가장 큰 영향력을 행사한 사람은 마르크스였다. 그는 자본주의의 멸망과 사회주의의 도래가 필연적임을 경제적·사회적 분석을 통해 "증명"했다.

마르크스의 주장은 단지 노동자뿐만 아니라 자본주의적 경쟁에 혐오감을 가진 많은 중산층 사람에게 매력적이었으며, 지식인들이나 예술가들에게까지 큰 호소력을 가질 수 있었다.

원래 지식인이나 예술가들은 높은 정신적 가치를 추구하는 사람들이다. 이들의 눈에는 자본주의 사회에서 성공하는 인물은 약삭빠르게 정보를 획득하여 타인을 누르고 이익을 얻어 거들먹거리는 보잘것없는 인간(속물)들로, 인간의 이기심을 부추기고 또 이익 추구에 혈안이 된 자들을 승리자로 평가하는 자본주의는 불합리하고 불공정한 제도로 비쳐진다.[19]

정의 구현과 약자를 위해 무엇인가를 하고자 하는 많은 지식인들에게 마르크스주의는 비참한 현실과 불공정에 대한 정확한 분석이요, 투쟁의 필요

---

[19] L. v. 미제스(김진현 역) 『자본주의 정신과 반자본주의 심리』 [한국경제연구원 1995] 165ff 232ff 참조.

성에 대한 참다운 이론이요, 이 투쟁의 궁극적 승리에 대한 엄밀한 논증이 었다. 마르크스의 사상은 종교가 약해진 시대에 진정한 삶을 추구하고 정의로운 투쟁을 하고자 하는 많은 의식있는 사람들에게 의미 욕구를 채워주는 역사철학이었다.[20]

많은 오류에도 불구하고 역사와 경제에 대한 마르크스의 분석이 위대한 성공을 거둘 수 있었던 것은 자본주의적 시장경제에 대한 전반적인 반감에서 기인한다고 생각된다.

자유주의적 시장경제의 지지자들은, 무엇보다도 이 체제를 수용하는 집단이나 국가는 경제적으로 풍요를 누리게 된다고 주장한다. 그러나 번영은 서서히 나타나는 것이요, 불평등으로 인한 불만과 소외는 당장의 현실이므로 이 체제의 정당성을 충분히 경험하고 인식하여 완전히 수용한다는 것은 매우 어려운 일이다.

사실 지난 수백 년간 서구의 역사는 경제적 체제의 장단점을 경험하는 역사이기도 했다. 국가와 국가의 경쟁 가운데서 서구인들은 경제적 생산 기반이 국력의 근본임을 깨닫기 시작했고 이에 따라 시장경제의 효율성도 인식하게 되었다.

5 절
시장경제의 승리와 확산

20세기에는 국가가 전면적으로 경제를 관장하는 사회주의 국가가 러시아와 중국 땅에서 수립되고, 또 서방에서도 경기 조절 · 실업 해소 · 국민 복지 · 소득의 공평한 분배를 위해 자유주의적 이상에서 후퇴하여 정부가 경제를 광범위하게 통제하게 되었다.

---

[20] K. Löwith, *Weltgeschichte und Heilsgeschehen: Die theologischen Voraussetzungen der Geschichtsphilosophie*, 7판 [Stuttgart 등지 1979] 26 38ff 참조.

2차 세계대전 이후 전세계적으로 경제 성장이 이루어졌다. 이것은 과학과 기술이 더욱 발전·보급되었고, 무엇보다도 서구의 충격을 받은 제3세계의 많은 국가에서 경제를 제한했던 전통적 사고와 제도가 약화되거나 폐지되었기 때문이다.

두 차례의 세계대전으로 평화에 대한 인류의 염원이 커졌고, 사회주의와 자본주의 국가들의 대립 역시 한반도를 비롯한 몇 차례의 전쟁을 제외하면 냉전으로 지속되었다. 대치가 장기화되면 경쟁의 무게 중심은 군사적인 것에서 경제적인 것으로 옮겨지게 마련이다.[21] 더욱이 사회주의 국가는 반드시 자본주의를 경제적으로 압도한다는 이념을 바탕으로 성립되었다.

그러나 경제에 대한 관심은 서구와 공산주의 국가 사이에서만이 아니라 이제 전세계적인 것이 되었다. 이는 서구문명의 정치적·법적 제도, 경제체제, 학문과 기술, 심지어 예술과 문학까지도 이 문명에 압도된 비서구 국가들이 따라서 성취하고자 했기 때문이다. 이에 따라 서구에서는 이미 수세기 전부터 해방되기 시작한 물질적 욕망이 이제 인류사회의 보편적 욕망이 되었다.

전세계적으로 진행되고 있는 경쟁하에서 각 국가는 경제적 발전을 정책의 가장 중요한 목표로 삼게 되었고, 특히 경쟁의 두 주역인 미국과 소련의 대결은 당장에 전쟁이 이루어지지 않는 한 경제적 성공 여부에 따라 그 우열이 판명될 것이었다.

처음 이 대결에서 승자는 분명하지 않은 듯했다. 계획경제하의 소련과 복지국가적 정책으로 대결한 서방은 모두 주민들에게 물질적 풍요를 약속하는 것처럼 보였다. 그러나 사회주의 국가의 경제적 번성은 서서히 한계가 드러났다. 계획경제는 경제적 활력을 크게 제한하고 경제 주체의 책임의식을 심히 약화시켰을 뿐 아니라 자원과 정보의 활용에 있어 시장경제의

---

[21] P. 케네디(이왈수·전남석·황건 역) 『강대국의 흥망』 [한국경제신문사 1988] 참조. 이 책에서 저자는 군사비의 과다한 지출이 국력을 소모시키는 주요인임을 명백히한다. 요컨대 국가간의 대치는 경제의 중요성을 필연적으로 일깨운다.

효율성에 도저히 미칠 수 없음이 드러났다.[22] 또 민간경제에 대한 간섭을 목표로 거대 정부를 지향했던 자본주의 역시 복지국가 본래의 목적을 달성하는 데 실패했다. 실업자 해소와 경기 조절 및 소득 분배를 목표로 하는 재정 및 금융 정책, 공공복리를 위한 공기업 운영, 사회보험 등 국가가 하는 사업은 대부분의 경우 비효율적인 것으로 판명됐다.[23]

이로써 현대국가의 최대 목표인 경제적 번성을 위해서 정부는 직접 경제에 개입하는 일을 필요한 최소 범위에 한정하고 민간경제 주체들이 경쟁하에서 최대의 효율을 추구할 수 있도록 공정하고도 보편적인 법령과 원칙, 그리고 제도를 정비해야 한다는 인식이 현재 점점 확산되고 있다.[24]

이러한 자유주의적 경제 이상은 많은 사람들에 의해 탐탁치 않게 여겨지거나 배척됨에도 불구하고, 경쟁 상황하에서 국가가 그 존립을 위해서나 국민의 복지를 위해 경제적 발전을 목표로 삼는 한 어쩔 수 없이 수용해야 할 원칙이다. 그리고 이것이 불가피한 이상 경제가 탈국가화하는 것을 막을 방법은 없다. 울타리에 갇힌 기업이 자유로운 기업과 경쟁할 수 없기 때문이다. 미래의 기업은 어떤 국가에 소속되는 것이 아니라 최신 정보와 기술, 자본 그리고 양질의 노동력을 찾아서 전세계를 무대로 활동한다.[25]

---

[22] 사회주의 경제 내지 계획경제가 원초적으로 작동할 수 없다는 것에 대해서는 Mises 186ff; L. v. Mises, *Human Action: A Treatise on Economics* [New Haven 1963] 209ff 689ff 참조. 자유주의 사회 내지 시장경제의 창조적 활력과 역동적 발전 가능성에 대해서는 F. A. v. Hayek, *The Constitution of Liberty* [London 1960] 22ff(김균 역 『자유헌정론 I』 [자유기업센터 1997] 50ff) 참조. 또 계획경제에 있어서 정보의 효율적 활용이 원초적으로 불가능하다는 것에 대해서는 Hayek의 고전적 논문 "The Use of Knowledge in Society", in: *American Economic Review* 35/4 [September 1945] 519-30 참조. 정보화 세계의 도래를 "제3의 물결"이라 부르는 A. 토플러는 사회주의 내지 공산주의 국가가 정보의 효율적 활용을 억압·왜곡한 것이 그 국가의 주요 붕괴 원인임을 지적한다. A. 토플러(이규행 역) 『권력이동』 [한국경제신문사 1990] 470-73 495-505 참조.

[23] P. 드러커(이재규 역) 『미래의 결단』 [한국경제신문사 1995] 337-8 348ff; 자유주의경제학연구회 편 『시카고 학파의 경제학』 [민음사 1994] 특히 3장(경제규제), 5장(공익규제), 12장(시장과 정부) 등 참조.

[24] 드러커 377ff; 기 소르망(강위석 역) 『신 국부론』 [한국경제신문사 1989] 참조.

[25] R. B. 라이시(남경우 외 3인 역) 『국가의 일』 [도서출판 까치 1994] 제2부 참조.

국가는 이제 기업에게 역사의 주역을 넘겨주게 될 처지가 되었다. 이러한 새로운 상황에서 국가가 번영하는 길은 타국에 맞서 자국 기업을 보호하는 것이 아니라 가능한 한 세계의 많은 기업과 자본을 자국에 유치하는 것이며, 이를 위해서는 규제를 철폐하고 노동시장의 유연성을 보장하며 또한 사회 간접자본을 확충하고 교육을 통해 양질의 노동력과 고급 두뇌를 생산해야만 한다.[26]

자유주의적 시장경제 체제가 국가의 울타리를 넘어 전세계적으로 확장되고 있다는 것은 이익을 위해 경쟁하는 인간의 수효가 증가된다는 것을 의미하며, 이것은 곧 인류가 가진 경제적 생산의 잠재력을 최고도로 발휘시키는 기반이 확보되고 있다는 것을 의미한다. 국가와 교회간의 경쟁에서 국가와 국가간의 경쟁을 거쳐 이제 기업과 기업간의 경쟁이 인류의 중심 테마가 되었고, 인류가 지닌 역량은 주로 경제라는 생활 분야에 쏠리게 되었다. 요컨대 자유주의적 시장경제는 그것을 억누르는 많은 요인에도 불구하고 서구 특유의 경쟁이라는 독특한 상황에서 보호받고 인정받아 마침내 전 인류에게 지배적 세력으로 발진할 수 있었다.

바로 이것이 지난 서구 천 년 역사의 가장 핵심적 결말이며, 이것은 또한 서구의 충격으로 전통사회에서 벗어나 근대화를 지향하는 다른 문명에 있어서도 가장 긴요한 의미를 가지는 것이다.

중세 이래 서서히 중요한 생활 영역으로 등장한 자유시장경제가 처음에는 종교적 권력체인 교회의 억압에서 벗어나고 나중에는 그 보호했던 국가의 간섭에서 벗어나게 된 것은 바로 이것의 효율성을 인정하고 수용하지 않을 수 없는 상황, 즉 경쟁 상황에 기인하는 것이었다.

여기서 우리는 다시 한번 역사 발전의 동인으로서 경쟁의 중요함을 인식해야 한다. 사회주의는 그 이상이 아무리 옳다고 하더라도 우선 시장경제를 채택하는 국가를 상대로 경쟁해서는 승리할 수 없었다.

---

[26] 같은 책 287-8.

6 절

역사 발전에 있어서 우연과 필연

사회진화론자들이 생각하듯이 자본주의적 시장경제의 발전은 필연적인 것이 아니다. 그것은 어떤 사회, 어떤 문명에서도 발전·채택될 수 있는 강력한 잠재력을 그 내부에 가지고 있지 않다. 이 경제제도에 대해서는 동·서양을 막론하고 많은 정치적·종교적·사회적·문화적 적대 요인이 있었고 또한 현재에도 그러하다. 그러나 교회까지 포함된 권력체 사이의 경쟁이 계속된 서구에서 이러한 적대 요인이 극복될 수 있었던 것은 경쟁 상황이 권력체로 하여금 최고도의 생산성을 가능케 하는 경제제도의 선택을 "강요"했기 때문이다.

이런 의미에서 서구에서 자본주의적 경제제도가 발전한 것과, 현금에 이 제도가 전세계로 확산되는 것은 "필연적"인 현상이다. 그러나 중세의 서구에 우리가 지금까지 누차 언급한 바 있는 전체적 권력관계가 형성된 것은 한갓 우연에 불과했다.

우연히 생성된 조건 속에서 필연적인 결과가 발전한 것 — 이것은 필자가 이미 다른 곳에서도 밝혔듯이 자본주의뿐만 아니라 근대과학의 성립과 발전에도 적용될 수 있는 공식이다.[27]

---

[27] 졸저 『동서문명과 자연과학』 156-7. 생성에 있어서 우연과 발전에 있어서의 필연이라는 필자의 도식이 J. 모노가 『우연과 필연』에서 제시한 개념과 근사하다고 일깨워 준 친구 라이너 보르게마이스터(Rainer Borgemeister) 박사에게 감사한다. (그는 2001년 1월 27일 불의의 사고로 타계했다. 삼가 고인의 명복을 빈다.)

12 장

막스 베버의 중국관, 그 오류와 함의

1 절

유교적 현실 순응과 청교도주의적 현실 지배

위에서 우리는 중국적 정신세계가 기독교에 비해 근대적이었다는 것을 밝힌 바 있다. 서구의 날카로운 지성들은 제국주의의 침략으로 중국의 과거가 극도로 부정되었던 1920년대에도 이러한 사실을 간과하지 않았다.[1] 여기서 잠시 청교도 정신의 역동성과 비교하면서 유교적 세계관의 정체성을 밝혀 낸 막스 베버의 종교사회학적 논의에 눈을 돌릴 필요가 있다. 그의 논의는 우리가 앞에서 밝혀 낸 사실과 일건 상충된다는 점에서도 그러하다.

막스 베버의 논의와 명제에 대해서는 학자들간에 많은 논쟁이 있었고, 그것은 아직도 종결되지 않은 상태이다. 많은 사회과학도에게 있어서 베버는 지적 영감과 자극의 원천이기는 하지만, 한편으로는 난해하고 모호하다는 점 역시 부정할 수 없는 사실이다. 이론이 복잡·난삽하다는 것은 과학자에게 결코 장점은 될 수 없지만 베버의 논의와 명제에는 경청할 만한 가치가 있는 내용이 함축되어 있다. 동·서 종교에 대한 베버의 비교연구를 고찰함에 있어서 유의해야 할 점은 그가 개개의 교리를 비교하면서 그것의

---

[1] 1920년대 중국을 방문하여 수년간 체류하면서 중국의 문화와 역사를 배우고 중국인들과 접촉할 기회를 가졌던 B. 러셀이나 J. 듀이 같은 사람들은 중국의 미래에 대해 낙관적인 견해를 가지게 되었다. 러셀은 말한다. "중국 학생들은 능력이 있고 열성적이다. 중국의 문화는 결코 과학에 적대적인 어떤 것을 포함한 적이 없으며, 따라서 과학적 지식이 전파됨에 있어 유럽의 교회와 같은 방해물은 없을 것이다. 나는 중국인들이 안정적인 정부와 충분한 재원만 있다면 앞으로 30년 안에 중요한 과학적인 업적을 달성하기 시작할 것이라는 것을 의심치 않는다." B. Russell, *China und das Problem des fernen Osten* [München 1925] 167.

근대성·전근대성을 논의한 것이 아니라, 특정한 종교적 세계관이 신도들의 삶에 대한 기본적 태도 내지 생활 자세를 형성하는 데 어떠한 영향을 미쳤는지, 그리고 이렇게 형성된 생활 태도가 사회의 실생활에서 어떠한 작용을 했는지에 대하여 탐구했다는 점이다.[2]

베버는 어떤 종교의 세계관이 신도들에게 그 종교에 독특한 의미 욕구를 형성하고 신도들은 그 욕구 충족을 위해 특정한 심적 자세를 가진다는 전제하에서, 이 심적 자세로부터 발전한 삶의 기본적 태도와 이 기본적 태도가 사회의 존속과 발전에 행하는 역할에 관심을 기울였다. 따라서 그의 이론 구성에는 개개의 교리가 오늘날의 관점에서 근대적인 것에 가까웠는지 아니었는지는 별다른 의미를 가지지 못할 수 있는 것이다.

마르크스와는 달리 베버는 사회 및 사회의 변동을 고려함에 있어 어떤 한 가지 요소의 중요성을 특별히 강조하지는 않았다. 객관적 진리를 추구한다는 과학자의 본분을 망각하지 않으려 했던 그는 많은 측면, 많은 요소를 다각도로 검토하고 그들 사이의 관련성을 해명코자 노력했다. 그는 서구의 근대화를 규명함에 있어서 다수의 요인을 논의했고, 중국문명이 정체했던 원인을 탐색함에 있어서도 여러 중요한 측면들을 고려했다.

그러나 그는 문명비교론적 입장에서 다른 어떤 요인보다 종교가 사회의 존립과 발전에 미친 영향을, 그것도 특히 삶에 대한 기본적 태도를 형성하는 길을 통해 미친 영향을 크게 중시했다. 삶의 기본적 태도야말로 다른 모든 요인(예컨대 제도·사상·과학·기술·경제활동·예술 등)의 밑바탕에서 이들의 형성과 발전에 영향을 미치는 가장 근본적인 요인이라는 것이 베버의 생각이다.[3]·

그렇다면 청교도 정신 내지 칼빈주의적 세계관과 유교적 정신세계로부터는 어떻게 상이한 삶의 자세가 발전되었던가? 베버는 전자로부터는 이 세

---

[2] M. Weber, *Gesammelte Aufsätze zur Religionssoziologie*, Bd. I의 "Vorbemerkung", "Einleitung in die Wirtschaftsethik der Weltreligionen", "Zwischenbetrachtung" 참조.

[3] 같은 책 "Vorbemerkung" 참조.

상을 지배하려는 태도가, 후자로부터는 이 세상에 순응하려는 태도가 형성되었고, 이것이 각각 서구의 동태적 발전과 중국의 정체에 중요한 원인이 되었다는 것이다.

베버에 의하면 고등종교는 현실 세계, 이 세상, 현재 살고 있는 인간을 한편으로 하고 초월세계, 저 세상 그리고 영원한 질서 내지 초월자를 다른 편으로 하여 양자가 명백히 긴장·대립하는 이원론적 세계관으로, 그것도 후자에 비해 전자를 가치없는 것으로 여기는 믿음으로 특징지어진다. 일반적으로 종교적 세계관에 있어서는 초월자가 인간의 욕망과 의지에 의해 좌우될 수 없다. 초월자는 이 세상에 독립적으로 존재하는, 이 세상의 인간보다 훨씬 고귀한 지존의 존재이기 때문이다. 그러나 이 세상과 저 세상의 대립과 긴장의 강도는 각 종교마다 차이가 있다. 베버는 종교의 이원론적 대립과 긴장이 극소화된 것이 바로 유교라고 주장한다.[4] 앞에서 살핀 바와 마찬가지로 유교적 세계관에서는 인간이 우주의 주재자인 하늘에 비해 본질적으로 열등하다고 생각되지도 않았고, 이 세상의 삶이 저 세상에서 누릴 삶에 비해 가치없는 것이라고 여겨지지도 않았으며, 또 하늘이 인간의 기원에 영향받지 않는 초월적 존재라고 믿어지지도 않았다.

이러한 점은 칼빈주의와 비교해 보면 명확해진다. 이 세계관에서는 인간이 신에 비해, 그리고 이 세상이 저 세상에 비해 극도로 평가절하된다. 인간은 원죄 때문에 타락했고 신에 의해 구원받지 않는 한 영원한 저주에 떨어질 운명이다. 그러나 구원이란 절대적으로 신이 관장하는 사항이며, 인간은 어떠한 방법으로도 여기에 영향을 미칠 수 없다. 신을 찬미하는 종교의식, 회개, 선행 등 그 어느 것도 구원에 관한 신의 결정을 변경시킬 수 없다. 또 인간은 신이 결정한 내용을 미리 알 수도 없다. 불완전한 인간이 무한자의 섭리를 짐작하는 일은 불가능하기 때문이다.[5]

베버는 이처럼 상반되는 종교적 세계관으로부터 삶에 대한 상이한 기본

---

[4] 베버 325.

[5] Weber 91ff.

자세가 발전되었다고 주장한다. 이 세상과 저 세상 사이의 긴장과 대립이 극소화된 유교적 세계관으로부터는 유유자적하고 느긋한 생활 태도가 형성되었다. 인간과 하늘이 본질적으로 다를 바 없다는 믿음으로부터는 구원을 받아야 한다는 긴박한 내적 욕구가 생겨날 수 없었기 때문이다. 더욱이 현실은 기독교와는 달리 무가치하고 죄악이 가득한 곳이 아니었다. 긴장과 불안이 현실적 삶의 내용일 수는 없었고, 현실은 부정되고 극복되어야 할 대상이 될 수도 없었다. 유교적 세계관에 있어서 우주는 전체로서 하나의 커다란 유기체이다. 이 우주에 존재하는 모든 것은 상호 작용을 하면서 우주를 이끌어 가는 것인바, 우주가 전체로서 완전하고 선한 것이듯 이들 모두 역시 본질적으로 완전하고 선한 것이다. 현세는 무가치하여 극복되어야 할 대상이 아니라 저 세상과 더불어 조화롭게 존속해야 할 것이었다. 이러한 이유 때문에도 유유자적한 생활 태도가 생겨날 수밖에 없었다. 요컨대 현실을 긍정하면서 현실에 순응·조화하는 소극적이고 느긋한 생활 자세가 유교적 세계관으로부터 도출되는 삶의 기본적 태도라는 것이 베버의 주장이다.[6]

여기에 비하여 칼빈주의적 세계관에서는 엄격하고도 조직적인 생활 태도가 발전했다. 구원에 대한 열망은 긴박하고도 강렬하지만 그것에 대해서는 어떠한 방책도 취할 수 없고 구원 여부에 관한 한 작은 지식조차 없는 불안한 상황에서 인간이 취할 수 있는 길은 신의 비천한 종으로서 오직 신의 영광을 위해서 생활하는 것뿐이다. 청교도들은 모든 세속적 쾌락을 단념하고 철저하게 금욕적이고 근면한 삶을 유지하는 것이 신의 뜻이요, 신을 기쁘게 하는 것이라 믿었다. 청교도적인 삶의 영위가 확실한 구원을 뜻할 수는 결코 없지만, 신의 뜻에 따를 수 있다는 사실이 구원을 받았다는 증표가 될 수는 있었다. 그러나 이러한 증표는 항구적인 확신은 될 수 없었으므로 금욕적이고 근검한 삶은 긴장의 연속 속에서 매일매일 계속 되어야만

---

[6] 베버 326ff.

한다. 자신이 구원받았다는 믿음을 스스로에게 주입시키기 위한 생활은 중심 원칙에 따라 철저히 조직화·체계화되지 않으면 안된다. 더욱이 이 세상은 죄악으로 가득차고 항상 유혹이 도사리고 있는 곳이기에 더욱 그러하다. 금욕적이고 조직화된 생활로 가치없는 이 세상을 극복하고 변경하는 것 ― 이것이 베버가 보는 청교도의 삶에 대한 기본적 자세이다.[7]

청교도적 생활에 비하여 유교적 삶에는 철저한 중심 원칙이 존재하지 않는다. 중국적 생활 태도는 현실에 적당히 적응한 결과로 생겨난 잡다한 유형의 편의적 규칙들이 비체계적으로 집적된 것에 불과하다. 청교도적 생활 태도를 진보주의라고 부른다면 이러한 삶의 태도에는 전통주의라는 이름을 붙일 수 있다. 전통이란 과거로부터 삶의 지혜가 축적된 결과이며 현실을 긍정하는 한 삶의 지침으로 존중될 수밖에 없기 때문이다.

유교적 삶의 자세와 전통주의는 마술에 대한 태도에서도 알 수 있다. 앞서도 언급했듯이 유교는 마술을 용인했다. 인간의 정성으로 하늘을 움직일 수 있다고 믿었던 유교적 신념은 인간의 주술적 조작으로 운명이나 자연현상을 바꿀 수 있다고 믿었던 마술적 세계관과 상통한다. 양자 모두 자연이나 우주에 대한 인간의 주체적 힘을 신뢰한다. 거기에 비해서 인간의 어떠한 행위로도 신의 뜻을 바꿀 수 없다는 칼빈주의적 세계관에서는 마술이 발붙일 자리가 없었고, 실제로 청교도들이 거주하는 지역에서는 마술적 관행이 일소되었다.[8] 마술적 세계관 역시 전통주의로 특징지어진다. 이 세계관에서는 이미 원칙으로 굳어진 주술적 절차에 대한 가장 작은 위반도 마술의 효력을 무효화한다고 믿었다.

유교의 전통주의는 마술에 대한 용인뿐 아니라 유교적 이상 내지 가치 기준의 성격에서도 나타난다. 이 이상과 가치 기준은 현실에서 크게 벗어날 수 없었다. 유교적 세계관에서는 이 세상과 저 세상, 인간과 초월자의

---

[7] 같은 책 338ff; Weber 101ff.

[8] 칼빈주의자들이 세력을 내린 지역에서 마술이 절멸된 데 대해서는 K. Thomas, *Religion and the Decline of Magic: Studies in Popular Beliefs in Sixteenth Century England* [London 1971] 참조.

거리가 최소화되었기 때문이다. 유교적 이상, 중국인들이 생각하는 이상향은 항상 현재의 상황에서 충분히 추론할 수 있는, 조금만 노력한다면 실현할 수 있는 그런 차원의 것이었다. 거기에 비해 청교도들의 이상과 가치는 이 세상의 것일 수 없었다. 그것은 이 세상을 초월한, 지금까지 존재한 적이 없는 것이었다. 어떤 이상과 가치관이 현실을 부정·초월하려는 힘을 더 많이 지니고 있는지는 자명하다. 이상이 베버의 종교사회학적 명제에 대한 극히 개략적인 설명이다.

2 절
베버 명제의 오류와 함의

역사나 사회에 대한 연구가 사변이나 이론적 유희에만 빠지지 않도록 하기 위해서는 항상 경험적 사실과의 관련을 잃지 말아야 할 것인데, 서구문명의 근대화에 대한 베버의 청교도주의적 명제가 강력한 경험적 뒷받침을 얻고 있지는 않은 것 같다. 또 필자는 다른 책에서 청교도적 생활과 자본주의의 발전에 요구되는 창조적 혁신정신이 양립할 수 없다는 이유로 베버의 명제에 대해 부정적 견해를 밝힌 바 있다.[9] 경험적 증거가 모호한 베버의 명제를 원용하지 않고서도, 권력체가 경쟁하는 상황과 이로부터 도출할 수 있는 사회문화적인 가치관 등에만 근거해서 서구적 근대화와 자본주의적 발전에 대한 충분한 설명이 가능하다는 것이 필자의 생각이다. 여기서 우리는 서구문명의 동태적 발전에 있어서 특정한 사상이 행한 역할에 큰 중요성을 부여하지 않은 이 책의 기본 논지를 다시 한번 상기하자. 그러나 서구와는 달리 동질적 정신세계가 통일제국의 형성과 존립 그리고 사회적 통합에 강력한 영향을 미친 중국의 경우는 유교적 생활 태도에 대한 베버의 명제를 깊이 생각할 필요가 있을 것이다.

---

[9] 졸저 『자본주의는 왜 …』 38-9.

베버의 이론은 전통 중국에서 비판정신이 가졌던 중요성을 너무 낮게 평가했다는 이유로 중국을 연구하는 학자들로부터 많은 비난을 받았다.[10] 베버가 지적한 것처럼 중국의 낙관적 우주관에서 초월자인 신과 인간 그리고 저 세상과 이 세상이 본질적 차이가 있다고 여겨지지는 않았으나, 그것이 곧 인간과 현실이 항상 완전하다는 것을 의미한 것은 결코 아니었다. 유학자들은 모든 인간이 잠재적으로는 성인의 경지에 오를 수 있고 또한 모든 현실이 이상사회에 도달할 수 있다고 하더라도 대부분의 인간과 대부분의 시대는 천天 내지 천도天道라는 척도로 평가할 때 크게 부족한 것이라고 생각했다. 많은 유학자들은 인간과 현실의 불완전함을 깊이 인식하고 비판하면서 이들이 천이라는 이상에 따라 개조될 수 있고 또 개조되어야 함을 강조했다. 베버를 비판하는 학자들은 전통 중국에서 천에 대비한 현실의 불완전함이 베버가 주장하는 것보다 훨씬 더 날카롭게 의식되었으며, 비판정신 역시 매우 강했다는 사실, 그리고 유학자, 특히 신유학자들의 성인이 되기 위한 자기수련과 금욕적 일상 생활은 청교도들의 생활 자세와 다를 것이 없었다는 사실을 적시摘示하면서 베버의 이론을 반박한다. 요컨대 이들은 중국적 정신세계에도 이 세상과 저 세상의 긴장은 존재했다고 주장하는 것이다.[11]

사실 중국 역사상 많은 양심적인 유학자들이 현실의 부조리와 모순을 비판하면서 이상사회를 건설하려는 노력을 했고, 많은 경우 이를 위해 목숨을 아끼지 않았다는 것, 그리고 신유교의 선비들이 올바른 정치를 이루고 이상사회를 실현하기 위한 전제조건으로서 인격 완성을 위해 자신의 정情·욕慾 그리고 주위의 나쁜 환경에 대항하여 극기적 수양에 매진했다는 점을 상기한다면, 우리는 베버에 대한 이들의 비판이 정당했다고 인정하지 않을 수 없다.[12]

---

[10] 예컨대 T. Metzger, "Max Webers Analyse der konfuzianischen Tradition: Eine Kritik"과 W. M. Tu, "Die neokonfuzianische Ontologie", in: *Max Webers Studie über ...*, 229ff와 271ff.

[11] Metzger 249; W. T. de Bary 편, *The Unfolding of Neoconfucianism* [N.Y. 등지 1975] 5 참조.

[12] 시마다 겐지 46 114-5 참조. 신유교에서 욕망을 부정하는 것은 불교의 영향이었다.

그러나 이들 역시 베버의 명제가 가지는 함축적 의미를 제대로 밝혀냈다고 할 수 없다. 유교적 비판정신과 개혁에는 엄연한 한계가 있었다. 유학자들이 현실 비판과 현실 개혁의 기준으로 생각했던 이상이란 천도 및 그것의 구체적 실현이라고 믿었던 옛 성왕의 이상적 통치와 예禮 등이었다. 그들은 천도 등이 무엇을 의미하는지 어느 정도 명확한 상념을 가지고 있었다. 그것은 유교에 의해 경전으로 된 공자 이전부터 내려오던 기록물(예컨대 『서경』)과 공자·맹자 등 유교적 성인들의 가르침, 그리고 이러한 경전 및 가르침에 대한 후대 유학자들의 주석에 의하여 한정되고 구체화되었기 때문이다. 유학자들이 이러한 전통적 이상과 가치관을 기준으로 하여 사회를 개혁하려고 노력하는 이상 개혁이 성공하더라도 전통에서 벗어날 수는 없었다. 비판적인 중국인들이 추구하던 이상사회 역시 그들이 비판하는 현실과 마찬가지로 근대적인 것이 될 수 없었고, 사회가 변동한다 해도 그 변동에 대한 명확한 기준이 주어졌으므로 그 폭은 한정될 수밖에 없었다. 사실 중국과 서구의 역사관에 있어서의 진정한 차이는, 흔히 생각하듯이 유교에 근거하는 과거지향적 전통주의와 기독교의 종말론이 세속화된 미래지향적 진보주의라는 차이가 아니었다. 우리는 미래지향적 역사관이 마르크스주의처럼 명확하고도 구체적인 미래상을 제시함으로써 전통주의와 마찬가지로 사회의 자유로운 발전을 저해하는 경우도 얼마든지 상상할 수 있기 때문이다. 양자의 본질적 차이는 유교가 사회변동의 명확한 지침을 제공했던 반면 기독교는 변동의 방향과 내용에 대해서 침묵하고 있었다는 점이었다. 초월종교인 기독교는 이상사회에 대한 구체적이고 명확한 상像을 제시하지 않았다. 기독교에서는 언젠가 도래할 하느님 나라에 대해서 가르치고 논구했을 뿐, 세속적 생활과 거기에 적용되는 규범 및 제도에 대해서는 큰 관심이 없었기 때문이다. 중세의 서구사회가 그 독특한 분권적 구조 때문에 변동을 겪을 때에도 기독교(성서)로부터는 원칙적으로 변동의 방향과 내용에 대한 직접적 지침을 얻을 수 없었다. 이러한 측면에서 보더라도 서구적 변동의 폭은 중국의 그것보다 넓었다.

　요컨대 우리는 유교적 세계관으로부터 탈전통적 잠재력을 약하게 평가했던 베버의 논의가 어느 정도 정당성을 가진다고 결론지을 수 있는데, 중국의 정신세계에 있어서도 베버 비판자들이 밝힌 바와 같이 이 세상과 저 세상의 긴장은 있었지만, 그 긴장의 내용은 기독교 내지 칼빈주의와 같지 않아 사회의 변동에 서구적 발전과는 다른 영향을 미쳤던 것이다. 여기서 우리는 전통 중국의 개혁에 한계가 있었다는 말이 앞에서 언급한 바, 유교적 교리에는 근대적 요소가 적지 않았다는 사실과 결코 상충되지는 않는다는 점을 명백히해야 할 것이다. 우리의 논의에서 중요한 것은 개개의 교리가 아니라 전체로서의 정신세계가 다른 여건과의 관련하에서 전통사회의 틀을 깨뜨릴 수 있는 사회적 기능을 할 수 있는가의 문제이기 때문이다.

　비록 베버가 유교적 세계관으로부터 전통지향적·반혁신적 성향을 도출하는 데 어느 정도 성공을 거두었다고는 하나, 필자는 같은 세계관으로부터 반대되는 성향을 추론하는 것 역시 가능하다고 믿는다. 유교는 인간의 본성과 이성을 높이 평가했고 현실적 삶과 경험을 존중했다. 만약 현실이 유교가 추구하는 이상에 비추어 불합리하다고 경험될 때, 그리고 최선의 노력을 통한 현실 개선의 노력이 좌절당할 때, 유학자들은 이것을 기독교인들과는 달리 단순히 인간의 이성으로서는 알 수 없는 초월자의 섭리로 돌릴 수 없었다. 인간의 이성은 초월자의 섭리도 판단할 수 있는 것이며 천도가 이성에 어긋난다고 생각되면 천도 자체에 대한 도전, 천도에 따라 이루어진 것이라고 믿어졌던 고 성왕의 규범과 제도에 대한 부정도 가능하다. 종교적 세계관이란 많은 함축적 의미를 내포하고 있는 것이며 거기서부터 한 가지 행동양식만 도출할 수 있는 것이 아니다. 우리는 유교적 세계관으로부터 베버처럼 긴장감 없고 유유자적한 현실 적응적 태도도 도출할 수 있지만, 그와 반대되는 삶의 자세 역시 이끌어 낼 수 있는 것이다.

　다음 장에서는 이러한 관점에서 유교적 비극소설 『삼국지연의』를 분석하기로 하자.

13 장

중국적 세계관에 있어서 하늘과 인간의 갈등
― 유교적 비극문학으로서의『삼국지연의』―

1 절
중국: "반비극적인 땅"

비극이 신과 신에게 도전하는 인간 사이의 갈등을 바탕으로 해서만 성립할 수 있다면, 우주의 주재자와 그의 섭리에 대해 절대석 신뢰를 가진 세계관에는 당연히 비극적 요소가 존재할 수 없다. 그렇다면 전통 중국에서도 과연 비극작품이 씌어질 수 있었던가라는 질문에는 숙고할 필요조차 없을 만큼 명백한 대답이 존재한다. 전통 중국인들은 우주는 원래 선한 것이라 믿었고, 우주의 섭리는 정당한 것이라는 낙관적 신뢰를 가지고 있었다. 이러한 세계관은 전통 중국사회를 지배한 유교적 이념의 본질적 바탕이기도 하다. 유교가 전통사회에서 가졌던 압도적 영향력과 또 유교 이외의 다른 종교인 불교나 도교에도 역시 우주의 섭리에 대한 낙관적 신뢰가 그 힘을 잃지 않았다는 사실을 고려한다면, 우리는 전통 중국적 정신세계로부터는 비극성을 찾을 수 없고 또한 비극작품도 씌어질 수 없었다고 결론지을 수밖에 없다.

일견 명료해 보이는 이 결론은 실상 많은 학자들이 오래전부터 주장해 오고 있는 것이기도 하다. 예컨대 서구의 철학자 칼 야스퍼스K. Jaspers에 의하면 전통 중국의 정신세계에서는 모든 불행과 재난과 악은 존재의 필연성이 전혀 없는 일시적 장애로 이해되었다. 이 세계관에서는 비록 탄식은 있었다 할지라도 신과 인간 존재의 정당성에 대한 어떠한 회의도 없었고 또한 절망으로 인한 염세도 없었다. 이 세계관에 근저하는 원리는 근본적으로 모든 것이 밝고 아름답고 참되다는 것이다. 이러한 정신세계로부터는 신의 섭리에 대한 회의를 그 기본으로 하는 비극성이 싹틀 수 없다.[1]

독일의 사회학자 알프레트 베버 역시 세계의 여러 문명을 문화사회학적 관점에서 비교·분석한 후 중국을 "반反비극적인 땅"으로 규정했다.[2]

우주의 섭리에 대한 낙관적 신뢰가 전통 중국문명의 정신세계를 특징지었다면, 이것은 중국사회가 동태적으로 변화·발전하는 것을 방해했음에 틀림없다. 그것은 신의 불완전함을 인식하고 우주의 정당성을 회의·도전하는 생활 태도에 비해 훨씬 보수적일 수밖에 없었다.[3]

알프레트 베버의 중국관은 우리가 앞서 서술한 그의 형 막스 베버의 그것과 흡사하다. 그 역시 중국적 생활 자세 속에서 아무런 긴장과 갈등 그리고 날카로운 비판정신을 찾지 못했다. 그러나 베버식의 유교 이해든 앞장에서 언급한 비판정신을 강조하는 유교 이해든 유교적 세계관으로부터는 비극이 성립할 수 없다. 왜냐하면 유교적 비판의 대상은 현실 속에서의 부조리와 모순이지 결코 우주의 주재자인 천과 그의 섭리가 아니었기 때문이다.

지금까지의 논의를 종합한다면 유교적 세계관에서는 비극성이 존재할 수 없었다는 것은 충분히 납득할 수 있고, 또한 유교로부터 강한 영향을 받아온 전통 중국의 문학에서 비극작품이 씌어지지 않았다는 주장 역시 쉽게 이해될 수 있다.[4]

이러한 일반적인 생각과 주장에 반하여 필자는 중국의 고전소설 중 가장 유명한 『삼국지연의』三國志演義를 분석함으로써 전통 중국 문학에도 비극이 존재했으며, 한걸음 더 나아가서 그 비극성은 바로 유교적 근본 원리에 바탕을 둔 것이라는 점을 밝히고자 한다.

---

[1] K. Jaspers. "Vollendung der Wahrheit in ursprünglichen Anschauungen (Beispiel: das tragische Wissen)", in: V. Sanders 편. *Tragik und Tragödie* [Darmstadt 1971] 11ff 참조.

[2] A. Weber, *Das Tragische und die Geschichte* [München 1959] 95 103 111.

[3] R. J. Kaufmann, "Die Tragödie und ihre konstituierenden Vorraussetzungen", in: *Tragik und Tragödie* 430 참조.

[4] C. T. Hsia, *The Classic Chinese Novels* [Bloomington 1980] 27 참조.

2 절

비극의 여러 특성

비극의 본질에 대해 논술하거나 이를 다룬 여러 이론을 소개하는 것은 우리의 주제를 벗어나는 것이다. 그러나 비극에 대한 기초적 이해도 없이 『삼국지연의』가 함축한 비극성을 파악할 수는 없다. 여기서는 일반적으로 널리 인정된 비극의 몇 가지 본질적 특성을 소개함으로써 『삼국지연의』의 비극성을 이해하는 예비 지식으로 삼고자 한다.

비극은 우주 또는 신이 불완전하다는 인식, 우주에는 인간 이성으로서는 납득할 수 없는 근원적인 악과 부조리가 존재한다는 인식에서부터 출발한다.[5] 그러나 불완전하거나 부당한 우주의 섭리에 인간이 단순히 수동적으로 복종하는 곳에서는 비극이 생겨날 수 없다. 비극은 인간이 적극적으로 그 자신의 권리와 자유를 주장하면서 우주의 부조리와 신의 불완전함에 도전함으로써 성립한다.[6] 비극에서의 인간, 즉 비극적 주인공은 자신이 정당하다고 생각하는 것에 근거하여 신에게 저항하거나 우주의 질서를 범하는 사람이다.[7] 그에게는 정당하다고 여겨 스스로에게 부과한 의무가 신의 부조리한 질서보다 더 중요하므로 이 질서에 복종할 수만은 없는 것이다.

비극에 반대되는 개념은 신정론神正論이다. 신정론에 있어서 신은 항상 완벽하며 항상 정당하다. 비록 인간의 눈에 신의 섭리가 정당치 못하게 보인다 할지라도, 그것은 신의 부당함에 기인하는 것이 아니라 신을 올바로 이해하지 못하는 인간의 불완전함에 기인하는 것이다. 신에게 절대적으로 복종하는 것만이 요구되는 신정론에서는 신과 인간 사이에 갈등이 생길 소지가 없다.[8]

---

[5] E. G. Ballard, "Sense of the Tragic", in: P. P. Wiener 등 편, *Dictionary of the History of Ideas*, Vol. IV [N.Y. 1973] 414.

[6] C. Brooks 편, *Tragic Thema in the Western Literature* [New Haven 1956] 5; B. v. Wiese, *Die deutsche Tragödie* [München 1983] 3.

[7] D. D. Raphael, *The Paradox of Tragedy* [London 1960] 42.   [8] 같은 책 37ff 참조.

비극에서 신과 우주의 정당성이 의심받고, 인간이 신에게 도전한다고 해서 그것이 바로 허무주의로 통하게 되는 것은 아니다. 비극에서는 회의와 갈등 속에서도 우주와 삶의 의미를 보증해 줄 그 무엇을 신의 섭리 속에서 찾고자 하는 노력이 이루어지기 때문이다. 비극작품에서는 비극적 상황이 완전한 무의미성으로 귀결되지 않도록 하기 위해서 신과 인간 사이의 갈등을 해소하고 우주의 질서에 대한 신뢰를 회복하고자 하는 시도가 행해진다.[9] 그러나 그러한 시도는 많은 경우 불완전하게 끝나고 만다. 이러한 점에서 본다면 비극은 의미와 무의미의 중간 영역, 긍정과 절망의 중간 영역에 있다고 말할 수 있다.[10]

비극작품에서 우주의 질서와 신의 섭리에 도전하는 자는 비극적 영웅이다. 이러한 영웅의 도전은 필연적으로 패망할 수밖에 없다. 그의 도전 상대는 그와는 비교할 수 없이 큰 힘을 가진 자이기 때문이다. 비극적 영웅은 신의 위대한 힘을 몰라서가 아니라 잘 알고 있음에도 불구하고 도전하는 것이며, 따라서 그가 패망으로 겪어야 하는 고난과 불행은 스스로 초래한 것이다. 비극의 주인공은 고난과 불행 속에서도 인간이 지켜야 할 덕德과 의연함, 스스로 지운 고귀한 의무감을 상실하거나 망각하지 않는다. 주인공의 의연하고도 진지한 삶의 자세는 비극 특유의 감동을 유발하게 되는데, 그것은 독자나 관객들이 비극 속에서 인간의 무력함이나 왜소함이 아니라 그 위대함을 경험하기 때문이다.[11]

평범하거나 도덕적으로 비난받는 사람들의 좌절은 일반적으로 비극적인 것도 감동적인 것도 될 수 없다.[12] 그것은 깊은 인상을 남길 만큼 특이한

---

[9] P. H. Frye, *Romance and Tragedy: A Study of Classic and Romantic Elements in the Great Tragedies of European Literature* [London 등지 1984] 99.

[10] Wiese 4.　　　　　　　　　　　　　[11] 같은 책 6.

[12] E. Rüsch, "Das Problem des Tragischen in christlicher Sicht", in: *Tragik und Tragödie* 112. 사실 평범한 사람이나 비열한 사람은 신에게 도전할 의도조차 가질 수 없다. N. 프라이가 말하는 것처럼 거목은 수풀보다 번갯불에 맞기 쉬운 법이다. N. 프라이(임철규 역) 『비평의 해부』 [한길사 1989] 289.

사건이 아니기 때문이다. 사람들은 오직 고귀하고 영웅적인 인물들의 가치 있는 행동이 신과의 갈등 속에서 좌절될 때 감명을 받는다.

우리 주위에 있는 대부분의 사람들은 환경과 여러 생활 여건에 의해 크게 제한된 삶을 영위하고 있다. 그들은 스스로의 한계와 무기력을 의식적 또는 무의식적으로 인지하고 인간의 힘이란 왜소한 것에 불과하다는 사실에 익숙하다. 그래서 절대자에게조차 자유와 권리를 주장하고, 패망할 줄 알면서도 고귀한 의무감과 정의감 때문에 우주의 질서를 범하는 영웅의 비극적 좌절 속에서 새로운 차원의 삶을 경험하게 되는바, 그것은 일상의 평범하고도 왜소한 삶과는 거리가 먼 것이요, 거기서 느끼는 감동 역시 일상적인 것과는 본질적으로 다르다. 비극적 영웅의 좌절은 슬픔과 패배감이 아니라 영혼을 정화하고 정신을 고양시키는 일종의 기쁨을 우리에게 가져다준다.[13]

비극에서는 인간에게 승리하는 절대자의 능력이 찬양되는 것이 아니라 이에 도전하는 인간의 자부심과 용기 그리고 의지와 자유가 찬양된다. 따라서 이승보다는 저승이, 인간보다는 초월자의 가치를 훨씬 높이 평가하는 소위 고등문화 종교의 세계관과는 양립할 수 없다.[14] 그렇다면 인간적인 것의 중요성을 강조하는 종교인 유교는 이 원칙의 예외가 될 수 있을까?

3 절

유교적 비극의 가능성

유교적 정치이론의 근저에는 하늘과 인간이 유기적 상호 작용을 한다는 믿음이 깔려 있다. 즉, 하늘은 자기완성을 위해 정진하고 선을 행하는 사람을 도우며, 사람 역시 지성으로써 그 뜻을 하늘에 전하여 감동시킬 수 있

---

[13] Wiese 5.   [14] Raphael 42 52.

다는 믿음이 그것이다. 그러므로 만약 하늘이 어떤 통치자를 징계하려 할 때에도 그 통치자가 반성하고 지극한 정성으로 천의天意에 부합하는 정치를 새롭게 베푼다면 천조天助를 다시 받을 수 있지만, 아무리 하늘이 돕고자 하는 통치자라도 악정을 행하여 백성의 불만을 사게 되면 벌을 내린다. 천명사상을 근간으로 하는 유교의 정치철학은 신왕조의 창건자가 전왕조의 학정과 도덕적 타락을 비난하고 자신의 통치권에 우주적 당위성을 천명할 목적으로 빈번히 이용되었다. 이 철학이 정치권의 지지를 얻어 전통 중국 사회 전반에 막강한 영향력을 행사하는 한, 비극적 세계관의 싹은 불가능했다. 이 도덕적 정치철학에 있어서 합리적이고 이성적인 인간이 납득할 수 없는 부조리나 모순은 존재하지 않기 때문이다.

그러나 유교적 세계관이 중국 역사상 항상, 그리고 모든 사람에게 그 타당성을 인정받을 수는 없었다. 중국 정치의 현실은 결코 도덕적인 원리로만 이루어진 것이 아니었다. 오히려 중국의 정치 현실에는 천도가 제대로 실현되지 못한 경우가 더 많았다고 해야 마땅할 것이다. 중국의 긴 역사에 있어서 황제의 실정, 관리들의 가렴주구, 이민족의 가혹한 통치가 천에 의해 적절히 징계되지 않고, 또한 백성들로부터 존경받던 고귀한 선비들이 사악한 세력에 의해 좌절되는 것은 매우 흔한 경험이었다.[15]

고귀한 이상을 추구하고 도덕적 정치를 실현코자 했던 선비가 냉혹한 현실 때문에 좌절했던 대표적인 예는 바로 유교의 조종인 공자와 맹자에게서 찾을 수 있다. 다음은 우선 이 두 사람의 생애를 개관하면서 그 속에 있는 비극의 싹을 확인하기로 하자.

공자는 앞에서 언급한 바와 같이 춘추시대의 혼란을 극복하고 백성을 위한 정치를 실현코자 당시 상호 경쟁하던 각국의 군주들을 방문하여 도덕정치론을 피력했다. 그러나 경쟁 상황에서 부국강병을 꾀하던 당시의 제후들

---

[15] 여진족과 싸워 수차 대승을 거두었으나 결국 모함에 의해 죽음을 당한 악비(岳飛)는 가장 대표적인 예일 것이다. H. Wilhelm, "From Myth to Myth: The Case of Yüeh Fei's Biography", in: A. F. Wright 편, *Confucianism and Chinese Civilization* [N.Y. 1965] 211ff 참조.

에게는 그의 정치론이 현실에는 전혀 맞지 않는 이상론에 불과했다. 사실 당시의 상황에서 주의 질서가 붕괴되고 새로운 군국주의적 국가가 대두되는 것은 거의 필연적 추세였고 공자의 노력이 헛된 것임도 명확했다. 그래서 숙명론적 은사들은 그를 평해 "안될 줄 알면서도 애쓰는 사람"이라 했다.[16] 그러나 공자는 바로 하늘이 자신에게 당시의 무질서와 폭력을 제거하여 평화와 도덕이 지배하는 사회를 회복할 사명을 부여했다고 확신했고, 자신이 정사를 맡으면 머지않아 천하의 질서를 바로할 수 있다는 자부심을 가지고 있었다.[17] 이러한 사명감과 자부심이 있었기에 당시 제후들에 의해 수차 거절당하는 등 많은 간난을 겪었지만 굴하지 않고 이상을 실현하는 데 전력을 다할 수 있었다. 그러나 하늘은 그에게 무심했고 그의 노력은 소득없이 끝나고 말았다. 수차례의 좌절 후 그의 사명감과 천에 대한 신뢰는 흔들리기 시작했을 것이다. 특히 그가 가장 사랑하는 제자가 죽었을 때에는 하늘을 원망하는 감정조차 숨기지 않았다.[18] 만년의 그의 생활에서 우리는 주역과 예악을 연구하고 제자를 가르치면서 유유히 살아가는 조화로운 인격자의 모습을 찾는다. 그러나 지성을 다한 노력에도 불구하고 좌절된 그의 이상은 충분히 비극적 요소를 내포하고 있었다.

인간의 정성을 다한 노력이 좌절됨으로써 생기는 비극성은 맹자에게서 좀더 명확히 인지될 수 있다. 맹자가 활동했던 전국시대는 춘추시대보다 더욱 혼란스럽고 살벌한 시기였다. 그가 극심한 혼란을 해결하는 방책으로 도덕정치론을 내세운 것은 공자와 다름없었으나 그것의 중요성을 강조한 정도는 오히려 공자를 능가했다. 그는 오직 선치善治, 즉 애민의 통치자만이 당시의 무질서를 종식시키고 천하를 통일할 수 있다고 주장했다. 오직 이런 통치자만이 백성의 지지를 얻고 하늘도 도움을 얻을 수 있다는 것이 그의 논거였다.[19] 정치를 하는 데 백성이 차지하는 비중은 맹자에 있어 극도로 강조되어, 군주는 말할 것도 없고 국가 자체보다도 더 중요한 것이

---

16 『논어』 XIV/41.

18 『논어』 XI/8, VI/8 참조.

17 『논어』 VII/22, IX/5, XIII/10.

19 『맹자』 I/A/7, IV/A/9.

백성이며,[20] 또한 백성의 지지야말로 하늘이 현재의 통치를 정당화하고 있다는 구체적이고 명백한 증거였다. 맹자에 의하면, 인정仁政은 윤리적으로 정당화됨은 물론 천하를 획득하기 위한 전술로서도 정당화되어야 한다. 인정을 베푸는 군주는 아무리 작은 땅의 통치자라 하더라도 천하를 획득할 수 있다. 비록 작은 영토지만 인정으로써 백성의 지지를 얻어낸다면, 그가 선정을 베푼다는 소문에 다른 나라의 백성들까지 그의 지배를 받기 원할 것이고, 결국 천하의 모든 백성들이 그를 지지하게 될 것이다. 이렇게 강한 지지 기반을 가진 군주가 악정으로 백성의 버림을 받는 군주와의 경쟁에서 당연히 승리할 것이라는 것이 맹자의 논거였다.[21]

전국시대의 살벌한 경쟁 상황에서 맹자의 비현실적 정치론이 군주들에게 납득될 수 없었고, 그 역시 좌절할 수밖에 없었다. 그는 천하의 군주들을 방문하여 천도의 정당성과 도덕정치의 당위성 그리고 지성을 다한 노력은 하늘을 감동시킨다는 신념을 피력하고, 악한 통치자는 패망하고 선한 통치자가 반드시 천명을 받는다는 천명사상의 진리를 강조했으나, 여러 번의 좌절 후에는 그 자신이 천의 정당성에 대해서 회의하기 시작했다. 당시 어떤 제후국에서도 성공하지 못하고 떠나는 맹자의 좌절감은 주위 사람의 눈에도 확연했다. 하늘을 원망하지 않고 사람을 원망하지 않으면서 살아간다는 그의 생활철학이 흔들리게 된 것이다. "하늘이 이 세상의 질서와 평화를 원하지 않는 모양이다. 만약 하늘이 천하를 태평하게 다스리고자 한다면 이 시대에 있어 나말고 누가 그 임무를 수행할 수 있겠는가? 내 어찌 기뻐할 수 있겠는가?"[22]

공자와 맹자에게서 찾을 수 있는 비극의 싹은 한대에 유교가 정통 교리로 인정되면서 상당히 완화되었다. 그러나 역사상 수없이 되풀이되는 부조리와 불행을 경험하면서 의식있는 많은 사람들이 천도의 정당성을 회의했음에 분명하다. 예컨대 사마천司馬遷은 천도가 항상 선인과 같이한다면 왜

백이伯夷나 안회顔回 같은 성인이 일찍 죽었으며, 왜 도척盜跖 같은 악인이 천수를 다했는가라고 물으면서 "도대체 천도라는 것이 옳은 것인가 그른 것인가?" 하고 탄식했다.[23]

천도의 정당성에 대한 의문의 제기는 바로 유교적 세계관의 가장 중요한 기초에 대한 부정이다. 그러나 이것을 가능케 한 것은 역설적으로 유교의 두 가지 본질적 내용임을 인식해야 할 것이다. 그 첫째는 유교의 현세적 성격이다. 유교에서는 다른 문화종교와는 달리 내세나 사후의 문제에 중요한 의미를 부여하지 않았다. 만약 내세나 영혼의 윤회가 인정된다면 현실의 부조리나 의인의 좌절이 당장 우주적 질서 내지 신의 섭리에 대한 의심을 유발하지 않는다. 의인이 좌절해도 그 영혼은 살아남아 내세에서 보상받거나 더 나은 삶을 새롭게 시작할 수 있기 때문이다. 예컨대 플라톤의 세계관에 있어서는 그가 숭모하여 마지않던 스승 소크라테스의 부당한 죽음이 우주의 정당성을 회의하는 계기가 될 수 없었다. 플라톤은 영혼이 내세에도 살아남아 지상에서 지은 공과에 따라 상벌을 받는다고 믿었고, 따라서 소크라테스의 의로운 삶이 사후에 정당한 보상을 받는다고 확신했다.[24] 현세뿐만 아니라 내세까지 포함하는 플라톤적 세계관에는 진리와 선이 궁극적인 승리자가 된다. 그래서 플라톤적 우주에는 건전한 이성을 가진 인간이 이해하지 못할 부조리 같은 것이 존재하지 않는다. 잘 알려진 바와 같이 플라톤은 그의 이상국가에서 비극작가(시인)들을 추방하려 했는데, 그 이유는 이들이 인간 운명을 이해할 수 없는 것으로 묘사함으로써 우주의 원리를 왜곡한다는 데 있었다.[25]

유교적 세계관에 있어서는 의인의 부당한 죽음에 대한 납득할 만한 보상이 존재하지 않았다. 기껏해야 후대의 사람들에게 깨끗한 이름을 남긴다는 것이 유일한 보상이었으나 그것으로서는 충분하지 못했다.

---

[23] 사마천 『사기』 「백이열전」; 베버 243 참조.

[24] 플라톤 『파이돈』. [25] 플라톤 『국가론』 373b 377d/e 389e-90c 등 참조.

유교적 세계관에서 천도의 정당성에 의문을 제기토록 할 수 있는 또 하나의 조건은 인간과 그의 이성이 높이 평가되었다는 점이다. 유교에서의 인간은 그 본성이 하늘의 본질과 다를 바 없다는 점에서 비극적 인간이 될 수 있었다. 인간이 초월자에 비해서 절대적으로 열등하지 않다면 탁월한 인간 이성은 천의 잘못을 판단하고 때로는 도전하는 것도 가능하지 않겠는가? 인간과 신의 차이가 강조되는 기독교에서는 인간의 능력으로 신의 무한한 섭리를 평가한다는 것은 원칙적으로 상상조차 할 수 없는 일이다.

요컨대 유교는 천도의 정당성에 대한 낙관적인 신뢰를 그 바탕으로 하고 있지만, 유교의 다른 근본 원리들이 천도를 회의토록 하는 조건이 되었고 거기서부터 비극의 싹도 가능했다. 그렇다면 과연 중국의 문학작품에 천도에 도전하는 내용을 담은 것이 존재하는가? 유교적 근본 원리로부터 가능한 비극의 싹이 문학작품에 비극적 세계관 내지 비극성이라는 주제로 구현되었던가? 필자는 바로 『삼국지연의』가 그러한 작품이라고 생각한다.

4 절
중국사회에서 소설의 위치, 『삼국지연의』의 작자와 소재

유교는 전통 중국사회의 모든 분야에 큰 영향을 미쳤는데 문학 역시 유교로부터 많은 영향을 받았다. 유교적 문학이론에 의하면 문학은 백성을 계몽하거나 사회와 정치를 개선하기 위한 실용적이고 교육적인 역할을 수행해야 한다.[26] 그래서 문학작품에는 정의·선·인·충·효 등의 유교적 덕목이 찬양되고 그것이 궁극적으로 승리한다는 내용이 담겨 있다. 이러한 맥락에서도 중국 문학작품에는 비극이 없었다는 주장이 수긍될 수 있다.

---

[26] 이러한 문학론 내지 예술론은 공자가 피력했다. 『논어』 II/2, III/8 20 25, VIII/8, XVII/9 참조. 공자는 비평이론을 정립하지는 않았지만 그의 문학관은 중국 역사에 중대하고도 지속적인 영향을 미쳤다. 특히 신유학자들은 공자의 문학론을 다시 살려 이를 더욱 강화했다. J. Y. J. Liu, *Chinese Theories of Literature* [Chicago 등지 1975] 14 106ff 108 111ff 참조.

중국 문학 중에서 시는 유학자들의 애호를 받았으나 소설과 희곡은 많은 경우 학자들로부터는 무시되고 서민들의 사랑을 받았다. 시대가 어지러울 때는 많은 불우한 문인들이 시보다는 오히려 소설과 희곡에 손을 댔다. 그러므로 시와는 달리 소설과 희곡은 현실 비판적 성향을 보이는 경우가 많았다. 그러나 현실 비판적 작품이라고 해서 그것이 비극적 성격을 띤다는 말은 될 수 없다. 이들 작품에서 비판의 대상은 천도가 아니라 천도를 거슬러 학정을 하던 폭군들이요, 천도가 지상에 실현되었다고 믿어지던 통치체제나 사회규범이 아니라 이 체제와 규범을 제대로 운용하지 못한 사악한 관리나 무능한 유학자들이었다.[27] 『삼국지연의』는 천도의 정당성 자체에 대해 의문을 제기했다는 점에서 여느 비판소설과 그 성격을 달리한다.

『삼국지연의』의 작자는 나관중羅貫中으로 알려져 있다. 그에 대해서는 원나라 말기 몽고인의 학정에 대항한 선비이며 『삼국지연의』 외에도 여러 소설을 썼다는 것말고는 전하는 기록이 별로 없다. 나관중은 진晉의 진수陳壽가 쓴 역사서 『삼국지』에서 중요한 소재(인물·사건·사건의 연대기적 흐름 등)를 얻고 그밖에 『삼국지』에 비해 신빙성이 극히 떨어지는 민간 기록·구두설화 등에서 수집한 내용을 첨가하여 하나의 위대한 소설을 창조했다.[28]

『삼국지연의』를 중국인들이 두고두고 애독한다는 것은 잘 알려진 사실이다. 이 소설의 대중적 인기에 대해 마스페로는 "모든 중국인이 읽었고, 현재 읽고 있으며, 중국이 존속하는 한 읽을" 소설이라고 말한 바 있고,[29] 길레스는 "중국인들에게 그들의 무수한 소설 중 가장 위대한 것을 뽑으라고 한다면 『삼국지연의』가 첫째가 될 것은 의심할 바 없을 것이다"라고 했다.[30]

---

[27] R. Ruhlmann, "Traditional Heros in Chinese Popular Fiction", in: *The Confucian Persuation* 14ff 참조.

[28] 『삼국지연의』의 독어판 *Die Drei Reiche: Roman aus dem alten China* [F. Kuhn 역, Frankfurt am Main 1981]에 대한 F. Kuhn의 "Begleitwort" 459f.

[29] G. Maspero의 이 말은 R. Ruhlmann의 『삼국지연의』 프랑스어판 소개문에 인용되어 있다: N. Toan 등 역, *Les Trois Rayaumes* (Traduction Originale, Notes et Commentaires) [Saigon 1960] v.

[30] H. A. Giles, *A History of Chinese Literature* [London 1920] 277.

5 절
『삼국지연의』에 있어서 비극성

소설의 줄거리:[31] 한이 창건된 후 400년쯤 지나자 국정이 어지러워지고 도처에서 반란이 일어난다. 이 틈을 타서 각지의 영웅들이 야심을 품고 경쟁적으로 세력을 확장한다. 이들 중 조조가 가장 탁월하였다. 그는 유능한 참모들의 도움을 받아 중부지방에서 세력을 펴나가다가 중앙정부의 변란을 평정한 공로로 승상의 지위에 오른다. 그는 황제를 억누르고 실권을 장악하는 한편 각지의 영웅들을 차례로 복속시킨다. 남쪽에서는 손권이라는 영웅이 세력을 펴다가 나중에 오吳를 건국한다. 소설의 가장 중요한 영웅은 유비로서 원래 황족이었으나 조조와 손권에 비길 만한 세력을 가지지 못했다. 그러나 그의 어진 성품은 천하에 알려져 백성들과 선비들로부터 존경을 받게 된다. 세력이 약한 그는 자주 전쟁에 패하다가 마침내 중국 남쪽에서 세력을 가진 유표의 객장이 된다. 이때 그는 제갈량(공명)이라는 탁월한 인물을 세 번이나 방문하여 자신의 신하로 얻는 데 성공한다. 한편 조조는 북쪽의 대군벌인 원소를 패망시키고 여세를 몰아 남쪽의 유표와 손권마저 복속시키려 한다. 이때 유표는 병사하고 유비는 약한 세력으로 조조와 싸울 수 없어 후퇴하게 된다. 그는 공명의 진언에 따라 손권과 연합하여 조조의 군대를 격파한다. 조조가 물러나자 유비는 공명의 도움으로 조조의 부하가 지키고 있던 유표의 옛 땅(형주)을 회복한다. 그후 그는 서쪽 변방 지역인 촉蜀마저 점거하여 조조와 손권을 이은 제3세력으로 대두한다. 한편 손권은 자신의 힘으로 조조를 격파했다는 이유로 유비가 차지한 형주를 요구하는데, 유비가 이를 거절하자 불화가 깊어진다. 이때 형주는 유비의 의제義弟인 관우가 진수하고 있었다. 관우가 조조의 군대와 싸우는

---

[31] 소설의 줄거리를 소개하는 것은 물론 본서의 목적과는 상관이 없다. 그러나 소설을 읽지 않은 독자를 위해 최소한의 정보를 제공한다는 궁색한 이유로나마 필자가 생각하는 바의 줄거리를 서술해 보았다. 소설의 원 바탕이 역사서 『삼국지』에 있다면 그 줄거리 역시 역사적 사실과 거의 일치한다.

틈을 타서 손권은 형주를 점령하고 관우를 살해한다. 한편 한나라의 실권자인 조조가 죽고 그 아들은 허수아비에 불과한 한의 황제로부터 천자의 자리를 빼앗아 위魏나라의 황제가 된다. 이로써 한은 멸망하고 또 한의 황제는 살해당한다. 이때 황족이요 천하의 민심을 얻은 유비는 자신이 통치하는 지역에서 멸망한 한을 계승하여 황제의 위에 오른다. 제위에 오른 후 유비는 주위의 만류를 물리치고 관우의 원수를 갚기 위해 오와 전쟁을 일으키나, 오의 명장 육손에게 패배하여 마침내 죽게 된다. 그는 죽기 전 공명에게 아들인 유선을 도와 천하를 통일하고 한을 재흥해 줄 것을 부탁한다. 공명은 유비의 부탁을 이루고자 오와 다시 연합한다. 이것은 당시 가장 미약했던 한으로서는 부득이한 조치였다. 이 무렵 남만의 왕이 침입하자 공명은 출정하여 갖은 고난 끝에 남만을 평정한다. 곧이어 그는 위를 정벌코자 여섯 차례 출정하나 위장 사마의의 유능한 방어와 불운 때문에 성공하지 못하고 진중에서 병사한다. 공명 사후에 후계자 강유의 무모한 출정과 황제 유선의 실정으로 말미암아 한은 쇠퇴해진다. 오 역시 손호의 학정으로 피폐해진다. 한편 위에서는 사마의와 그 아들들이 득세하여 여러 황제를 핍박하면서 진晉을 건국하는데, 진 왕조는 한과 오나라를 병합하여 마침내 천하를 통일한다.

1) 천도의 필연성과 인간의 자유 그리고 천에 대한 저항

소설의 첫머리와 다른 여러 곳에서는 하늘의 징조로 보나 현실적인 여건으로 보나 한은 더이상 존속할 수 없고 한을 대신할 새 왕조가 일어날 것이라는 것이 암시되어 있다(29회. 60회 참조). 한의 멸망이 천에 의해 의도된 것이요 돌이킬 수 없는 필연성을 가진 것임에도 불구하고, 한을 계속 유지하고 재흥하려는 자들은 천과 갈등관계에 빠지고 또한 고난을 받게 된다. 그러면 소설에서 누가 천도의 필연적 진행을 돌이키려는 사람들인가? 그들은 바로 유비와 공명 그리고 공명의 후계자인 강유이다. 우리는 그들을 유교적 적극론자라고 부를 수 있다. 공자가 춘추시대의 숙명론적 은자들과는 다른 가치관과 행동을 표방했듯이, 그들 역시 당시 천리에 순응하여 유유히 살아가는 도교적 인사들과 대조되기 때문이다.

천하를 태평하게 하고 도탄에 빠진 백성을 구할 계책을 얻고자 공명의 처소를 찾아가던 중, 유비는 공명의 친구인 도교적 은자를 만난다. 그 은자는 유비에게 천하의 질서 회복은 불가능하며 유비의 노력은 부질없이 심력만 허비하게 될 것이라고 말한다. 그는 "천리에 순응하는 자는 편안하고 천리를 거역하는 자는 고생한다"는 말을 유비에게 상기시키면서 운수와 운명은 사람의 힘으로 바꿀 수 없는 것이라 주장한다. 그러나 유비는 "제가 한실漢室의 후예로서 마땅히 나라를 바로잡아야 옳은 터에 어찌 천하사를 수數와 명命에 맡기겠습니까?"라고 하며 자신의 의지를 굽히지 않는다(37회). 독자는 소설의 이 부분에서 자연의 아름다움과 평화로운 정경이 운치있게 묘사된 점에 유의해야 할 것이다. 이것은 인간사 중심의 서술이 거의 전부라고 할 수 있는 이 소설의 극히 드문 예인데, 그것은 유비(및 이때 그를 동행했던 두 아우 관우와 장비)의 유교적인 적극적 의지와 도교적 무위성 내지 평온함을 대비시키는 효과를 가진다.

유비가 얻고자 했던 인물 공명 역시 도교적 삶을 즐기는 자였다. 그러나 그는 다른 한편 유교적 적극론자의 자세도 동시에 가지고 있었다. 그는 소설에서 놀라운 능력과 성실성을 가진 인물로 묘사되어 있다. 공명 자신은 이러한 능력과 성실성만 있다면 (극히 어렵겠지만) 천도조차 바꿀 수 있다고 믿었다. 사실 공명에게는 도교적인 면보다는 유교적인 면이 훨씬 많았다. 이때문에 유비와 그의 결합이 가능하지 않았겠는가?

공명의 유교적 적극성은 처음 유비를 만나 천하 평정을 위한 계획을 말할 때부터 명백하다. 그는 유비에게 천시天時는 조조에게, 지리地利는 손권에게 각각 양보하고 인화人和는 유비가 차지할 것을 권한다(38회). 유교적 이상론, 특히 『서경』이나 『맹자』의 사상에 있어 대사大事를 이루는 데 가장 중요한 것은 천도가 아니라 인간의 진지한 노력이다. 왜냐하면 후자는 전자를 감동시킬 수 있기 때문이다. 독자는 공명의 권고에서 하늘에 의해 정해진 불리한 운세를 극복하려는 인간의 강한 의지를 찾을 수 있다. 이 의지는 무엇보다도 백성을 위한 인정과 선치로 표현되어야 한다.

소설에서는 유비가 참으로 어질고 진실한 군주로 등장한다. 유비의 인자함과 애민정신은 조조가 대군을 거느리고 그의 작은 성을 침공했을 때 나타난다. 이때 모든 백성은 조조에게 항복하지 않고 그를 따라 피난하기를 원했다. 백성들로서는 군사력이 약한 유비와 함께한다는 것은 매우 위험한 일이나 인군인 그를 버리려 하지 않았고, 유비 역시 백성들과 같이 퇴각한다는 것이 전략상 크게 불리한데도 이들을 보호하고자 했다(41회). 위험을 앞두고도 백성을 사랑하는 인군의 마음과 인군을 믿고 따르는 백성의 소박한 의지가 잘 묘사된 이 부분은 소설에서 가장 감명깊은 장면 중 하나이다.

『삼국지』와는 달리 소설에서는 조조가 매우 교활하고, 권력과 이익을 위해서라면 천리에 어긋나는 일도 서슴지 않는 — 예컨대 자기를 구해 준 사람을 죽이고, 황제와 황후를 핍박하는 — 인물로 묘사하여 유비와 대비시킨다.[32] 독자는 조조를 미워하고 유비에게 성원과 동정을 보내면서, 유비를 좌절시키는 천도의 냉담함에 커다란 아쉬움을 가지게 된다.

그러나 한을 멸망시키려는 천의 숙명적 섭리와 지성으로 이를 막아보려는 인간 의지 사이의 갈등은 유비에게서보다 소설의 주인공인 공명에게서 더욱 명확하고 더욱 극적으로 인식된다. 그것은 무엇보다도 공명이 미래에 대한 정확한 예측 능력을 가지고 있었다는 사실에 기인한다. 소설의 여러 곳에서 확인할 수 있듯이 공명이 앞일을 이미 알고 있었다는 것은 의심할 바 없다. 예컨대 오와의 전쟁에서 패한 유비를 추격하던 육손이 공명에 의해 설치된 팔진도에 의해 포로가 되는데, 공명은 이미 유비를 위해 일하기 전부터 육손이 잡힐 것을 예측하고 있었다(84회). 그는 또한 그의 사후에 적국의 어떤 장수가 어떤 길을 통해서 언제 한을 멸망시키며 그 장수의 운명

---

[32] 진수 『삼국지』 「위지」 무제본기(武帝本記)에는 조조가 악하거나 교활한 인물로 묘사되어 있지 않다. 여기서는 배송지(裵松之)의 주(注)가 있는 1959년 북경판에 따라 인용하겠다.

이 어떠할 것이라는 것까지 정확히 예언한다(117회).

소설에 나타난 모든 증거로 보아 공명은 애초부터 한을 재흥하려는 유비의 계획이 성공할 수 없음을 잘 알고 있었다고 생각해야 할 것이다. 그러면 왜 그는 유비의 간청을 받아들여 유비를 돕고 유비의 사후에는 자신이 주체가 되어 천하를 통일하려 했던가?

공명이 유비가 실패할 줄 알면서도 그를 도운 것은 유비의 지기지은知己知恩을 보답하기 위해서, 즉 그의 처소를 세 번이나 방문한 데 대한 고마움 때문이었다는 견해도 있으나,[33] 필자는 다른 생각을 가지고 있다. 만약 공명이 유비가 어떠한 경우에도 실패할 수밖에 없다고 믿었다면 그를 위해 일하지 않았을 것이다. 그는 수많은 장병이 보람없이 희생될 전쟁을 수없이 일으킬 만큼 무심하고 무모한 인간이 결코 아니었다. 공명이 유비를 도운 진정한 이유는 이미 언급한 바와 같이 인간의 지성이 하늘을 움직일 수 있다는 유교적 진리와 맹자의 가르침을 확신하고 있었기 때문이다. 아무리 어렵다 하더라도 인간이 하늘의 뜻을 바꿀 수 있다면 천도는 숙명적인 것이 될 수 없다. 인간의 선한 의지와 노력에 의해 감동되는 천의 선의에 대한 낙관적 신뢰, 이것이 공명으로 하여금 유비를 돕도록 한 힘이었다.

인간의 선한 의지와 천도에 대한 낙관적 신뢰는 그가 남만 정벌에서 보여준 행동에 잘 나타난다.

소설에 의하면 공명과 그의 장병들은 수많은 고초를 겪으면서 남만을 복속시킨다. 그들은 남쪽의 혹독한 기후 풍토에 적응해야 했음은 물론 중국에서는 경험하지 못한 남만인들의 전술을 극복해야 했다. 그러나 그들이 겪은 고초의 가장 큰 원인은 바로 공명의 남만 정복전략 자체에 있었다. 공명은 중국에서 멀리 떨어진 남만 땅의 주민들을 군사적으로 복속시킨다고 해도 결국 다시 반란을 일으킬 것이므로, 물리적 정복이 아니라 심복心服만이 이들을 진정으로 복종시키는 길이라고 믿었다. 따라서 그의 원정은

---

[33] Hsia 56.

오랜 기간이 소요되었다. 그는 점령지의 양민을 보호하고 사로잡힌 적병을 잘 대접하여 돌려보냈다. 특히 남만 왕을 사로잡고도 죽이지 않았을 뿐 아니라 다시 싸울 의사가 있으면 그때마다 석방하였다. 마침내 남만 왕은 그의 처사에 감동되어 심복을 맹세한다. 공명의 남만 정벌에 대해 『삼국지』에는 10여 자의 극히 짧은 기록만 있다. 소설에서 상당 부분(87회에서 90회까지)을 할애하여 매우 흥미롭게 서술한 내용, 즉 부하들을 독려하여 수많은 고초와 싸워가면서 남만인들과 벌이는 전쟁과 남만 왕을 심복시키는 과정 등의 내용을 『삼국지』에서는 전혀 찾을 수 없다. 그러면 나관중은 단순한 흥미를 위해 사실史實을 허구화했던가? 그것이 아니었다. 소설의 이 부분은 작품에 비극적 의미를 부여하려는 작자의 의도와 관련하여 해석되어야 할 것이다. 난관을 극복하며 남만인들의 심복을 얻어내려는 공명의 노력은 한을 멸망시키고 새 왕조에게 천명을 내리려는 하늘의 뜻을 바꾸고, 한조漢朝의 명수命數를 지속시키려는 인간 의지의 위대한 서곡이다. 만약 그 거친 남만인들을 감동시킬 만한 정성과 능력을 발휘할 수 있다면, 그 정성과 힘으로 하늘 역시 감동시킬 수 있지 않겠는가?

　하늘을 감동시킨다는 것과 야만인을 감동시킨다는 것이 같은 맥락 속에 있다는 것은 유교적 정치이론의 원천인 『서경』에 이미 제시되어 있다. 고대의 성왕인 순舜은 자신에게 복종하지 않는 야만족을 군사로 치려고 했으나 "오직 덕만이 하늘을 움직이고 … 지극한 정성은 신조차 감동시키니 유묘有苗(당시 도덕을 저버린 야만적인 제후국의 이름)는 말할 것도 없습니다"라는 신하의 충언을 받아들여 군사를 거두고 오히려 덕과 문교를 크게 폄으로써 항복을 받아낸다.[34] 공명은 남만을 정복할 때는 물론이지만 그 다음 삼국 중 최강국인 위를 정벌할 때도 『서경』에서 피력된 이러한 신념을 견지하고 있었음에 틀림없다. 만약 그가 이런 신념으로 위 정벌에 성공했다면 비극성이 존재할 여지가 없어진다. 그러나 독자들이 소설의 위 정벌

---

[34] 『서경』「우서」(虞書) 대우모(大禹謨).

부분을 읽어보면 하늘이 공명의 노력과 정성에 감동되지 않을 뿐 아니라 오히려 그의 일을 방해한다는 것을 명백히 알게 된다.

하늘이 공명의 편에 있지 않다는 것은 첫번째 위 정벌을 앞둔 공명에게 태사太史인 초주가 하늘의 징조가 이롭지 못하다는 이유로 출정을 반대하는 것에서 이미 암시된다(91회). 『삼국지』에서와는 달리 소설에서 흥미롭게 그리고 자세히 묘사된 여섯 번의 위 정벌에서 공명은 뛰어난 전술과 지휘로 많은 전과를 올린다. 그러나 예기치 않은 상황과 방해 때문에 결정적으로 승리할 기회를 놓치게 되는데, 이로써 그의 노력과 많은 전과는 결국 소용 없는 것이 되고 만다.

거듭되는 실패로 천도에 대한 그의 낙관적 신뢰가 점점 약화되었음이 분명하다. 그는 유비에게서 부탁받은 대업을 이루지 못했다는 초조감 때문에 마지막 출사시에는 천도에 대한 낙관적 신뢰를 버리고 자신의 힘으로만 대사를 결정지으려 했다. 이것은 천에 대한 명백한 도전이었다. 영웅적 인간이 스스로 옳다고 믿는 일을 성취하기 위하여 신에게조차 도전하는 비극적 동기를 여기서도 보게 된다. 마지막 출사를 앞두고서도 초주가 여러 가지 상서롭지 못한 조짐과 천상天象이 위에게 유리하고 한에게 불리하다는 이유로 원정을 반대한다. 그러나 공명은 선제(유비)로부터 부탁받은 대업을 허망한 재앙으로 인해서 그만둘 수 없다고 초주를 물리친다. 이것이 우주의 질서를 범하는 행위임은 공명의 적수인 위장 사마의의 눈에도 명백했다. 그는 위나라 황제에게 자신의 승리를 장담하는 뜻을 다음과 같이 아뢴다. "(천상이 한에 불리한데도) 공명이 재주만 믿고 천리를 거역해 나섰으니 패망할 것입니다"(102회).

독자는 소설의 이 부분 이후부터 하늘이 공명을 패망시키려 한다는 것을 더욱 명백히 알게 된다. 출정을 앞둔 공명은 그가 몹시 아끼던 젊은 장수가 병사했다는 소식을 듣고 혼절한다. 주위의 도움으로 깨어난 후 그는 안연의 죽음 앞에서 애통해 했던 공자를 연상케 하는 탄식을 한다. "충의지사를 하늘이 애석하게도 데려갔도다"(102회).

하늘의 방해는 전쟁중에도 계속된다. 공명이 계략을 써서 사마의와 그의 아들들(후에 위나라의 실권을 잡고 진을 건국한 사마사와 사마소)을 불태워 죽이려 할 때 하늘은 비를 내려 이들을 구해 준다. 하늘의 방해로 좋은 계책이 무위로 끝나자 그는 크게 탄식한다. "모사재인謀事在人이요, 성사재천成事在天이니 억지로 할 수는 없는 일이로다"(103회).

공명은 인간의 힘과 노력으로는 천도에 대항할 수 없음을 체득케 된다. 그러나 이것은 하늘을 정면으로 거역할 수 없다는 뜻이지 지성을 다해 하늘을 감동시켜 보려는 노력을 포기한다는 것은 결코 아니었다.

그는 병약한 노구를 이끌고 온 정성을 다해 군무에 임한다. 계속되는 과로로 그는 마침내 큰 병을 얻게 되고 자신에게 죽음이 임박했음을 알게 된다. 그것은 천상에서도 명백히 나타난 바였다. 그는 통일의 대업을 완수할 수 있도록 목숨을 연장해 줄 것을 하늘에 기원한다. 그의 연명을 위한 기도가 마지막 단계에 이르렀을 때 부하의 실수로 제등祭燈이 꺼지게 된다. 모든 것이 수포로 돌아가고 만 것이다. 그는 이제 하늘의 숙명적 섭리를 인간의 힘으로 돌이킨다는 것이 불가능함을 또 한 번 깨닫고, 천과의 갈등에서 자신이 패했음과 자기 능력의 한계를 명백히 인식하게 되었다.

그러나 그는 패망과 고통 속에서도 자신의 임무를 저버리지 않고, 의연함을 잃지 않는다. 그는 죽기 전 자기가 할 수 있는 모든 일에 최선을 다했다. 유선에게는 선정을 간하는 글을 올렸고, 휘하 장수들에게는 그의 사후에 취해야 할 조치를 일일이 부탁하여 피해 없이 퇴각할 수 있도록 했다(104회).

군주에게는 충성을 다했고 백성들과 장병들에게는 자부와 같았던 위대한 인물의 좌절과 패망은 독자에게 크나큰 동정과 회한을 유발한다.

공명의 사후 유선의 실정과 강유의 빈번한 군사 동원으로 한은 매우 피폐해진다. 백성들의 고초를 덜기 위해 그리고 천상이 불리하다는 이유로 초주는 강유의 출사를 만류했으나 소용없는 일이었다(112. 115회). 강유는 비록 뛰어난 장군이나 공명에게는 미치지 못했고, 그의 힘으로 한을 재흥한다는 것은 극히 어려운 일이었다. 그러나 그의 잦은 출사가 백성을 어려운 처지에 몰아넣었는데도 유비의 어짐과 공명의 충의에 깊은 감명을 받은 독자는 만류하는 초주에게가 아니라 오히려 강유에게 더 동정적이 된다.

대부분의 독자들은 초주라는 인물이 소설에서 차지하는 의미를 간과할는지도 모른다. 원래 그는 파촉지방에 세력을 가진 유장이라는 장군의 신하였다. 그는 천문을 보고 길흉을 예측하는 데 능하여, 유비가 이 지방을 침공하자 주인인 유장에게 하늘의 징조로 보아 유비가 이 지역의 지배자가 될 것이므로 항복할 것을 권한다(65회). 그는 계속하여 유비와 유선 밑에서 벼슬을 살았고, 유선이 항복한 후에도 그를 계속 섬겼다. 그가 공명이나 강유와 여러 번 갈등을 일으켰음은 이미 언급한 바이나, 소설 끝부분에 가면 유비와도 관계가 순탄하지 못했다는 것이 드러난다. 사마소의 명령을 받은 장군(등애)이 한을 침공하여 위태로울 때, 이번에도 초주는 유선에게 항복을 권한다. 이때 유선의 항복을 반대하는 아들이 "선제(유비)가 살아계셨을 적에는 초주가 정사에 간여할 수 없었다"는 사실을 유선에게 일깨우면서 초주의 항복 권유를 물리칠 것을 주장한다(118회). 결코 간사한 신하가 아닌 초주가 왜 유비에 의해 정사 참여를 금지당했을까? 그것은 유비의 유교적 적극론과 초주의 숙명론이 상충된 것에서 기인한다고 말할 수밖에 없다.

강유의 통일 대업을 위한 수차의 군사 동원은 한의 미약한 기반과 유선의 실정으로 성과없이 끝나고, 한나라는 도리어 사마소가 실권을 잡고 있던 위나라의 침공으로 위기에 처한다. 강유 등의 장군들이 다른 전선에서 적장 종회와 대치하고 있을 때 유선은 수도로 진군해 온 적장 등애에게 항복하기로 하고 강유에게도 항복의 명령을 내린다. 그러나 강유는 이러한 절망적 상태에서도 무능한 황제를 구하고 한을 재흥하기 위한 마지막 계교를 꾸민다. 그는 수도를 점령하고 유선을 포로로 잡은 등애에게 투항하지 않고 등애와 적대관계에 있던 종회에게 그의 모든 수하 장수들과 함께 투항한다. 그는 종회로 하여금 등애를 제거하고 사마소에게 반란을 일으키도록 부추긴다. 반란이 성공한다면 종회를 없애고 국권을 되찾는다는 것이 그의 계획이었다. 그러나 종회와 함께 꾸민 강유의 반란 음모는 발각되어

둘은 살해된다. 죽음에 임하여 강유 역시 하늘의 정해진 뜻에 인간이 대항할 수 없음을 깨닫는다. "내 계획이 성공하지 못함도 천명이다"(119회).

강유의 죽음으로 모든 희망은 사라지고 천도의 냉담은 또다시 확인된다. 강유는 공명의 군사적 후계자이자 실로 인간적 후계자이기도 하다. 그는 공명이 이루지 못한 위나라 정벌을 계속했을 뿐 아니라, 극도의 어려움 속에서 굴하지 않고 진력한다는 점에서도 공명과 다를 바 없다. 공명의 대의가 옳다고 믿는 독자는 강유의 잦은 출정이 천도에 어긋날 뿐 아니라 백성을 도탄에 빠뜨려도 아랑곳하지 않고 그를 성원하게 된다. 특히 강유의 충성과 노력은 도저히 존경조차 받을 가치가 없는 둔한 황제에게, 그것과 절망적 상황에서 최선을 다했다는 점에서 더욱 비통스런 것이다. 오직 실낱같은 희망으로 강유의 성공을 기원했던 독자는 그의 영웅적 좌절을 통해 공명의 죽음에서 경험했던 비장감을 다시 한번 경험하게 된다.

2) "하늘의 교지"와 고귀한 인물의 패망

다른 비극에서와 마찬가지로 소설에서도 충돌하는 두 개의 힘이 있다. 그 하나는 한을 끝내고 사마 씨의 진에게 천하를 주려는 하늘의 의지이고, 다른 하나는 이를 막고 한의 명수를 계속하려는 유비·공명·강유 등의 의지이다. 다른 비극에서와 마찬가지로 전자의 큰 힘에 후자가 패망한다. 그러나 소설에서는 하늘이 승리함에 있어 그를 거역하는 인간의 노력을 이용한다는 점이, 즉 하늘은 인간의 노력을 그들의 의도와는 반대로 하늘이 성취하고자 하는 목적에 기여하도록 교묘히 조종한다는 점이 독특하다. 이러한 것을 우리는 중국판 "이성의 교지狡智"라고 부를 수 있을 것이다.[35] 이러

---

[35] 이성의 교지는 헤겔이 그의 역사철학에 사용한 개념이다. 헤겔에 의하면 개인의 활동에 의하여 역사가 움직여진다고 해도 결과로서의 역사는 개인이 의도한 것과는 다른 방향으로 진전된다. 왜냐하면 이성이 배후에서 인간들을 조종하여 자신의 목적대로 역사적 발전을 실현하기 때문이다. 이처럼 개인을 조종하여 그들의 의도와는 다른 자신의 목적을 성취하는 이성의 간교한 지혜를 이성의 교지(List der Vernunft)라고 한다. G. W. F. 헤겔(김종호 역) 『역사철학강의』 [삼성출판사 1976] 1권 68.

한 교지에 의해 인간이 조종되는 가장 중요한 예는 역시 소설의 주인공인 공명의 경우다.

주의깊은 독자라면 소설을 읽으면서 공명의 위나라 정벌은 위나라에서 사마 씨들의 권력을 강화시켰다는 것을 알게 될 것이다. 공명의 침공을 막을 수 있는 사람은 위나라 장군들 중에는 사마의밖에 없었고, 사마의와 그의 아들들은 공명과 싸우는 가운데서 위나라의 군권을 장악했으며, 이것을 기초로 위나라를 누르고 진을 건국할 수 있었다. 요컨대 소설의 내용으로는 공명의 수차례에 걸친 위국 정벌은 궁극적으로 진의 천하통일에 기여했다. 그렇다면 나관중은 잘 알려진 역사적 사실들(공명의 위국 정벌, 사마의가 위국의 장군으로 공명과 싸운 것, 사마 씨들의 득세와 진의 건국 및 천하통일)을 어떻게 관련시킴으로써 공명이 자신의 의도인 한의 천하통일이 아니라 진에 의한 천하통일에 기여한 것으로 기술했던가? 이 점을 명백히하기 위해서는 『삼국지』의 기록과 나관중 사이에 있는 차이점을 검토해 보아야 할 것이다.

소설에는 사마의가 위나라 장수들 가운데서 가장 유능하여 공명을 대적할 수 있는 유일한 인물로 묘사되어 있다. 따라서 공명이 침공하자 그가 기용되는 것은 당연한 일이었다. 그러나 만약 공명이 침공하지 않았더라면 그는 결코 모든 군권을 장악할 수 없었을 것이다. 왜냐하면 조정에서는 사마의의 야심을 이미 알고 있는 대신들이 있어 그가 중책을 맡는 것에 반대했고, 특히 (당시 위나라의 황제인 조예의 할아버지요 위의 건국자인) 조조는 생전에 벌써 사마의에게 군권을 주면 나라의 대환大患이 될 것임을 경고했기 때문이다. 신하의 반대와 조부의 경고에도 불구하고 위나라 황제가 사마의에게 군권을 맡긴 것은 공명의 침공 때문에 나라 전체가 위기에 빠졌기 때문이었다(91회 이하 참조). 그러나 이러한 내용이 『삼국지』에는 없다. 즉, 공명의 위나라 정벌과 이에 대응하기 위해 사마의가 기용된 것 사이의 필연적인 관련성은 진수의 기록에서는 찾을 수 없다. 소설에서는 공명의 일차 침공으로 위나라 군대가 크게 격파당하자 조정은 유능한 장군 조진을 출정시켰으나, 조진마저 크게 패하자 위나라 황제는 이 위기를 극복할 유일한 장수로 당시 실권하여 낙향중에 있던 사마의를 재기용하여 공명의 군대를 격퇴토록 했다고 씌어 있다. 그러나 진수의 『삼국지』에는 공명의 침공으로 위나라가 상당히 위협당했다는 기록은 있으나, 소설처럼 그렇게 심각한 위기는 아니었고, 이 침공도 사마의가 아니라 조진과 장합에 의해 격퇴되었다고 기록되어 있다.[36]

또한 조진에 대해서도 소설과 『삼국지』의 기록은 다르다. 진수는 위나라의 유능한 장군이자 황족인 조진이 수도에서 병사했다고 기록하고 있는 데 반하여,[37] 소설에서는 공명의 심리전에 의해 홧병으로 죽은 것으로 되어 있다(100회). 그러나 만약 조진이 죽지 않고 살아 있었더라면 사마 씨들이 위나라의 실권을 장악할 수 없었을 것이라는 것을 소설은 말하고 있다. 조진이 죽은 후 위나라에서 사마의가 군사적 변란을 일으키자, 조진의 무능한 아들들은 형세가 불리하지 않음에도 불구하고 사마의에게 항복하려 했는데, 항복을 끝내 반대하던 어떤 심복인은 조진이 살아 있었더라면 결코 이런 일이 없었을 것이라고 탄식한다(170회).

결론을 짓자면 소설은 공명의 침공으로 이득을 본 것은 사마 일족이며, 공명의 위나라 정벌은 궁극적으로 자신의 의도와는 달리 진나라에 천명을 내리려는 하늘의 계획에 기여한 것으로 이야기하고 있다.

공명의 위나라 정벌이 하늘에 의해 이용된 것이라면 그의 남만 정벌은 어떠한가?

남만 정벌 도중에 공명의 군대는 적진 깊숙한 곳에서 식수를 구할 수 없는 큰 위기에 봉착한다. 샘을 파도 물을 얻지 못한 공명은 하늘에 기도를 올린다. "만일 상천上天이 한漢을 끊으려 아니하시거든 감천甘泉을 내리시고, 만약 기수가 이미 끝났사오면 저희들은 이곳에서 죽기를 원하나이다." 그 결과 샘물이 쏟아져 공명의 군대는 위기에서 벗어날 수 있었고 결국은 남

---

[36] 진수 281 526 922-6 930 참조.　　　[37] 같은 책 「위지」 조진열전(曹眞列傳).

만을 복속시키는 데 성공한다(89회). 그러나 하늘이 공명을 구해 준 것은 한을 위해서가 아니라, 그를 살려두었다가 위나라를 정복토록 함으로써 사마씨들이 득세하도록 하는 데 이용하려 했다는 것이 소설의 나중 부분에서 암시된다. 공명 사후에 훗날 진을 건국할 위나라 장수 사마소가 강유에게 포위당한다. 더욱이 물까지 부족하여 곧 포로로 잡히기에 이른다. 사마소가 샘물이 솟기를 하늘에 기도하자 하늘은 이를 받아들여 구해 준다(109회). 두 사람의 기도가 똑같이 하늘에 의해 받아들여진 것이지만 공명의 경우는 하늘이 잠시 살려두었다가 나중에 이용하기 위함이요, 사마소의 경우는 진정으로 돕기 위한 것으로 양자는 본질적으로 다른 것이다. 공명의 기도가 하늘에 의해 받아들여진 것을 기뻐하던 독자는 강유를 방해하는 하늘의 처사에 실망하여 배신감조차 느끼게 된다.

소설에서는 이상 언급한 것 외에도 주요 등장인물들의 노력을 하늘이 이용하는 것으로 허구화하고 있다. 또 다른 예를 들자면 유비의 휘하 명장인 조운은 난군 중에서 갖은 위난을 다 겪으면서 유비의 아들인 유선을 구해 낸다. 그러나 이때 하늘이 돕지 않았던들 조운은 결코 성공할 수 없었다. 조운이 결정적 위기에 있을 때 하늘이 개입하여 그를 구해 주었기 때문이다(42회). 그러나 후일 제위에 오른 유선의 무능함과 방탕은 한이 멸망하는 중요한 원인이 되었다(115, 119회 참조).

하늘에 의해 이용당한 예가 많다 할지라도 가장 철저히 이용당한 것은 주인공인 제갈량이었다. 소설에서 그는 가장 탁월한 인물이었으나 바로 그 탁월함 때문에 가장 크게 이용당했던 것이다.

위대한 인간이 하늘의 숙명적인 힘을 거스른 결과는 죽음이었다. 죽음이 임박한 공명은 천天이 자신과는 비길 수 없이 우월하다는 것과 지성의 노력에도 움직여질 수 없다는 것을 깨닫게 되자 하늘을 우러러 크게 탄식한다. "내 다시는 싸움에 임해서 적을 치지 못하겠구나! 유유창천이여, 어찌 이다지 무정하뇨?"(104회). 이 부분이야말로 소설의 클라이맥스이다. 그의 탄식은 인간의 힘이 가지는 한계에 대한 뼈아픈 인정이며, 천도의 정당성에 제기하는 강한 의문이며, 또 냉담한 천에 대한 최후의 항변이다.

그의 마지막 탄식에서 독자는 십자가에서 괴로워하던 예수의 외침〔"나의 하느님, 나의 하느님, 어찌하여 나를 버리셨습니까?"(마태 27,46)〕을 상기할는지도 모른다. 그러나 양자의 차이는 명백하다. 예수의 죽음은 임무의 좌절이 아니라 완성을 의미하는바, 십자가에서의 희생은 바로 인간을 원죄에서 구원하려는 신의 섭리 중 가장 핵심적인 부분이기 때문이다. 예수의 죽음은 역사상 어떤 사건과도 비교할 수 없이 위대한 것이요, 그의 죽음을 통해 인간은 삶에 있어서 가장 중요한 것을 얻게 되었고 또한 가장 큰 희망을 가질 수 있게 되었다. 따라서 예수의 죽음은 애석한 것도, 원통한 것도, 비극적인 것도 아니지만[38] 제갈량의 경우는 그 반대이다. 그가 바쳤던 모든 충성, 대업을 이루기 위해 겪었던 모든 어려움과 노심초사, 그리고 고초는 그의 죽음과 더불어 보람없는 것이 되고 말았을 뿐 아니라 심지어는 해로운 것으로 판명되었다. 그가 일으킨 전쟁 때문에 얼마나 많은 인명이 희생되었던가?[39]

이미 말한 바와 같이 공명은 죽음을 앞두고서도 의무감과 의연함을 잃지 않았고 또한 천도에 대한 낙관적 신뢰를 완전히 버리지 않았다. 지성의 노력은 하늘을 움직일 수 있다는 믿음 속에서, 또한 하늘의 뜻은 궁극적으로 알 수 없어도 인간은 최선을 다해야 한다는 당위감 속에서 그는 한의 멸망을 확실히 예견했지만, 태산에 티끌보다도 더 작은 가능성을 실현하기 위해 할 수 있는 모든 것을 다한다. 그가 행한 모든 조치와 그가 올린 간언은 후일 유선의 실정으로 보람없이 끝나버린다. "안 될 줄 알면서도" 행한 그의 노력은 바로 하늘의 뜻을 돌이키려는 최후의, 그리고 가장 강렬한 탄원이었던 바, 여기서 독자는 어리석은 인간의 무익한 기도를 보는 것이 아니

---

[38] R. Niebuhr, *Jenseits der Tragödie* [München 1947] 96.

[39] 라파엘은 성서와 비극을 대비하면서 "(성서에서는) 모든 것이 궁극적으로 최선을 위해 작용한다고 여겨진다. 비극의 본질을 이루는 보람없이 끝난 선이라는 것이 존재하지 않는다"라고 말한다. Raphael 45.

라 중국문명과 유교적 정신세계 속에서 창출된 고귀한 인간성과 고결한 의지의 최고봉을 경험하게 된다. 영웅적 좌절 가운데서 공명이 보여주는 인간정신의 위대함은 비극의 독특한 힘으로 독자의 감정을 고양시킨다.

3) 불완전한 하늘의 섭리, 행동의 잠재력으로서 비극성

공명이 죽은 후 한나라 백성은 유선의 실정과 강유의 잦은 출정으로, 오나라 백성은 손호의 학정으로 각각 크게 시달렸다. 그러므로 진에 의한 천하통일은 한과 오의 백성이 겪어야 했던 고난을 제거했다는 의미에서 어느 정도 바람직한 것이었다. 위에서도 언급한 바와 같이 비극에서는 우주의 섭리가 완전히 무의미하다는 것으로 끝나는 것이 아니다. 불완전하기는 하나 어떤 긍정적 의미를 신의 섭리 속에서 찾는 것이 비극의 본질인 것이다.

소설은 "천하가 통일된 지 오래면 반드시 분열되고, 분열된 지 오래면 반드시 통일된다"는 이치를 확인하면서 끝난다. 이 이치는 어떤 의미를 가지며, 또한 나관중의 역사관은 도대체 어떠한 것일까? 이 문제에 답하기 위해서는 소설의 맨 마지막 부분에 있는 대화에 주목하지 않으면 안된다. 이 대화는 『삼국지』에서는 찾을 수 없다.

오나라를 격파하고 천하를 통일한 진나라 황제 사마염에게 포로로 잡힌 손호가 끌려온다. 이때 사마염은 손호에게 자리를 내주면서 "짐이 이런 자리를 마련해 놓고 경을 기다린 지 오래되었노라"고 말한다. 이에 손호도 "신도 남방南邦(오나라)에서 역시 이런 자리를 마련해 놓고 폐하를 기다렸나이다"라고 말하여 사마염은 크게 웃는다. 이때 사마염의 총신인 가충이 손호에게 "공이 남방에 있을 때 사람의 눈알을 뽑고 살가죽을 벗겼다던데 그건 도대체 무슨 형벌이오?" 하고 묻자, 손호는 "신하로서 임금을 시살한 자와 간사하고 불충한 자에게 그런 형벌을 가했소"라고 대답하여 가충은 심히 부끄러워한다. 이 대화가 가진 의미를 이해하기 위하여 독자는 우선 가충이 사마소(사마염의 아버지)의 명령을 받들어 위나라 황제를 살해토록 한 일(114회)은 물론 사마 씨들이 권세만 믿고 그들의 주군인 위나라 황제를 핍박하고 또한 강제로 제위까지 빼앗은 사실을 기억해야 할 것이다(이러한 것은 『삼국지』에서는 찾을 수 없는 나관중의 창작이다). 이제 이 대화의 의미를 검토해 보자.

유교적 이상에 의하면 오직 유덕한 자만이 천자가 될 수 있었다. 천명사상에 따르면 새로운 왕조는 물리적 힘이 아니라 도덕성으로 그 통치의 정당성을 인정받는다. 그러나 나관중에게 있어서 천하를 통일한 새 왕조 진은 아무런 윤리적 정당성을 가지지 않는다. 새 왕조의 통치 기반은 인정을 베풀어 획득한 백성의 지지가 아니라 주군을 위협하여 황제의 자리를 빼앗을 수 있었던 무력이었다. 요컨대 나관중에게는 새 왕조의 창업 기초가 윤리적으로는 정당화될 수 없는 폭력이었다. 그래서 포악했던 손호조차도 진의 천하통일에 도덕적 당위성을 부여할 수 없었고, 그가 사마염의 신하가 되든지 또는 사마염이 그의 신하가 되든지 어떤 것도 가능하다고 생각하여 그 역시 사마염을 복속시킨 후에 그에게 내줄 자리를 준비하고 있었던 것이다.

이미 논한 바와 같이 공자와 맹자에게 인정이란 천하를 얻기 위한 최상의 전략이었으니, 오직 인정만이 백성의 지지를 얻을 수 있고 이 지지야말로 가장 강력한 정치적 기반을 형성할 수 있다는 것이 그 근거였다. 그래서 맹자는 "인자仁者는 무적"이라고 주장했고, 또한 "불인하고서도 나라(작은 지방)를 얻은 자는 있지만, 불인하고 천하를 얻은 적은 없었다"[40]라고 말하면서 도덕정치의 당위성을 피력했다. 소설에서는 맹자의 확신이 불인한 사마 씨들의 왕조 창업과 천하통일로 인해 무너지고 말았으며, 유교적 도덕정치의 정당성 역시 크게 회의되고 있다. 불인한 자들의 승리와 이를 도와주는 냉담한 하늘의 섭리 — 이것은 나관중이 소설의 마지막 부분에서 확인했던 역사 순환의 원리에 내재하고 있는 본질적 내용이었다. 덕의 원리가 아니라 "눈이 먼" 하늘의 도움을 받는 힘의 원리가 왕조 순환의 기본

---

[40] 『맹자』 VII/B/13.

법칙이라면, 이 거대한 세력 앞에서 인간은 숙명론적 비관주의자가 되고 말 것인가?

소설의 중심 테마는 의인의 비극적인 좌절이지만 이것이 독자로 하여금 현실 도피적인 비관론으로 이끌지는 않는다. 사실 비극성이란 낙관주의의 반대 개념이 아니다. 대체로 비극은 희극보다 오히려 더 낙관적이요, 현실에 대해 더 긍정적인 태도를 그 밑바닥에 깔고 있다.[41] 깊은 절망에 빠진 사람은 많은 경우 이 세상을 풍자하거나 방관자적으로 조소하는 희극을 선호한다. 희극은 현실에 참여하여 그것을 개선하고 재창조하는 적극성과는 대체로 무관하다. 웃음 속에서 인간은 대부분 이 세상과 타인에 대하여 일정한 거리를 유지한다. 거기에 비하여 비극은 동정적인 감정과 참여정신을 그 바탕으로 하고 있다. 비극 속에서 경험하는 인간성의 위대함은 방관자적 조소와 무관할뿐 아니라 절망이나 비관과도 아무런 상관이 없다. 그것은 이상을 위한 적극적 행동과 오히려 더 깊은 관련이 있다. 소설의 독자가 냉담한 하늘의 운명적인 섭리를 인식하게 되지만 결코 비관주의적 숙명론자가 되지 않는 이유가 바로 여기에 있다. 그는 하늘의 섭리에 압도되는 것이 아니라 하늘의 섭리를 바꾸려고 했던 유비나 공명의 노력에 더 큰 감명을 받으며, 이 감명에서부터 현실 참여의 의지와 적극적 행동을 위한 힘을 얻는다. 그는 결코 유비 등이 반드시 패망할 수밖에 없었다고는 생각하지 않을 것이다.[42] 그는 유비·관우·공명 및 강유 등이 저질렀던 실수와 그것을 피할 수 있는 방법을 검토하면서 자신의 행동을 위한 지침으로 삼을 것이다.[43]

---

[41] W. Kaufmann, *Tragödie und Philosophie* [Tübingen 1980] 184f.

[42] 예컨대 관우는 오나라와 좀더 선린적인 외교관계를 유지할 수 없었던가, 유비는 관우의 원수를 갚기 위해 오나라와 무모한 전쟁을 해야만 했던가, 공명은 위나라 정벌에 좀더 과감한 작전을 펼 수는 없었던가, 다른 장수를 두고 왜 하필 마속을 기용했던가 등이 검토 대상이 될 것이다(73 81 92 95회 참조).

[43] 카우프만은 아이스퀼로스의 「페르샤인」이라는 비극에 대하여 "페르샤인들이 겪은 거대한 재난은 피할 수도 있었을 것이라는 것이 이 작품의 중심 모티프이다"라고 주장했다. W. Kaufmann 187.

6 절

결론적 고찰

일반적으로 『삼국지연의』라는 소설은 역사서인 『삼국지』를 일반인들이 좀 더 쉽고 재미있게 이해할 수 있도록 나관중이 (여러 종류의 기록물 및 민간설화 등을 첨가하여) 풀어서 재편집한 이야기책 정도로 이해되어 왔다. 그래서 소설과 『삼국지』사이의 본질적 차이는 존재하지 않는다는 것이 보편적인 생각이다. 이러한 생각에 따르면 나관중이 소설을 통하여 일반인들에게 전달하려 했던 중심 사상은 『삼국지』와 다를 바 없는 유교적 덕목(충·인·의·신·효 등)이었다. 특히 소설은 『삼국지』로부터 중요 인물, 중요 사건 그리고 사건의 연대기적 배열 등을 그대로 차용했으므로 나관중에게는 예술작품을 창작했다는 공로, 즉 독창성은 인정될 수 없고 오직 기존의 기록·비기록의 자료를 수집하고 윤색한 공로만 인정되어야 한다는 것이 널리 퍼진 견해이다.[44]

　그러나 필자는 이러한 일반적 생각들이 소설을 제대로 이해하지 못한 데서 기인하는 오류라고 믿는다. 소설에서는 『삼국지』에서 볼 수 없는 비극적 좌절이 중심 내용을 이루고 있다. 『삼국지』는 삼국시대에 활동했던 주요 인물들의 업적과 언행에 대한 객관적 기록이 전부요, 여기서는 전체를 통관하는 뚜렷한 중심 사상을 찾을 수 없다. 비록 소설이 『삼국지』의 중요한 내용을 그대로 따랐다 할지라도 그것이 작가의 독창성을 부인할 근거가 될 수는 없다. 왜냐하면 같은 소재라도 그것을 다루는 방법과 관점에 따라서 전혀 다른 작품이 만들어질 수 있기 때문이다. 예컨대 사람들은 오이디푸스의 이야기를 희극으로도 만들 수 있다.[45] 왜냐하면 숙명을 벗어나려는 인간들의 무모하고도 보람없는 노력은 다루기에 따라서 일급의 희극적 소재가 될 수 있기 때문인데, 같은 말을 『삼국지연의』에 대해서도 할 수 있다.

---

[44] 예컨대 Hsia 34; Lu Hsun, *A Brief History of Chinese Fiction* [Peking 1976] 158 184.

[45] W. Kaufmann 47 88 97; Frye 94 참조.

잘 알려진 바와 같이 『삼국지』에서는 위를 한의 정통적 후계자로 인정하는 반면 나관중은 유비가 세운 한(촉한)을 한의 정통적 후계자로 보았다. 그러나 이 주지의 사실에도 불구하고 그것이 가지는 중요성은 일반적으로 간과되어 왔다. 진수의 눈에는 한에서 위로, 또 위에서 진으로의 왕조 변천은 평화롭게 그리고 천명에 따라 당연히 이루어진 것으로 비쳐졌다. 그러나 나관중에게 있어서 왕조 변천이란 폭력에 의한 권력의 찬탈로 이루어지는 것이었다. 소설에 의하면 한나라 황제는 조씨들에게 많은 핍박을 받고 결국은 살해당한다(『삼국지』의 「명제본기」明帝本紀에는 한나라 황제가 조비에게 천자의 자리를 내준 후 천수를 다한 것으로 기록되어 있다). 또한 조씨들이 한나라에서 그들의 주군인 한나라 황제에게 가한 압박·모욕·살해는 이들이 세운 위나라에서 사마 씨들에 의해 그대로 반복된다. 나관중이 촉한을 정통으로 인정하고 유비를 선치·애민의 군주로 묘사한 것은 정통성을 가진 어진 통치자가 좌절하는 냉혹한 역사법칙과 그로 인해 생겨나는 비극적 세계관을 독자에게 전달코자 했기 때문이다. 이렇듯 나관중은 진수와 대립되는 관점으로 역사적 사실과 인물을 재구성했으므로 양자가 다룬 소재가 동일하다고 해도 전체적 의미는 전혀 다르다. 그러므로 소설을 평하여 사실이 7할이요 허구가 3할이라는 식의 주장은[46] 별 의미가 없을뿐더러 심지어는 소설의 본질을 왜곡하는 것이다.

나관중이 소설을 씀에 있어서 의식적으로 자신의 입장을 진수의 역사관에 대립시켰음이 분명하다. 그의 눈에는 한 → 위 → 진으로 이어지는 왕조 변천이 도덕적 당위성에 의해 이루어진 것이라고 보는 진수의 입장이 비판의식이 결여된 순응주의자 내지 숙명론자의 사관으로 비쳤을 것이다. 그래서 날카로운 비판의식을 소유했던 유교적 적극론자로서의 나관중은 천도를 거스르며까지 행동했던 유비·제갈량·강유에 대립하는 인물로서 숙명론자인 초주(초주는 바로 진수의 스승이었다. 즉, 진수도 원래는 촉한

---

250 4부: 보충적 그리고 예비적 논의

사람이었다)를 선택했던 것이다. 소설에 나타난 중심 사상은 비극적인 것이지만 또한 유교적이라고도 할 수 있다. 그러나 "유교적"이 뜻하는 바가 흔히 생각하듯 충·인·신·의 등의 덕목을 권장한다는 것은 아니다. 왜냐하면 이러한 덕을 가졌던 유비와 그의 수하 장군들 그리고 공명과 강유가 승리한 것이 아니라 패망했기 때문이다. 소설이 유교적이라 함은 지성으로써 최선을 다하면 하늘도 움직일 수 있다는 신념으로 아무리 어려운 상황에 있더라도 포기하지 않는 인간의 위대함을 감동적으로 전달하고 있다는 점에서이다. 소설의 독자가 주인공인 제갈량을 비롯하여 유비·관우·강유 등의 충·인·신·의에 감동하는 것은 무엇보다도 그들이 그러한 덕목을 가지고서도 영웅적이고 비극적으로 좌절하기 때문이다.

필자가 『삼국지연의』의 주제를 영웅의 비극적 좌절이라고 보는 데 반하여 이 소설에 대한 다른 논설 내지 연구서는 거의 인물들의 성격 분석, 사건에 대한 단편적 설명, 그리고 소설과 『삼국지』의 공통된 소재와 관련성 등 지엽적인 문제만 다루고 있어 전체적이고 통일적인 세계관을 파악하려는 시도를 찾을 수 없었다. 그러나 독자들이 필자의 주장에 찬동한다고 하더라도 비극성이 전통 중국사회에서 가졌던 역할을 과대평가할 수는 없을 것이다. 우선 소설 자체에 있어서 비극성이 그리스의 비극작품들처럼 선명하게 표현되어 있지 않다. 그리스의 비극작품에는 단 몇 시간만에 읽을 수 있는 분량에 비극성이 압축되어 있는 데 반하여 소설은 방대한 내용, 수많은 등장인물과 사건, 흥미롭고 교훈적인 이야기 등 때문에 비극성이 쉽사리 파악될 수 없도록 씌어 있다.

더욱이 이 비극성은 전통 중국사회에서는 잠재적인 힘에 불과했다. 우주의 섭리에 대한 낙관적 신뢰에 기초한 정통 유교가 정치권과 결합하여 사회 전반에 막대한 영향을 미쳤기 때문이다. 이 결합된 힘이 그 세력을 잃지 않는 한 우주의 정당성에 의문을 던지는 비극성이 가지는 영향력은 한정될 수밖에 없었으며, 이에 따라 비극적 세계관을 믿었던 사람의 숫자도 역시 한정되었을 것으로 짐작된다. 불교나 도교를 신봉하거나 주술적 성격이 강했던 민간신앙을 믿었던 일반 대중은 비록 관료계층에 의해 억압받고 어려운 일상생활을 영위하는 경우가 많았지만, 이로써 비극적 세계관이 민중 사이에 환기되지는 못했다. 이들 민중적 종교와 신앙은 현실의 고통을 완화하고, 미래에 대한 희망을 가져다주는 역할을 함으로써 현실에 대한 비극적 인식의 싹을 억눌렀다. 또한 현실에 대한 비판적인 유학자들도 대부분 천도 자체에 대한 회의는 하지 않았다. 양심적인 유학자들에게 있어서 천도란 의심할 바 없이 완벽한 것으로서, 지상에도 실현되어야 할 것으로 여겨졌던 바, 이들의 비판 대상은 천도가 아니라 천도를 척도로 하여 현실을 쟀을 때 인식될 수 있는 부조리들이었다. 요컨대 정통 유교가 큰 세력을 형성하고 있었던 중국의 전통사회는 전반적으로 보수적이고 정태적이었다.

그러나 서구 열강의 침입으로 전통적 사상 및 제도의 정당성이 회의되기 시작하자 현실 긍정적인 정신보다 현실 비판적인 정신이 더욱 강하게 발현하는 계기가 마련되었고, 또 그때까지 잠재적 힘에 불과했던 비극적 세계관이 현재적 세력으로 대두될 수 있었다. 강력한 현실 비판 정신과 하늘의 정당성에 대해서도 의문을 던지는 부정의 정신은 중국의 공산혁명에 어느 정도의 영향을 주었을 것으로 짐작된다. 그러나 전통을 철저히 부정하는 중국의 공산주의에서도 적지 않은 유교적 잔재를 볼 수 있듯이, 천도를 회의함으로써 유교의 가장 중요한 원리를 부정하는 비극적 정신 역시 유교와 완전히 대극적인 것이 아니고 오히려 궁극적으로는 몇 가지의 유교적 근본 성격에 근거하고 있었다. 비극정신은 유교의 낙관주의와 상치되지 않았을 뿐 아니라 다른 어떤 "고등문화 종교"에서도 찾을 수 없는 유교의 두 가지 특성, 즉 인간성에 대한 높은 평가 그리고 내세에 대한 낮은 관심에 근거하고 있었다.

5 부

중국문명 III: 시련과 적응

14 장

제국주의 침략과 위로부터의 근대화 노력

1 절
청말의 근대화 노력

1) 서세동점과 중국의 느린 대응

전통 중국사회는 그것에 내재하는 조건에 근거해서는 근대화를 이룰 수 없었다. 그 사회 속에서 왕조의 교체는 반복되었지만 혁명적인 변동은 정치·경제·사회·문화 등 어떤 영역에서도 존재하지 않았다. 그러나 마지막 왕조인 청나라(1644~1912)가 멸망하고 약 40년간의 분열기를 지난 다음 중국 땅에는 과거와는 다른 정치 이념과 통치구조를 가진 통일국가가 수립되었다.

중국이 이러한 변동을 겪게 된 것은 19세기 중엽부터 계속되어 온 서구 문명의 충격 때문이었다. 흔히 서세동점이라고 불리는 제국주의적 충격이 없었던들 중국문명에 있어서 이와 같은 혁명적 변동은 생겨나지 않았을 것이다. 그러나 외세의 침입은 청조 멸망의 결정적 원인 내지 필요조건으로 간주될 수 없다. 제국주의적 침략이 있기 전부터 청 왕조는 이미 쇠퇴기에 접어들고 있었다.

19세기에 들어오면서 중국 땅에는 왕조 말기의 보편적 현상이 정치·경제·사회의 각 영역에서 나타나고 있었다. 창업시의 강건하고도 청신한 기풍의 소멸, 제국 전체를 강력하게 총괄할 유능한 군주의 부재, 관료의 부패, 세력가들의 대토지 겸병, 잦은 반란 그리고 특히 인구의 급격한 증가 등이 바로 이러한 조짐이었다.[1]

17세기 중반에서 18세기 말엽에 이르는 약 150년 동안은 중국인들이 당시 지구상 다른 어떤 선진 지역 못지않은 평화와 안정 그리고 경제적 풍요를 누린 시기였다. 강희·옹정·건륭의 치세로 일컬어지는 이 시기에는 농업뿐 아니라 상공업과 금융업 역시 크게 발전했다.[2] 경제적 번성은 인구의 급격한 증가로 이어졌다. 인구의 증가에 대해서는 옥수수·고구마·땅콩 등 새 작물의 도입, 벼의 품종 개량, 경작지의 확대를 통하여 대응했지만, 18세기 이래 서구에서 일어났던 농업혁명에 비교할 만한 기술 및 기계상의 혁신은 없었다. 1800년 이후 중국 농민의 생활 수준은 점점 낮아지기 시작했다. 인구 증가와 농촌 문제는 농민 반란의 원인이 되었고, 반란은 재정 고갈, 관개·수리 시설의 관리 부실로 이어져 백성의 생활을 더욱 어렵게 만들었다.[3]

중국에 제국주의적 서구 열강이 침입한 것은 바로 이 무렵이었다. 이들은 청 왕조에게 교역상 이익을 얻기 위해 그리고 더 나아가 식민지적 수탈을 하기 위해 개방을 요구했고, 이 요구가 거절당하자 무력을 통해 목적을 이루려 했다. 과거에 중원을 침공한 이민족들은 중국에 비하여 훨씬 뒤떨어진 기술을 보유하고 있었다. 중국이 극단적으로 정치·사회상의 혼란을 겪은 경우를 제외한다면, 이민족이 중국 영토를 정복할 수 있었던 것은 제철·야금술·병참술·조운술 등 발전된 중국의 기술을 국경 너머로 전수받았기 때문이다.[4] 그러나 19세기에 청조를 공격한 서구 열강들은 달랐다. 그들은 이미 청나라보다 우월한 기술을 발전시켰고 이를 바탕으로 수차의 전쟁에서 중국 군대를 무참히 패퇴시켰다. 청의 지배자들은 이들의 요구를 들어주어야만 했다. 패전국과 승전국 사이의 계약은 대등할 수 없었다. 청국

---

¹ J. K. 페어뱅크, E. O. 라이샤우어, A. M. 크레이그(전해종·민두기 역)『동양문화사』下 [을유문화사 1969] 102ff 참조.

² 제르네 422ff 참조.

³ J. D. 스펜스(김희교 역)『현대중국을 찾아서』[이산 1998] 1권 127ff 참조.

⁴ 엘빈 79ff.

은 불리한 조건으로 서구 열강과 조약을 체결하여 개항하게 되었고, 이로써 중국에 대한 열강의 제국주의적 침탈의 길이 정식으로 열리게 되었다.

불평등조약은 고사하고 조약 자체가 이미 천하에 오직 하나의 지배자만 존재할 수 있다는 중화적 세계관과는 양립할 수 없는 것이었다. 불평등조약을 통한 강제적 개항은 중국인에게 커다란 치욕 외에 다른 것을 뜻할 수는 없었다. 다른 한편 이 시대의 서구인들은 중국문화에 대하여 조그마한 경의도 가지지 않은 자가 대부분이었다. 이들은 자신들이 가지고 있는 제도와 사상(민주주의, 대의정치, 시장경제 및 과학과 기술)의 우수성과 보편성을 확신하고 있었다. 특히 중국에서 활동하는 서구인들은 지배계층의 무능과 부패, 권위주의적이고 신분제적인 관행, 경제의 후진성, 인신매매, 영아살해 등을 직접 목격하고 서구문명의 우위를 직접 확인할 수 있었다. 대부분의 서구인들에게 있어서 중국인들은 대등한 거래 당사자라기보다는 그들의 이익을 관철시키기 위해서 희생되어도 상관없는 미개한 사람들에 불과했다. 조약으로 보장받은 대로 중국인들의 출입이 허용되지 않는 특정한 지역, 즉 조계租界에서 살면서 치외법권을 누렸던 서구인들이 중국인들에게 보이는 태도는 매우 오만했다. 이러한 태도는 정치나 경제적 목적을 가지고 중국에서 활동하는 자들뿐 아니라, 많은 경우 선교사들 역시 마찬가지였다.[5] 이러한 모든 정황은 작게는 중국인들의 자존심을 자극하고 크게는 중국적 전통과 세계관 자체를 뒤흔드는 것이었다.

그러나 일찍이 경험하지 못한 위기에 처해서 중국의 지도자들은 적절한 대응방법을 찾지 못했다. 그것은 새로운 가치관 및 세계관을 요구하는 것이었다. 그러나 수천 년 동안 권위를 행사해 온 전통적 문물은 중국인들의 의식에 너무나 깊이 각인되어서 그것과는 다른 그 무엇을 수용한다는 것, 더구나 한편으로는 멸시하면서 다른 한편으로 열등감을 느끼는 "서양 오랑캐"의 제도와 사상을 수용한다는 것은 결코 쉬운 일이 아니었다. 서구의

---

[5] 제르네 499 516 참조.

충격에 대한 중국인들의 반응이 전통의 짐 때문에 제한되었던 것은 전통에서 "벗어나" 재빨리 탈바꿈한 일본과 자주 비교되곤 한다.[6]

일본에는 중국처럼 자신의 문화와 제도가 인류가 만들 수 있는 최고의 것이라는 믿음이 없었다. 해양국가로서 일본은 일찍이 중국과 한국 그리고 서양으로부터도 문물과 기술을 수입한 경험이 있어 선진제도와 사상을 받아들인다는 것에 대한 저항감이 중국만큼 크지 않았다. 또 일본은 중국과는 비교될 수 없을 만큼 국토가 좁고 인구도 적어 신속한 반응을 할 수 있었다. 중국적 세계관에서는 황제의 개인적 의지가 아니라 천도와 고 성왕의 가르침을 따르는 것이 유학자들의 행동원칙이었으므로, 새로운 상황에 직면하여 비록 최고 통치자와 소수의 유력 대신이 현명한 결정을 내렸다손 치더라도 사회 지도층 인사들의 협력을 쉽게 확보할 수 없었을 것이다. 거기에 반하여 주종간의 의리와 충성으로 맺어진 일본의 봉건제도적 인간관계에서는 일단 강력한 지도체제가 확립되면 새로운 정책을 수행하는 데 필요한 인력 확보가 그다지 어렵지 않았다.[7] 또 일반적으로 윤리적 이상을 신조로 하는 유교적 독서인보다는 무사들의 사고방식이 더 현실적이라는 점 역시 일본의 적절한 반응에 유리한 작용을 했다.[8] 특히 일본은 상공업 같은 비농업 부문에 대한 중요성을 중국보다 더 일찍 인식했다는 것이 서구적인 것의 수용을 쉽게 만들었다. 도쿠가와 막부에 의해 통일되기 전 수백 년 동안의 분열기(13~16세기)에 일본에서는 중국의 춘추전국시대와 마찬가지로 상공업이 크게 발전하고 무역도 성행했다. 이때는 경제인들이 정치적 · 사회적으로 강력한 진출을 할 수 있었던 시기이기도 했다. 비록 이러한 발전의 활력이 도쿠가와 막부의 통일과 쇄국정책으로 약화되었지만, 막부가 확립한 평화 속에서 경제는 꾸준한 성장하여 일본의 상공업과 금융업은 개항 전까지 비서구 국가 중에서는 가장 발달되어 있었다.[9] 또 이 시대

---

[6] 페어뱅크 등 467-71 참조.　　　　[7] 같은 책 210-1.　　　　[8] 같은 책 212.

[9] 라이샤우어 등 818ff; 이노우에 기요시(井上淸)(서동만 역) 『일본의 역사』 [도서출판 이론과 실천 1989] 179-85 참조.

에는 사농공상이라는 신분윤리가 지배하는 가운데서도 영주들은 산킨고다이(參勤交代) 제도 같은 과소비 요인으로 상공인들에게 의존하지 않을 수 없었기 때문에 경제활동이 사회에 긴요한 것이라는 인식 역시 없어지지 않았다. 이러한 경제적 기반은 근대화 과정을 중국보다 훨씬 더 순조롭게 만들었다. 예컨대 중국이 근대화의 일환으로 도입·창설한 서구적 기업은 관주도官主導로 운영되었지만 일본의 경우는 중국보다 유능한 민간경제 인력을 더 많이 보유하고 있어 관 주도로 시작한 기업도 곧 민간 주도로 전환될 수 있었다. 요컨대 개항 전의 일본은 전체적으로 중국보다 경제논리에 더 충실한 사회적·문화적 기반 위에 있었다. 이러한 점 외에도 당시의 서구 열강은 일본보다 자원과 물산이 풍부한 중국에 더 큰 관심을 가졌고,[10] 이에 따라 패전으로 인한 모멸감, 착취에 대한 저항의식 등과 같은 부정적 감정이 중국인들에게 더 강하게 형성되었다는 것도 중국의 근대화를 어렵게 만든 요인이었다.

2) 중체서용적 자강정책과 급진적 개혁운동

수차의 전쟁에서 패한 중국의 위정자들은 서구 열강의 군사력과 경제력이 근대적 과학기술에 기인하는 것이라고 믿게 되었고, 이에 따라 소위 중체서용中體西用적인 근대화를 시도했다.

1860년경부터 시작하여 약 40년간 지속된 이러한 움직임은 패전으로 인해 위기의식이 고조된 데다가 태평천국과 같은 거대한 농민 반란으로 크게 피폐한 국가를 중흥하기 위함이었다. 그런데 이러한 방향의 근대화 정책을 수행하는 주체는 국가가 아니라 소수의 대지방 관료였다. 청조의 군사력은 이미 18세기 말 이래 있어왔던 여러 농민 반란을 진압하는 가운데 무능함을 명백히 드러내었고, 특히 19세기 중반 태평천국과 같은 대반란세력에 대해서는 거의 기능하지 못했다. 청조는 진압작전을 수행함에 있어 한인漢人 출

---

[10] F. V. Moulder, *Japan, China and the Modern World Economy: Toward a Reinterpretation of East Asia Development ca. 1600 to ca. 1900* [London 등지 1977] 참조.

신의 유력한 향신들의 도움에 의지할 수밖에 없었고, 이들 한인 유력자들은 자신들이 조직한 군대로 반란을 종식시켰는데, 이 이후의 중국은 만주족의 조정과 지방 유력 한인들 사이의 느슨한 결합으로 이루어진 분권체제에 의해 통치되었다.[11] 사실 청조가 약 반세기 더 유지할 수 있었던 것은 이들 유력 향신의 협조에 기인한 것이었다. 이러한 상황에서는 지방의 공공업무에 있어서도 향신 지주나 신상紳商의 협조는 절대적으로 필요했다. 이들은 기근을 구제하거나 병자를 돌보는 일, 도로·교량이나 관개시설을 유지·보수하는 일 등 전통적으로 자신들이 관여하던 업무를 더욱 적극적으로 관장하게 되었는데, 이들의 활동은 공식적 관료기구를 능가하는 것이었다.[12]

이러한 사정으로, 자강운동自强運動으로 불리는 근대화정책은 이들 한인 향신 중 특히 유력한 인사, 즉 조정에서도 대관료로서 세력이 있을 뿐 아니라 지방에서 실권을 행사하는 몇몇 사람들에 의해 지역 단위로 입안·수행되었고, 여기에는 자금 능력이 있는 향신들이 다수 참가했다. 그러나 일본과는 달리 중앙정부는 보수적 정신과 취약한 재정 때문에 이를 지원할 수도 그리고 각 지역의 사업과 정책을 조절할 수도 없었다. 그래서 각 성의 정책과 사업은 상호간 모순되는 경우도 있었다.[13]

당시 증국번曾國藩, 이홍장李鴻章, 좌종당左宗棠, 장지동張之洞 같은 자강의 주역들은 외국 기술 도입, 무기 및 전함 공장 설립, 국제법과 근대과학의 소개와 보급, 유학생 파견, 기선회사 운영, 광산개발, 제철제강 산업 육성, 군사 및 기술 학교 설립·운영 등의 사업을 의욕적으로 추진했다.

그러나 이러한 근대화 사업은 전통적 세계관과 전통적 제도 속에서 이루어졌다. 예컨대 증국번은 자강운동을 하면서도 국가의 대내외적인 위기의 원인이 도덕적 해이와 정신적 몰락에 있다고 믿어 엄격한 유교교육을 위한 교육 과정의 개정과 학교의 재건을 중흥책으로 제시했다.[14] 중흥의 지도자

---

[11] 페어뱅크 277ff 참조.

[12] 같은 책 308ff.

[13] 같은 책 283ff.

[14] 스펜스 1권 238ff.

들이 가지고 있었던 보수적 태도는 국가 재정과 민생의 기초로서 상공업보다 농업을 더 중시하면서 근면·청렴·검약 같은 전통적 미덕에 집착한 것에서도 찾을 수 있다.[15] 이들은 사회적 분업을 촉진하고 생산을 활성화하는 상업과 소비의 중요성을 인식하지 못했고, 개인의 이윤 추구를 정당화하고 기업활동을 법적으로 보장함으로써 국가경제를 활성화한다는 시장경제적 정책을 이해할 수 없었다. 근대화 과정에서 대규모 사업은 관독상판官督商辦(관료의 감독과 상인의 경영)이라는 원칙에서 이루어졌는데, 많은 경우 여기서 생기는 이윤은 기업에 재투자되지 못하고 관련자에 의해 "더 나은 목적"에 사용되었다. 이러한 관 주도의 기업들은 비효율적이었을 뿐 아니라 때로는 민간 기업의 성장에 억압적 기능을 하는 것으로 판명되었다. 이들 중 다수는 외국 기업과의 경쟁에서 도태되고 말았다.[16] 요컨대 19세기의 자강운동은 전통적 가치관과 기본틀 속에서 이루어졌고 이로써 진정한 성과도 거둘 수 없었다.

중국적 근대화의 한계는 1884년 프랑스와 그리고 1894년 일본과의 전쟁에서 청나라 군대가 크게 패한 데서 드러났다. 이때 중국인들의 근대적 무기는 거의 힘을 쓰지 못했다. 역사상 늘 얕잡아 보던 일본에 패퇴한 사실과 더불어 외국 선교사나 개항장의 외국 상인 그리고 서양을 소개한 책자와 번역물을 통하여 서구문화와 제도를 더 깊이 알게 됨으로써 확대된 의식은 지식인들로 하여금 중체서용적인 자강운동의 한계를 인식토록 했다. 또 당시 구미를 풍미하던 사회적 진화론이 중국에도 소개되자 중국적 제도와 사상이 만고불변일 수 없다는 믿음이 지식인들 사이에 형성되었다.

이러한 사고의 전환은 강유위康有爲와 그의 제자인 양계초梁啓超를 중심으로 하는 근본적이고 철저한 개혁운동으로 표출되었다. 강유위는 중국 고전을 재해석하여 유교 자체에도 이미 사회는 진화·발전한다는 사상이 있다는

---

[15] 페어뱅크 280.

[16] 고지마 신지(小島晋治), 마루야마 마츠유끼(丸山松幸)(박원호 역) 『중국 근현대사』 [지식산업사 1988] 41-3.

이론을 주창함으로써 급진적 개혁운동을 정당화했다.[17] 이들이 기도한 개혁의 내용은 행정제도의 개혁, 법률 개정, 산업과 학술의 촉진, 군대 및 경찰개혁, 헌법 제정, 의회 설립 등 전통을 고수하는 세력은 물론이지만 자강론자들도 받아들일 수 없는 것을 포함하고 있었다. 급진주의자들은 젊은 황제인 광서제光緖帝를 움직여 자신들의 개혁안을 실천에 옮기고자 했다.

당시 청나라 조정에는 해외 사정에 철저히 어두운 서태후西太后를 비롯한 만주인 보수주의자들이 실권을 장악하고 있었다. 이들은 한인 관료의 자강운동에 비협조적이었을 뿐 아니라 큰 방해가 되기도 했다. 1880년대 말 이홍장의 해군 증강을 위한 자금을 서태후를 위한 여름 궁전을 짓는 데 사용한 것은 유명한 예이다. 이들 보수주의자들은 자신들의 이익과 세력 이외에는 관심이 없었다. 이들이 자신의 지위를 위협하는 급진적 제도개혁에 반대한 것은 당연한 일이었다. 이들은 강유위 등 급진세력을 군사력으로 진압하고 광서제는 유폐시켰다(1898).

이 보수주의자들이 국제 정세에 어둡다는 것은 의화단 사건에 대한 이들의 태도에서도 나타났다. 이들은 부청멸양扶淸滅洋이라는 구호를 외치면서 봉기한 의화단의 배외적 군사행동에 "민심은 천심"이라는 전통적 원칙을 적용하여 이를 배후에서 조종·원조하고, 마침내 서구 열강에 대해 선전포고를 했다. 이들의 무모한 조치는 패전, 전쟁 배상금 지불, 제국주의 침탈의 심화 등 호된 대가를 치러야만 했다(1901). 청 왕조의 권위는 이제 결정적으로 실추되었고 한인 지주·향신들의 협조도 확보하기 어렵게 되었다.

의화단 사건에 즈음하여 청조의 지배층은 후발국으로서 근대화에 도달하기 위해서는 우선 강력한 중앙집권 국가를 형성해야 한다는 결론을 얻게 되었다. 이것은 바로 자신들이 탄압했던 강유위 등의 철저한 제도적 개혁을 추진해야 한다는 것을 의미했다. 이러한 개혁은 한인 엘리트들의 요구를 충족·무마하기 위한 방편이기도 했다. 그러나 만주족 지배자들의 개혁

---

[17] 페어뱅크 등 448-53 참조.

의지는 미약했고 더욱이 이미 개혁의 적절한 시기는 놓쳐버린 후였다.

유교적 이념 및 규범과 전통적 가치관의 도움을 받아 전근대적 농업사회를 다스리는 데 효율성을 발휘할 수 있었던 중국적 통치제도가, 민심이 이반하고 전통적 이념이 약화되며 또한 새로운 사회적 요구가 대두하는 시기에 광대한 지역을 조정·통괄할 수 있는 근대적 제도로 변신한다는 것은 실로 어려운 일이었다. 더욱이 당시 만주인 지배층의 이기적 자세와 중앙정부의 비효율적 재정체제[18] 그리고 19세기 중반 이래 계속적으로 발전해 온 각 성省의 독립적 성향은 이러한 과제를 실현하는 일을 더욱 어렵게 했다. 모든 정황으로 보아 청조의 붕괴는 불가피했고, 그것이 곧 근대적이고 강력한 국가 건설과 쉽게 연결될 수 없다는 사실 역시 명백한 것이었다.

2 절
신해혁명, 군벌통치, 5·4운동

자강운동에 만주족 지배자들이 오히려 방해된다는 인식으로부터 서서히 변하기 시작한 한인 상류층의 인심 이반은 1890년대에 이르면 외국 문물에 대한 지식이 확대되고 일본의 성공 사례를 알게 되면서 더욱 심각해졌다. 이러한 가운데 중국에서는 산업화가 진행되었고 또 개항장을 중심으로 경제인들이 성장했지만 청 제국에는 이들의 의사를 수용할 수 있는 제도가 없었고, 제도개혁의 일환으로 1909년 각 성에 의회가 개원되었을 때에도 이들의 진출은 두드러지지 않았다. 그러나 이들이 점점 강력한 사회세력으로 대두하게 됨에 따라 요구 사항은 더욱 과격해졌고, 과거의 것과는 근본적으로 다른 정체(예컨대 민주공화정)를 모색하기도 했다.[19] 이 무렵 상당

---

[18] 같은 책 404 참조.

[19] 민두기 『중국근대사론』 [지식산업사 1976] 47-8; 민두기 『신해혁명사. 중국의 공화혁명 (1903~1913)』 [민음사 1994] 25ff 참조.

수의 향신 지주와 지식인들 역시 전통적 세계관과 유교적 가치관에서 상당히 탈피하여 서구화되어 있었다. 요컨대 청조 몰락이 명백해진 1900년대 초에는 중국의 한인 엘리트들이 청조에서도 멀어졌을 뿐 아니라 과거의 세계관에서도 상당히 벗어나 있었다.

이러한 경향의 대표적인 예는 동맹회同盟會를 통한 손문孫文의 활동이다. 그는 "만주족을 배척하고 한족을 일으킨다", 그리고 "황제통치 제도를 없애고 민주공화국을 창설한다"라는 대의 아래 일본에서 동맹회를 결성하여 혁명운동을 지도하는 한편 국내에서도 지속적으로 청 왕조 전복을 위한 반란을 주도·선동해 왔다.

1911년 10월 무창武昌의 반란을 시작으로 많은 성이 청조로부터 독립을 선언했다. 이때 각 성의 권력은 군사 지도자(도독)와 성 의회의 개혁파 엘리트들이 장악했다. 이들은 새 공화국을 수립코자 했다. 성 의회 중 상당수가 합의하여 손문을 중화민국 (임시) 대총통으로 선출했고,[20] 새 국가는 주권재민, 신분차별 철폐, 인민자유 보장 등을 천명한 아시아 최초의 민주공화국이었다(신해혁명). 곧 새 헌법과 새 선거법의 제정되고 이 법에 의해 국회의 의원이 선출되었다.

새 국회에서는 상·하 양원 모두 동맹회의 후신인 국민당國民黨이 다수를 차지했다. 각 성은 물론이고 중앙정부의 입법부도 개혁적 인사들이 장악함에 따라 수천 년 유지된 제국 대신에 근대적 국민국가가 건설되어 대외적으로는 열강과의 불평등한 관계를 해소하고 대내적으로는 근대화를 추진할 기반이 마련된 것처럼 보였다. 새로운 발전에 참여하게 될 개혁파 엘리트 (개명된 향신, 경제인, 지식인)들은 물론이요 억압받던 하층민들 역시 새 공화국 탄생을 광명으로 받아들이고 환호했다.[21]

---

[20] 당시 손문은 유럽에 있다가 그해 말 귀국했다. 그러나 그는 국내에서 실질적 정치세력을 확보하지 못한 상태에 있었다. 그러므로 그가 임시 대총통으로 추대된 것은 그에게서 영도력을 기대해서가 아니라 각 성간의 이해 조정자 역할을 기대했기 때문이다. 민두기 『중국근대사론』 78, 민두기 『신해혁명사』 209-10 참조.

[21] 고지마 신지 등 73.

그러나 희망의 시기는 잠시였다. 민주공화국을 지향하던 개혁파들은 새 국가를 건설하기 위한 군사력도 경제력도 갖추지 못했다. 청조가 쇠퇴한 것은 근본적으로는 개혁파들의 세력과는 상관없는 대내외적인 조건 때문이요, 최종적으로 이 왕조를 멸망시킨 것 역시 개혁파라기보다는 중앙정권을 배반한 군사 지도자들이었다. 중국에는 아직도 근대 서구의 혁명을 주도한 자신만만한 경제인 계급이 강력한 사회세력으로 발전하지 못한 상태에 있었다.[22] 이러한 상황에서 새 공화국의 기반은 취약할 수밖에 없었다. 중국의 신생 공화국은 결국 당시 가장 강력한 군사력을 가진 보수파 지도자 원세개袁世凱에 의해 와해되었다. 혁명이 반동으로 끝나버린 것이다.

그러나 전통적 지배자로 군림하고자 했던 원세개의 반혁명 역시 소기의 목적을 이룰 수 없었다. 왕조 멸망 후 권력상의 공백을 완전히 해소할 수 있는 힘은 어떤 개인이나 집단도 확보하지 못한 것이 당시의 실정이었다. 이 이후의 중국은 청조 말 각 성에서 반독자적 권력을 행사하던 다수의 군사 지휘자들이 할거하게 되었다. 과거와 마찬가지로 이 시기에도 역시 왕조 교체기적 현상이 반복된 것이다. 그러나 흔히 군벌이라고 불리는 혼란기의 통치자들은 그 누구도 새 왕조를 건립하려고 하지 않았다. 이들 역시 시대가 이미 변화했다는 것을 알고 있었다.[23] 더욱이 이들은 왕조를 건립할 세력도 확보하지 못한 상태였다. 당시의 대군벌 역시 자신들이 관할하는 지역의 지배권을 완전히 장악하지 못하고 많은 소군벌과 권력을 나누어 가졌기 때문이다. 군벌이 할거하던 시기(1910년대 중반에서 1920년대 후반)에도 특정 군벌에 의해 관장되는 북경北京이 명목상이나마 중앙정부로 인정되었다.

군벌이 지배하던 시기의 중국인들은 절망과 빈곤 속에서 생활해야만 했다. 군벌들은 세력 확장을 위해 타군벌과 전쟁을 계속했고, 양민을 약탈하

---

[22] 제르네 537. 새 공화국 창설에 참여했던 개명 향신이나 상인들은 혁명이 반동화되자 이에 극히 소극적으로 대처했다. 민두기 『신해혁명사』 283 참조.

[23] 페어뱅크 등 775.

는 행위도 자주 자행했다. 이들은 부패해 있었고 또한 합리적 정책도 제시하지 못했다. 군벌들은 제1차 세계대전이라는 좋은 기회를 맞아 성장하는 민족산업을 조장하기보다는 불합리한 조세로 오히려 억압·수탈했다.[24] 이들의 정권은 과거와도 단절되어 있었지만 희망찬 미래상도 제시하지 못했다. 군벌이 통치하던 혼란기는 중국인들이 강력한 통일국가를 새로이 건설해야 할 필요성을 깊이 인식한 시기이기도 했다.

중국은 19세기 중반 아편전쟁 등 서구 열강과의 여러 전쟁에서 패한 것을 계기로 하여 제국의 침탈 대상이 되었는데, 침탈의 정도는 청일전쟁과 의화단 사건을 거치면서 심화되어 군벌의 지배기에는 그 절정에 이르렀다. 약 80년의 기간 동안 중국은 서구 열강과 일본에게 수많은 개발권과 이권을 양보했고, 또한 이들의 세력 확장을 위한 경쟁의 장소로 되어왔다. 강력한 국가가 존재하지 않은 분열 상황에서 중국의 운명은 거의 반식민지적 지위로 전락할 수밖에 없었다.

군벌들은 다른 군벌과 대항하기 위해 제국주의적 열강들과 직접·간접으로 거래를 했고, 열강들 역시 군벌들과 거래하면서 각각 자신들의 이익을 관철하고자 했다.[25] 그러나 이 무렵이 되면 다른 어떤 열강보다도 일본의 중국 내 세력이 두드러지게 된다. 원래 중국에 진출한 열강들은 상호 견제함으로써 세력 균형을 유지하고 있었으나 1차 대전 기간중 일본은 적대국인 독일의 중국 내 세력권에 침공하여 모든 지위를 접수했고, 또 중국에 지리적으로 가깝다는 점과 서구 열강들이 전쟁에 힘을 기울이는 기회를 이용하여 중국에 더욱 적극적으로 진출할 수 있게 된 것이다.

다른 열강의 침략도 마찬가지지만 일본의 중국 진출은 중국민에게 근대적 민족주의를 고양시켰다. 일본은 중국에게 1915년 21개 요구 조항을 제시하면서 이를 보호국으로 삼으려는 외교적 교섭을 진행시켰지만, 이러한 획책에 중국은 범국민적으로 저항했다. 중국의 언론은 이를 통렬히 비난했

---

[24] 고지마 신지 등 82.

[25] O. 라티모어(정종복 역) 『근대 중국의 형성사』 [문의사 1984] 124.

고, 대중들은 집회·시위·파업·일본 상품 불매운동 등을 벌였다.

군벌통치 기간 동안 중국에서는 문화와 사상 면에서 급격한 변동이 있었다. 이 시기에는 공리주의·자유주의·사회주의·무정부주의·사회적 진화론·실용주의·공산주의 등과 같은 많은 외국 사조들이 소개되었다. 서구 사상의 영향으로 많은 지식인들(특히 북경대를 중심으로 한)은 정치적 근대화가 좌절된 근본적 원인이 중국민의 전근대적 의식에 있다고 믿었다. 이들은 중국민의 정신개조를 위한 계몽이 정치적·제도적 개혁보다 더 우선해야 한다고 주장했다. 이들 지식인들은 유교의 반진보적 역사관, 권위주의적이고 보수적인 의식, 상급자에 대한 예속적 정신, 가부장적이고 반개인주의적인 윤리, 허례허식과 공리공론을 비판했고 또한 도교에서 성행하는 미신적 관행을 배척했다.

이들은 중국민에게 전통에서 벗어나 진보적·자주적·개방적·실용적·합리적인 의식을 가질 것을 호소했다.[26] 이들 지식인들 중 진독수는 민주주의와 과학이 중국의 모든 정치·도덕·학문·사상적 병폐를 구제할 수 있는 것으로 믿고 이 양자를 중국인들이 지향할 목표로 제시하여 커다란 호응을 얻었다. 또 진독수의 후원 아래 호적은 전근대적 사상의 표현 도구였던 고전적 문어체가 아니라 구어체인 백화문으로 문학작품과 학술서적을 쓰자는 운동을 일으켜서 큰 성과를 거둘 수 있었다. 이들에게 있어서 대중의 이해가 힘든 문어체의 파괴는 전통적 속박으로부터 개인의 해방을 의미하는 것이기도 했다.[27] 지식인들의 비판적 정신은 제국주의적 침략으로 환기된 애국심과 민족주의 그리고 열강과의 뒷거래 속에서 자신들의 이익을 추구하는 군벌에 대한 반감과 쉽게 결합할 수 있었다. 1919년에 있었던 5·4 운동에서는 이러한 중국민들의 정신이 표출되었다.

1차 세계대전이 끝나자 중국인들은 윌슨의 민족자결주의에 자극을 받아 희망찬 분위기에 잠겨 있었다. 그러나 열강들은 베르사이유 강화조약에서

---

[26] 송영배 318ff 참조.　　　　　　　[27] 페어뱅크 340 참조.

패전국 독일이 중국에 대해 가지고 있던 특권을 일본이 넘겨받도록 결정했는데, 이는 열강들이 일본으로 하여금 독일에 대항하여 참전하도록 유도하기 위해 이미 사전 약속된 사항이었다. 이것은 중국의 권리가 열강의 이해관계에 의해 좌우될 수 있다는 것을 말하는 것으로서, 이미 1917년 대독일 선전포고를 하고 유럽 전선에 군대까지 파견한 중국으로서는 도저히 받아들일 수 없는 것이었다. 특히 이러한 결정에 군벌정권이 이미 비밀리에 동조했음이 밝혀지면서 중국인들의 분노는 극에 달했다. 5·4 운동은 북경의 대학생들이 주도했다. 그러나 이 운동에는 학생들 이외에도 교육가나 언론인 같은 지식인, 경제인 그리고 (중국의 산업화가 진전됨에 따라 성장하고 있었던) 노동자 등 사회 각 계층이 전국적으로 참여했다. 중국인들은 규탄 집회·폭력 시위·휴학·파업·외국 상품 불매운동 등을 통하여 매국적 군벌세력과 제국주의적 열강에 저항함으로써 마침내 이들의 결정을 철회하도록 했다.

3 절

국민당의 근대화 시도와 그 한계

1) 국·공 합작

5·4 운동은 중국민들의 저항의식과 애국심 그리고 동원 능력을 대내외에 과시한 사건이었고, 이 운동을 통해 향후 중국인들이 투쟁할 목적과 방향이 명확해졌다. 그것은 민족의 독립과 통일을 쟁취하여 근대적 민주주의 국가를 형성하는 것이었는바, 제국주의적 열강과 군벌에 대한 투쟁은 이를 위한 불가피한 전제조건이었다.[28] 그렇다면 5·4 운동을 통해 증명된 중국민의 역량을 도대체 누가 결집할 수 있을 것인가?

---

[28] 고지마 신지 등 88-9.

5·4 운동 이후 중국을 이끈 주요한 두 개의 정치세력은 국민당과 중국 공산당이었다. 양당은 민족주의와 반제국주의를 표방했다는 점에서 공통된다. 1949년 통일될 때까지 중국의 역사는 양당의 상호 협조와 쟁투가 그 주류를 이루었으나 여기서는 편의상 우선 전자를 중심으로 논의를 전개해 나가기로 하자.

원세개의 반동으로 해외 망명을 할 수밖에 없었던 손문은, 위대한 혁명가로서의 명성은 국내외에 자자했지만 새로운 공화국을 건설할 수 있는 현실적 여건을 확보하지 못한 상태에 있었다. 그는 1916년 원세개가 죽자 귀국하여 국민당을 재결성하고 세력 확장에 노력했다. 그러나 그가 성공할 전망은 어두운 편이었다. 사실 현실적인 힘이라는 면에서 본다면 손문과 국민당은 우여곡절 끝에 1923년 초에야 겨우 광동廣東 지역에 권력 기반을 확립한 지방 군벌에 불과했다. 그때까지 그는 불안정한 권력 기반 속에서 국민당의 이념을 정립하고 조직을 개조·강화하면서 대내외적으로 자신을 도울 수 있는 세력을 탐색해 오고 있었다.

당시 그는 1917년 제정을 무너뜨리고 새로운 정체와 사회를 형성하는 데 성공한 러시아의 공산혁명에 큰 감명을 받았다. 러시아의 성공에 감명을 받은 것은 손문만이 아니었다. 많은 지식인들 역시 마찬가지였는데, 특히 이대조李大釗는 러시아 혁명을 지구상 "새로운 문명의 여명"으로 환영하면서 자유와 인간애가 실현될 신조류에 감격하고 있었다.[29] 당시에는 손문과 이대조를 포함한 많은 지식인들은 열강의 식민지 착취, 1차 대전으로 인한 파괴와 살육 그리고 베르사이유 조약의 실망스런 결말 등 때문에 서구문명 자체에 상당한 회의를 가지게 되었다.[30] 이것은 맹목적인 서구화를 주장하는 지식인들에 대한 반대 조류를 형성하는 한편 러시아 혁명을 새로

---

[29] 스펜스 1권 350.

[30] 예컨대 당시 유럽을 방문하고 돌아온 양계초는 서구의 자유주의·물질주의 전통에 비판적인 새로운 사조(예컨대 마르크스주의, 입센의 사상)를 접하게 되었고, 여기에 그의 유럽 체험이 더해져서 서구문명의 정신적 파탄을 주장하게 된다(송영배 402).

운 지향점으로 삼는 계기로 작용했다.

이런 가운데 1919년 러시아의 외무부장관 카라한은 구 제정 러시아가 중국에서 획득한 모든 특권을 포기하고 의화단 사건에 기인한 배상금의 잔액을 탕감한다고 선언했다. 이러한 조처는 그 당시 서구 열강이나 일본의 대중국 정책과는 너무나 대조적인 것으로서 러시아에 대한 중국인들의 우호감을 크게 고양시켰다.

이러한 상황에서 손문은 국민당의 재건과 개조라는 목적을 달성하기 위해 소련 및 국제 공산당 코민테른과 협력관계를 가짐이 바람직하다는 것을 알게 되었다. 당시 소련과 코민테른은 1921년 이후 유럽에서 공산당의 혁명활동이 퇴조하는 것을 경험하고서는 중국 내에서 적절한 동맹자를 찾고 있었다. 이 동맹자는 코민테른이 수행하는 공산혁명에 기여할 수 있어야 할 뿐 아니라 중국을 통일하여 일본을 충분히 견제할 만큼 강력해야 했다. 그 당시 러시아는 철저한 반공 노선을 표방하는 일본을 크게 경계하고 있었다.[31] 이 무렵 중국 공산당 세력은 아직도 미약했고 세력 확장의 전망도 그리 밝지 않았다. 중국에는 비록 노동계급이 성장하고 있었고 1922년 이래 노동운동이 활기있게 전개되기도 했지만, 군벌과 제국주의의 무자비한 탄압으로 크게 위축된 실정이었다. 반면에 코민테른에서 중국으로 파견한 마링Maring은 5·4 운동에서 과시된 중국민의 동원 능력과 손문의 명성 때문에 전국민으로부터 신망을 받고 있는 국민당의 잠재적 역량을 높이 평가하고 있었다.[32]

1922년, 손문은 코민테른과 손을 잡고 러시아의 1당 독재체제를 본떠 국민당을 재조직하기 시작했다. 원칙적으로 보아서 손문이 주창한 국민당의 삼민주의는 공산주의적 기본 원칙과 상극적인 면이 없지 않았다. 특히 국가나 민족이 아니라 사회의 특정 계급을 신성시하여 이에 혁명이라는 역사적 임무를 부여한 마르크스 이론은 만주족을 배척하고 한민족의 부흥을 목표로 하는 손문의 민족주의와 양립할 수 없었다. 또 공산주의식 계획경

---

[31] 스펜스 1권 390ff 참조.　　　　[32] 고지마 신지 등 97.

제 이념 역시 자본가와 상인의 지지를 받는 국민당으로서는 받아들일 수 없는 것이었다. 손문의 민생주의는 순수한 자본주의는 아닐지라도 공산주의 내지 사회주의가 표방하는 경제제도와 거리가 멀었다.[33]

그러나 공산당의 최고 지도자 레닌은 선진 산업국 프롤레타리아와 후진국의 민족주의자 사이에 연합이 가능할 뿐 아니라 요구된다고 주장했다. 레닌에 의하면 서구사회에 자본주의가 성숙했는데도 마르크스가 주장한 바와같이 노동자의 빈곤이 심화되고 프롤레타리아 혁명이 일어나지 않는 것은, 제국주의적 서구 열강이 아시아·아프리카 후진국을 착취하여 얻은 이익으로 노동자들에게 높은 임금을 보장하기 때문이라는 것이다. 선진 공업국의 후진국에 대한 착취가 없다면 자본주의의 몰락, 즉 노동자의 혁명은 훨씬 빨리 이루어질 것이다. 아시아에서 제국주의를 몰아내는 민족주의 혁명은 노동자 계급의 투쟁 대상인 선진 자본주의에 대한 "측면 공격"이요, 그러므로 선진 공업국의 노동자 계급은 이 혁명을 지원해야 한다.[34] 아직 자본주의와 프롤레타리아가 충분히 발전하지 못한 중국 같은 후진국에서 반제국주의 혁명의 주된 세력은 민족 부르주아지이다. 후진국의 부르주아지는 결코 서구 프롤레타리아의 적이 아니라 동지이며, 양자가 동맹하여 자본주의적 침탈을 하는 제국주의 열강과 이들에 동조하는 후진국 내 봉건 세력을 공격해야만 한다.

서구의 프롤레타리아가 후진국의 부르주아지를 지원해야 한다는 레닌의 주장은 이들 국가 내에서 독자적 프롤레타리아 정당이 결성될 수 없는 것을 의미하는 것은 아니었다. 후진국 내에서도 공산당이 결성되어 이들 역시 민족 부르주아지와 마찬가지로 코민테른의 지원을 받는 한편, 대내적으로 상황에 따라서 부르주아지 세력과 일시적으로 협력하거나 자신들의 독자적 권력체를 구축·발전시킬 수도 있다는 것이 레닌이 주장하는 바였다. 마르크스의 역사관을 당시 상황에 맞추어 재조명한 레닌의 이론은 공산당

---

[33] 페어뱅크 등 788.

[34] 페어뱅크 355-6.

이 손문 같은 민족주의자와도 동맹하는 것을 가능하게 해주었다. 다른 한편 손문은 세력을 강화하기 위해서 각방으로 도움을 찾고 있었지만 공산세력 외에는 뚜렷한 원조자를 찾을 수 없었던 데다가 공산주의자들의 대중운동을 자신의 사상에 통합하는 것이 유용하다고 생각했다.[35] 손문과 그의 지지자들 입장에서도 당시 러시아의 경제정책을 크게 우려할 필요가 없었다. 그 무렵 레닌은 국가경제 파탄을 피하기 위해 계획경제로부터 후퇴하여 자본주의적 요소를 상당히 가미한 신경제정책(NEP)을 실시하던 중이었기 때문이다. 요컨대 국민당과 러시아 내지 코민테른과의 연결, 손문과 중국 공산주의자의 협조는 상호간의 필요에 의해서 이루어진 것이었다.

또 다른 한편 소련과 코민테른은 물론이지만 이제 결성이 시작된 중국 공산당 역시 국민당의 세력이 필요했다. 당시 중공은 이전부터 코민테른의 지도를 받고 있었지만 천 명 미만의 당원밖에 확보하지 못하고 있었다.

1923년, 중국 공산당은 코민테른의 지시에 따라 당원들이 개인 자격으로 국민당에 입당함으로써 국·공 합작이 이루어졌다. 합작이라고는 하지만 중국 공산주의자들은 여전히 자신들의 조직을 별개로 유지한 채 국민당원이 되었다. 이들은 국민당 외부에서 이 조직을 확대·발전시키면서 국민당 내부의 권력을 장악한다는 전술을 가지고 있었다.

중공의 이러한 행동방침에 대하여 손문으로서는 이미 혁명가로서 높은 위신과 명망을 누리고 있는 데다가 2만 명 이상의 당원을 확보하고 있어 큰 염려를 할 필요가 없다고 판단했다.

러시아와 코민테른의 협조하에 국민당은 강력하고도 효율적인 조직과 기구를 갖추게 되었고, 여기다가 손문은 자신이 수년 전부터 주창해 온 삼민주의를 국·공 합작의 상황에 맞게 수정하여 당 이념의 기초로 삼았다. 이에 덧붙여서 국민당은 상설 군사학교인 황포 군관학교를 통해 손문의 사상에 투철한 군대를 양성했다. 국민당 군대는 수차의 전투를 통하여 정예임

---

[35] 같은 책 357.

을 입증했다. 이로써 국민당은 광동 지역에 군사력을 바탕으로 하는 정당독재의 국가권력을 확립하게 되었다. 이렇듯 국민당의 세력을 강화하고 혁명을 준비하던 중 1925년 3월 손문은 갑자기 사망했다.

2) 반제국주의적 민중운동과 국민당의 중국 통일

손문 사망 후 3년은 제국주의와 군벌에 저항하는 민족적 민중운동이 거대한 물결을 이루어 전 중국을 휩쓸었다. 이 시기에 국민당은 광동으로부터 북벌을 단행하여 대단한 성공을 거두었다. 북벌의 성공은 국민당 정부를 광동의 지방정권에서 전 중국을 대표할 수 있는 중앙정권으로 강력해지는 것을 가능케 했다.

거대한 변화는 5·30 운동이라고 불리는 민중운동에서 시작되었고, 이 운동의 발단은 1925년 5월 상해에서 일어난 노동운동과 그것에 대한 영국의 탄압에서 생긴 충돌이었다. 5·4 운동과 마찬가지로 이 운동 역시 전국으로 파급되었고, 여기에 중국인들은 범계층적으로 호응했다. 5·30 운동은 규모면에서 이전의 어떤 다른 운동보다 더 큰 것이었다. 이 운동은 반자본주의적 노동운동이 반제국주의적 민족운동과 결합된 것이었다.

당시 영국·일본 등 제국주의적 열강들은 그들이 조약으로 획득한 특권을 행사하는 한편 자본의 진출을 계속하고 있었다. 또 외국인들은 중국 내 근대적 공업체의 대부분을 소유했고, 세관과 정부 독점사업의 고위직을 차지했다(관세나 정부 수익사업의 수입금은 거의 대부분 외국에 대한 중국의 부채 변제를 위해 사용되었다). 이들은 홍콩이나 천진天津 같은 조차지는 물론, 남만주나 조계가 있는 상해上海 같은 도시를 사실상 지배하고 있었다. 외국인들이 경영하는 기업의 근무조건은 가혹했고, 이것에 대한 노동자들의 저항이 제국주의에 저항하는 애국적 감정의 뒷받침을 받아 거대한 민중·민족 운동으로 발전한 것이다.

여기서 주목할 것은 노동운동에 대한 중국 공산당의 반응이다. 중공은 이미 1920년대 초부터 다른 정치세력보다 발빠르게 노동운동을 지원·지도했는데, 공산당 주도하의 운동이 1923년 군벌 오패부吳佩孚에 의한 탄압으로 크게 위축되기는 했지만 1924년부터는 다시 활력을 회복해 오고 있었다. 5·30 운동이 일어나자 중공의 열성적 청년당원들은 노동운동 현장에 뛰어들어 이를 주도했고, 이것을 계기로 공산당의 세력은 급격히 확산되어 1925년 말에는 약 2만 명의 당원을 보유하기에 이르렀다. 공산당원은 노동조직에만 지배력을 행사한 것이 아니었다. 그들은 농민운동에도 손을 뻗쳤고 또한 국민당 내부에서도 영향력을 증대해 나가고 있었다. 국민당원, 특히 우파 성향을 지닌 당원들은 사회의 모든 계층을 포괄한 국가통일을 원했기 때문에 계급투쟁을 부추기는 공산당의 세력 확장에 경계하지 않을 수 없었다. 국·공 사이의 긴장은 계속되고 국민당 지도자인 장개석蔣介石은 공산당원에게 무력 공격을 하기도 했다. 그러나 당시 러시아와 코민테른의 최고 실력자 스탈린은 중공으로 하여금 계속 국민당과 협조관계를 유지토록 했고(아래 15장 참조), 국민당 역시 군벌에 대한 군사작전을 승리로 이끌기 위해 공산당의 도움이 필요했기 때문에 국·공의 합작은 불완전하나마 지속되었다.

북벌은 1926년 초부터 시작되었고 그 사령관은 일찍이 손문의 신임을 받아 군사 지휘권을 보유해 온 장개석이었다. 그는 이미 황포 군관학교 교장으로 있으면서 자신에게 충성을 바치는 많은 군사 엘리트를 배출한 바 있었다. 북벌의 목적은 물론 제국주의와 매국적 군벌을 타도하고 통일국가를 건설함에 있었다. 북벌은 대성공이었다.

군벌이 일소된 지역에서는 노동운동과 농민운동이 활발히 전개되었다. 노동자 및 농민의 조직은 확대되고 조직원수는 급증했으며, 이들의 행동방식은 자주 극단적으로 치달았다. 많은 자본이 노동운동이 격화된 지역에서 안전한 지역으로, 예컨대 무한武漢에서 상해로 이동하고, 토지 몰수 사태를 목격한 지주들 역시 도시로 이주하는 사태가 일어났다. 민족주의적 경제인이나 지주, 향신 출신의 국민당 지지자들은 이제 군벌 대신에 새로운 적과 대면하게 되었다.

국민당 내의 권력구조가 변동한 것 역시 북벌의 군사적 성공이 빚어낸 결과였다. 군대가 강력해짐에 따라 정치적 협상과 조절이 아니라 군사력이 당의 조직과 정책에 중요한 영향을 미치게 된 것이다.[36] 1927년부터는 군부 지도자 장개석의 세력이 부상하였다. 장개석에게 충성을 바치는 국민당군의 장교(특히 황포 군관학교 출신)들은 지주·향신 출신이 대부분이었고, 설사 그렇지 않다고 할지라도 권력의 핵심에 접근해 있는 계서제 집단의 간부들이 무산계급의 혁명으로 국가와 계급이 소멸한다는 공산주의적 이론에 찬성할 수는 없었다. 군부세력은 압도적으로 반공적 입장을 견지했다. 장개석과 그 추종자들은 국민당 내 우파와 손을 잡고 좌파 및 공산당과 대립했다.

3) 전통적 지배세력에 기반하는 근대화정책

장개석은 공산주의 내지 노동운동에 대해서는 단호한 태도를 취했다. 1927년 4월, 그는 상해에서 그곳의 반공주의자·지하조직 그리고 외국인들의 도움을 받아 여전히 국민당을 동맹자로 여기고 있는 공산당원과 노동자들을 사전 경고없이 공격하여 무참히 살해했다(상해 쿠데타). 이러한 가운데 그해 7월에는 공산당에 호의적이었던 좌파마저 반공 노선을 분명히 하게 되자 마침내 손문의 용공정책은 파기되었고, 이로써 3년 7개월의 국공합작은 끝이 났다.

목적과 이해관계에 있어서 같지 않았지만 반제국주의·반군벌이라는 애국적 대의 아래 상호 이익을 위해 연합했던 두 정당은 공동의 적이 어느 정도 제압되자 각자의 목적을 더 많이 추구하게 되었고, 이로써 그간 자제되었던 상호 적대감이 분출될 수밖에 없었다.

공산당이 이탈한 후 국민당은 군벌 및 제국주의 열강과 타협하게 되었다. 통일을 위한 북벌은 계속되었지만 그 목적은 모든 군벌과 제국주의를

---

[36] 페어뱅크 등 794.

타도하자는 원래의 혁명적 성격에서 상당히 후퇴했고, 이로써 민중의 호응 역시 약화되었다. 이제 장개석 군대와 군벌은 이해관계에 따라 협조하기도 하고 투쟁하기도 했는데, 북벌군에는 일부 군벌들의 군대도 합류했다.

장개석은 북벌을 통하여 군벌통치를 일소하지는 못했지만 중국을 훨씬 더 통일적 국가로 형성했다.[37] 그는 특히 1930년 중원대전中原大戰 이후에는 군벌들에 대해서 어느 정도의 통제권을 확립했고, 국민당 내부에서도 반대파를 제압하여 독재적 기반을 마련했다.

장개석의 국민당 독재에 의해 통치되는 새 국가의 수도는 남경이었다. 남경 정부는 외국으로부터도 전반적인 승인을 받았고, 한걸음 나아가서 열강들과는 적극적 협상을 통하여 이들이 과거에 불평등한 조약을 체결함으로써 획득한 권리(예컨대 영사 재판권)를 폐지하고 완전한 주권을 회복하고자 노력했다. 이러한 노력은 상당한 성과를 거두었다. 1933년에 관세 자주권이 완전히 회복되었고 외국인 조계 역시 33개소에서 13개소로 줄어든 것이 그러한 예이다. 외국에 대한 강력한 정책은 1931년 이후에는 약화되었다. 전반적으로 국민당 정권은 제국주의적 열강과 타협과 유착을 통하여 통일 과업을 이루고자 했다. 외국 열강은 국민당을 원조하여 중국 내 질서를 유지케 함으로써 기득권을 온전히 하고자 했고, 국민당 역시 외국과 투쟁하는 것보다는 협조관계를 유지하는 것이 일본을 견제하는 데나 경제를 활성화하는 데 유리하다고 판단했기 때문이다. 예컨대 상해 같은 대도시에서 열강의 조약상 권리를 보존해 두는 것이 오히려 당시 중국을 침략하려는 일본에 대한 적절한 방책이 될 수 있었다. 더욱이 국민당은 군벌과 공산당이라는 적을 진압해야 하는 부담을 안고 있었다.

국민당의 권력 기반은 절강 재벌(상해를 근거로 하는 대금융, 산업자본가)을 주축으로 하는 경제인과 주로 지주·향신 계급 출신의 군대세력이었

---

[37] 장개석의 국민당이 전 중국에 통일을 가져왔다고 해도, 그것이 군벌과의 타협에 의해 성립된 것인 한 통일은 상당히 불완전한 것이었다. 이러한 점은 앞으로 점점 명확해질 것이다. 야마다 다쓰오 「제1차 국공합작과 장개석의 대두」 민두기 편 『중국 현대사의 구조』[청람 1983] 146 참조.

다. 장개석과 국민당 정권의 당면 목적은 일본과 같은 강력한 근대적 통일 국가의 형성과 경제적 근대화였고, 이 목적에 비한다면 농민이나 노동자 등 피압박계층 내지 국민 전체의 권익 신장은 부차적 중요성만 가질 뿐이었다.[38] 당시 중국의 여건상 이러한 목적 달성은 쉽지 않았다. 전국을 통일했다고는 하지만 실지로 관장하여 조세권을 행사할 수 있었던 지역은 절강·강소 등 수개 성에 불과했고, 다른 지역은 사실상 지방 군벌이 장악하고 있었다. 군벌들은 계속 반란을 일으켰고 국민당은 이들과 전투를 벌이거나 협상해야만 했다. 또한 공산당 역시 끈질기게 도전하는 데다가 일본은 만주를 침공하여 중국에 대한 야심을 노골적으로 드러냈다.

이러한 상황에서 중국의 경제적 여건은 극히 후진적이었다. 가난과 고리대에 시달리는 농업 분야는 말할 것도 없지만 교통 및 통신 시설은 극히 미약했고, 4~5억의 거대한 인구가 생산하는 공산품은 당시 인구 850만의 벨기에 수준에도 미치지 못했다.[39] 상해 같은 대도시를 거점으로 하고 있었던 국민당은 농촌을 효율적으로 장악하지 못했고 이에 따라 토지세, 즉 전부田賦를 부과할 수 없었다. 따라서 토지세는 각 성에 일임되어 있었고, 성 정부는 일반적으로 지주들을 자극하지 않았다.

국민당 정권의 세수 중 약 50%는 해관수입海關收入이었고, 그밖에 전매수입과 물품세가 있었으나 소득세는 존재하지 않았다. 물자의 유통과 소비에 과중한 부담을 주는 조세정책은 국내외적으로 투자나 자본 유치를 방해했고, 대중의 구매력을 감축시켜 공업 발전에 부담이 되었다.

국민당은 농촌을 개발하기 위한 어떠한 정책도 실천에 옮기지 못했다. 이 정부는 전통 농업경제의 부정적 측면(후진적 기술과 경영, 효율성 낮은 농기구, 농민에 대한 지주와 상인의 횡포, 나태 …)을 제거하지 못했고, 전반적으로 지주의 권리를 그대로 인정·보호하는 선을 넘지 못했다.[40]

---

[38] 고지마 신지 등 115.

[39] 페어뱅크 등 800.

[40] 페어뱅크 364; 민두기 『중국근대사론』 54-5.

또 국민당은 경제인을 보호하고 기업활동을 보장함으로써 도시 부르주아지를 당의 지지세력으로 확보하는 일에 실패했다. 장개석은 1927년 4월 상해에서 반공산당 테러를 감행한 직후 이미 그곳의 주요한 기업인들에게 대출이나 기부를 강요하거나 재산을 압류했고, 이후에도 계속 폭력적 수단을 강요하여 경제인들을 핍박했다.[41]

국민당 정권은 기업활동의 자유와 자율성을 보장하지 않았고, 상공업을 촉진하는 정책을 추진하거나 자금이 생산 기반에 투자되도록 하는 제도적 기반을 확립하는 일에도 미진했다. 국가의 재정·경제 정책으로 전체의 경제가 활성화되기보다는 오히려 권력의 핵심에 있는 소수인의 개인적 이익이 도모되었다. 국민당 치하에서도 경제적 성장과 산업의 근대화가 계속되었지만, 민간 기업의 자율적 발전과 기업인의 진취적 의욕은 정부의 간섭과 소수 권력자의 위압 앞에 상당한 제한을 받았다.

잘 알려진 바와같이 국민당 정권은 매우 부패해 있었다. 국공 분열 이후 공산주의자들이 가졌던 청년주의적 정신과 이상은 크게 상실되었고, 여기에 더하여 과거의 관료와 군벌로서 국민당에 영입된 자들의 무분별한 행동원칙과 모리행위로 국민당 본래의 혁명정신마저 크게 희석되었다.[42] 후술하겠지만, 이런 점은 중국의 비참한 현실을 사회주의 유토피아로 만들려는 열망에 불타는 공산당 청년들의 행태와 크게 대조되었다. 집권당으로서의 국민당은 이제 권력과 이익의 투쟁 장소로 변모되어 있었고, 이로써 민심의 점차적 이반도 불가피해졌다.

남경 정부는 국민당의 독재와 군부를 바탕으로 유지되었고, 당·군·정의 중심 인물은 장개석 총통이었다. 장개석은 헌신적 애국자이기는 했지만 결코 민주적 인물은 아니었다. 그는 중국사회도 어쩔 수 없이 점점 다원화되고 있다는 것도, 그리고 다원화된 사회에서 국가조직과 정치가 어떠해야 한다는 것도 이해하지 못했다. 그의 사고와 행동은 오히려 정력적인 창업

---

[41] 스펜스 1권 420-1.　　　　　　[42] 페어뱅크 366-7.

군주와 비슷했다. 그는 자신의 권력을 강화하기 위해서 파벌이 쟁투하는 국민당보다는 자신에게 철저히 복종하는 남의사藍衣社 같은 조직을 이용했고, 이로써 그의 통치는 파시스트적이 되었다. 그는 국가의 통일에 방해되는 어떠한 반대세력도 용납하지 못했다. 남경 정부 치하에서는 언론·학원·노동조합·문화단체 등이 끊임없이 감시·통제·억압당했고, 이들이 복종하지 않으면 테러를 가하거나 체포·살해하는 경우도 그야말로 다반사였다. 장개석은 중국사회에 민족 통일이라는 대의와는 다른 독자적인 목표가 있을 수 있다는 생각을 할 수 없었고, 또한 경쟁적인 여러 통치 단위가 공존할 수 있다는 것도, 정치에 독자적인 생활 영역이 있을 수 있다는 것도 용납하지 않았다. 그가 항일보다 반공에 더 큰 힘과 관심을 기울인 것 역시 이러한 사정에서 연유하는 것이다. 장개석의 사고와 행동에서도 우리는 중국적 전통의 무거운 짐을 확인할 수 있다.

장개석은 1936년 말 서안 사건西安事件이 일어나기 전까지 공산군을 토벌하고 공산주의 운동을 억압하는 데 상당한 성공을 거두고 있었다. 그러나 그는 이 유리한 입장을 끝내 유지하지 못하고 공산당에게 패배하고 만다. 공산당의 승리로 중국 대륙은 사회주의 국가로 통일되었다. 이것은 그 자체만으로도 혁명이라고 칭해질 수 있을 만큼 획기적인 사건이었다. 19세기 이래 중국에서는 공산혁명 전까지 수차의 개혁과 혁명이 있었다. 청말의 중체서용적양무운동이나 강유위의 급진적 개혁, 청조가 멸망한 후에 새로운 민주공화국을 수립하려는 시도, 그리고 국민당의 근대화와 대륙 통일을 위한 노력 — 이 모든 것이 실패한 데 반하여 오직 공산혁명만이 성공할 수 있었다. 중국 공산당은 미약한 군사력으로 국민당을 제압했고, 제국주의적 세력과도 과감히 싸워 중국 대륙을 통일하고 여기다 사회주의 체제를 확립했다. 왜 중국 땅에서는 오직 공산혁명만이 소기의 성과에 도달할 수 있었을까?

그것은 중국의 공산혁명이 앞선 개혁이나 혁신과는 달리 전통적 기반과 역량에, 즉 농촌적 기반과 농민의 역량에 기초한 혁명이었기 때문이다. 다음에서는 이 문제를 논하기로 하자.

15 장

보편사적 흐름과 공산당의 적응 1: 반제국주의 · 반봉건 농민혁명

1 절
5 · 4 운동과 공산주의

1910년대 청조가 멸망하고 민주공화국을 수립하려는 노력이 보수세력에 의해 좌절된 후, 북경대학의 지식인들은 중국사회가 근대화하기 위해서는 무엇보다도 중국인들의 의식과 가치관이 변혁되어야 한다고 믿고 정신개조운동을 전개했으며, 이것이 큰 반향을 일으켰음은 앞에서 이미 언급했다. 신문화운동이라고 불리는 이 도덕적 · 지적 · 의식적 서구화 운동은 여러 가지 점에서 그 영향이 제한될 수밖에 없었다. 우선 중국의 거대한 문화 전통은 아직 서구 문물에 무지한 대부분의 중국인에게는 물론이지만 개화된 지식인들에게서조차 여전히 그 힘을 상실한 것이 아니었다. 더욱이 1차 세계대전으로 서구의 과학기술 문명에 대한 신뢰가 무너지면서 많은 지식인들이 중국적 정신문명의 평화적 성격에 대한 인식을 새롭게 하게 됨으로써 신문화운동의 주장 역시 전과 같은 호소력을 가질 수 없게 되었다.

이 무렵에는 많은 보수주의자가 진독수 · 호적 등과 논쟁하면서 중국 고유문화가 서구 현대문화보다 우월하며 공자의 정신이 전쟁으로 파괴된 세계를 구할 수 있다고 주장하거나, 각 문화는 나름대로 특색이 있으므로 문화의 선 · 후진은 없다는 이론을 내세우면서 서구문화의 진보성을 부인했다.[1] 이

---

[1] 신승하 · 임상범 · 김태승 『20세기의 중국』 [서울대 출판부 1998] 151ff 162ff 참조.

들은 서구문명을 배척하거나 그렇게 극단적이지는 않더라도 중국의 기본틀 속에서 서구문명의 진보적 측면을 수용하려는, 이를테면 중체서용적 태도를 견지했다.[2]

그러나 당시 중국의 사회경제적 조건에 비교한다면 정신적 분야에 있어서의 논쟁은 극히 작은 의미를 가질 수밖에 없었다. 전국민의 80%가 훨씬 넘는 사람들이 농업에 종사하고 있었고, 경제인의 세력이 제대로 성장하지 못한 중국에는 진독수를 비롯한 신문화 운동가들이 내세우는 민주주의와 과학을 발전시킬 실질적 조건이 구비되어 있지 못했다.

총체적 역량이 결여된 상황에서 정신개조를 목적으로 하는 운동은 일시적 각성을 유발할 수는 있어도 사회를 지속적·적극적으로 형성할 수 있는 힘이 될 수는 없었다. 원래 사회란 여러 이념 내지 가치관이 상호 투쟁하는 장소이며, 어떤 이념이 승리할 수 있는지 결정하는 것은 무엇보다도 당시 사회의 정치적·경제적·사회적 여건이요 세력관계이다. 이러한 여건과의 역학관계를 무시하고 어떤 이상을 그 사회가 가진 문제에 대한 해결책으로 제시하는 것은 한갓 허구로 귀결될 수밖에 없다.[3]

당시 많은 지식인과 정치인들은 국가적 위기라는 현실적 긴박함 속에서 정치적 소극성, 탈민족주의적 보편성 그리고 점진성 등 신문화운동의 투쟁 방식에 만족할 수 없었다. 이러한 의미에서 5·4 운동은 신문화운동보다 훨씬 더 중국의 현실이 반영된 역사적 사건이었다. 이 운동에 참여한 많은 젊은이들은 국제주의를 표방한 신문화운동의 지도자들과는 달리 서구적 제도와 사상에 대하여 민족주의적 입장에서 비판적 태도를 견지했다. 또 이 운동에는 의식개혁 내지 교육을 우선하여 정치적 참여에는 거리를 둔 신문

---

[2] 같은 책 184ff 참조.

[3] 당시 중국에 서구의 자유주의를 전파하여 중국인을 계몽함으로써 문제를 해결하려고 한 사람은 호적이다. 그러나 이 사상을 수용하여 사회 주요 세력들의 사유와 행동의 지침으로 삼기에는 중국의 여건이 너무나 긴박했다. 호적의 자유주의에 근거한 점진적 개혁 이상은 당시 중국인들에게 결코 호응을 얻지 못했다. 민두기『중국에서의 자유주의의 실험』[지식산업사 1996] 특히 10-1 17 84 92 173ff 205 243 등; 송영배 347ff 참조.

화운동의 소극성에서 벗어나 정치 참여를 통하여 현실 문제를 해결코자 하는 능동적 의지가 발현되었다.[4] 5·4 운동 역시 반전통주의를 표방하고 있었다. 그러나 그 운동은 당시 제국주의 열강의 파렴치한 정책과 이에 동조하는 군벌에 대한 민족적·애국적 저항이었던 만큼 중국인 스스로가 자신의 이상을 가지고 민족의 운명을 개척해야 한다는 것을 깨닫는 계기가 되었고, 또 이 운동의 성공으로 중국인들은 자결 능력에 자신감을 가질 수 있게 되었다.

그 무렵 전통으로 복귀할 수도 없었고 또한 서구적 사상과 제도에도 만족할 수 없었던 중국의 젊은이들에게 가장 설득력있는 대안이 될 수 있었던 것은 바로 마르크스주의였다. 마르크스주의는 중국과 같은 후진국 러시아에서 전통적인 것도 아니고 서구적인 것도 아닌 새로운 국가체제와 사회형태를 혁명적으로 성취하는 데 기반이 된 이론이자 전략이었다.

원래 마르크스주의는 중국과 러시아 같은 후진사회에 대한 이론이 아니었다. 마르크스는 주로 자본주의적 산업사회를 연구·분석했고, 노동자 계급에 의한 혁명이론 역시 후진사회가 아니라 선진 산업사회에만 적용될 수 있었다. 마르크스의 이론이 적용되기에는 당시의 중국은 너무나 후진적이었다. 도시에 자본주의적 산업이 성장하고 있다고는 하지만 중국은 여전히 전통적 농업국가였고, 혁명을 성취할 산업 노동자 계급 역시 아직은 그 세력이 미약한 상황이었다.

그러나 민주주의와 자유를 최고도로 실현함과 동시에 자본주의가 가지는 부정적 측면(제국주의적 침탈, 빈부 격차, 물질 중심주의)을 극복할 수 있는 사상적 대안으로서, 인류의 역사는 반드시 더 나은 방향으로 혁명적 진전을 한다는 과학적 설명으로서, 그리고 혁명을 위한 행동을 촉구하는 윤리학으로서, 마르크스주의는 세계 어느 다른 곳에서와 마찬가지로 당시 중국에서도 많은 사람들을, 특히 지식인과 청년들을 매료했다. 그들은 이 사

---

[4] J. 첸 「5·4 운동의 성격」 『중국현대사의 구조』 90ff 참조.

상에서 전통적 지배와 서양의 침탈 양쪽을 부정하는 대안을 발견했다. 이러한 상황에서 문제 되는 것은 이 사상을 중국적 현실에 맞도록 변형하는 일이었고, 이러한 지적 과업을 중국 마르크스주의의 초창기에 있어서 가장 중요한 이론가요 모택동에게도 지대한 영향을 미친 이대조(1889~1927)가 훌륭히 수행했다.

2 절
이대조와 마르크스주의의 중국화

이대조는 5·4 운동의 지도자 중 한 사람이었고, 그 이후에도 줄곧 애국심과 민족주의적 정신으로 정치에 참여하는 젊은이들을 이끌었다.

마르크스주의의 중국적 변형은 무엇보다도 마르크스가 정립한 학설 자체가 완벽하고도 명백한 일관성을 가지지 못했기 때문에 가능했다. 그의 학설에는 소위 하부구조(물질적 기반)가 상부구조(제도나 사상)를 규정한다는 명제, 즉 경제적 조건이 인간의 의식을 결정하며 생산력이 생산관계를 일방적으로 결정한다는 명제와, 인간의 의지와 행동이 경제적·사회적 조건을 변경하여 역사를 창조할 수도 있다는 명제가 공존하고 있다.

이대조는 우선 마르크스의 사상에서 오직 장기적인 생산력의 발전만이 사회변혁의 필요조건을 형성한다는 결정론적 역사관보다 인간의 주체적 의지와 행동에 사회변혁의 역할을 부여하는 명제를 더 중시했다. 그는 하부구조가 일방적으로 상부구조를 결정한다는 명제에 동의하지 않았으며 양자가 상호 영향을 미칠 수 있다고 믿었다. 그래서 그는 물질적 기반 조성이 크게 미흡한 당시 중국이 처한 문제를 해결함에 있어서 경제적 발전을 고수한 것이 아니라 오히려 정신적 개조와 각성 그리고 각성된 정신으로 무장한 계급의 투쟁과 혁명을 더 강조했다.[5] 그는 영국, 프랑스, 독일보다 경

---

[5] M. 메이스너(권영빈 역) 『이대조』(李大釗) [지식산업사 1992] 116ff 152ff.

제적으로 후진국가인 러시아에서 혁명이 성취된 것에서 자신의 이론을 정당화할 수 있었다. 이대조에게 있어서는 중국이 혁명을 위한 물질적 기반을 발전시키지 못했다는 사실이 진보적 혁신을 이루는 데 어떠한 장해도 될 수 없는 것이었다. 한걸음 더 나아가서 그는 오늘날 우리로서는 도저히 받아들일 수 없는 주장까지 제기한다. 이를테면 중국의 낙후성이야말로 오히려 혁명을 성취할 수 있는 기반이 될 수 있는데, 그것은 중국문명이 오랫동안 정체함으로써 이미 발전한 구미 제국보다 혁명을 위한 더 큰 힘을 비축했기 때문이라는 것이다.[6]

신문화주의자들과는 달리 이대조는 중국의 전통적 문화를 일방적으로 매도하지는 않는다. 그 역시 전통문화가 가진 결점들을 인정한다. 그러나 그는 중국문화가 기본적으로는 건전하기 때문에 그것을 폐기할 것이 아니라 개혁해야 한다고 믿었다. 더욱이 그는 동·서 양문명이 각자의 결점을 각성하고 상대방의 장점으로 스스로를 보완하며(예컨대 서구의 물질문명의 병폐는 중국의 정신문명에 의해 보완된다) 서로 융합함으로써 더 위대한 문명을 창출할 수 있다는 신념을 피력했다. 그는 중국인들이 이 세계사적 과제에 책임을 져야 한다고 생각했다.[7]

이대조의 사상은 민족주의에 기반을 두고 있었다. 그는 전통문화, 특히 유교적 문화 자체를 비난한 것이 아니라 유교가 반동적으로 기능하도록 만들었던 현실을 혐오했다.[8] 위에서도 밝혔듯이 비록 유교가 황제권과 결합하고 정통 교리가 됨에 따라 보수적·권위적·억압적 기능을 했지만, 유교의 본래 정신은 비판적이요 민주적 성격을 가지고 있었다.

우리는 마르크스주의와 유교의 상충되는 점을 무시할 수는 없지만(예컨대 유교가 조화를 강조하는 데 반하여 마르크스주의는 계급투쟁을 강조한다), 양자 모두 현실 비판적이요 피억압자의 해방을 추구한다는 점에서, 그리고 궁극적으로 모든 인간의 경제적 평등과 대동적 화합을 동경하는 인

---

[6] 같은 책 89ff.　　　　[7] 같은 책 67f.　　　　[8] 같은 책 58.

본적 철학이라는 점에서 상호 결합할 수 있다는 사실 역시 간과해서는 안 된다. 마르크스주의에서 경제결정론보다 인간 의지의 능동성과 역사 창조성을 더 중시하는 이대조나 모택동의 사상에는 운명과 초월적 섭리보다 인간의 주체적 의지를 높이 평가한 유교철학의 영향이 완연하다.

이대조는 마르크스주의자로서 중국 내 프롤레타리아 계급투쟁을 중시한 것은 물론이지만, 다른 한편 전세계적 관점에서 중국은 자본주의 열강에 의해 침탈·착취당하고 있기 때문에 전체로서 프롤레타리아 국가요, 또 이 속에서 핍박받은 중국민은 전체로서 프롤레타리아 민족이라는 주장을 제기하면서 중국과 중국민이 제국주의에 대해 투쟁할 것을 호소했다. 그는 중국민의 제국주의에 대한 투쟁이 서구 프롤레타리아의 자본가에 대한 투쟁보다 더 혁명적일 수 있다고 믿었는데, 서구의 무산자들도 어차피 제국주의 침략자의 일부라는 것이 이러한 믿음의 근거였다.[9] 이대조의 이론체계에서는 마르크스적 계급투쟁과 반제국주의 민족투쟁은 동일한 것이 되었고, 이것이 앞에서 설명한 국·공 합작을 정당화할 수 있었다.

이대조에 의한 마르크스 이론의 중국적 변형은 계급투쟁의 주체에 대한 그의 사상에서도 찾을 수 있다. 신문화운동의 핵심인물로서 마르크스주의자로 전향한 진독수가 전통문화를 거부하는 국제주의적 입장에서 도시의 산업 노동자를 계급투쟁의 주체로 여기는 데 반하여, 이대조는 농촌에 눈을 돌려 농민이야말로 사회주의 혁명을 성취할 계급이라고 생각했다.[10] 그는 중국민의 대다수를 이루는 농민이 해방되지 않고는 전체 중국을 해방할 수 없다고 믿었다. 그는 당시 군벌·지주·향신·고리대금업자들에게 시달리면서 항거하는 농민들에게서 혁명의 진정한 원천을 보았다. 마르크스가 산업 노동자들에게 부여한 역사적 사명이 이제 중국에서는 농민에게 옮겨지게 된 것이다. 그는 공산주의자들이 농민운동을 지주에 대한 단순한 증오감에서 벗어나 계급의식화할 수 있도록 지도해야 한다고 주장했다. 1925

---

[9] 같은 책 221-2. 　　　　　　　　　　[10] 같은 책 104ff 274ff.

년 무렵에는 이대조뿐 아니라 팽배澎湃 같은 공산주의자들 역시 빈농이 혁명의 주체임을 인식하고 농촌운동을 벌였다.

이상 약술한 이대조의 중국적 마르크스주의를 통해서 우리는 중국 공산혁명의 성격을 짐작할 수 있게 되었다. 그것은 대내적으로는 지주에 대항한 계급투쟁이요 대외적으로는 제국주의 열강에 대항한 민족주의적 투쟁이자 또한 지주와 결탁하고 열강의 정책에 놀아나는 군벌에 대한 투쟁이었던 바, 이 투쟁의 가장 중요한 주체는 바로 억압받는 농민이었다. 문제는 과연 누가 어떤 방법으로 농민의 힘을 결집하여 투쟁의 전사로 만들 수 있는가였다. 이대조는 1927년 4월 초 북경의 군벌에 의해서 처형되었다. 그의 이론은 그해 7월 국공합작이 깨어진 이후 본격화된 모택동의 공산주의 운동에 대해 지적인 기반을 제공할 수 있었다. 모택동은 이대조가 생각하지 못한 혁명의 조직적 · 전략적 · 전술적 이론을 발전시키고 이를 투쟁 과정에서 적절히 활용하여 중국 대륙에 공산혁명을 성취하게 된다.

3 절
중국 공산당의 초기 활동과 중국적 공산주의의 대두

1919년의 5 · 4 운동을 거치면서 현실에 적극 참여하는 수백의 청년 · 학생 조직이 전국적으로 출현했고 노동자 단체나 정치단체 역시 설립되었는데, 이들 중 상당수가 급진적 · 좌익적 성향을 지니고 있었다. 또 이 무렵 중국 초기의 중요한 공산주의자인 이대조와 진독수가 그의 제자들과 함께 각각 북경과 상해에서 활동했다. 이들은 노동자들이 단체화하는 것을 지도하기도 하고 그룹을 조직하여 공산주의를 연구하기도 했다.

중국에서 공산주의적 활동이 본격화 · 조직화하는 데에는 소련(러시아)과 각국 공산당들이 결성한 국제적 단체인 코민테른의 도움이 컸다. 코민테른은 1919년에 창설되었는데 그것을 주도하는 국가는 소련이었다. 이미 밝힌 바와 같이 당시 중국의 급진 지식인들은 소련과 공산주의에 호감을 가지고 있었고, 이러한 가운데 레닌의 명을 받은 코민테른의 사자 보이틴스키는 1920년 4월 중국을 방문하여 이대조와 진독수를 만났고, 또한 상해에서 공산당이 결성되는 것을 도왔다. 이해 여름부터 상해 이외의 다른 대도시에도 사회주의 청년단 내지 공산주의적 그룹이 만들어졌다. 이 시기에 공산주의 운동에 참가한 자들은 주로 5·4 운동에 적극 참가한 청년 학도들로서 이대조와 진독수의 제자들이 대부분이었다. 다음해인 1921년 마링이 보이틴스키 후임으로 상해에 도착하여 정식 중국 공산당의 창립을 촉구했고, 그해 7월 중국의 각 지역과 일본 유학생을 대표하는 여러 인사(예컨대 이달李達·장국도張國燾·모택동)가 참가한 가운데 창당대회가 열려 진독수가 당 총서기로 선출되었다.

초기 중국 공산주의 조직의 또 다른 기원은 프랑스 유학생(고학생)들이 1921년에 결성한 청년 중국 공산당에서 찾을 수 있다. 이들은 프랑스와 독일에서 그곳 공산주의자들로부터 마르크스주의를 배우는 한편 노동운동 같은 사회주의적 활동에도 참여했는데, 이로써 그곳 치안당국과 충돌하기도 했다. 수년 후 귀국하여 활동하게 될 유학생들 가운데는 후일 모택동의 공산혁명에 크게 기여하는 주은래周恩來·주덕朱德·등소평鄧小平·진의陳毅·섭영진聶榮臻 같은 인물들이 있었다.

중국의 공산주의자들은 청년주의적 이상과 정열을 가지고 노동자와 농민들을 조직하여 군벌·지주·자본가·제국주의자들과 투쟁했다. 이들의 투쟁은 5·4 운동 이후 정신적 분위기와 민족적 열망에 상당히 부응하는 것이었다.[11] 그러나 초창기에는 이들의 세력이 미약했고 그런 의미에서 레닌과 코민테른의 지시에 의해 이루어진 국공합작은 적절한 조치였다. 초기

---

[11] 이런 의미에서 5·4 운동의 최대 수혜자는 공산당이었다. 정죽원(鄭竹園)(홍순도 역) 『중국의 천하대란』[도서출판 하늘땅 1992] 97. 여기에 비해서 국민당은 5·4 운동을 통해 발현된 민중과 민족의 에너지를 결집함에 있어서 공산당에 뒤졌다. 손문은 대중의 힘보다는 전통 중국적인 엘리트에 의한 대중 지도에 더 큰 신뢰를 가졌고, 장개석은 학생운동을 경원시하거나 탄압했다. 민두기 『중국 근대사론』 80.

공산주의자들의 활동과 조직에는 코민테른 내지 소련의 지령과 원조가 크게 도움이 되었지만 시간이 지남에 따라 중국의 현실과 괴리된 외래적 지도가 오히려 장애가 된다는 것이 드러났다.

기술한 바와 같이 레닌은 중국 공산당이 국민당의 반제국주의 민족(부르주아)혁명에 협력해야 한다고 생각했다. 국민당과 합작을 유지하려는 전략은 레닌을 이은 스탈린에게서도 계속되었다. 한편 중국의 공산주의자들은 국민당 내에서 노동 및 농민 운동을 전개했고, 또한 당원 확보 등 세력 확장을 위한 노력을 계속했다. 국·공의 대립은 날이 갈수록 날카로워졌고 이에 따라 국민당 우파로부터 공산당에 대한 비난도 격화되었다. 예컨대 국민당 우파의 이론적 지도자인 대계도戴季陶는 계급투쟁 이론이 삼민주의와 상용될 수 없다는 이유로 공산당을 축출할 것을 주장했다.

양자의 대립은 1926년 북벌이 성공하면서 본격적으로 표출되었다. 광대한 지역이 국민당의 통치 영역으로 들어오자 노동자와 농민들의 조직이 활성화되고 이들의 자본가와 지주에 대한 투쟁이 격화되었는데, 그중에서도 특히 농민운동의 발전은 괄목할 만했다. 1926년 6월 초, 전 중국에서 약 100만 명의 농민이 조직화되어 있었으나 그 수는 1년 후 약 10배로 증가되었다. 이들은 지주·향신에 대하여 지대 인하와 잡세 폐지를 요구하고 심지어는 토지를 몰수하기도 했다. 이들과 공산주의자들이 직접 관련을 가질 수 있었음은 물론이나, 비록 국민당이 지도하는 농민운동이라 할지라도 실무자는 국민당원의 자격을 가진 공산주의자인 경우가 대부분이었다.[12]

이 무렵 모택동은 국민당원으로서 농촌활동을 지도하면서 농민의 잠재력과 저항의식에 깊은 감명은 받았다. 그는 빈농이야말로 혁명의 주요 세력이 되어야 한다는 결론을 얻었고, 이를 위해서 공산당이 이들을 선도하여 더 철저한 조직과 무장을 갖추도록 해야 한다고 생각했다. 모택동은 농민투쟁이 급속히 강화되는 상황에 즈음하여 자신의 의견을 공산당 지도부에

---

[12] 신상초 『중국공산주의 운동사 — 1919년~1987년』 [집문당 1987] 43.

올렸지만 농민의 혁명적 잠재력과 토지 문제의 중요성을 전혀 이해하지 못했던 총서기 진독수는 이를 수차례나 짓밟아버렸다.[13]

모택동의 견해는 도시 노동자를 혁명의 주체로 여기는 원래의 마르크스주의에 반하는 것이었지만, 무엇보다도 중국 공산당을 조종하는 스탈린이나 코민테른의 정책과도 상충되었다. 스탈린은 반제국주의적 부르주아 민족혁명을 주도하는 국민당과 중공의 연합이 불가피하다는 신념하에 국·공합작을 계속할 것을 강력히 원했고, 중공의 지도부 역시 여기에 부응하여 어떤 희생을 치르고라도 국공합작이 결렬되지 않도록 노력했는데, 공산당이 농민투쟁을 선도 내지 조직화해야 한다는 모택동의 주장은 지주 출신 당원이 많은 국민당의 이해관계에 정면으로 배치되는 것이었다.

공산당의 태도가 미온적인데도 북벌 기간 중인 1927년 봄까지 화남지방의 농민운동은 격렬해졌고, 이것에 대해 이 지방의 군벌과 지주·향신은 국민당과 명시적·묵시적 협력을 하면서 무참한 탄압을 가했다. 또 중공의 지도부는 국공합작을 포기하지 않는 이상 당시의 노동운동에 대해서도 역시 적극적인 지원을 할 수 없었다. 이러한 결과로 5·30 운동과 북벌을 계기로 크게 일어났던 농민운동과 노동운동은 1927년 중반이면 쇠퇴하게 된다. 요컨대 스탈린 및 코민테른 그리고 중공의 지도부는 현명하지 못한 정책에 얽매임으로써 민중, 특히 농민의 세력을 조직화하고 그들의 투쟁 의지를 활성화할 수 있는 기회를 놓치게 된 것이다.

다른 한편 장개석은 1927년 4월 상해 쿠데타 사건 이후 반공 입장을 명백히하고 공산당에 대한 탄압을 계속했다. 이로써 중국 내 공산당 세력은 크게 약화되었다.

1927년 7월, 국민당의 좌파마저 공산당에게서 등을 돌리자 국공합작은 결렬되고, 8월에는 진독수가 그 책임을 추궁당해 당 서기장직에서 사퇴했다. 그의 후임은 과격파인 구추백瞿秋白이었다.

---

[13] E. 스노우(홍수원·안량노·신홍범 역)『중국의 붉은 별』[두레 1995] 상권 188.

이 무렵 중국 공산당은 코민테른의 지령에 따라 격렬한 무장봉기로 전략을 바꾸었다. 그러나 1927년 8월 1일 주은래·주덕·진의·하룡賀龍·유백승劉伯承·엽정葉挺·임표林彪·장국도·엽검영葉劍英·섭영진 등, 후일 공산혁명에 중요한 역할을 하게 될 실로 기라성 같은 젊은 인물들이 참가한 남창南昌 봉기나 다른 수차의 도시 군사 반란은 모두 실패로 돌아갔다.

1928년 7월, 모스크바에서 열린 중공의 6차 전국 대표회의에서 남창 봉기 이후 1년간의 과격 무장폭동에 대한 반성의 기운도 있어 구추백이 물러났지만 도시에서의 무장투쟁은 계속되었다.[14] 그러나 도시는 민중이 결집하여 세력화할 수 있는 거점이 될 수 없었다. 국민당 경찰과 정보원이 활동하고 대규모 병력이 근처에 주둔하는 도시에서는 무력봉기도 성공할 수 없었을 뿐 아니라 지하활동마저 힘들었다. 그런데도 중공의 지도부와 코민테른의 사고는 도시에서의 노동자를 통한 혁명이라는 원래의 마르크스주의적 투쟁전략으로부터 쉽게 벗어나지 못했다. 진독수·구추백 이후 코민테른의 비호하에 당권을 장악했던 여러 지도자들, 즉 이입삼李立三이나 이를 몰아내고 1931년부터 활동한 왕명王明·박고博古·낙보洛甫 등 젊은 소련 유학파에 이르기까지, 모두 도시를 투쟁 거점으로 생각하고 노동자를 혁명의 주체세력으로 보는 점에서는 전임자들과 다를 바 없었다.

이에 반하여 모택동 노선의 핵심은 농촌과 농민을 혁명의 거점과 주체로 삼는 것이었다. 사실 중국에서의 공산혁명은 마르크스주의를 중국적 상황에 맞도록 개조한 모택동의 사상 및 전략이 원래의 마르크스 학설 그대로를 고집하는 융통성없는 중국 공산당 지도부의 교조적 행태에 대해 승리하는 것으로부터 본격적으로 전개된다.

진독수·구추백·이입삼 그리고 왕명 등이 모두 해외(프랑스나 소련)에 유학한 데 반해서 모택동은 오직 중국에서만 활동하면서 그의 사상과 전략을 정립했다는 사실은 하나의 상징적 의미를 가진다.

---

[14] 김하룡 『중국정치론』 [박영사 1984] 23.

4 절

모택동과 중국적 공산주의의 정립

1) 모택동식 혁명 주체와 혁명전략의 확립

1918년, 북경에서 이대조의 영향으로 마르크스주의자가 된 모택동은 그이후 고향인 호남성으로 돌아와 사회주의 활동을 했고, 1921년 중국 공산당 창당대회에 호남성 대표로 참가하여 창립자의 한 사람이 된다. 그는 1925년 5·30 운동 이후에는 농민의 혁명적 잠재력을 점점 깊이 알게 되었고, 이것을 당 지도부에 피력했지만 진독수에 의해 무시되어, 공산당이 세력을 크게 확장할 기회를 놓치게 되었음은 위에서 언급한 바와 같다.

그는 국공합작이 결렬된 후 1927년 9월, 호남성湖南省의 당 서기장으로 있으면서 이 지역의 추수秋收 폭동을 지휘했으나 실패했다. 이후 그는 약 천명의 패잔병을 이끌고 강서성江西省과 호남성의 경계 지역인 정강산으로 도주하여 정주했다. 그는 이듬해, 남창 봉기 등에서 수차례 군사적 실패를 한후 약 2천 명의 군사와 함께 각지를 전전하던 주덕과 합류하게 된다. 주덕은 원래 귀주貴州, 운남성雲南省에서 활동하던 군벌이었으나 늦게 공산주의자가 된 인물로서 강건하고 용감한 장군이었다.[15] 그는 공산주의의 대의에 헌신했을 뿐 권력욕을 가지지 않은 인격자였다. 모택동이 이러한 인물을 만나게 된 것은 실로 행운이었다. 그는 모택동보다 7세나 연상이었으나 항상 그의 충실한 지지자로 남아 있었다. 이들은 자신의 장병과 호남성 남부의 농민군을 합쳐 약 만 명의 군사조직을 만드는데, 흔히 주모군朱毛軍이라고 불리는 이 군대는 나중에 중국을 통일하게 될 홍군紅軍의 모태가 된다.

오지인 정강산에서의 생활은 의·식·주 모든 면에서 가혹했다. 그러나 이러한 상황에도 군대의 사기는 왕성했다.[16] 그곳에는 지휘관과 병졸을 하나로 묶는 뚜렷한 목표가 있었다.

---

[15] 주덕의 인간과 업적에 대해서는 A. 스메들리(홍수원 역) 『위대한 길』 [두레 1993] 참조.

[16] 고지마 신지 등 118.

당시 병졸은 거의가 가난한 농민 출신이었다. 모택동 및 그와 뜻을 같이 하는 공산주의자들의 목표가 농민을 주체로 하는 사회주의 혁명이라면, 토지의 재분배는 그것의 핵심적 내용이 될 수밖에 없는데, 이것이야말로 농민들이 간절히 원하던 바였다. 지도자와 병졸이 하나의 혁명적 대의를 위해 투쟁한다는 의식은 병졸들에게 자발성과 참여의식을 유발할 수 있었고, 또한 군대를 민주적으로 운영하는 것을 가능케 했다.

홍군에서는 자주 장병이 모두 참가하는 회의가 열렸으며, 여기서는 계급의 차별없이 모든 사람이 군사 전반에 관한 의견을 자유롭게 개진할 수 있었다. 이러한 회의를 통해 군대의 운용과 작전 및 전투에 대한 문제점과 개선책을 도출하고 장병의 능력을 확인하여 정당한 인사 관리를 위한 자료를 수집할 수도 있었지만, 이보다도 더 중요한 회의의 효과는 장병들에게 중국 과거의 위대한 농민전쟁과 태평천국의 반란에서 비롯한 혁명의 대열에 직접 참가한다는 자부심과 사명감을 일깨울 수 있었다는 것이다. 이런 점에서 회의는 홍군의 중요한 교육수단이었다. 실지로 홍군은 교육을 매우 중요시했다. 교육을 통해 정신을 무장시키고 행동방침을 주지케 하며 지식을 넓힐 수 있도록 했다. 문맹퇴치 역시 교육의 목표 중 하나였다. 배운다는 사실에서 홍군의 병사들은 자부심을 가질 수 있었다. 원래 전통 중국에서 배움이란 사실상 소수 계층에만 한정되어 있었는데 그것이 여기서는 가난한 농민의 아들에게도 개방된 것이다. 교육은 소극적으로는 농민 출신 병사에게서 흔히 찾을 수 있는 폭동주의나 비적 같은 행동양식에서 벗어나게 하고, 적극적으로는 지주나 향신에게 시달려서 수동적일 수밖에 없었던 농민들이 인간적 가치를 깨닫고 자신의 임무에 긍지를 가질 수 있도록 만들었다.[17]

이러한 점은 장교 대부분이 지주 출신으로 이루어져 농민생활 개선에 별관심이 없던 국민당 군대와는 현저히 대조되는 것이었다. 국민당군의 장교들은 많은 경우 농민 출신 병사들에게 억압적·권위주의적이었고, 병사들은

---

[17] 스메들리 247ff.

군대의 운용과 작전에서 소외된 단순한 명령 수행자일 뿐이었다.

장비·보급·훈련·병력 등 모든 점에서 열세인 홍군이 살아남는 길은 엄격한 기율을 유지하고 인민의 호감을 살 수 있는 행동방침을 준수하는 길밖에 없었다. 이에 모택동·주덕 등 지휘관들은 3대 기율과 8대 규칙을 발전시켰고, 이것을 충실히 준수한 홍군은 군기가 엄정할 뿐 아니라 민간인에게 친절하고 활기찬 군대가 될 수 있었다. 국민당의 많은 장병이 보여준 바와 같은 민간인에 대한 폭행과 약탈 심지어 살인까지 하는 행태는 홍군에서는 거의 전무했다.

정강산에서 군대를 양성할 무렵 모택동과 주덕 등은 새로운 형태의 전술을 개발했는데, 이것은 비교할 수 없이 우세한 병력과 장비를 가진 적군의 주력부대와 정면 대결을 피하면서 아군이 가진 시간적·공간적 이점과 기동성을 최대한 발휘하여 승리를 꾀하는 변칙적이며 융통성있는 (유격)전술이었다.[18] 이것은 중국적 지형과 상황에 맞는 전략·전술이며, 여기에는 중국의 긴 역사를 통해 치러진 수많은 전쟁과 전투에서 얻은 경험과 이 경험을 바탕으로 개발된 원리·원칙이 녹아들어 있었다. 모택동에게는 유격전술과 정치선전이 불가분의 관련을 맺고 있었다. 유격전에는 인민의 협조가 절대적으로 요구되는 만큼 이 목적을 위해서라도 이들에게 공산주의 혁명의 당위성을 선전하여 지지를 획득하는 일이 긴요했다.[19] 홍군의 엄정한 기율과 함께 정치선전이 뒷받침된 유격전술은 국민당 및 일본과의 전투에서 커다란 성과를 가져다주었다. 정강산을 기반으로 확대된 지역에서 모택동과 주덕 등은 그들이 생각하는 방향으로 혁명과업을 진전시켜 나갔다.

2) 중국식 공산주의의 확장과 국민당의 초공전

1928년 여름부터 모택동들은 근거지를 확대하면서 이 지역에다 소비에트(주민자치적 협의체 정부조직)를 수립함과 동시에 토지개혁을 실시함으

---

[18] 스노우 상권 201f 310ff.　　　　　　　　[19] 김하룡 29f.

로써 토지를 갈망하는 가난한 농민들의 지지를 확보해 나갔다. 홍군의 건설과 농촌 소비에트의 건설은 모택동이 통할하는 지역뿐만 아니라 국민당과의 투쟁에서 살아남은 장국도·하룡·서해동徐海東·서향전徐向前 같은 군대 지휘자들의 세력 범위 내에서도 이루어졌다. 이로써 1930년까지 강서성의 서금瑞金을 본거지로 하는 모택동의 중앙 소비에트 지구 등 대소 열다섯 개의 농촌 소비에트가 성립되고, 정규군 6만의 홍군이 양성되기에 이른다. 이 무렵 중국 공산당이 지향하는 혁명은 농촌 무장할거를 혁명의 근본 전략으로 하는 모택동의 노선에 전체적으로 접근하게 되었다.[20] 그러나 이것이 도시와 산업 노동자를 중요시하는 교조적 마르크스주의자들의 세력이 약화 내지 소멸되었다는 것을 뜻하는 것은 아니었다.

1930년 5월, 당 중앙은 상해에서 전국 소비에트 구역 대표자 회의를 소집하여 이들에 대해 통일적 규율을 시도했는데, 이 무렵에도 당 지도부를 장악하고 있는 인사들은 여전히 마르크스 사상을 교조적으로 따르고 있었다. 당 총서기 이입삼은 농촌을 근거로 혁명세력을 충분히 양성한 후 점차 도시를 포위한다는 모택동의 혁명전략과, 정규전보다 유격전술을 선호하는 전투방식을 비판하고, 도시 노동자의 급격한 무장봉기를 주장했다. 도시란 지배계급의 머리와 심장이요 농촌이란 그 수족이므로, 치명적인 일격은 도시에 가해져야 한다는 것이 그의 지론이었다.[21]

1930년 6월, 이입삼은 노동자의 투쟁이 급속히 발전하는 등 혁명을 위한 객관적 조건이 성숙되고 있다는 판단하에 전국적 무장봉기를 제안했다. 이 제안은 중앙당 정치국에 수용되어 실행에 옮겨졌다. 모택동과 주덕은 이 계획의 무모함을 알고 반대했지만 다수 의견에 밀려 어쩔 수 없이 참가할 수밖에 없었다. 이입삼은 6여만 홍군을 3개 군으로 재편성하여 남창·무한·장사長沙로 진군케 했다. 이 도시를 점령하여 독립적인 성省을 확보하고자 함이었다. 이미 홍군은 농촌과 산악과 작은 도시에서 유격전술로 수차 승리

---

[20] 고지마 신지 등 120.　　　　[21] 스메들리 276; 신상초 71ff; 스노우 상권 204f 참조.

한 바 있지만 대도시에서의 전투는 완전히 새로운 상황이었다. 여기서는 전혀 농민의 지원을 받을 수 없었다. 홍군의 사기는 무척 높았지만 대도시 공격전의 결과는 대참패였다. 모택동은 인민과 게릴라의 관계를 물과 물고기에 비유한 바 있는데, 물을 떠난 물고기가 살 수 없었던 것이다.

이입삼의 계획이 실패로 돌아가자 공산당의 지도권은 박고·왕명 등 젊은 소련 유학파들에게 넘어갔다. 이 무렵 국민당은 도시에서 공산당과 노동자들의 조직을 성공적으로 분쇄했다. 이러한 국민당의 공격에 대하여 경험도 부족한데다 중국 실정에는 맞지도 않는 원래의 마르크스 이론을 고수하던 젊은 지도자들은 아무 적절한 조치를 취할 수 없었다.

1931년 이래로 고참 당원들 중 상당수가 중국 공산당 본부의 소재지인 상해를 떠나 서금으로 왔고, 1933년 초에 이르러서는 당 중앙 지도부 역시 이곳으로 이전하여 모택동과 합류하게 된다.

이입삼 주도의 무장봉기는 실패로 끝났지만 다른 한편 그것은 국민당과 열강에게 홍군의 위력을 보여준 사건이기도 했다. 모택동과 주덕의 군대는 실로 용감하게 싸웠고, 특히 이들 휘하의 명장 팽덕회彭德懷가 이끄는 병력은 일시적이나마 장사를 점령하고 호남성 노농병 소비에트(장사長沙 소비에트)를 수립했다. 이것은 열강의 도움을 받은 국민당 군대의 반격을 받아 9일 만에 무너졌지만 장개석에게 준 충격은 적지 않았다. 그는 이 사건을 계기로 강서성에 있는 모택동의 중앙 근거지를 소탕하기 위해 대병력을 동원하기로 결심하게 된다.

장개석은 1930년 12월에서 1931년 9월까지 3차에 걸쳐 병력 60만이 투입된 포위·소탕 작전을 펼쳤지만, 모택동 및 주덕과 휘하의 유능한 장군(팽덕회·유백승·임표 등)의 적절한 유격전술에 모두 패하고 말았다.[22] 장개석의 소탕전은 오히려 모택동의 중앙 근거지를 확대·강화하는 결과를 초래했다. 1931년 11월 7일, 모택동은 서금에서 대중화 소비에트 공화국

---

[22] 스노우 상권 205ff 참조.

임시 중앙정부를 수립하고 정부 주석이 되었다. 이 정부는 1932년 4월 대일본 선전포고를 했다. 이미 이전에 일본은 만주 침공을 결행했고(1931.9), 상해에서도 거류민을 보호한다는 명목으로 군사행동을 취한 바 있다(1932.1). 그러나 장개석은 일본의 이러한 침략행위에 대해서는 적절히 대응하지 않고 모택동이 웅거하는 강서성의 소비에트를 계속 소탕하려 했다.

1932년 6월, 장개석은 대규모 병력을 동원하여 4차 초공전을 강행했다. 이 작전에서 그는 정예 3개 사단을 잃었다. 그때 마침 일본의 열하熱河 침공이 시작되어(1933.2) 토벌전은 중단되었다. 1933년 5월, 침공하는 일본에 크게 양보하는 것을 내용으로 하는 당고塘沽 협정을 통하여 외부 문제를 해결한 장개석은 1933년 10월부터 5차 초공전을 전개했다. 이 작전은 그가 군사 고문으로 맞이한 폰 젝트von Seeckt 장군에 의해 계획되었다. 이 유능한 독일인 전략가는 수천 개의 진지를 만들어 조금씩 공산당의 중앙 근거지를 압박해 가는 작전을 안출하여 시행했고 그것은 매우 성공적이었다. 이 진지는 적에 대한 경제적 봉쇄의 역할도 할 수 있었다. 여기에 덧붙여 연대 책임 제도를 실시하여 농민과 홍군을 분리하는 방법도 실시되었다.

이러한 상황에서 공산당의 내부 사정은 매우 나빴다. 우선 상해로부터 옮겨온 당 지도부는 모택동으로부터 군사 및 정치의 실권을 탈취했다. 이들 소련 유학파 젊은이들은 자신들이 마르크스주의에 정통한 이론가임을 자부했으며, 모택동의 전략과 노선은 크게 폄하했다. 그들에게 모택동의 이론이란 한갓 무식한 농군의 발상이요, 그의 행동양식은 산적 두목의 그것과 다를 바 없었다.[23] 전통 중국에서만 통용될 수 있었던 이러한 이론과 행태는 새로운 시대에는 버려져야만 한다는 것이 그들의 생각이었다.

이 시점에서 젊은 지도부는 두 가지 결정적 실수를 저질렀다. 그들은 그때 코민테른에서 파견한 고문 옷토 브라운Otto Braun과 연합하여 당을 지휘했는데, 이 외국인의 제안에 따라 국민당의 공격에 모택동식 유격전이 아니

---

[23] H. E. 솔즈베리(정성호 역) 『대장정』 [범우사 1985] 45 67-8.

라 정면 대결로 임했다. 그 결과는 대참패였다.[24] 이들은 또한 이웃 복건성
福建省에서 채정개蔡廷鍇 장군이 주도한 장개석에 대한 반란에 적절히 대응하
지 못했다. 채정개는 이미 상해에서 일본군에 대한 영웅적 저항으로 중국
민들의 큰 신망을 얻었는데, 공산당의 위협 때문에 일본과의 직접 충돌을
피하고자 했던 장개석은 채 장군의 항일 애국심이 두려워 그를 복건성으로
추방해 버렸다. 1933년 11월, 채정개는 그가 지휘하는 독립군단인 19로군
을 기반으로 독립정권을 세운 후, 이미 일본에 선전포고를 한 공산당과의
협력을 시도하게 되었다. 채정개와의 협력으로 원래의 혁명정신이 희석될
것을 우려한 박고 등의 지도부는 여기에 소극적인 태도를 취함으로써 양자
의 연합은 실현되지 못하였다. 이로써 공산당은 장개석의 포위망을 분쇄할
수 있는 좋은 기회를 놓치게 되었다.[25]

3) "대장정"과 모택동의 집권

국민당 대군을 맞아 수차의 전투에서 패한 공산당은 중앙 소비에트를 포
기할 수밖에 없었다. 홍군은 1934년 10월 국민당의 포위망을 뚫고 탈출하
게 된다. 그들은 장개석의 세력권을 벗어나 새로운 근거지를 확보하고자
했으나 성공할 수 없었다. 각처에 있는 어떤 지방 군벌도 공산당에게 세력
을 내주려 하지 않았고, 더욱이 이들은 대부분 장개석의 영향력 아래에 있
었다. 공산당 장병은 1년 동안 행군을 한 후 마침내 섬서성陝西省에 도착하
여 그곳의 기존 소비에트에 새로운 본부를 마련하게 되었다. 이들은 1년
후 다른 지역에서 활동하던 하룡이나 장국도가 지휘하는 홍군과 합세하여
전열을 재정비했다.

대장정大長征이라고 불리는 중앙 소비에트 홍군의 이동 과정은 참으로 험
난한 것이었다. 이들은 중국의 남부와 서부의 변경과 오지에 위치한 거의
모든 성을 거쳐 서북부의 편벽하고 척박한 땅 섬서성에 이를 때까지, 추격

---

[24] 같은 책 69ff 참조.　　　　　[25] 같은 책 82ff; 스노우 상권 208.

하는 국민당군과 도처에 주둔하는 지방 군벌의 군대와 수십 회의 전투를 벌이면서 (만년설이 쌓인 것까지 합해) 열여덟 개의 산맥을 넘고 열일곱 개의 큰 강을 건넜으며, 또한 수많은 인명을 잃어가며 늪으로 이루어진 차가운 불모의 땅 대초원을 통과해야만 했다. 대장정에 비하면 한니발이 알프스를 넘은 것은 휴일의 소풍 정도라고 평하는 이도 있거니와,[26] 실로 장정은 그 험난함에 있어서 인류 역사상 유례가 없는 군대 이동이었고, 이것이 성공하지 못했더라면 중국에서 공산혁명이 성취될 수 없었을 것이다.

장정에 대한 저술을 읽는 사람이라면 강서성을 탈출하여 대초원을 완전히 통과할 때까지 도저히 성공할 가능성이 없는 일이 이루어졌고, 이 과정에 행운도 많이 따랐다는 느낌을 받지 않을 수 없을 것이다. 이러한 점에 있어서 중국에서 공산주의 혁명의 성공은 역사상 우연한 결과의 산물이다. 사실 역사의 진행 과정에는 일회적이고 극히 우연한 요소가 작용하여 대세를 바꾸는 일이 적지 않다. 그러나 이러한 요소가 작용하는 밑바닥에는 더 근본적이고 더 본질적인 요인이 있어 전자의 효과를 제한하거나 그 효과의 성격을 결정하는 것이다. 우리가 역사를 연구함에 있어 전자도 무시할 수 없음은 물론이지만 근본적이고 본질적인 요인을 찾기 위해서도 노력하지 않으면 안된다. 이러한 점과 관련하여 두어 가지 사실을 명백히하자.

우선 공산군이 국민당군의 포위망을 탈출하는 데에는 장개석의 세력 강화를 두려워하는 지방 군벌의 소극적 협조도 있었다는 사실이다.[27] 앞에서도 언급한 바와 같이 장개석이 전 중국을 장악한 것은 결코 아니었다. 그의 세력이 직접 미치지 못하는 곳에는 여전히 군벌들이 독립·반독립의 권력을 행사하고 있었다. 만약 그가 전 중국을 완전히 장악했더라면 홍군의 탈출은 성공할 수 없었고, 설사 성공했다손치더라도 공산혁명이 가능할 수는 없었을 것이다. 다음으로 장정이 수많은 군사적·자연적 난관을 극복하고 성공할 수 있었던 것은 근본적으로 홍군의 사기가 지극히 높았다는 것

---

[26] 스노우 상권 235.　　　　　　　[27] 솔즈베리 88-9.

에 기인한다는 사실을 알아야 한다. 물론 우연한 요소도 무시할 수는 없다. 홍군을 추격하던 장개석의 군대는 수차의 실수(예컨대 군사 지도의 분실, 암호의 관리 부실, 홍군의 이동을 결정적으로 차단할 수 있었던 지역의 불완전한 수비 등)를 저질렀고, 이것이 공산군에게는 커다란 행운이었다. 그러나 이러한 일시적이고 우연한 사건들이 궁극적으로 대세를 결정지은 요인이라고 말할 수는 없다. 앞에서 말한 바와 같이 공산당 역시 실수를 저질렀고 국민당은 공산당에게는 주어지지 않았던 행운(유능한 외국 군사 고문관의 초빙, 전쟁 수행을 위한 차관 도입 등)을 누릴 수 있었다. 우연한 행·불행은 언제 누구에게나 생길 수 있는 것이지만, 홍군이 행운을 최대한 이용하고 불운의 효과를 극소화할 수 있었던 것은 청년주의적 이상과 사명감에 기반하는 높은 사기가 있었기 때문이다.

이러한 사기는 좀더 근본적으로는 당시 공산주의자들의 이상과 대의가 중국의 농민들에게, 특히 농촌 젊은이들에게 큰 호소력을 가졌기 때문에, 그리고 모택동 등의 지도자들이 공산혁명의 목적과 당위성을, 그리고 민중의 지지를 얻을 수 있는 행동 준칙을 이들에게 꾸준히 교육했기 때문에 가능했다. 홍군은 대장정 중 많은 곳에서 주민의 환영과 협조를 받았다.[28] 공산당 지도부는 그들이 주둔하는 지역에서 토지개혁을 행하기도 했고, 부자의 재산을 빼앗아 가난한 농민에게 분배하기도 했다. 친절하고 예의바르며 정직하게 거래하는 홍군 젊은이들의 훌륭한 태도 역시 권력자들에게 시달림을 받아왔던 주민의 호감을 사는 데 큰 역할을 했다. 공산당은 지나는 마을마다 부상병을 맡길 수 있었고 또한 신병을 보충할 수 있었다.

대장정은 그 자체로 중국 공산당의 커다란 재난이었다. 장정 중 홍군은 커다란 병력 손실을 입었다. 그러나 대장정은 걸출한 지도자 모택동이 최고 권력자로 부상하는 계기가 되었다. 모택동의 권력 장악은 중국 공산당이 더이상 소련이나 코민테른의 영향에 좌우되지 않는 독자적 권력체로 발

---

[28] 같은 책 179 216 참조.

전하게 됨을 의미하는 것이었다. 대장정 기간 중인 1935년 1월 귀주성의 준의遵義에서 중공 정치국 확대회의가 개최되었다. 회의석상에서 모택동은 장개석군의 제5차 초공전에 대한 작전과 탈출 과정에서 당 지도부가 범한 실수를 문제삼아 책임을 추궁했다. 당 지도부의 박고와 옷토 브라운은 완강히 저항했지만, 이들과 함께 정책을 이끌어 온 주은래가 실수를 인정하자 대세는 모택동에게로 기울어지게 되었다.

준의회의를 계기로 모택동은 당·군을 실질적으로 지도할 지위를 확보하게 되었다. 그는 우선 그때까지만 해도 군사적 탈출 정도의 목적밖에 가지지 못했던 장정에 북상항일北上抗日이라는 명확한 목적을 부여하고, 탁월한 지휘로 국민당군을 교란시키면서 이 계획을 성공적으로 이끌었다.[29] 모택동의 등장은 마르크스 사상을 교조적으로 추종하면서 산업 노동자의 도시혁명을 고집하는 유학파가 아니라, 이 사상을 중국의 현실에 맞는 농민혁명 이론과 전략으로 재창조한 국내파의 승리를 의미하는 것이요, 프랑스와 소련에서 유학한 주은래의 전향은 이러한 변화의 상징이었다. 준의회의 이후 주은래는 당 서열상 모택동보다 더 높은 지위를 가졌던 전력에서 완전히 탈피하여 모의 가장 충실한 지지자가 된다.

1935년 10월, 1년간의 혹독한 여정을 끝내고 섬서성에 도착한 제1 주력군의 숫자는 8천이었고, 1년 후 주덕·장국도·하룡 등이 거느린 다른 병력과 합류한 후에도 3만 정도였는바, 이것은 강서성의 중앙 근거지에서 전성기를 누릴 때의 약 1할 정도에 불과한 것이었다. 더욱이 이 즈음에는 섬서성을 제외하고는 중국 전역에서 국민당의 탄압으로 공산당과 노동자 단체의 세력이 크게 약화된 실정이었다. 그런데도 섬서성의 홍군은 사명감과 투쟁 의욕에 불타고 있었다. 이들은 장정에 참여하여 끝내 낙오하지 않았다는 자부심을 가지고 혁명을 위해 어떤 고난이라도 견딜 각오가 되어 있는 사기 충천한 젊은이들이었다.

---

[29] 같은 책 151ff 참조.

5 절
반제국주의 · 반봉건 농민혁명

1) 외세 침공 속의 장개석과 국민당

앞서 언급한 바와 같이 일본은 만주를 침공하여 그 땅에 괴뢰국가를 수립했고, 상해에서 군사적 도발을 행했으며, 나아가서 열하성을 침공하여 이를 만주국에 편입시켰는데, 이에 대해 장개석은 공산당 박멸이라는 목표 때문에 일본에 크게 양보한 당고 협정을 맺는 등 대외 유화책으로 일관했다. 일본의 영토적 야욕은 이에 그치지 않고 1935년에는 화북지방까지 침공하여 그곳에 두 개의 괴뢰정부를 수립했다.

계속되는 일본의 침공은 중국인들의 단결을 촉진하고 항일 의지를 강화시켰다. 중국인들의 일본에 대한 증오는 전국적이고도 계속적인 반일운동으로 나타났고, 그것은 동시에 장개석 정부에 대한 항의와 시위로 이어졌다. 예컨대 1932년 9월, 상해와 만주에서 수십만 명이 참가한 항일 구국대회에서 시위자들은 정부에 대해 국 · 공 내전의 정지와 철저한 대일항전을 요구했고, 1933년에는 이미 작고한 손문의 부인인 송경령宋慶齡 · 채원배蔡元培 · 노신 등 중국의 명망있는 정치가 · 지식인들이 40여 개의 항일단체를 결집시키는 한편 정부의 항일투쟁을 촉구했다.

그러나 미리 국내를 안정시킨 후 외침에 대처한다는 방침을 고수하는 장개석은 이러한 내전 정지 일치 항일운동에 대해 금지와 억압으로 일관했다. 남경 정부는 반일운동을 노동운동 내지 농민운동과 마찬가지로 용공적인 것으로 취급할 뿐이었다. 이로써 장개석 정권은 더욱 감시적 · 억압적으로 되었다.

한편, 1932년 4월에 이미 일본에 선전포고를 한 바 있는 공산당은 장정중인 1935년 8월 그리고 섬서성에 도착한 이후에도 내전을 중지하고 중국내 전 인민과 국민당까지 포함하는 모든 조직이 구국을 위한 항일투쟁에 협력할 것을 호소했다. 여기에는 자유주의적 사상을 지닌 지식인들도 전면적으로 호응했다.[30] 그러나 장개석의 초공작전은 계속되었다.

섬서성에 있는 공산당에 대해 토벌작전을 수행하던 군대는 장학량張學良이 지휘하는 동북군東北軍이었다. 그는 부친인 만주 군벌 장작림張作霖이 일본군에 의해 살해당하자 그의 지위를 대신하면서 장개석의 지지세력이 되었다. 그후 장학량과 그의 군대는 일본의 침공으로 만주에서 물러나 섬서성에 주둔하게 되었는데, 이들은 모두 일본에 대한 증오심에 불타고 또한 하루빨리 고향으로 돌아가기를 원했다. 이들이 장개석의 선 공산당 박멸·후 대일항쟁 정책에 부정적인 태도를 가지는 것은 당연했고, 홍군과의 교전에서 몇 번 패한 후에는 더욱 그러했다. 한편 공산군은 포로가 된 동북군 장병을 잘 대우하고 나아가서 거국적 대일 통일전선의 당위성을 교육하여 풀어주는 일을 되풀이했다. 이로써 동북군의 인심은 점차 장개석으로부터 이반했고, 서안 사건이 있기 수개월 전서부터 홍군과 동북군 사이에는 공감대가 형성되어 전투가 거의 전무한 상태에 이르렀다.[31]

서안 사건이란 소극적 태도로 대공 토벌전에 임하는 동북군 등을 독려하기 위하여 1936년 12월 서안에 간 장개석에게 구국을 위해 내전을 중지하고 당파가 연합할 것을 간하다가 거절당한 장학량이 그를 감금하고 대일 통일전선의 확립, 즉 국공합작을 강요한 일을 말한다.[32] 이 사건을 계기로 국·공은 내전을 정지하고 극히 불안하기는 하지만 협력관계를 유지하여 항일투쟁을 벌이게 된다. 훗날 이 사건은 공산당이 기사회생하여 마침내 국민당을 제압하고 중국을 통일하는 역사적 분기점으로 평가된다. 만약 일본의 침략이 없었더라면 서안 사건도 있을 수 없었고, 장개석은 이미 세력이 약화된 공산당을 박멸했을 것이다. 그렇다면 일본의 침공은 중국 역사의 진로를 바꾸어버린 일회적인 (이런 의미에서 우연한) 외적 요인이었던가?

이미 위에서 언급한 바와 같이 중국문명의 긴 역사에서 외부적 충격이 역사 발전에 본질적 영향을 미친 적은 없었다. 외부적 충격은 그것이 어떤

---

[30] 민두기 『중국 근대사론』 56.　　[31] 스노우 상권 65ff 참조.　　[32] 스노우 하권 120ff 참조.

내용이든지 상관없이 결국은 중국문명에 흡수·동화되어 버리고 말았다. 그러나 19세기 중엽부터 시작된 제국주의적 침략은 달랐다. 그것은 중국 문명의 정체성을 뒤흔들어 놓았고 또한 전통사회를 본질적으로 변화시킬 충격이었다. 열강의 제국주의적 진출이 아무리 도덕적으로 비난받을지언 정, 그것은 당시의 중국을 전통적 제도에서 이탈할 수 있게 한 유일한 힘 이었다. 이제 국제적 조건 내지 열강의 중국 정책 등은 그 내용과 방향에 따라 중국의 역사 발전을 규정짓는 중대한 요인이 되었다. 그중에서도 지 리적으로 가깝고 대륙에 대해 꾸준한 관심을 가져왔으며, 실제로도 계속적 인 진출을 하고 있었던 일본의 대중국 정책은 특히 중요했다. 우리는 국·공의 상호 관계와 관련하여 일본의 중국 침략은 장개석식의 "자본주의적" 근대화를 모택동식의 "사회주의적" 근대화로 바꾸어 놓은 일회적이고 우연 한 충격이었다고 생각할 수도 있다. 그러나 우리는 국민당의 득세 자체가 일본을 비롯한 열강들의 제국주의적 침략에 힘입은 것임을 상기할 필요가 있다. 외침이 없었던들 광동의 지방 군벌에 불과했던 국민당이 애국심과 민족의식에 불타는 민중의 폭발적 지지에 힘입어 전 중국의 핵심세력으로 부상할 수는 없었을 것이다. 국민당의 세력 강화에는 또한 소련과 코민테 른의 인적·물적 원조 역시 크게 기여했다. 외부적 충격 내지 외국의 정책 은 우발성 때문에 중국의 역사적 발전을 예측할 수 없는 방향으로 바꾸는 일회적 요인이라기보다는 중국인이 지속적으로 적응해야 하는 중요한 조 건이 된 것이다.

물론 회고적으로 밝혀진 사실이지만 변화된 조건 속에서 궁극적으로 승 리할 수 있었던 세력은 역사상 이미 여러 차례 동원 능력을 과시한 바 있 으며, 새 시대에는 공산주의라는 사상으로 계몽되어 활성화·조직화된 농 민들이었다. 당시에도 중국은 여전히 전통문화와 보수세력이 그 영향력을 행사하고 있었으므로 근대화는 느릴 수밖에 없었고, 따라서 국민 대다수를 차지하는 농민의 힘에 기초한 공산혁명에 앞선 어떠한 변혁도 쉽사리 성공 할 수가 없었다. 장개석이 주도하는 국민당의 근대화 노력만 하더라도 그 모델이 독일·일본·소련 같은 위로부터의 변혁이었지만, 이들 국가에 비해 문화적으로도 더 과거지향적이요 경제적으로도 뒤떨어진 상태에서 이 노력이 성공하는 것은 결코 쉽지 않았다.

서안 사건 자체는 일어나지 않을 수도 있었던 우발적인 사건이었지만 그 사건의 원인은 오래전부터 형성된 것이었다. 내전 정지와 대일항전은 당시 중국민 대부분의 바람이었고, 장개석이 이 염원을 거스른 것이 사건 발생의 근본 원인이었다.

왜 장개석은 국공합작의 거국적 통일전선을 형성하는 것에 그렇게 반대했을까? 국민당의 세력 기반이 자본가·대상인·지주·향신에게 있다면 토지를 균분均分하는 방향의 개혁은 이들의 이해나 이상에 상충되는 것이요, 그것은 또한 손문이 민생주의에서 표방한 것과도 같지 않았다. 장개석이 빈곤한 농민층을 자기세력화할 수 있는 토지개혁을 실시할 수 없는 이상, 경제적 평등의 이상을 표방하는 공산주의자들이 농촌의 핵심에서부터 농민이 가진 잠재적 활력을 조직화하여 강력한 혁명세력으로 발전시키는 것을 억누를 방법은, 자신의 유능함과 상황의 유리함에 힘입어 공산당보다 앞서 확보한 군사력을 행사하는 것 이외에는 없었다. 대일항전을 위한 통일전선의 형성은 바로 장개석으로 하여금 군사력을 국내적으로 행사할 수 있는 기회를 박탈한 것이었다.

장개석이 서안 사건 이후 공산당과 연합한 것은 국민의 여론도 고려해야 했고 또한 장학량 및 이 사건을 중재하여 자신을 풀어주도록 한 공산주의자들과의 구두 약속도 저버릴 수 없다는 부득이한 조치였지만, 다른 한편 초공전의 성공과 노동운동에 대한 적절한 억압 조치를 통해 공산당과의 대결에 어느 정도 자신감을 얻었다는 사실에도 기인했을 것이다. 그러나 국공합작의 궁극적 결과는 장개석이 원래 취한 정책, 즉 일본의 침공은 한갓 부스럼 정도인 데 비하여 공산당은 큰 속병이기 때문에 국내를 미리 안정시키고 외침에 대항한다는 정책이 옳았다는 것이 판명되었다. 토지개혁과 사회주의적 유토피아라는 기치 아래 동원된 농민의 잠재력은 실로 엄청난 것이어서 그것이 자신의 군사력을 능가하는 것으로 발전하기 전에 미리 박멸하는 것 외에 장개석은 어떠한 방책도 가지고 있지 못했다. 전 중국을 어설프게 통치하면서 군벌 및 지주와 연합을 유지해야 하는 그로서는 토지개혁을 할 수도 없었지만 산업을 급속히 발전시켜 그 과실이 전국민에게 돌아가도록 할 수 있는 의지와 수단도 충분히 가지고 있지 못했다. 만약 장개석이 전 중국을 통치한다는 생각을 포기하고 당시 그가 확실히 장악하고 있던 경제적 선진 지역(상해를 포함한 서너 개의 성)에서라도 토지개혁을 실시하는 한편 시장경제에 기반하는 상공업을 장려했더라면 강력한 근대국가 창출에 성공했을 것이고, 그것을 기초로 마침내 전 중국 역시 통일할 수 있었을 것이다. 그러나 이러한 길은 분열된 상태를 비정상적인 것으로 여겨 누구든지 일단 군사적 강자가 된다면 하루속히 천하를 통일해야 한다는 전통적 믿음을 가진 사람이 취할 수 없는 우회로였다.

장개석이 민심을 잃은 여러 원인은 이미 언급한 바와 같지만, 그 모든 것이 근본적으로는 그가 광대한 통일국가의 명목상 집권자였다는 사실에서 유래한다. 통일국가를 유지하기 위해서는 지주·향신·군벌 등과 타협해야 했고, 그로 인해 그는 개혁의 기회를 잃어버렸다. 또 그는 농민단체 내지 노동조합이나 언론 등 사회에서 자율적 영역이 발전하는 것을 막으려 했고, 특히 그 극단적 형태인 공산당의 성장을 모든 수단을 동원하여 제압하려 했는데, 이로써 근대화를 위한 개혁에 사용될 수 있었던 여러 형태의 활력과 자원이 억압되거나 손실되었다. 서안 사건 이후에는 일본과의 전면전에서 공산당보다 더 큰 역량을 소모했음에도 전쟁중이나 전후의 여러 비참한 결과에 대해 더 큰 책임을 져야 하는 것으로 여겨졌다. 요컨대 장개석은 자신이 군사적으로 이르게 성공하여 통일국가의 지배자로 부상한 것에 대한 엄청난 대가를 치러야만 했다.

서안 사건 이후 공산당은 국공합작을 실현하기 위하여 1937년 2월 국민당 정부에 대한 무장폭동과 지주 토지에 대한 몰수 조치를 정지한다는 정책 공약을 제시하면서 국민당에 접근했다. 이에 양당은 회의를 계속하여 마침내 손문의 정신을 같이 실현할 것을 약속하는 등의 협상안을 공포함으로써 그해 9월에 정식으로 국공합작이 성립되었고, 이와 함께 양당을 중심으로 전 중국의 모든 계층을 포괄하는 항일 민족 통일전선이 결성되었다. 또 협상안에 의해서 공산군은 국민혁명군으로 재편성되었는데, 섬서성의 3만 홍군은 국민혁명군의 팔로군八路軍이 되었고, 화중·화남에서 게릴라전을 펼치던 홍군 1만 명은 신사군新四軍으로 개편되었다.

1937년 시작된 중일 전면전은 일본이 처음 예상한 것(짧게는 3개월 길게는 6개월)처럼 빨리 끝나지 않았다. 이미 서안 사건 이후 최고 지도자 장개석은 강력한 항전 의지를 내외에 선포했고, 중국의 민중과 군대는 영웅적으로 저항했다. 국민정부군은 엄청난 손실을 무릅쓰고 구국의 신념으로 상해·남경 그리고 북부 중국에서 활발히 싸워 적에게 타격을 줌으로써 신속하고도 결정적 승리를 기대했던 일본의 계획을 완전히 좌절시켰다.[33]

그러나 당시 중국군이 조직·훈련·장비 면에서 월등히 우세한 일본군을 이길 수는 없었다. 일본은 1937년 말까지 화북의 광대한 영역과 상해 및 수도 남경을 점령한 후, 이것을 근거로 1938년에 들어서서는 서주徐州를 남북으로 포위하여 점거하고 새 수도이자 교통과 산업의 요충지인 무한마저 함락시켰다. 이로써 국민당 정부는 사천성의 중경重慶으로 수도를 옮겼다. 일본군의 대규모 작전은 1938년 말까지 거의 끝나게 되어 북에서는 수원綏遠, 차하르서부터 남으로는 광동에 이르기까지 교통과 산업이 발전한 주요 지역이 적에게 넘어갔고, 중국인들은 오지, 즉 남부 및 서부(국민당)와 서북부(공산당)에 근거하면서 전쟁을 계속했다. 다른 한편 피점령 지역에서도 주요 철도 주변 이외의 지역, 즉 농촌에서는 일본군의 군사력이 적절히 미치지 못했으므로 민중들의 협조를 받는 게릴라들이 저항을 계속하고 있었다.

점령지구가 늘어남에 따라 전선은 확대·교착되었고 이로써 전쟁은 지구전의 양상을 띠게 되었다. 이러한 것은 장개석과 모택동 역시 예측하고 있

---

[33] L. E. 이스트만(민두기 역) 『장개석은 왜 패했는가. 현대중국의 전쟁과 혁명: 1937~1949』 [지식산업사 1986] 155.

던 바였다. 이들은 일본군이 확대된 전선에서 꾸준한 저항을 받고 또 오지로 후퇴한 중국인들과 싸우기 위해 자신들의 보급원과 멀어진다면 결국 힘을 소진하여 마침내 퇴각할 것이라고 생각하면서 기회를 기다리고 있었다. 일본의 전면 침공으로 국민당은 공산당보다 더 큰 피해를 입었다. 전쟁 초반 일본의 주 공격 목표가 섬서성 오지의 공산당이 아니라 국민당의 지배지구였음은 물론이거니와, 전쟁이 교착 상태에 빠지고 난 후에도 국민당은 공산당보다 더 넓은 전선에서 일본과 대치하고 있었고, 전쟁 막바지인 1944년 일본의 소위 "제1호 작전"에서는 국민당의 피해가 더욱 심했다.

그러나 국민당에게는 산업과 교통이 발달한 지역에서 서부와 남부의 오지로 이동한 것에서 오는 경제적·재정적 피해가 전쟁의 피해보다 더욱 근원적인 것이었다.[34] 국민당은 남경 시절의 주요한 세원, 특히 관세·염세·제조세 등의 수입을 빼앗겨버려, 새 근거지에서는 그곳에 세력을 가지고 있는 군벌과 지주들에게 협조를 기대하는 신세가 되었다.

국민당은 이들을 통제하려고 노력했지만 이들 군벌, 특히 사천四川·운남·광서廣西의 군벌들은 국민당에 전적으로 충성한다기보다 오히려 국민당의 통제력이 그들 영역으로 침투하는 것에 저항하는 실정이었다.[35]

국민당 정부는 그들이 이전에 통치하던 동부의 해안지방과는 사정이 현저히 다른 서남부의 오지에서 이 지역의 경제적·사회적 조건을 최대한 활용하여 생산을 증대할 노력은 거의 하지 않았다. 그 대신 그들은 사천과 운남에 근대적 공업기지를 만들고자 해안지방의 공장을 이전하거나 값비싼 기계를 수입하면서 막대한 재원을 투자하고 도로와 철도를 새로 건설했지만, 그것은 이 지방의 전통적인 기술·인력·자원을 활용하는 방법보다 비경제적인 것이었다.[36]

불합리한 경제정책은 국민당의 재정을 더욱 악화시켰다. 부족한 재정을 꾸려나가기 위하여 국민당은 화폐를 찍어내는 안이하고도 극히 위험한 방

---

[34] 같은 책 250.　　　[35] 같은 책 27ff 참조.　　　[36] 같은 책 251.

법을 택했다. 국민당 정부 치하에서 1941년 후반기에서 1944년을 거치는 기간에 물가가 두 배 이상 뛰었고, 1945년에 들어서서는 더욱 급등했다. 역사상 어느 곳에서나 심한 인플레이션은 국가와 사회의 기초를 흔들어놓는 법인데, 중경의 국민당 정부에 있어서도 예외는 아니었다. 중산층이 무력화되고, 공무원의 부정부패가 만연하고, 군의 사기가 저하된 것은 모두 인플레이션이 미친 악영향의 예였다.[37]

이외에도 국민당 정부의 통치 지역에서는 정부와 군벌 그리고 군사령관에 의한 곡물과 인력의 강제징발과 각종 명목의 징세 때문에 농민들의 생활이 극도로 궁핍해졌다. 전쟁이 끝날 무렵 이 지역 여러 곳에서는 농민 반란의 초기 단계에 접어들고 있었다.[38] 상황이 이러한데도 지도층과 고급 관리와 장교들의 태도는 한심했다. 이들은 전쟁과 인플레이션을 이용해서 돈벌이를 했는데, 미국에서 공여되는 전쟁물자는 전투에보다 고급 관리의 잇속을 채우는 데 쓰였다. 당시는 일본군의 봉쇄로 군의 장비가 크게 부족한 실정이었다.

이 무렵 장개석은 일본에 대해서뿐만 아니라 국공합작 이후 세력을 확대해 가는 공산군에 대해서도 경계심을 늦추지 않고 있었다. 특히 태평양전쟁이 일어나 미군이 참전하게 되자 일본과의 전쟁은 가능한 한 미군에게 맡기고 자신의 군대는 전후 공산군과의 내전에 대비코자 했다. 그래서 일본과의 전투는 가능한 한 회피하거나 자신의 잠재적 경쟁자인 지방 군벌이나 반독립 사령관으로 하여금 대신 치르도록 했다. 이러한 정책으로 장개석은 점점 국민의 신망을 잃게 되고, 지도자들이나 군대 지휘관으로부터도 반발을 받는 처지가 되고 있었다. 더욱이 일본에 대한 소극적 태도는 국민정부군(국민당군) 자체를 무능하고 유약하게 만드는 중요한 요인이 되기도 했다.[39] 중경 정부 시절에는 이러한 요인들로 말미암아 중일전쟁 초기에 가시화되었던 항전의식이 크게 약화되었다. 이상 서술한 바와 같은 국민당

---

[37] 신상초 118ff 참조.　　　　　[38] 페어뱅크 412.　　　　　[39] 이스터만 165.

정부의 부정적 모습은 해방구解放區라고 불리는 중국 서북부 섬서성에 기반을 둔 공산당 정부의 실정과 큰 차이가 있었다.

2) 중일전쟁과 공산당 세력의 확장

중일전쟁에서 일본군의 주된 공격 목표가 국민당 정부통치 지역이지 공산당 통치 지역이 아니었다는 것은 앞에서 언급한 바이나, 그것이 공산당이 대일전에 소극적이었음을 뜻하는 것은 결코 아니다. 공산군은 개전초인 1939년 9월에 이미 평형관平型關에서 일본군 사단 병력 4천을 포위하여 3천을 섬멸했다. 이것은 중일전쟁 개전초에 중국이 거둔 몇 안되는 승리 가운데 하나였다. 또 1940년 8월에서 12월에 걸쳐 팔로군 115개 단團(연대에 해당) 40만 명의 병력은 산서성과 하북성에서 일본군 20만 명과 1,800회 이상의 대소 전투를 벌이면서 일본군 2만, 괴뢰정군 5천을 살상했다.[40] 백단대전 百團大戰이라고 불리는 이 전투는 공산군의 힘을 일본과 국민당 정부에 과시한 일대 사건이었다.

백단대전 이후 이에 필적하는 대규모의 작전은 없었다. 다른 한편 공산당은 전쟁 이래 일본군이 점령한 지역에서 게릴라전을 계속 펼쳐나갔다. 일본이 비록 화북에서 화남에 이르기까지 상당한 영역을 점령했다고는 하지만 그들의 통제력은 철로선을 중심으로 한 좁은 지역에만 한정되었고, 농촌은 항일운동의 온상으로 남겨진 상태였다. 공산당은 농촌 지역에서 민중에게 조직과 항일투쟁을 지도하는 한편 혁명의 이념을 주입하면서 세력을 확대해 나갔다. 일본군의 침공으로 정부의 관리나 향신 · 지주들이 빠져나간 농촌에는 권력의 공백지대가 형성되었고, 여기에 공산당이 쉽게 세력을 부식할 수 있었다. 또 일본군의 착취는 공산당을 중심으로 한 중국 민중의 단결을 촉진했던 바, 이런 의미에서도 일본의 침공은 공산당 세력 확대에 유리한 여건을 마련해 주었다.[41] 이리하여 장정 이후 섬서 · 감숙甘肅

---

[40] 신상초 130f.　　　　　　　　　　[41] 무어 238.

지역에 한정되었던 공산당 통치 지역이 인접 지역인 산서·차하르·하북
河北·하남河南의 여러 성뿐 아니라 산동성과 화중지방까지 확대되었고, 병
력 또한 백단대전이 벌어진 1940년에 이르면 팔로군이 40만 그리고 신사
군이 10만으로 증대되었다. 증대하는 세력 때문에 공산당은 국민당군과 일
본군 양자로부터 상당한 공격을 받았는데, 특히 백단대전 이후에는 그 정
도가 심각해졌다(국민당의 공산당에 대한 공격에는 반공정신이 투철한 군
벌의 군대가 참가하기도 했다).

국민당군은 공산당의 본거지인 섬서·감숙 지역을 봉쇄하기도 했고, 특
히 1940년 10월에는 명령불복종을 이유로 신사군의 주력부대를 기습하여
궤멸시켰다. 환남皖南사변이라고 불리는 이 사건을 계기로 합작 이후에도
계속된 국·공의 긴장관계가 더욱 명백해졌고, 이것은 사실상 양자의 결별
을 의미하는 것이었다. 환남사변은 대일항전 의식에 불타는 중국 민중과
지식인 그리고 중립적 정치 지도자들이 국민당을 비난하고 공산당에게는
동정과 지지를 보내도록 만들었다.

그러나 공산당에 대한 더 심각한 압박은 일본측으로부터 행해졌다. 특히
백단대전 이후 일본군은 많은 병력을 투입하여 강력한 보복 조치를 취했
다. 그들은 잔인하고도 철저한 수단으로 근거지를 점령·약탈했고, 공산군
과 농민을 구별하지 않고 살해했다. 이로써 해방구는 축소되고 그 인구는
4천만에서 3천만으로, 그리고 병력 역시 40만에서 30만으로 감소되었다.
더욱이 이때에는 하북에 가뭄이 덮쳐 식량난이 야기된 데다가 일본군뿐 아
니라 국민당군의 봉쇄도 계속되었다. 이 무렵은 실로 공산당에게 있어서
커다란 시련의 시기였다. 기근과 교역 차단으로 인한 심각한 물자난으로
인플레이션은 급속히 퍼졌고, 농민에 대한 세금과 지주에 대한 징발 역시
매우 어렵게 되었다.

이러한 상황에 대한 공산당의 대처는 국민당과 크게 달랐다. 공산당은
자력갱생이라는 표어 아래 모든 수단을 동원해 생산을 증대하고 자급자족
을 달성하려는 노력을 기울였다. 병력과 행정 요원을 포함한 모든 사람이

생산에 매달렸고, 각종 협동조합이 조직되어 생산 역량을 결집했다. 공산당원과 군대는 농민과 함께 경작지를 확대하고 관개시설을 확충하여 생산증대에 온힘을 다했다. 이러한 노력의 결과 1943년에는 생산이 백단대전 이전의 수준을 능가하기에 이르렀다. 당과 군의 이러한 태도는 지주와 군벌에 시달려 오던 농민들에게 공산당은 민중의 벗이라는 의식을 심어주기에 충분했다.[42]

한편 이 시련 극복기는 모택동이 그가 이미 장악한 권력을 더욱 공고히 확립한 시기이기도 했다. 그때까지 공산당원은 비약적으로 증가하여 80만을 헤아리게 되었으나, 이들에게는 투철한 혁명정신과 이에 부합하는 행동양식 및 규율이 결여된 경우도 많았으려니와 당 내 지도자들 중에서 아직도 왕명 같은 소련 유학파는 모택동의 사상과 다른 주장을 하고 있는 터였다. 이에 모택동은 소위 정풍운동整風運動을 통하여 당 내의 그릇된 사조와 행동양식을 비판하고, 전 당원을 그의 이념과 사상으로 개조시켜 그들에게 당성黨性과 규율을 확립하는 한편, 당 내의 대립 파벌을 일소하여 일사불란한 지도체제를 확립했다.[43]

여기서 잠시 모택동의 신민주주의 이론에 대하여 언급할 필요가 있다. 이것은 그가 국공합작 이후인 1939년 제창한 것이다. 모에 의하면 중국의 혁명은 반半식민·반半봉건 상태의 중국을 자주독립의 시민계급(부르주아) 민주사회로 개조하는 부르주아 민주혁명의 단계와, 이 혁명을 더욱 발전시켜서 사회주의 사회를 건설하는 무산계급 사회주의 혁명의 단계라는 두 단계로 나뉜다. 당시 모든 상황으로 보아 혁명은 분명히 첫째 단계에 있었으나, 중국은 아직도 농업사회에서 벗어나지 못했으므로 첫째 단계의 혁명을 성공적으로 이끌 강력한 시민계급이 존재하지 않았다. 국민당이 시민혁명을 영도한다고는 하지만 그들은 제국주의와 결탁한 부패세력이므로 이 역할에는 합당하지 못하다. 그러므로 이 혁명은 부득이 무산계급이 간여할

---

[42] 신상초 132ff 참조.　　　　　　[43] 페어뱅크 421ff.

수밖에 없고, 따라서 이 계급을 대표하는 공산당에 의해 지도되어야 한다. 모택동의 신민주주의 혁명이란 당시 중국의 시민혁명이 서구에 있어서처럼 오직 시민계급에 의해서만 수행될 수 없기 때문에 전면적 또는 부분적으로 무산계급에 의해 지도되는, 따라서 사회주의 혁명으로 발전할 가능성까지도 내포하는 새로운 형태의 혁명을 뜻하는 것이다. 그의 신민주주의는 궁극적으로는 사회주의 혁명의 달성이라는 목표를 지향하면서도 당시 중국의 현실을 충분히 고려하여, 공산당이 노동자와 농민뿐 아니라 소시민 및 민족자본가와 통일전선을 형성하는 것을 가능케 했다.[44]

신민주주의 혁명 단계의 경제정책은 지나치게 급진적이어서는 안된다. 사유재산은 존중되고 토지개혁도 부농의 존속을 인정하는 온전한 것이어야 한다. 모택동의 신민주주의론은 항일 감정이 최고조에 달했던 당시 지식인 계층의 열렬한 지지를 얻는 데 성공했다. 그 무렵 공산당 통치 지역의 수도인 연안延安에는 좌경 지식인은 물론, 중립적 입장을 가진 학자·문인·예술가들이 모여들어 그렇지 않아도 나날이 증대하는 공산당 세력에 힘을 보탰다. 당시 해방구는 국민당과의 약속도 있었지만 사회주의 혁명을 눈앞의 목표로 하는 과격함과 외곬수가 아니라 온건한 개혁(예컨대 토지 몰수가 아니라 지대와 이자를 낮추는 방향의 개선)과 개방성의 원칙에 의해 통치되고 있었는데, 이러한 사실은 공산당원과 군대의 인민에 대한 헌신적 자세와 함께 그곳의 주민이나 새로이 찾아오는 사람 모두에게 만족과 감명을 주었다.[45] 해방구의 생활은 당·군·주민의 일치된 노력으로 향상되었고 병사들의 보급과 영양 역시 크게 개선되었는데, 이러한 현상은 일본군의 압력이 약해지는 1943년 이후에 특히 그러했다. 또 당시 이 지역의 분위기는 억압적 중경과는 달리 "자유"로웠다.

이때쯤이면 많은 중국인들과 국외자의 눈에는 공산당이 더이상 국민당이 선전하는 것처럼 양민의 재물을 약탈하고 생명을 빼앗는 비적으로 비쳐지

---

[44] 김하룡 52ff.[45] 스펜스 2권 39; 스메들리 384; 고지마 신지 등 161 참조.

지 않았다. 이제 공산당은 떳떳한 대의와 이상 그리고 희망을 주는 정책과 체계적 이론을 가진 활력 넘치는 정치조직체로 인식되었는데, 그것은 무엇보다도 혁명에 헌신적이고 주민에게 친절하며 잘 훈련되고 유능한 청년 당원과 당군에 의해 뒷받침되었다. 이와 동시에 공산당의 지도자인 모택동 역시 더이상 비적의 괴수가 아니라 장개석에 비견되는 정치가로 부상했다. 이제 연안은 더이상 싸움에 져서 쫓겨난 공비들의 소굴이 아니라 중국의 찬란한 미래를 설계하고 주도적으로 성취하는 중심 일터로 등장하여 많은 청년들을 매혹했고, 이곳에 몰려들어 공산당의 혁명과업에 참가한 사람들은 조국을 위해 헌신한다는 자부심으로 넘쳐흘렀다.[46]

요컨대 종전에 가까워올수록 공산당이 국민당보다 훨씬 더 성공적인 적응력과 더 강한 생명력을 가지고 있음이 판명되었다. 공산군은 대일항전 의지와 단결이라는 면에서도 국민당을 압도했다. 앞서 언급한 바와 같이 장개석이 내전에 대비하여 자신의 군대가 아니라 지방 군벌이나 반독립 사령관의 지방군으로 하여금 일본군과 싸우게 했고, 미국의 원조 장비로 주로 자신이 직접 관할하는 군대(중앙군)만 무장시키는 등의 예에서 알 수 있듯이, 중앙군과 지방군 사이에 통일적인 지휘체계를 확립하지 못하여 양자 사이에 이해 충돌과 불화가 끊이지 않은 데 반하여, 공산군은 단일한 지휘체계 아래 불타는 항일정신으로 강하게 뭉쳐 있었다.

당시 국민당 통치지구와 해방구를 모두 방문한 후 양자 사이의 여러 본질적 차이, 특히 인민의 단합된 모습과 군대의 사기라는 면에서 엄청난 차이를 발견하고 놀라움을 표시한 외국인들이 적지 않았다.

그러나 미국의 정책 입안자를 포함한 대부분의 외국인들에게 중국을 대표하는 세력은 군벌들의 할거를 극복하고 통일을 실현한 장개석 정부였지, 그간 성장을 거듭한 화북의 공산당 세력이 아니었다. 대일전쟁에 있어서도

---

[46] 스노우 하권 155; B. 디네스(전성경 · 김태희 · 전종열 역) 『떵샤오핑』 [신서원 1990] 122; 등용(鄧榕) 『나의 아버지 등소평』 [도서출판 삼문 1993] 2권 92 참조.

미국의 동맹국은 국민당 정부를 그 대표로 하는 중국이요, 미국의 외교적 협상 및 원조 대상 역시 국민당 정부에 한정되었다.[47]

3) 모택동과 공산주의 농민혁명, 그 보편사적 의미

전쟁이 끝나자 그간 양당이 예상하고 준비한 대로 내전은 현실로 나타나기 시작했다. 내전을 막고자 하는 미국의 중재로 양당 주축의 연합정부 수립을 그 목적으로 하는 정치협상 회의가 이루어지기는 했지만 결실은 없었고, 곧 본격적인 내전에 돌입했다.

내전의 진행과 결과는 잘 알려진 바이다. 전쟁이 시작될 당시 국민당측 군대는 병력면에서 공산군의 최소한 두 배 이상을 보유하고 있었고, 또한 미국의 최신식 장비를 갖추고 있어 일본군에게서 빼앗은 무기를 주화력으로 하는 공산군을 크게 능가하고 있었다. 전면적 내전이 시작되고 나서 1년간은 국민당측 군대가 압도적 형세로 진격했지만 그 이후에는 모든 전선에서 무기력하게 붕괴되고 말았다.

국민당이 패한 원인은 한둘이 아니다. 장병의 훈련과 전문지식 부족, 장교의 부패, 사병의 사기 저하, 부진한 첩보활동, 전쟁에 대한 사전 준비 부족, 군 내부 파벌들의 반목, 야전 장군의 결정권을 제한한 중앙집권적 지휘체계, 실리보다 전시효과를 노린 작전 등 장개석의 군대는 자질·훈련·전투·작전·군대 운영 등 모든 면에서 공산군에 뒤졌다.[48] 그리고 무엇보다도 국민당은 후방정책에서 완전히 민심을 잃었다. 일본군이 남겨놓은 공장시설과 자산을 권력자가 약탈한 것, 통화개혁 실패로 인한 살인적 인플레이션, 부당한 세금과 징발, 관리들의 부패와 모리행위, 대중운동의 무분별한 탄압 등은 농민은 물론 지식인과 중산층까지 국민당으로부터 등을 돌리게 만들었다.[49] 널리 알려진 이상의 원인들은 하나하나가 모두 중요함에 틀림

---

[47] 페어뱅크 425ff 참조.　　　　[48] 이스트만 189ff 참조.

[49] 페어뱅크 등 1001ff; 에버하르트 431f 참조.

없다. 그러나 가장 본질적 원인은 역시 국민당이 혁명적 이상에 불타는 젊은이들의 조직체인 공산당처럼 당시 인민의 대부분을 차지하고 있었던 농민의 지지와 협조를 확보할 수 없었다는 점, 그리고 혁명을 향한 젊은이들의 정열·헌신·노력을 따를 수 없었다는 점에서 찾아야 할 것이다.

1930년 이래 공산당은 농촌에 근거하여 수차의 토지혁명을 실시해 왔다. 또 내전을 전후해서는 5·4 지시(1946.5) 및 중국의 토지법 대강(1947.10)을 통하여 지주의 토지를 몰수해서 이를 농민에게 균분했는데, 이러한 정책은 농민들의 열렬한 환영을 받았다.

공산당은 내전초 병력이 열세였을 때는 물론이고 1년이 채 못되어 국부군과 대등해지거나 우세를 확보했을 때에도 많은 전투에서 농민의 자발적 협조를 받았다. 주민들은 공산군에게 필요한 정보를 제공하고 부상병을 치료해 주며, 식량을 지원하거나 작전에 필요한 노역을 떠맡았다. 예컨대 등소평이 주도한 회해淮海 지역 작전에는 200만 명이 넘는 농민이 동원되어 몇 달 동안 고된 노동을 제공했는데, 이들이 파놓은 참호는 국민당의 기갑부대를 무력화시켰다(이 전투는 국민당이 양자강 이북에서 실세하는 결정적 계기 중 하나였다). 이들 농민은 수백 년 동안 지속된 억압으로부터 해방된다는 희망 때문에 어떠한 보수도 없이 그 힘든 일을 해내었던 것이다.[50] 내전 기간 중 공산당은 병력을 보충함에 어려움이 없었다. 국민당측 병사들이 강제로 끌려온 데 반하여 공산군에는 많은 청년들이 자원하여 입대했고, 국민당이 승리하면 분배받은 토지가 다시 몰수될 것을 두려워한 농민들과 그들의 자제는 이런 일에 더욱 적극적이었다.

공산혁명군의 사기는 매우 높았다. 내전 기간 중 국민당측의 많은 병사들이 공산군에 투항했는데, 부패한 장교의 억압, 열악한 보급과 부당한 대우, 그리고 지방군인 경우에는 중앙군에 의해 차별받는다는 생각 등이 그 원인이었다.[51] 이에 반하여 공산군의 투항 사례는 거의 찾을 수 없었다.

---

[50] 디네스 141-2; H. E. 솔즈베리(박월라·박병덕 역)『새로운 황제들』[다섯수레 1993] 252.
[51] 이스트만 193.

통일의 이상은 중국인들의 정신 속에 뿌리깊게 심어져 있었다. 통일에 대한 염원 때문에 분열기에 군사적 성공을 거둔 자는 곧 많은 사람의 지지를 받을 수 있었고 이로부터 권력의 무게 중심이 형성되었다. 어떤 군사적 지휘자가 혼란기에 가장 강한 세력을 확보했다는 것은 많은 경우 곧 천명을 받은 징표로 여겨졌고, 여기에 다른 군사적 세력이 종속하게 되고 또한 그의 권력을 정당화할 수 있는 정신세력, 즉 유학자들 가세했던 것이다.

청나라 말기의 무능과 부패 그리고 혼란이라는 유산을 상속한 20세기 초반에 있어서 장개석의 군사적 성공과 국민당에 의한 중국의 통일은 국민에게 민족 중흥의 새 시대를 맞이한다는 희망을 안겨주었다. 외세의 침탈로 정치적·경제적·문화적으로 착취당하고 모욕받는 상황에서 통일은 더욱 귀중하게 여겨졌다. 많은 중국인들의 기대를 한몸에 받으면서 장개석은 오랫동안 전 중국의 최강자로 군림할 수 있었다.

그러나 장개석이 처한 시대 상황은 전통의 그것과는 다른 점이 있었다. 이 시대는 전통의 영향력이 여전히 강력한데도 서구문명의 충격으로 전통이 회의되고 사회가 변화하는 시기였다. 새 시대에는 단순한 군사적 우위와 권력에 대한 유교적 정당화 이외의 다른 무엇이 요구되었다. 경제인들은 그들의 활동에 자유를 보장할 것을 요구했고, 지식인들은 언론의 자유를, 마르크스주의와 소련의 혁명에 경도된 사람들은 사회주의적 개혁 내지 혁명을 요구했다. 장개석으로서는 이러한 요구를 쉽게 수용할 수 없었다. 요구 중 어떤 것은 그의 권력 기반인 지주·향신의 이해관계와 상충되기도 했고 또 어떤 것은 그의 이상 내지 가치관에 부합하지 못했다. 장개석도 정치적 지도력을 발휘하여 경제인들의 활동을 법적으로 보장함으로써 산업을 진흥시키고 지식인들의 의사를 수렴할 수 있는 제도를 발전시킬 수 있었을 것이다. 그러나 그러한 노력을 하기에는 그의 사고가 너무나 전통적이었다. 그의 경제정책은 경제인들에게 정당한 활동을 보장함으로써 마침내 전 중국의 빈곤을 극복할 수 있다는 생각보다는 경제란 정치에 종속되어야 한다는 전통적 사고에서 비롯되었고, 대언론·대지식인 정책 역시 사회의 다원성을 인정하는 방향에서가 아니라 국가의 통일성과 권력의 획일성을 추구하는 기본 입장에서 실시되었다.

장개석이 여건상 일본과 같이 근대경제를 발전시킴으로써 농촌 인구를 노동자로 흡수하고 농업을 상업화시키는 정책을 실행할 수 없었다면, 당시 심각한 농지 소유의 불균형을 해소하고 농촌 노동력을 활성화함으로써 경제 문제, 나아가서는 정치 및 사회 문제를 해결해야만 했다. 그러나 이것은 그의 권력 기반에 심히 위태로울 수 있는 일이었다. 그에게 있어서는 국가의 통일을 성취·유지하는 것이 지상의 목표였고, 그것을 위해서는 자신의 권력에 위험할 수 있는 어떠한 조치, 어떠한 도전, 어떠한 조직과 세력도 용납하지 않았다. 그에게 돌아가는 여러 비난, 즉 일본보다 공산당을 더 큰 적으로 여긴 것, 지도부의 부패, 비판세력 탄압, 군대 지휘관을 등용함에 있어서 능력이 아니라 신뢰성을 첫째 기준으로 한 점 등은 그의 이러한 기본 태도로부터 유래한 것이었다.

전통적 상황이 반복되었더라면 장개석은 그의 권력 기반으로 진정한 통일을 이룰 수 있었을 것이고, 또 일본의 침공만 없었더라도 그는 목적을 달성할 수 있었을 것이다. 진정한 통일이 이루어졌더라면 그의 조국에 대한 헌신과 외교적 성공이 더해져서 근대화된 강력한 중국의 발전 역시 가능했을 것이다. 그러나 일본의 침공은 이러한 가능성을 모두 없애버렸고, 외세의 침공이라는 시련 속에서 정치적·군사적 수단에 근거한 장개석의 권력 기반이 그렇게 공고하지 못함이 판명되었다. 군벌의 군대는 국가의 군대가 아니라 사병이었고, 많은 군대 지휘관들의 지위는 국가조직과 제도에 의해 부여되는 것이 아니라 장개석과 그들의 이해관계에 의해 좌우되었다. 이들은 장개석의 성공이 자신들의 지위를 위협할 것을 두려워했고, 양자 사이에는 중일전쟁 내내 갈등이 있었다.

일본의 침공으로 가장 큰 이익을 본 것은 공산당이었다. 우선 이로 인해 그들은 국민당의 초공전을 피할 수 있었음은 물론 국민당의 관리와 지주들이 떠나버린 농촌에 권력을 부식할 수 있었다. 일본군의 탄압과 착취로 농

민들은 정치적으로 능동적이 되었고, 공산당은 애국적인 호소와 열성적인
지도로써 이들을 쉽게 자기세력화했다.[52] 그러나 공산당이 전 중국을 통일
할 수 있었던 그 큰 힘이 국민당과 일본 사이에서 어부지리를 취한 결과에
불과했다고 평가해서는 안된다. 공산당에게도 일본의 침공은 커다란 시련
이었고 공산당 역시 일본군과 과감히 맞서 싸웠다. 백단대전 이후 일본의
잔인한 보복으로 공산당은 실로 존망의 위기에 처했다. 공산당이 이 시련
을 이기고 더 큰 세력으로 성장할 수 있었다는 것은 그 자체 내에 엄청난
저력이 있었다고 평가하지 않을 수 없다. 이 과정에서 그들은 국민당과 반
공적 군벌들과도 투쟁해야 했다. 일본이 패퇴한 후에도 그들은 병력과 화
력면에서 월등 우월하고 미국의 원조까지 받는 적을 상대하여 승리함으로
써 자신의 힘을 증명했다.

모택동이 이끄는 공산당의 지도자들은 마르크스주의 이상을 지니면서도
민족이 처한 현실적 조건을 정확히 인식했다. 그들은 혁명의 잠재력을 농촌
에서 찾았다. 농민들을 혁명의 이상으로 계몽했고 이들의 힘을 결집시켰다.
이들이 인구의 대다수를 차지하는 농민의 잠재력을 활성화하기만 한다면,
상공업 발전과 시민계급의 성장이 일천한 중국에서 이 힘을 이길 수 있는
세력은 존재하지 않았다. 그러나 공산당이 농민의 잠재력을 계발·조직화
하기 전에 장개석은 이미 절대적인 군사적 우위를 확보해 두고 있었다. 이
러한 대적을 상대하기 위해 모택동은 정강산 시절부터 탁월하고도 헌신적
인 군 지휘관이었던 주덕·팽덕회·임표 등의 자문을 받아 농촌 인민의 협
조를 구하고, 기동성과 지리적 이점을 최대한 살릴 수 있는 전법을 개발했
다. 당시 그들의 처지는 실로 비참했다. 병력은 소수인데다 장비와 보급마
저 극히 열악했다. 그러나 공산당의 지도자들은 이 병력을 투철한 혁명정신
을 가진 정예전사로 만들기에 모든 노력을 기울였다. 그들은 장병들에게 혁
명의 목표를 제시하고 그 당위성을 교육했다. 장병들이 혁명전사로서 자부

---

[52] 페어뱅크 등 993.

심을 가질 수 있도록 상호간 구타를 금지시키고 영내 문맹퇴치 운동을 전개하는 한편 모든 문제를 토론을 통해 해결하도록 유도했다.

공산당의 군대는 국민당과는 달리 살벌한 권위가 아니라 인간적 신뢰와 단결 속에서 유지되었다. 그것은 전투집단이기도 하지만 인간교육의 장場이기도 했다. 병사들은 또한 인민의 지지와 호의를 획득할 수 있는 행동 규칙을 철저히 교육받았다. 목적의식이 뚜렷하고 인간적 대우를 받는 공산당의 장·사병은 적에게는 용감하고 인민에게는 친절한 젊은이들이었다. 모택동은 군대가 당과 정치에 종속하는 원칙을 확립하여 당이 군을 일사불란하게 지휘할 수 있도록 만들었다. 이 모든 것이 공산당이 모든 시련과 도전을 이겨내고 궁극적으로 승리할 수 있도록 한 중요한 요인이었다.

모택동은 탁월한 전술가이고 능력있는 정치가이기도 했지만 뛰어난 이론가이기도 했다. 그는 마르크스주의를 중국의 현실에 맞도록 변용했고, 이 이론체계를 가지고 중국 공산당을 소련이나 코민테른의 영향에서 벗어나도록 했다. 중국에서 공산혁명이 성공할 수 있었던 것은 그 당시 상황에서 대의가 적절했다는 사실에도 기인하지만 모택동이라는 탁월한 인물의 영도력에도 기인한다.

그렇다면 중국에서 공산혁명의 내용은 무엇이며 보편사적 관점에서는 어떠한 의의와 성격을 가지는 것으로 규정지을 수 있을까?

중국의 공산혁명은 반외세·반제국주의적 민족혁명이었다. 공산당은 일본군과 크게 싸워 이들을 괴롭혔고, 미국의 원조를 받는 국민당과 싸워 이김으로써 아편전쟁 이래 짓밟힌 민족의 자존심을 되찾았다. 또한 중국의 혁명은 유산 지주와 향신에 대한 무산 농민의 혁명, 공산주의자들의 표현을 빌리자면 반봉건 혁명이었다. 1920년대부터 시작한 토지혁명은 통일이 이룩된 1949년 이후에도 계속되어 마침내 토지 균분의 이상이 실현되었다. 중국의 공산혁명은 여기서 끝난 것이 아니었다. 토지혁명이 있은 이후에도 사회주의 내지 공산주의로 향하는 사회적·경제적 변화는 계속 심화되었다(아래 참조).

　이상의 내용을 근거로, 우리는 중국 공산당의 사회주의 내지 공산주의 혁명을 보편사적 관점에서 어떻게 자리 매김할 수 있을까? 결론부터 말한다면 그것은 결코 봉건주의 사회에서 극히 짧은 자본주의 사회라는 단계를 거친 후 (또는 이대조나 진독수가 가능하다고 믿었던 것처럼, 자본주의 단계를 거치지 않고 막바로) 그보다 높은 역사적 단계인 사회주의를 성취한 것이 아니라, 근대 시민사회 내지 자본주의 사회로 발전할 수 있는 조건을 갖추지 못했던 전통사회가 서구문명과 서구사상, 특히 마르크스주의의 영향을 받아 다른 형태의 전통사회로 탈바꿈한 것에 지나지 않는다. 그것은 서구적 근대화라는 보편사적 흐름에 대한 전통사회의 위대한 반동이었다. 비록 사회주의의 중국이 전통 중국사회와 많은 점에서 차이가 있다고 하더라도 그것은 여전히 전근대적·전통적 사회로 분류되어야 한다. 다음 장에서는 1949년 통일국가 수립 후 중국의 역사를 약술하면서 이러한 결론을 뒷받침하도록 하자.

16 장

공산당의 적응 2:
사회주의 실현을 위한 혁명

1 절
국가 수립 후의 여러 정책:
토지개혁, 사회개혁, 계획경제의 성공과 농업집단화

1949년 10월 1일, 모택동은 북경에서 중화인민공화국의 수립을 선포했다. 일본이 패망하고, 미국의 원조를 받던 국민당이 대만으로 쫓겨난 그 시점에서 중국민들은 오래 염원하던 통일국가를 성취하고, 또한 자신들을 침공·착취·모욕하던 제국주의적 열강에 대하여 당당한 자주독립을 주장할 수 있게 된 것이다.

당시 중국 대륙에는 공산당 외에도 여러 정파가 있었는데, 새 공화국은 공산당과 여러 정파들이 공동으로 참여하는 연합정부 형태를 취하고 있었다. 위에서 언급한 것처럼 모택동은 그의 과도기적 정치이론, 즉 신민주주의 이론에서 이러한 구상을 이미 피력한 바 있다.

그러나 연립정부란 것은 명목에 불과했다. 당시 공산당과 대등한 입장을 가진 정당이나 정치세력은 이미 존재하지 않았으므로 새 국가는 사실상 공산당 주도로 통치되었다. 공산당은 건국 과정이나 건국 이후 강력한 군사력을 바탕으로 하여 국민당의 기구를 흡수·개편하고 변방과 말단 행정단위에 이르기까지 조직을 확대하며, 또 청년조직이나 노동단체·대중운동을 이용하여 당세를 확장했다. 공산당은 과거 국민당에 의해 관장되었던 행정기관과 군대 역시 효율적으로 장악하여 인민공화국은 완전히 공산당

에 의해 경영되었다.[1]

새 국가가 수립된 후 공산당은 경제 재건이라는 과제를 풀어야만 했다. 오랜 전쟁으로 당시의 경제 상황은 매우 열악했다. 생산고는 전쟁 전 수준보다 크게 밑돌았고 실업자 역시 많았던 데다가 국민당 지배하에서 발생했던 악성 인플레이션이 계속되었다. 새 국가는 인민의 신뢰와 협조를 받으면서 경제적 난관을 극복하는 데 전력을 기울였다.

우선 농업 부문에서는 무엇보다 토지개혁을 확대 실시했다. 토지개혁은 이미 정부 수립 전부터 실시해 왔는데, 1952년 말까지는 총 농업 인구의 7할 정도에 해당하는 약 3억 2천만 명의 농민이 토지 재분배의 수익자가 되었다. 토지개혁에는 농민들이 열광적으로 협조했다. 많은 가난한 농민들이 공산당의 지도에 따라 부농에 대해 계급투쟁을 벌였던 바, 이들은 지주를 고발하고 이들의 토지를 빼앗아 균분했다. 이 과정에서 악덕 지주 내지 토지개혁을 방해하는 지주로 지목된 사람 수백만 명이 인민재판을 통해 처형당했고, 그중에는 많은 무고한 사람도 포함되어 있었다. 그러나 토지개혁으로 농민들은 전근대적 착취로부터 해방되어 작지만 균등한 토지를 소유하게 됨으로써 종전보다 더 높은 의욕을 가지고 생산에 매진할 수 있게 되었다. 중국의 식량 생산은 이미 1952년에는 1949년에 비해 42.8%가 증산되었는데 이는 전쟁 전의 최고 수준을 능가하는 것이었다.

공산당은 상공업정책에 있어서도 상당한 정도의 성공을 거두었다. 우선 새 정부는 국민당 정부 또는 정부의 고위 관리가 경영하던 기업과 일본·독일·이탈리아 등 제국주의 열강이 소유하던 사업체를 몰수하여 국유화했다. 이들 기업은 석탄·전력·철도·해운·은행·통신·상수도 등 주요 기간사업을 대부분 포함했기 때문에 이것을 정상 가동한다는 것은 국가경제 전체에 중요한 의미를 지니고 있었다. 국유화 과정에서 원래의 운영체제, 즉 직급·임금 등을 그대로 보존했기 때문에 이 기업들은 신속하게 생산을

---

[1] 페어뱅크 450.

재개할 수 있게 되었고, 이들의 생산성 역시 1952년에는 전쟁 전의 최고 수준을 능가하게 되었다.

이들 국영 기업체 외의 공업은 주로 민간의 영세 기업에 의해 운영되었는데, 신정부는 이들에게 자본주의적 경영을 보장하는 한편 국영 부문으로부터 발주·원료 공급·제품 구입 등의 방법을 통해 민간 영세 기업의 활동을 촉진시켰다. 공업 부문의 생산성 촉진과 더불어 정부는 재정, 금융 및 상업을 강력히 통제함으로써 인플레이션을 진정시키는 등 경제 안정의 기반을 다질 수 있게 되었다.[2]

한편 이 당시에 사영 부문 역시 국영화해야 한다는 좌익 강경론도 있었는데, 이것은 신민주주의에서 표방한 민족 부르주아지와의 연합을 파괴하는 것일 뿐 아니라 당시의 실정과도 맞지 않는 것이었다. 항일 기간과 내전 기간 중 주로 농촌에 근거하여 정책을 수행하던 당시의 공산당으로서는 도시 상공업의 모든 기능을 흡수·운영할 능력이 없었고, 그래서 모택동·주은래 등 지도자들은 국유화를 서두르지 않는다는 방침 아래 이 기능을 민간 부문에 그대로 맡길 수밖에 없었다.[3] 요컨대 중국은 건국초 적절한 정책과 개혁으로 생산성을 높이고 안정된 경제 기반을 마련하는 데 성공했다.

여기다가 공산당원과 공산군(인민해방군)은 새 점령지에 입성하자마자 거리를 청소하고 거지·창녀·잡범 등을 정리함으로써 청신한 기풍을 조성했다. 또한 신정부는 청렴과 친절을 표방하면서 부패·특권의식·아편 흡입 같은 전통적인 부조리를 척결함으로써 국민의 신뢰를 획득했다. 더욱이 당과 정부는 빈곤층을 보호하고 교육을 서민층에까지 확대 실시했는데, 교육 내용에는 공산주의의 이상과 모택동 사상이 포함되어 있었다. 이러한 모든 조치는 해방의 기쁨과 함께 중국민들로 하여금 당과 미래에 대해 낙관적 신뢰를 가질 수 있도록 했다.[4] 건국 이후 수년간 중국민들은 여전히 가난했고, 국가의 재정은 한국전쟁에 개입함으로써 어려워지기도 했지만

---

[2] 고지마 신지 등 176-7; 신승하 『중국당대 40년사(1949~1989)』 [고려원 1993] 27ff 참조.

[3] 솔즈베리 『새로운 황제들』 33-4.　　　　　　[4] 페어뱅크 448-9.

중국 전체의 분위기는 희망과 기쁨에 넘치고 있었다.

만약 공산당이 변혁을 여기서 멈추고 서구적 근대화와 세계사적 변화를 통찰하여 경제에 좀더 많은 자유를 허용했더라면 중국은 훨씬 더 이른 시기에 본격적인 발전의 길로 들어설 수 있었을 것이다. 그러나 당시 중국을 지배한 이데올로기는 마르크스·레닌주의였고, 중국의 발전 모델은 소련식 사회주의적 계획경제였다.

건국 직후인 1949년 12월 모택동은 소련을 방문하여 3개월간 체류하면서 스탈린과 중소 우호동맹 상호 원조조약을 맺어 군사적·경제적 원조를 끌어내는 데 성공했다. 과거 제국주의적 서구 열강에 대한 쓰라린 경험은 차치하고라도, 당시의 냉전 상황에서 구미 제국으로부터 정부로 승인을 받지 못했던 신생국으로서는 향소 일변도의 외교정책과 반反자본주의적 경제체제의 선택이 불가피했다. 우리는 위에서 시장경제가 자연스럽게 그리고 당연히 발전할 수 있는 것이라기보다 오직 특수한 조건이 갖추어졌을 때만 발전하는 것이라고 논의한 바 있다. 시장경제에는 종교적·도덕적·문화적·권력적 근거에서 많은 적들이 있었다. 1950년대 초반 서구에 있어서조차 경제적 자유주의가 쇠퇴하고 케인즈적 개입주의와 사회주의적 복지국가론이 우세한 상황에서, 농업국가의 공산주의적 이상에 불타는 독재권력 집단이 시장경제에 호의적인 정책을 취할 가능성은 거의 없었다. 더욱이 우리는 전통경제를 공업화함에 있어서 스탈린식 계획경제가 상당한 성과를 거두었음을 간과해서는 안될 것이다.

농산물과 주요 공업 생산에 있어서 전쟁 전 최고치(1936년에 달성됨)를 능가하게 된 1952년은 중국에서 본격적인 사회주의화를 위한 기반이 완료된 시점이었다. 그 이후 약 25년간의 중국 역사는 사회주의적 방향으로 추진된 경제가 파탄하는 역사이기도 하다. 국가의 계획에 의한 경제 운영이란 시장경제에 비해서 비효율적이기는 하지만 소련의 경우에서처럼 전근대적 경제를 근대화·공업화하는 과정에서 어느 정도 필요한 것이기도 하다. 이러한 경우에는 한정된 범위 내에서 극도의 신중을 기하여 계획이 수립되고 실시되어야만 성공을 기약할 수 있다. 그러나 중국의 경우는 꼼꼼히 따지고 계산하는 합리성이 아니라 카리스마적 독재자의 문학적 상상력과 사이비 철학적 이상에 의해 경제가 추진되었다.

1953년, 중국에서는 1차 경제개발 5개년 계획이 실시되었다. 이 계획은 건국 후 경기가 회복되자 부르주아지와의 잠정적 타협 단계를 종식하고 경제를 본격적으로 사회주의화하려는 구체적 시도였다. 모택동은 이러한 구상을 일찍부터 하고 있었지만 1952년 9월 이후에야 제시했고, 이것은 후에 당 전체에 의해 공식적으로 채택되었다. "과도기의 총 노선"이라고 불리는 이 정책의 기본 내용은 1953년부터 세 차례의 5개년 계획을 통하여 점진적으로 주요 공업과 상업을 사회주의 전인민 소유제(국유·국영)로 그리고 농업과 수공업의 경우는 집단소유제로 각각 개조하고, 또한 중국의 산업을 현대화하기 위해 사회주의 공업화를 실현함으로써 궁극적으로 독자적 국방력과 현대화된 공업을 갖춘 부강한 사회주의 국가를 건설한다는 것이다. 이러한 목적과 내용을 가진 경제개발 계획을 수행함에 있어서 중국은 소련식 개발정책과 경험을 배웠고, 또한 소련으로부터 제공되는 기술·경제 원조에 의존했다. 중국도 소련처럼 중공업을 극단적으로 우선했고, 중앙집중적 계획 관리에 의거하여 공업화를 추진했다.[5] 1차 경제개발 계획 기간 중 공업의 성장은 매년 18%에 달하여 1956년에는 마침내 총 공업생산액이 농업생산액을 앞지르게 되었다. 이러한 발전 속도는 예상을 크게 웃도는 것이었다.[6] 통계상으로 1차 5개년 계획은 매우 성공적이었다. 당시 다른 개발도상국의 평균 경제성장률이 2.5% 정도인 데 반하여 중국의 경우는 8.9%나 되었다.

그러나 가격기구를 통하지 않은 자원 배분의 불합리성(예컨대 현지의 노동력과 원료를 효율적으로 사용할 수 있는 소규모 공장보다 대규모 공장 설

---

⁵ 솔즈베리 207-8; 히메다 미쓰요시(姬田光義) 등(김순호 역) 『20세기의 중국사』 [돌베개 1995] 188(마루야마 노부오 집필 부분) 참조.

⁶ 히메다 미쓰요시 189; 페어뱅크 459-60.

립을 선호한 것)이나 계획경제에 필연적으로 수반되는 관료기구의 비능률적인 정책 운영 등은 차치하고라도, 소련보다 산업화에서 훨씬 뒤진 중국이 중공업 우선 정책을 강행한 것은 현명하지 못했다.[7] 이 정책으로 농업은 희생될 수밖에 없었고, 이로써 중국의 농업은 서구의 농업이 산업화 과정에서 행했던 기능, 즉 도시 노동자에게 식량을 제공하고 산업에 필요한 원자재와 자금을 공급하여 공업화의 가장 큰 원동력이 되었던 그러한 기능을 할 수 있을 만큼 발전할 수 없었다. 이것은 외국의 차관이 제한되고 인구 및 식량 문제가 심각했으며, 또한 (기술과 고급 인력의 부족으로) 공산품 수출지향적 성장정책을 펼 수 없었던 중국으로서는 바람직하지 못한 결과였다.

중국의 지도자들은 아직 후진 상태를 면하지 못한 농업의 생산성을 농업 집단화 내지 사회화의 방법으로 높일 수 있다고 믿었다. 이들은 집단화가 토지와 농구의 합리적 사용, 노동력의 조직화, 농업기술의 개량 등을 가능케 하여 농업생산의 비약적 증가를 가져올 것으로 기대했다. 특히 모택동은 대규모 기계를 사용할 수 있기 위해서는 집단화·합작화가 반드시 전제되어야 한다고 주장했다.[8]

공산당의 농업집단화 정책은 처음에는 농민의 자발적 의사를 존중하여 서서히 진행시키는 것을 원칙으로 하고 있었다. 그 기본적 내용은 우선 농민들 사이의 상호 원조조직(互助組)으로부터 출발하여 개인의 소유권은 보장하되 공동경지에서 공동으로 작업하는 것을 골자로 하는 초급 합작사를 거쳐서, 1967년까지는 토지 등 생산수단에 대한 개인소유제를 포기하고 집단소유제를 근간으로 하는 고급 합작사로 집단화한다는 것이었다. 1954년에는 호조합작 운동이 비약적으로 발전하여 호조조나 합작사에 참가한 농가수가 전국 농가의 60.3%에 달했다.

그러나 이러한 급속한 진전에는 상당한 부조리가 따랐고, 1954년부터 1956년 말에 이르는 사이에 고급 합작사로의 급속한 집단화에는 더욱 그러

---

[7] 페어뱅크 460 참조.   [8] 신상초 231ff.

했다. 여기에는 위로부터의 강제적 명령이 없을 수 없었고, 출자한 생산 도구에 대한 평가 및 보상 문제를 두고 조직원 사이에 대립이 계속되는 등 여러 난점이 있었다. 그것은 많은 농민들의 불만·소요 그리고 저항을 야기했다. 한편 당 지도부 역시 무리한 집단화가 야기하는 여러 폐해를 알고 1955년 초에는 이를 각 지역 실정에 맞도록 재조정할 것을 지시했다. 그러나 모택동은 당의 이러한 조치에 크게 반발했다.

그는 1955년 여름, 사회주의를 목표로 전개하는 농민의 활기찬 대중운동에 당 관료들이 제대로 보조를 맞추지 못함을 비난하고 농민의 생활을 향상시키기 위하여 더욱 신속하고 광범위한 농업집단화를 촉구했다.

이것이 계기가 되어 1955년 가을에서부터 1956년 봄에 걸쳐 농업의 사회주의적 개조는 일거에 달성되었다. 1956년 말에는 완전한 사회주의적 성격을 가진다고 믿어진 고급 합작사에 가입한 농가가 88%에 이르렀다. 이리하여 3차 5개년 계획이 끝나는 1967년에 달성될 목표가 1차 5개년 계획이 끝나기 1년 전에 이루어졌다. 그러나 집단화 결과는 모택동 및 다른 지도자들이 기대했던 바와 완전히 어긋나는 것이었다. 그것은 식량의 증산도 농민생활의 향상도 가져다주지 못했다. 농업의 사회주의적 개조는 사실상의 토지 몰수와 같은 것이어서 생산 의욕을 크게 저하시키는 결과를 초래했다. 농업생산의 감소는 산업화가 일천한 당시 중국으로서는 매우 심각한 문제가 아닐 수 없었다. 사실상 모택동 치하에서 국민생활은 1955~1956년경부터 더이상 향상되지 못했다.[9]

1955년과 1956년에 걸쳐서 농업의 사회주의화와 더불어 상공업과 수공업의 사회주의적 개조도 동시에 시행되었다. 그것은 사기업을 국영화, (국영화나 사실상 다름없는) 공사합영화 또는 합작사로 바꾸는 것을 주내용으로 하는 것이었다. 이러한 조치로 자본가는 사회 공유 기업의 직원으로 되었다. 이 정책 역시 너무 성급하고 광범위하여 상당한 문제점이 있었다.

---

[9] 같은 책 239. 중화인민공화국 수립 후 등소평의 개혁 전까지는 1950년부터 1956년 사이가 대부분의 중국인에게 가장 살기 좋은 시절이었다(솔즈베리 205).

　1차 5개년 계획이 종반부로 접어들자 일부 현명한 입안자들은 그간의 문제점을 도출·분석·검토하면서 2차 5개년 계획을 수립했다. 그러나 그것은 모택동의 대약진운동으로 대체되는 바람에 현실화될 수 없었다.[10]

2 절
사회주의 혁명과 그 좌절 (1):
대약진운동과 인민공사화운동

　1957년은 모택동을 위시한 공산당 지도자들이 1차 5개년 계획에 의한 공업화의 성과 때문에 농업집단화에는 불만이면서도 전반적으로는 낙관적 분위기에 젖어 있던 시기였다. 이해 11월, 모택동은 전세계의 다른 공산당 지도자들과 함께 소련 혁명 40주년 기념 행사에 초청받아 모스크바를 방문했다.[11] 이때 그는 그곳에 모인 지도자들에게 중국은 15년 이내에 철강 등 주요 공산품 생산에서 영국을 능가하게 될 것이라고 공언했다. 이때는 소련 지도자들 역시 사회주의 경제의 성공적 발전에 고무되어 소련이 자본주의 최선진국 미국을 십여 년 후에는 따라잡을 것이라는 낙관론을 피력할 무렵이었다.

　그러나 중·소 양측 지도자의 비슷한 발언은 근본적으로 다른 대외정책적 기조 위에서 행해진 것이었다. 당시 흐루시초프가 미·소 평화공존을 도모하고 있었는 데 반하여, 모택동은 미국과 영국을 여전히 제국주의적 침략자로 규정하면서 이들에 대항하여 제3세계의 민족세력과 사회주의 국가들이 적극적인 공격을 취해야 한다고 믿고 있었다. 모택동은 소련이 공산주의 원래의 정신을 버리고 타락했다고 생각했다. 이에 그는 소련을 대신하여 중국이 세계 공산혁명의 주역이 되고자 했고, 이를 위해 우선 국내

---

[10] 페어뱅크 460-1.

[11] 리 즈수이(손풍삼 역) 『모택동의 사생활』 [고려원 1995] 2권 36; 솔즈베리 226.

에서 독자적인 공산주의 사회 건설에 매진할 것을 결심했다.[12] 이 무렵 소련 지도부는 모택동이 요청한 경제 원조에 대해 냉담한 반응을 보이고 있었는데, 이것은 모택동의 결심을 더욱 굳게 만들었다.[13]

이러한 상황에서 모택동은 외국에 의존하지 않고 중국이 가진 자원을 총동원하여 소련과는 다른 독특한 방법으로 사회주의적 경제 건설을 위한 대약진운동을 제창·주도하게 된다. 모택동이 1949년 처음 소련을 방문했을 때에는 그곳의 거대한 공업지대를 보고 크게 감명을 받아 소련식 경제 발전 모델을 중국 공업화에도 적용했던 것이나, 이제는 좀더 신속하고도 독자적으로 중국을 공업 강국으로 만들기를 원했고, 이에 소련식을 능가하는 새로운 개발방법을 모색하게 된 것이다. 모택동이 주은래나 진운陳雲 같은 당 관료들의 신중한 정책 수행방식에 불만을 가지게 된 것은 당연했다.[14]

그는 중국의 거대한 인적 자원을 동원한다면 목표하고 있는 바를 충분히 성취할 수 있다고 믿었다. 그는 이미 대장정과 항일전 그리고 내전을 통해 인민이 가진 엄청난 잠재력을 확인할 수 있었다.[15] 인민을 최대한 동원하여 그들의 힘을 최대한 활용하는 것 — 이것이 바로 모택동이 생각하는 공업 강국으로 향하는 중국 특유의 방법, 즉 대약진운동이었다.

모택동은 1957년, 6~7천만 명을 동원하여 거대한 수리水利시설을 성공적으로 건조함으로써 대중 동원에 대한 그의 신뢰를 재확인할 수 있었는데, 이 대중 동원으로 대약진운동은 사실상 시작되었다. 그러나 대약진운동은 결코 치밀한 계획이 아니라 최고 지도자의 환상에 의해 주도되었다.

대약진운동의 중심은 철강증산 운동이었다. 모택동은 철강생산이야말로 가장 중요한 공업생산력의 지표라고 믿었다. 그는 1958년 철강생산 목표를 그 전해의 두 배로 제안했고, 그해 8월 당 정치국 회의는 이를 받아들여 당초 생산 목표 620만 톤을 1,070만 톤으로 그리고 다음해인 1959년도의 목표를 2,700~3,000만 톤으로 각각 올렸다(철강뿐 아니라 다른 공업생산

---

[12] 히메다 미쓰요시 212ff(마루야마 노부오 집필 부분).   [13] 김하룡 284.

[14] 리 즈수이 2권 43-4 50-1.   [15] 솔즈베리 209-10.

의 목표도 상향 조정했다). 그러나 당시 중국의 기술과 자본으로 이것은 도저히 이룰 수 없는 목표였고, 이미 1년의 2/3가 지난 시점에서는 더욱 그러했다. 남은 4개월 동안 목표량을 완수하기 위해서 통상의 방법을 따를 수는 없었다. 모택동은 도시와 농촌 가릴 것 없이 모든 지역에 전통적 소형 제철 용광로를 설치하고 전 인민이 여기에 매달려서 대제철운동을 벌인다면 목표 달성이 가능할 것이라고 믿었다.

모택동의 구상은 실행으로 옮겨져서 각 지역의 당 최고 지도자들이 대중 운동을 진두 지휘했다. 이 운동에 참여한 사람은 연말에 9천만 명 그리고 제철 용광로는 10월에 100만 기基가 세워졌다고 보고되었다. 이 많은 인원이 전국 도처에서 밤낮없이 원시적 방법의 철강생산에 매달렸다. 그러나 경제적 여건과 시장법칙을 무시하고 진행된 이 사업의 결과는 엄청난 실패로 귀결되었다. 전통적 용광로에서 생산된 철강 300만 톤은 품질이 나빠 쓸 수 없었다. 또 동원된 사람들은 유능한 노동인력이어서 사회의 다른 생산 부문에 타격을 줄 수밖에 없었는데, 특히 농업에 준 피해는 막대했다. 농촌에서는 추수할 인력이 부족하여 곡식을 밭에서 썩도록 방치하는 사태가 광범위하게 발생했다. 용광로를 가열할 연료를 위해 산림이 남벌되었다. 또 많은 농촌에서는 원광석이 없어 농기구나 생활 필수품을 용광로에 집어넣었다.[16] 최고 당 지도자를 추종하는 관료들의 경쟁심으로 현장의 실정은 무시된 채 인민들에게는 오직 생산 증대만이 강요되었다.

현실이 이러한데도 실패가 누구에게나 명확해질 때까지 모택동에게는 낙관적인 보고만이 계속되었다. 그때문에 영국을 따라잡을 수 있다는 기간이 15년에서 5년으로, 나중에는 3년으로 단축되었다. 현실이 무시된 것은 공업 부문에만 한정된 것이 아니었다. 농업에 있어서도 역시 앞을 다투어 목표의 초과 달성과 수확의 신기록이 보고되었다.[17] 이 무렵에는 전근대사회로부터 선진 사회주의 사회에로 즉각 이행할 것이라는 전망에 나라 전체

---

[16] 같은 책 232; 리 즈수이 2권 125-6.

[17] 강춘화 『당대 중국사 입문』 [박영률출판사 1998] 96.

가 현혹되어 있었다.[18]

　독자적으로 선진 사회주의 공업국가가 되겠다는 모택동의 의욕은 또한 농촌의 인민공사화운동으로 실행에 옮겨졌다. 인민공사人民公社란 이미 고급 합작사에서 성취된 것과 같은 집단화·사회주의화를 더 광범위하고 강도 높게 실현한 농촌 협동체를 말한다. 인민공사에서는 공산주의적 절대평등을 지향하여 생산수단이나 생산활동만을 공동으로 하는 것을 넘어서서 생활 전반(식사·육아·주거 등)까지도 공동으로 영위했다. 또한 이 협동체는 기존의 합작사와는 달리 단순히 농업경제상의 조직이 아니라 교육·문화·공안·군사·복지사업 등 공공업무 전반을 관리·운영하는 행정조직이기도 했다.

　인민공사화운동은 1958년 8월 당 정치국 확대회의에서 정식으로 결정되었는데, 불과 3개월 만에 전국의 약 35만 개의 합작사가 해체되어 약 2만 6천 개의 인민공사로 개편되었고, 전 농민의 99% 이상이 싫든 좋든 여기에 가입했다. 공사의 규모는 합작사의 100~200호의 20~30배가 되는 4,000~5,000호였으며 2만 호가 넘는 것도 있었다. 커다란 규모의 공사는 많은 농민을 동원하는 데 편리했다. 특히 수리사업같이 작은 단위의 지역을 뛰어넘는 거대한 건설사업에 유용했다. 인민공사 속에서의 공동생활(탁아소·공동식당·경로당)로 부녀자는 가사노동에서 해방되어 사회적 노동에 참여할 수 있게 되었다. 특히 남자들이 대약진운동에 동원되었던 그 당시에는 부녀자의 노동력이 필요했다. 인민공사에 소속된 농민들은 군대와 같은 조직 속에서 공동생활을 하며 집단으로 노동 현장에 동원되어 자발적 또는 강압적으로 엄청난 양의 작업을 해냈다.

　인민공사에서는 합작사와는 달리 자류지自留池·개인의 사적인 소비품·가옥·은행 예금·가축 등을 포함하는 모든 개인 재산을 몰수했고, 농촌에 원래부터 있었던 소상인의 활동·시장 거래·가정 부업 역시 모두 "자본주

---

[18] 김하룡 186.

의의 꼬리"라고 해서 금지시켰다.[19] 인민공사는 농민의 생산 의욕을 극도로 저하시키는 것이었으니, 이러한 사실은 농촌이 고급 합작사로 운영되던 1956년에 합작사 전체 토지의 5%에 불과한 자류지를 경작하여 얻은 생산물을 시장에 내다 판매함으로써 얻은 수익이 전체 수입의 20~30%가 되었다는 것에서도 간접적으로 확인할 수 있다.[20]

농민들은 인민공사를 싫어했다. 여기에는 자기 것이라고는 하나도 없었고, 가정의 단란함도, 열심히 일한 대가도 찾을 수 없었다. 그들은 공동식당에서 공짜 음식을 마음껏 먹었지만 작업장에서는 게을렀다. 그들의 태도는 소극적이면서도 반항적이 되었다.[21] 이러한 부정적인 효과에 비하면 대규모 건설사업을 위한 인민 동원의 수월함이라든지 농업기술 개발 같은 긍정적 효과는 미미한 것이었지만 모택동은 후자에 주목하여 낙관론을 견지하고 있었고, 밑에서부터의 보고 역시 그러했다. 허위 보고로 인해 1958년 말 당 지도자들은 전년도보다 2~3배의 식량이 생산되었다고 믿었다.

비판을 허용하지 않는 카리스마적 지도자와 권위주의와 출세주의가 만연할 수밖에 없는 관료적 독재정당이 통치하는 사회에서 현상에 대한 인식은 이 지도자의 뜻과 당의 목표에 따라 조작될 수밖에 없었다. 사실 그해의 농사 형편은 좋지 못했다. 생산량에 대한 허위 보고는 망쳐진 농사에 대한 적절한 조치를 취할 기회마저 빼앗아버렸다. 농민들은 최소한의 필요 소비량마저 확보하지 못하고 국가에 식량을 팔아야만 했다.

1958~1961년 사이에 대약진운동이나 인민공사화운동 같은 무리한 정책 때문에 희생된 사람의 수는 식량 부족으로 아사한 사람과 영양 부족과 과로로 병사한 사람을 모두 합쳐 2천만 명이 넘는 것으로 추산된다.[22] 이것은 한 독재자의 과오가 빚어낸 20세기 최대의 재난이었다.

정책의 비참한 결과는 오래지 않아 당 내외에 모두 충분히 인식되기 시작했다. 모택동 역시 자신이 주창한 운동의 부정적 결과를 일찍이 알아차

---

[19] 강춘화 97-8.　　[20] 스펜스 2권 133-4.　　[21] 솔즈베리 227.　　[22] 고지마 신지 등 198.

린 사람 중 하나였다. 그는 이미 1958년 11월, 실제와 부합되지 않는 공업 생산의 지표를 낮출 것을, 그리고 1959년에는 사회주의화를 너무 빨리 진척하지 말 것을 요구하기도 했다. 그러나 모택동이 시정코자 한 것은 결코 이 운동 자체가 아니라 그 운동의 실행방법과 속도상의 문제에 불과했기 때문에 그러한 요구는 사태의 근본적 해결과는 거리가 멀었다.[23] 그는 1959년 7월, 자신의 정책에 정당한 비판을 제기하는 강직한 장군 팽덕회와 그 일파를 우파 반당주의자로 몰아 탄압했고, 당 지도부로부터 대약진운동을 옹호하는 문서에 승인을 얻어냈다.[24]

그러나 심각하고도 비참한 경제적·사회적 현실은 모택동을 포함한 당 지도부로 하여금 무리한 사회주의화 정책을 재조정하지 않을 수 없도록 만들었다. 몇 가지 예를 들자면 중공업 우선 정책을 포기하고 농업과 경공업에 더 많은 투자를 하도록 하고 인민공사를 축소·조정했는데, 여기에는 공공식당의 폐지, 노동에 따른 분배원칙 실시, 자류지 반환과 가정 부업 인정 등이 포함되었다. 이러한 조정으로 말미암아 농가생산 청부제도 출현했다.

경제정책 재조정의 결과 1964년에는 국민경제가 전반적으로 회복세로 돌아섰다. 급진적 사회주의화 정책이 재조정되는 가운데 공산당은 1962년 1~2월, 전국의 당 간부 7천여 명이 참석한 가운데 이 정책이 빚은 결과를 총정리했다. 이 회의에서 정책 자체의 정당성은 여전히 인정받았지만 그것이 가진 부조리에 대해서는 많은 비판과 불평이 비교적 자유롭게 개진되었다.[25] 국가 주석 유소기劉少奇는 서면 보고를 통해 대약진운동의 주요 결점과 실수를 지적하고 3년 동안의 심각한 곤란은 3할이 천재天災이고 7할이 인재라는 결론을 내렸다.[26] 모택동은 앞장서서 자신이 제일 많은 책임을 져야 한다며 과오를 시인했고, 주은래·등소평 등 당의 주요 지도자들도 자신들의 책임을 인정하고 자아비판했다. 최소한 공식회의에서는 모든 지도자의 견해가 일치한 것처럼 보였다. 그것은 이 회의를 전후해서 당이 취한 모든 조

---

[23] 강춘화 98-9.
[24] 리 즈수이 2권 180-7 참조.
[25] 같은 책 2권 284ff 참조.
[26] 강춘화 106-7.

치에서 명확해졌듯이 대약진운동에 대한 사실상의 포기였다. 이것은 건전한 이성을 가진 현실론자들이 마땅히 취해야 할 조치이기도 했다.

그러나 혁명가로서 모택동은 당이 현실주의적으로 흘러가는 것에 큰 불만을 가졌다. 그는 방법을 개선하여 자신의 정책을 기어이 실현시키고자 했다. 그는 대약진운동의 목적과 기본 사상의 정당성에 대해 조그마한 회의도 가지지 않았다. 그것은 거대한 중국 인민과 그들의 열정을 동원하여 가능한 한 빨리 중국적 사회주의를 건설하고 나아가 공산주의까지 완성하는 일이었다.

3 절
모택동의 이상주의와 권력투쟁

1) 당 지도부의 관료화와 모택동식 계급투쟁

자신이 실현코자 하는 원대한 목표에 당 지도부가 기여하기는커녕 오히려 방해된다는 것이 당시 모택동이 품었던 생각이었다. 모택동은 대약진운동의 부조리는 자연재해와 소련의 원조 중단이라는 원인을 제외한다면 주로 그의 의도와 지시가 당 관료들의 무능과 안일 때문에 제대로 실천되지 못한 것에 기인한다고 믿었다.[27] 그는 당원들, 특히 당 지도부가 건국 후 관료화되었고 부패에 물들었으며, 특권의식에 사로잡혀 항일전과 내전에서 발휘했던 능동성과 근면성 그리고 헌신과 봉사정신에서 멀어져 가고 있다고 불만스러워했다. 사회주의라는 원대한 이상을 실현하기 위하여 심신을 바치는 대신 영리적 동기를 인정함으로써 당면 문제를 해결하려는 당 지도부의 움직임에 대하여 모택동은 크게 분개했다. 그것은 있어서는 안될 자본주의적 정신과 정책의 도입을 의미하는 것이었다. 그는 사회주의라는 대의에 열광하고 헌신하려는 인민의 정신과 의지에 대해서, 그리고 그것의

---

[27] 고지마 신지 등 208.

동원 가능성에 대해서 여전히 강한 신뢰를 가지고 있었다.

모택동에게 있어서는 현실적인 당 관료들이 자본주의적 정책을 도입하는 것은 문제에 대한 근본적 해결책이 되지 못함은 물론이요 사회주의를 이루려는 인민의 순수한 열정과 의지에 대한 도전이기도 했다. 그는 사태를 계급투쟁이라는 관점에서 이해했다. 그의 계급투쟁 이론은 마르크스가 원래 의미한 것과는 달랐다. 모택동에 의하면, 부르주아지와 프롤레타리아의 계급투쟁이란 자본주의가 소멸되고 사회주의가 이루어짐으로써 없어지는 것이 아니라 사회주의가 성립된 이후에도 계속되는 바, 그것은 부르주아지의 부활 음모 내지 자본주의의 재생 위험이 사회주의 사회에서도 항상 있을 수 있기 때문이다. 이러한 위험 때문에 계급투쟁이란 사회주의 안에서도 항상 명확히 인식해야 할 긴급한 문제가 아닐 수 없다. 이 문제는 계속되는 사회주의적 정신교육을 통해 잘 해결될 수 있다. 모택동은 계급투쟁이 공산당에도 반영되고 있다고, 즉 당 내에도 우익분자, 부르주아지의 대변자가 있어 당의 존속을 위협하고 있다고 믿었다. 모택동의 이 독특한 계급투쟁 이론은 1962년 9월, 8기 10중전회에서 받아들여졌다.[28] 그러나 이 회의에서도 계급투쟁보다는 경제 조정에 우선순위가 놓여졌다.[29]

사실 모택동이 불만스러워한 것처럼 중국의 공산당원들이 건국 이래 현실화·관료화·특권화한 것은 사실이었다. 그러나 어떤 정치집단이 일단 권력을 확립한 후에는 그것을 자유롭게 비판할 수 있는 세력이 존재하지 않는 한, 자신들의 권력 기반을 유지하기 위해서도 변동보다는 안정을 우선하는 현실주의적 정책을 선호하게 되고, 보수화·무사안일화·특권화되는 것이 보편적 현상인데, 이는 중국에서도 예외가 될 수 없었다. 그 무렵 당원들이 보여준 행태는 모택동이 생각하는 것처럼 부르주아적 세력이나 그 정신의 부활에 기인한 것이 아니었다. 당시 중국에서 공산당이 사회를 장악하는 힘이 너무나 강력하여 부르주아지가 성장할 가능성은 애초부터

---

[28] 리 즈수이 2권 297ff 참조. 　　　[29] 신승하 195.

없었다. 모택동이 사태를 올바로 이해했더라면 언론의 자유를 보장한다든지 당 내에서 비판 기능을 활성화시킨다든지 하는 등의 정책을 택했을 것이다. 그러나 그의 그릇된 시각은 마침내 대중을 동원하여 관료화·현실화하는 당직자를 공격하는 것으로 귀결되었다.

2) 쌍백정책과 반우파 투쟁

당 외부의 사람들로 하여금 당 기구와 당원을 공격하고자 하는 모택동의 계획은 이미 1956년 백화제방百花齊放·백가쟁명百家爭鳴의 쌍백정책을 통해서도 시도된 바 있었다. 여기서 잠시 그 당시의 사건에 눈을 돌리기로 하자. 그 무렵 중국은 사회주의 개혁이 어느 정도 성과를 거두어 인민들의 생활이 비교적 만족스러워지고 있었다. 모택동은 자신과 당의 권력 기반에 자신감을 가지게 되자 공산당 외의 정당 인사들과 지식인들에게 당과 정부를 비판하는 것을 장려하는 쌍백운동을 제창했고, 이에 부응하여 당 중앙위원회 역시 당 내외의 광범한 계층에게 당에 대한 비판을 요망했다. 쌍백정책의 중요한 목적 가운데 하나는 당 외부 인사들의 비판을 적극적으로 수용하여 당과 사회의 부조리를 민주적·평화적으로 해결하고, 궁극적으로는 이들의 지식과 힘을 활성화하여 사회주의 건설에 참여토록 유도한다는 데 있었다. 쌍백정책은 지금까지 외부의 정치인과 지식인들을 일방적으로 조정·규제·감독하던 공산당이 이제는 이들의 통제를 달갑게 수용하겠다는 것을 의미하는 실로 획기적인 일이었다.[30]

이 정책이 공포된 후 잠시 동안은 연안 시절 이래 정풍이라는 이름으로 수없이 사상 탄압을 받아온 기억 때문에 이들 외부 정당인과 지식인들의 호응이 크지 않았으나, 모택동과 당 지도층 인사들이 1956~1957년에 수차에 걸쳐 솔직하게 비난할 것을 요청하자 상황은 달라졌다. 1957년 봄부터 비판세력들은 활성화·조직화되기 시작했고, 비판의 범위 역시 처음에

---

[30] 김하룡 175.

는 전문성 부족이나 정책 실시 과정에서의 실수 같은 지엽적 문제에서 시작하여 나중에는 당 독재체제 자체, 심지어는 모택동의 지도력까지 포함되기에 이르렀다. 이 비판 대열에 당원까지도 합류했다. 자신이 모든 인민에게 절대적 신뢰와 존경을 받고 있다고 믿어 왔던 모택동은 크게 충격을 받았다.[31] 모택동은 당 내외 비판자들을 "우파"라고 칭하여 철저히 색출한 후 강등·투옥 또는 노동 개조를 위한 추방 등의 조치를 취하는 방법으로 대대적인 탄압을 가했다. 이러한 우파 탄압작업은 1957년 말경까지 계속되었다. 쌍백운동은 결과적으로 공산당 독재체제와 모택동의 사회주의화 정책에 잠재적인 반대세력 수십만 명을 제거함으로써 그 이후에 있을 대약진운동을 위한 문화·사상적 정지작업整地作業의 기능을 하게 되었다.[32]

3) 모택동과 당권파의 권력투쟁

쌍백운동에서 모택동이 기대한 진정한 효과는 당 외부 인사를 동원하여 당 지도부를 공격하는 데 있었다. 그는 이 운동을 제창하면서 지식인들의 비판이 그가 늘 불만스러워했던 당의 지도적 관료에게 향할 것으로 기대했던 것이다.[33] 앞에서 보았듯이 모택동은 고급 합작사의 창설에서 보여준 당 관료들의 신중하고도 현실적인 태도에 불만을 누적해 오고 있었다.[34] 그러나 당 지도부에 대한 모택동의 불만은 행정적인 면보다는 오히려 권력투쟁적인 면에서 더욱 심각했다. 당시 그는 자신의 권력이 당의 지도급 인사에 의해 제한당하고 있다고 믿었고 또 사실이 그러했다.

중국 공산당에서 모택동의 영도적 위치는 대장정과 연안 정풍을 거치면서 확립되었고, 이러한 사실은 1945년 중공의 7차 전국 대표회의(연안에서 개최)에서 당 규약에 "모택동 사상"을 모든 활동의 지침으로 삼을 것이 채택됨으로써 확인되었다. 그러나 1956년 8차 전국 대표회의가 개최되었을 때는 사정이 달라졌다. 모택동은 이 대회에서 자신의 지위를 더욱 확고히

---

[31] 리 즈수이 1권 328f.

[32] 김하룽 181f.

[33] 리 즈수이 1권 326 참조.

[34] 같은 책 1권 188.

하고 그의 사회주의로 향하는 급진적 정책이 인정받기를 원했다. 그러나 결과는 그의 기대와 전혀 달랐다. 당시 당의 제2인자이며 모택동의 후계자로 인정받았던 유소기는 당의 활동 전반에 대한 총괄(정치 보고)을 통해 혁명의 시대가 지나갔음을 명백히하고, 이제 새로운 임무는 사회의 생산력을 순조롭게 발전시키는 것이라고 주장했다.[35] 대회 역시 결의문 채택을 통해 이 정치 보고에 호응했고, 이에 중공은 혁명이나 계급투쟁이 아니라 경제개발이 당면 목표임을 당 규약의 총강에 규정했다. 새 규약은 이 점에서 혁명을 강조한 1945년의 당 규약과 달랐다. 새 당 규약의 또 다른 주요한 특징은 모택동이라는 특정 개인의 사상과 지도 역량을 절대적 위치에 놓지 않고 오히려 집단 지도의 원칙을 부각했다는 점이다. 새 당 규약에는 "모택동 사상"이라는 말이 삭제되었다. 그것은 그의 권력을 제한하는 동시에 그 무렵 강화되던 그에 대한 개인숭배를 저지시키고자 한 것이었다.[36] 이러한 새로운 움직임을 주도한 사람은 유소기와 등소평이었다.

그 무렵 모택동은 제8차 전국 대표회의와는 상관없이 국가(공화국) 주석직에서 물러날 뜻을 표명했고, 그 자리는 1959년 유소기에 의해 승계되었다. 그러나 모택동이 국가 주석직을 사임한다는 것은 권력의 정상에서 물러난다는 뜻이 결코 아니었다. 공산당의 세력구도상 국가 주석직은 상징적 의미는 있었지만 당시 모택동이 보유하고 있던 당 주석직에 비하여 별다른 실권이 없었다. 모택동의 사임은 전자가 맡아야 하는 의례적이고 일상적인 업무에서 해방되어 혁명을 위한 큰 정책에 몰두하기 위함이었다. 사실 그는 더 큰 권력을 원했다.[37] 모택동은 그의 권력욕에 방해가 되는 유소기, 등소평 등 소위 당권파를 제거하고자 했다. 당권파란 동시에 현실주의적·경제 우선적인 실무파이기도 했다. 급속히 새로운 세상을 창조하려는 모택동의 원대한 이상에 부응하지 못하는 세력과 그의 권력욕을 제한하는 세력

---

[35] 신상초 245f.　　　　　　　　　　[36] 김하룡 315f; 신승하 146f.

[37] 리 즈수이 1권 301f; M. 옥센버그 「정치적 지도자로서의 모택동」 민두기 편 『현대 중국과 중국 근대사』 [지식산업사 1981] 257ff 참조.

은 동일한 실체였다.

사실 모택동의 원대한 이상과 권력욕 역시 동일한 것에 뿌리박고 있었다. 우리는 남을 지배하려는 욕구가(이 욕구의 근원이 무엇인가 하는 문제는 일단 접어두기로 하자) 자기희생, 봉사, 고귀한 이상, 위대한 꿈이라는 이름으로 교묘하게 포장되어 있는 것을 흔히 볼 수 있는데, 모택동의 경우에 있어서도 그러했다. 그의 원대한 포부는 권력욕으로부터 정화된 것이 결코 아니었다. 그는 백성의 희생을 대가로 큰 업적을 이룬 진의 시황제나 수의 양제 같은 전제군주를 존경했다.[38]

모택동은 그의 이상을 이루기 위해 당권파로 자리잡은 그의 혁명동지를 우선 제거할 필요가 있었다. 쌍백운동을 통해서는 이것을 달성할 수 없었다. 당권파보다 더 위험한 적들이 알려졌기 때문이었다. 당권파와 협력하여 이들을 제거한 후 그는 대약진운동 같은 급진적 사회주의화 정책을 통해 자신의 이상을 실현하고 권력 기반을 공고히하고자 했다. 그러나 이것이 실패한 후 그의 급진적 정책이 재조정되는 가운데 자아비판까지 한 모택동의 당 내 입지는 상당히 약화되었다. 당권파 내지 고위의 실무 관료들은 모택동의 통제 범위에서 한층 멀어져 갔다. 그는 당이 소련의 수정주의자들처럼 혁명의 정신에서 타락하여 우경화·자본주의화하고 있다고 믿었다. 모택동은 앞에서 언급한 바와 같이 이 사태를 그의 독특한 계급투쟁이론으로 파악했다. 그의 눈에는 당 권력파들이 취하는 경제우선주의, 당원들의 현실 안주적이고 관료적인 태도 그리고 개인 영리를 긍정하는 조치들의 부활 등은 바로 인민의 적인 자본가 계급과 그 정신이 다시 살아나는 것으로 비쳐졌다.

그는 이제 계급투쟁이 다시 불붙기 시작하고 있다고 믿었다. 상황은 이제 긴박한 것이 되었고 계급투쟁에서 승리하기 위해 사회주의 교육이 긴급히 요구되는 시점이었다.[39] 모택동은 1963년 3월부터 1966년 봄까지 사회

---

[38] 리 즈수이 1권 208; 솔즈베리 225.　　　　　[39] 신승하 195ff.

주의 교육운동을 주도했다. 이 운동은 도시와 농촌 모두에서, 특히 농촌에서 이루어졌다. 당시의 농촌에는 당에서 인민공사에 파견된 관리에 의한 부패·부정 행위가 상당수 있었는데, 그것은 무엇보다도 농민의 자치적 관리 능력을 넘는 과도한 집단화와 중국 인민의 정치적인 피동성에서 기인하는 것이었다. 그러나 모택동은 이러한 부조리가 대약진운동으로부터 과도히 후퇴한 현실주의적 정책과 혁명정신을 망각한 조치에서 기인한다고 보았다. 농촌의 부조리를 일소하기 위한 그의 사회주의 교육운동은 궁극적으로 당 상층부를 겨냥하고 있었다. 그에게 있어서 이 운동은 바로 계급투쟁이었고 그 방법 역시 가난한 농민들을 당 간부에 대한 투쟁에 동원하는 초사법적·혁명적인 것이었다. 이에 반하여 유소기나 등소평 같은 당권파들은 농촌 부조리를 훨씬 덜 심각한 관점에서 파악했다.[40] 그들은 문제를 법적 테두리 속에서 온건하게 해결하고자 했다. 모택동은 그의 과격한 방법을 관철함에 있어서 당권파로부터 적지 않은 제약을 받았다.[41] 양자의 대립은 점점 더 심각해졌고 그것은 마침내 문화대혁명으로 분출하게 된다.

4) 혁명에 대한 집착과 현실적 조건:
모택동 이상의 허구와 중국사회의 전근대성

문화대혁명으로 모택동은 그의 이상을 실현하는 데 방해가 되며, 그의 권력을 제한하는 "자본주의적" 당 실권파를 제거하고 권력을 되찾는 데 성공했다. 그는 이 혁명이 위대한 사회주의를 건설하는 데 크게 기여할 것으로 기대했지만 결과는 그의 기대와 전혀 달랐다. 문화대혁명은 그가 저지른 또 하나의 큰 과오였다. 건국 후부터 1976년 죽을 때까지 모택동이 저지른 과오, 즉 급격한 농촌집단화·쌍백운동·반우파투쟁·대약진운동·인민공사화운동·문화대혁명 등은 모두 하루빨리 중국에 이상사회를 건설하려는 그의 조급함에서 비롯된 것이었다. 이상사회를 위한 급격한 조치, 즉

---

[40] 고지마 신지 등 210.　　　　　　　[41] 김하룡 223.

혁명은 필연적으로 재앙을 낳는다는 말[42]은 모택동의 경우에 특히 잘 들어맞는다. 자본주의가 충분히 발전하지 않고서는 사회주의로 진입할 수 없다는 것이 마르크스의 기본적 명제이다. 그렇다면 왜 모택동은 자본주의 단계를 거치지 않아 물질적 기반이 갖추어지지 못한 중국에서 사회주의는 물론이요 공산주의까지 그토록 급속히 성취하려 했던 것일까? 이러한 조급함은 어디서 오는 것일까? 우리는 여기서 모택동의 정신에 깊이 뿌리박은 중국 전통의 위대한 힘을 인지하지 않을 수 없다. 그의 정신 속에는 과거에는 찬란했으나 지난 100년간 크게 퇴락한 중국문명의 영화를 다시 성취하여 자신의 위대함과 중국인의 저력을 세계에 한껏 과시하려는 열망이 항상 자리잡고 있었다.[43] 그에게 있어서 중화사상이란 결코 과거의 유물이 아니었다. 모택동은 비록 마르크스주의자였지만 이 서구철학에 대한 서적보다는 중국의 여러 고전에 훨씬 더 정통했다.[44] 그는 중국의 위대한 정신적 유산을 사랑했고, 유산이 새 시대에 단순히 방기될 것이 아니라 서구문화와의 변증법적 종합을 통해 발전적으로 탈바꿈함으로써 세계문명 창달에 기여할 수 있다고 믿었다. 그의 정신에 마르크스주의만이 아니라 오히려 그보다 더 중화사상과 중국문화에 대한 존경심이 자리잡고 있었다면, 그의 행동철학 역시 중국 전통의 영향으로부터 자유로울 수 없었다. 우리는 그의 행동에서 무엇보다도 인간의 의지와 정신 및 이성에 대한 유교적 신뢰를 찾을 수 있다.

그는 맹자 같은 유교적 이상론자와 마찬가지로 올바른 지도자가 큰 포부와 의지로 인민을 각성시키고 인도한다면 물질적 기반 없이도 이상사회를 창조할 수 있다고 믿었던 것이다. 이러한 믿음 때문에 모택동은 인적 자원을 극히 중시했고, 또 인간이 가진 전문적 지식이나 기술보다 태도·가치·의식을 더 강조했다. 그는 단순히 지식만 가진 전문화된 인간을 경멸했다(특히 쌍백정책 이후에 모택동의 지식인에 대한 환멸은 증폭되었다).

---

[42] K. R. 포퍼(이한구 역) 『열린 사회와 그 적들 I. 플라톤과 유토피아』 [민음사 1990] 230.

[43] 리 스수이 1권 210. [44] 같은 책 1권 209; 솔즈베리 23 208.

지식인과 학생 역시 농촌과 공장에서 노동함으로써 인간의 폭을 넓혀야 한다는 것이 그의 믿음이었다.[45] 그가 대약진운동에 수많은 인민을 동원하여 노동에 종사토록 한 것은, 기술적·물질적 기반 없이 인적 자원만으로도 사회주의적 이상사회를 창조할 수 있다는 그의 신념을 관철하는 것이기도 하지만, 동시에 올바른 가치관과 의식을 가진 인간을 양성하는 과정이기도 했다. 이러한 인간이야말로 더 높은 단계의 사회주의를 위한 혁명전사가 될 수 있을 것이었다.

이대조와 마찬가지로 모택동 역시 중국이 물질적으로 뒤져 있다는 사실에서 오히려 이상사회를 창조하기 위한 더 큰 잠재력을 발견했다. 그것은 위대한 창조력이 있는 예술가라면 어설픈 그림이 그려진 종이보다는 백지를 선호하는 것과 마찬가지였다.[46] 그는 대약진운동이나 문화대혁명의 진척 과정에서 물질적 기반이 "일시적으로" 퇴보하는 것에 개의치 않았다. 혁명의 방향이 옳다면 그리고 참여하는 인간의 정신과 가치가 바르다면 그것은 곧 만회될 수 있는 것이었다. 그는 물질적 기반과 현실적 여건에 근거하여 정책을 입안하는 당 관료들을 질타했고, 마침내 그들을 혁명계급의 적으로 이해했다.

그러나 물질적 여건을 무시하고서 혁명을 꾀한 모택동의 태도는 결코 과학적일 수 없었고, 그 실패는 미리부터 정해져 있었다. 시상詩想의 전개에는 도약이 있을 수 있지만 사회나 경제의 발전에는 결코 도약 같은 것이 있을 수 없다. 모택동은 항일전과 국공 내전을 이끈 지휘관·전략가로서는 탁월한 현실주의자였지만, 건국 후 사회 및 경제 개발에 있어서는 한갓 유치한 환상론자였다. 전통 중국적 어구로 평한다면 그는 창업創業에는 성공했지만 수성守成에는 실패한 인물이었다.

현실적 조건에 기반하여 한 걸음 한 걸음 발전해야 한다는 합리적 태도를 외면했기 때문에 모택동은 평화와 안정보다는 투쟁과 변란을 선호했다.

---

[45] 리 즈수이 2권 69ff 참조.   [46] 스펜스 2권 163; 포퍼 228 참조.

전자가 안주와 정체를 의미하는 것이라면 후자를 통해서는 발전적 잠재력이 활성화되어 진보가 이루어진다고 믿었기 때문이다. 그가 전국시대를 역사상 가장 위대한 시기로 평가한 것은 이러한 믿음에 근거한다.[47] 그러나 전국시대와 마찬가지로 중국 내의 투쟁이 전 중국의 진보를 가져올 수 있는 여건을 조성할 것이라는 유추는 성립될 수 없다. 전국시대의 중국은 모택동 시대의 중국과 같지 않았다. 전자는 천하일 수 있었지만 후자는 확대된 천하에서 경쟁하는 한 나라에 불과하다. 경쟁하는 국가들의 집합으로서 전자는 동태적 발전을 할 수 있었지만, 다른 국가의 발전에서 배우고 그 장점을 수용하여 적절한 정책과 제도 등 올바른 경쟁체제를 갖추지 못하는 한, 전국시대에 경쟁에서 도태된 여러 나라들처럼 국제사회에서 낙오될 수밖에 없는 것이 후자가 처한 상황이었다.

앞에서 언급한 바와 같이 모택동의 사상은 마르크스주의를 중국적으로 변형한 것이었다. 그러나 이 사상에는 마르크스 본래의 이론보다 중국적인 요소가 오히려 더 많다. 그도 그럴 것이, 마르크스의 이론은 산업자본주의 사회를 그 대상으로 하는 것이지만, 모택동 이론의 대상은 전통적 문화와 전근대적 경제가 지배하는 중국사회였기 때문이다. 모택동이 이끄는 혁명의 주체는 산업 노동자가 아니라 토지 균분을 갈망하는 농민들이었다. 그들은 이런 점에서는 그들의 선조와 다를 바 없었으며, 공산당의 토지혁명 역시 당나라의 균전제와 크게 다르지 않았다.

그러나 마르크스주의자로서의 모택동은 토지 균분이라는 전통적 이상의 실현에서 혁명을 멈출 수는 없었다. 그는 토지혁명을 정교한 미래지향적 역사관 속에 자리매김했고, 혁명의 행진은 토지혁명 후에도 계속되어야만 했다. 그러나 혁명의 성패는 동일할 수가 없었다. 토지혁명이라는 전통적 혁명은 전통사회의 조건과 역량으로 이룰 수 있었지만 진정한 의미의 사회주의적 혁명은 전통적인 기반에서 성취할 수 없었기 때문이다.

---

[47] 솔즈베리 237.

사실 사회주의적 사회는 자원이 풍부하고 기술과 생산력이 고도로 앞선 서구의 국가들도 쉽게 성취할 수 없다는 것이 오늘날의 현실이다. 중국에서 건국 후 수년간의 경제적 성공은 사회주의의 성공이라기보다는 다른 일시적인 조건에 기인한 것이다. 토지개혁으로 속박에서 해방된 농민들의 활력과 의욕이 농업생산성을 증가시켰다고 해서, 그리고 그들을 해방시킨 당과 지도자에 대한 감사의 마음 때문에 대규모 동원에 응하여 거대한 건설공사에 적극적으로 참여했다고 해서, 사회주의 내지 공산주의적 경제가 인민의 물질적 풍요를 계속 보장하는 가운데 장기적으로 존속할 수 있다고 여겨서는 안된다.

물질적인 보장 없이 오직 이타적 목적에 인간을 장기간 동원·이용할 수 있다고 생각하는 것은 이러한 동원의 경제적 비효율성은 차치하고서라도 실로 비현실적이다. 대부분의 인간이란 고귀한 이상을 추구하는 존재이기 이전에 물질적 이익을 추구하는 이기적 존재이다. 이들이 지속적으로 생산활동에 매진할 수 있도록 하기 위해서는 이 이기적 목적을 최대한으로 추구하는 일을 문화적으로 정당화하고 법률적·제도적으로 보장하는 장치를 발전시킬 수밖에 없다. 이 장치가 바로 시장경제 제도인데, 모택동이 아무리 위대하다고 하더라도 시장경제적 법칙을 거스르고서는 성공할 수 없었다. 여기서 우리는 모택동의 행동에서 전근대적인 양태를 보지 않을 수 없으며, 또 한걸음 더 나아가서 그가 혁명을 통하여 이룩한 중국사회의 모습에서도 마찬가지로 근대적 요소보다 전통적 요소가 더 많이 자리잡고 있음을 알아야 할 것이다.

우리는 위에서 근대화의 가장 본질적 모습은 자본주의적 시장경제 제도의 발전이라는 사실을 논의한 바 있다. 전통사회에 있어서의 경제와는 달리 근대사회의 시장경제는 정치에서 상대적으로 독립된 생활 영역이라는 것을 그 주요 특징으로 한다. 사실 근대화는 경제뿐 아니라 예술·과학·기술 등 사회의 다른 여러 생활 영역까지 정치 내지 종교로부터 독립하는 과정을 뜻하기도 한다. 우리는 한 지배자 또는 한 권력집단이 모든 생활

영역 위에 군림하면서 이를 규제할 수 있는 사회의 성격을 근대적이라고
규정할 수는 없다.

근대사회의 정치는 민주정치이며, 민주사회에서는 어떤 한 권력집단의
의사가 제한없이 관철될 수 없다. 모택동과 공산당 지도자들이 국민당의
독재에 대항하여 민주정치를 부르짖고 또 공산당의 헌법에 아무리 민주적
규정이 많다고 해도, 진정한 의미의 민주라는 용어는 사회의 모든 영역을
관장할 수 있었던 모택동과 중공의 통치질서에는 적용될 수 없다. 민주주
의란 어떤 세력의 독주를 견제할 수 있는 여러 세력들 사이의 상호 균형이
전제되지 않고서는 존립할 수가 없다. 당시 중국에는 공산당과 대등한 위
치를 확보한 어떠한 정치세력도, 정치에서 상대적으로 독립된 경제인 세력
도 존재하지 않았으며, 또 공산당을 비판할 수 있는 언론도, 공산주의적
이데올로기에 종속되지 않는 종교적 세력이나 지식인 집단 역시 찾을 수
없었다. 전체 중국에는 공산당의 일당 독주와 당 내에서는 카리스마적 지
도자 모택동의 자의적 권력 행사가 있을 뿐이었고, 특히 모택동은 마치 천
명을 받은 황제와 같은 권위를 가지고 인민 위에 군림했다. 이러한 전근대
적 사회에서는 정책 결정 과정에서 공개적 토론도, 무리한 정책에 대한 비
판도, 최고 정책 결정자의 책임을 추궁하는 제도적 메커니즘도 존재하지
않았다. 당시 중국이 좀더 민주화되었더라면, 아니면 적어도 시장경제에
대한 약간의 이해만이라도 있었더라면 대약진운동 같은 어처구니없는 정
책은 실현이 불가능했을 것이고, 실현되었다 해도 그 피해를 크게 줄일 수
있었을 것이다.

어떤 사회에 한 사람 내지 한 집단의 의지가 제한없이 관철될 수 있다면
이 의지가 위험할 수 있듯이 이 사회 역시 위험하다. 근대사회는 다원화된
사회요 다원화된 가치와 세력들이 공존하는 사회이다. 이 사회는 공존하는
여러 입장들이 상호간의 합의점을 도출하는 가운데 보편적 규범과 제도를
발견하고 발전시켜 나가는 것을 그 기본적 특질로 하는데, 이러한 특징 때
문에 이 사회가 효율성과 발전성에 있어서 전통사회를 능가하는 것이다.

우리는 미비한 기반에서도 위대한 이상사회를 성취하고자 했던 모택동의 의지와 행동철학에서, 하늘을 거역하면서까지 대의에 헌신했던 고전소설의 위대한 주인공과 비슷한 점을 발견하고 그의 정책을 정당화해서는 안된다. 사회와 경제의 발전에 있어서 예술이나 허구로부터 도출할 수 있는 의지가 과학적인 냉철함을 대치할 수는 없다.

또 우리는 모택동이 물질적 풍요만이 아니라 정신의 건강함을 혁명의 목표로 삼았다는 점을, 그리고 자본주의 사회의 병폐인 전문성과 관료주의를 극복하고 전인적 행복과 가치를 추구했다는 사실을 찬양해서도 안된다.

물론 근대화·자본주의화로 말미암아 사회가 전문화·관료화·기계화되고, 많은 사람이 물질적 효율만을 추구하는 단편적 인격의 소유자로 된 것은 부인할 수 없는 사실이요, 이로써 오늘날 인간이 대부분 행복을 느끼지 못하고 있다는 것 역시 명백한 현실이다. 그러나 인간의 행복이란 근본적으로는 개인의 내적인 문제로, 이 문제를 해결하지 못한 것이 근대 내지 현대 사회에만 특유한 것은 아니다. 그러나 근대화는 적극적으로 인간을 행복하게 만들 수는 없었지만 소극적으로 비참과 불행의 원인이었던 외적인 여러 부조리를 제거했다. 근대화로서 많은 사람들이 주기적으로 엄습하던 기아의 위협에서 벗어나고 기본적 인권을 보장받을 (희망을 가질) 수 있게 되었다. 이것이 바로 행복을 보장해 주는 것은 아니지만 인간이 과거보다 덜 불행하다는 것은 분명한 사실이다. 대부분의 인간에게 있어서 행복은 인류의 위대한 교사들이 찾아낸 의미체계를 배우고 수용하여 자신의 삶을 이끄는 지표로 삼는 것에서 찾을 수 있다. 오늘날의 사회가 다원화된 사회이듯이 삶의 의미체계 역시 다양하다. 현대인들은 이 다양한 가르침 가운데 자신이 원하는 것을 찾아 시험해 보고 선택하는 일에 비교적 자유롭다는 점에서, 한 가지 가치관에 의해 강요받는 일이 쉽게 일어날 수 있었던 전통사회의 사람들보다 더 행복하다.

아무리 행복이 삶에 있어서 중요한 것이라고 해도 우리는 독단적 이상과 가치를 가지고 타인을 행복하게 만들려는 사람들을 경계하지 않으면 안된다. 남을 행복하게 만들려는 노력, 자신의 가치를 남에게 강요하고, 자신이 이상향이라고 믿는 것을 다수의 의사에 반하여 실현하려는 의지는 극히 교활한 형태의 지배욕·권력욕일 뿐이다. 이 욕망이 그냥 통용될 수 있는 사회는 문화적·정신적인 측면에 있어서만도 전통사회일 수밖에 없다. 우리는 사람들이 나름의 행복을 나름의 수단과 방법으로 추구할 권리를 존중하지 않으면 안된다. 근대사회에 있어서 전문화·분업화·관료화의 부정적 측면이 크다고는 하지만 교묘한 언사와 번지르르한 이론으로 포장된 권력자의 광기어린 지배욕이 빚어내는 위험에 비길 수는 없다. 수많은 인민이 탄압받고 아사해도 실현될 가능성도 없는 이상에 열광해야 한다는 사실은 실로 비극적인 것이 아닐 수 없다.

이상사회의 건설을 위한 모택동의 위대한 포부는 문화대혁명에서 그 최후의 절정에 도달한다. 문화대혁명은 한 카리스마적 권력자의 지배욕이 전통사회에 초래한 또 하나의 커다란 재난이었다. 이 혁명으로 중국은 물질적으로 더욱 빈곤해졌고 정신적·문화적·도덕적으로 더욱 황폐해졌다. 이것을 통하여 많은 중국인들은 공산혁명의 본질이 근대사회를 넘어서는 것이 아니라 전통적·전근대적인 것이요, 심지어는 전통사회보다 더 퇴행적일 수 있다는 것까지 깨닫게 되었다. 우리는 문혁 후 중국인들이 취한 정책과 행동에서 중국문명이 비로소 근대화를 위한 올바른 길로 접어들었음을 알게 된다. 이런 의미에서 문혁은 위기이자 또한 계기였다.

4 절
사회주의 혁명과 그 좌절 (2): 문화대혁명

1) 문혁 전야

대약진운동이 공식적으로 후퇴한 1961년 무렵, 모택동은 국내외의 정세를 부르주아지의 음모에 의해 혁명정신이 쇠퇴하고 자본주의가 되살아나는 위기 상황으로 이해했다. 대외적으로 본다면 소련은 이미 제국주의를 타도한다는 공산주의 본래의 목적에서 이탈하여 미국과의 평화공존을 모색하고 있었다. 소련은 이처럼 소위 "수정주의"로 타락한 이래 군사 원조를 거절하거나(1958), 기술자를 철수하는(1960) 등 중국에 적대적인 외교정책을 계속했다.[48] 한편 국내적으로는 대약진운동의 실패로 인해 모택동의 정치적 입지가 축소되고, 이에 부응하여 문예·사상·학술 면에서도 그의 사상과는 반대되는 풍조가 대두되고 있었다. 요컨대 모택동은 국내외적으로 자신의 권력이 위협당하는 상황에 직면한 것이다.

문화대혁명은 모택동과 당권파 사이의 권력투쟁을 그 본질적 내용으로 하는 것이지만, 그 시작은 정치 현실에서가 아니라 문학·예술·학술 등의 문화계에서부터였다.[49] 어떤 사회에서든지 문화라는 생활 영역은 정치·경제 등 다른 생활 영역과 상호 관련하에서 존재하고 발전하는 것이지만, 이러한 관련성은 모택동의 사상에서 특별히 강조된다. 모택동은 문학과 예술이 혁명 내지 계급투쟁이라는 목적에 철저히 예속되어야 한다고 주장했다. 모택동의 이론은 바로 마르크스적 문예이론이기도 하다. 이 이론에 따르면 창작자는 거의 전적으로 노동자·농민·혁명군의 계급투쟁을 지지·격려하는 작품만을 제작해야 하기 때문에 그 소재나 제재가 매우 한정될 수밖에 없다.[50] 모택동은 이미 연안 시절부터 문예는 중공이 지도하는 혁명의 대의에 봉사할 것을 요구했고, 건국 후에도 이러한 요구를 계속하여 이에 반하는 이론과 사조를 억압했다. 1955년 좌익 문예운동의 거물이면서도 순수문학에 가까운 입장을 견지한 호풍胡風을 제국주의자 내지 반혁명분자 심지어는 국민당 비밀조직의 두목으로 몰면서 전국적인 비판운동을 전개한 것은 이러한 억압의 가장 중요한 예이다.

그런데 1960년대에 들어서면서 모택동의 사상 및 문예이론에서 벗어난

---

[48] 예컨대 소련은 1962년 당시 중공과 국경분쟁을 벌이는 인도를 지원하기도 했고, 중국의 자치구인 신강성을 통해 중공을 자극하기도 했다.

[49] 강춘화 116.　　　　　　　　　　[50] 김하룡 164ff 204ff.

사조와 창작활동이 대두하기 시작했다.[51] 새로운 흐름을 주도하는 문인·예술가·학자 중에는 상당수가 당권파인 유소기·등소평과 인맥관계를 유지하고 있었다. 문혁은 이러한 사람들의 사상과 작품을 1965년 말 모택동의 추종자들이 자본주의적·수정주의적·반동적이라고 비판하는 것으로부터 시작했다. 모택동의 문예사상에 비추어 이 비판이 결코 문화 영역에만 한정될 수 없었음은 물론이다. 모택동의 추종자들이 행한 비판은 정치적·계급투쟁적인 것으로까지 확대되었던 바, 그것의 궁극적 대상은 당권파로 칭해지는 유소기·등소평의 무리였다. 비난 대상 인물을 막바로 겨냥하는 것이 아니라 그 주변 인물부터 공격하는 것은 전형적인 공산당식 권력투쟁 방법이었다.

한편 당권파 진영에서는 모택동측의 비난 공격에 대하여 맞대항한 것이 아니라 오히려 이를 인정하고 동조하면서 공격의 파장이 문화 영역을 넘어서 정치적 투쟁으로 확대되지 않도록 노력했다. 이미 앞에서도 언급한 바와 같이 이 무렵에는 모택동의 정치적 입지가 약화되었다. 그때문에 본격적 권력투쟁을 위해서는 정규 당원이 아니라 쉽게 조종할 수 있는 대중, 특히 어린 학생들을 동원하지 않을 수 없었다. 더욱이 공격의 시원지 역시 당시 당권파 인사에 의해 장악되어 있던 북경이 아니라 상해였지만, 모택동이 대중이나 학생들을 동원하기 이전인 문혁의 시초 단계에서 당권파들은 모택동 진영의 공격에 대하여 강경히 대처하지 않고 극히 소극적이고 애매한 조치를 취했던 것이다.

모택동은 1920년대 혁명에 투신한 이래 대장정과 연안 시절 그리고 국공 내전을 거치면서 꾸준히 쌓아온 정치적·군사적·사상적 업적을 근거로 당 내외에 카리스마적 권위를 확립하는 데 성공했다. 그의 입지가 상당히 제한되었던 그 무렵에조차 그는 당 내에서 가장 위엄있는 어른이었고(정치적 야심이라고는 없는 주덕·유백승·동필무董必武 등을 제외한다면 모택동

---

⁵¹ 예컨대 1963년 중공 고급 당학교 교장인 양헌진(楊獻珍)은 계급투쟁을 강조하는 모택동의 사상에 반하여 합이이일론(合二而一論)을 제기했다(김하룡 98f).

은 최연장자이기도 했다) 인민의 존경받는 영도자로서의 지위를 잃지 않고 있었다. 연장자와 황제의 권위에 대한 존중은 중국에서 긴 역사를 가지고 있어서 당권파라 할지라도 모택동과의 정면 충돌은 가능한 한 피하고자 했던 것이다. 더욱이 당시 모택동에게는 군에 중요한 지지 기반이 있었다. 그는 문혁 훨씬 전부터 군의 유력자인 임표와 결합되어 있었고, 임표는 문혁 내내 그를 뒷받침해 주었다.

모택동과 마찬가지로 임표 역시 당권파의 현실주의적 정책에 반대했다. 임표는 다른 혁명 지도자들보다 훨씬 어린 나이인데도 정강산 시절부터 홍군의 가장 유능한 지휘관 가운데 한 사람으로, 대장정·항일전·내전에서 혁혁한 공을 세운 장군이었다. 그는 자기보다 나이 많은 군 지휘관들과는 달리 정치적 야심을 가지고 있었는데, 이때문에 모택동의 후계자로 인정된 유소기는 그의 타도 대상이 되었다. 사상적 공감이었든지 아니면 정치적 야심이었든지간에 그는 모택동을 철저히 추종했다. 그는 이미 1959년 모택동의 대약진운동에 정당한 이의를 제기했던 팽덕회를 철저히 비난했을 뿐 아니라 당 간부 7천여 명이 참가한 1962년 회의에서도 궁지의 몰린 모택동을 옹호하는 발언을 했다.

유소기·등소평·진운·팽진彭眞 같은 당권파나 팽덕회 같은 사람들은 모택동이나 임표가 생각하듯이 우익 수정주의자 내지 반혁명적 자본주의 신봉자가 아니라 현실에 기반하여 실용적 정책을 추진하는 건전한 사회주의자들이었다. 실권하기 전에 국방부장(국방부장관)의 직책을 맡았던 팽덕회는 대약진운동과 관련하여 이념이나 정치 지도가 경제적 현실과 경제법칙을 대신할 수 없음을 잘 이해한 사람이었다. 그의 현실주의는 군대를 운영함에 있어서 현대화·기술화·전문화·관료화를 추진하는 것으로 나타났다. 임표는 이러한 방향의 변화에 반대했다. 그는 군이 단순히 국방 임무에만 종사할 것이 아니라 그 원래의 모습, 즉 공산주의적 정신에 투철하고, 계급투쟁을 하는 인민과 생활을 같이하면서 필요할 때면 언제나 이들을 돕는 혁명전사로서의 모습 역시 계속 유지해야 한다고 주장했다.

팽덕회의 노선은 모든 분야가 전문화·능률화되어 가는 현대세계에 있어서 부득이한 것이기는 하지만 여러 가지 점에서 모택동의 입장과 충돌되는 것이었다. 모택동은 사회 내지 경제적 혁명에 있어서와 마찬가지로 전쟁에 있어서도 전문성 내지 기술성 그리고 물질적 기반보다 정신·가치관 및 정치성을 더 중요시했다. 그는 군을 수리사업이나 공업 건설 등 그의 급진적 사회주의 정책에도 수없이 동원했는데, 이것은 경제 건설에 뿐만 아니라 군인들에게 올바른 가치관, 인민과의 동류의식 및 혁명정신을 심어주는 데에도 필요했기 때문이다.[52] 군의 전문화는 우선 군과 인민의 괴리를 초래한다는 점에서도 모택동의 생각에 정면으로 배치되는 것이었다. 또 팽덕회의 군대개혁 정책은 당시 점점 깊어져 가는 소련과의 불화 때문에 자력갱생自力更生이라는 원칙 속에서 중국을 이끌려 했던 모택동의 기본 입장과도 충돌하였다. 군의 전문화·기술화는 소련의 도움 없이는 실현이 불가능했다.

이러한 사정 때문에 1959년 팽덕회의 후임으로 국방부장 자리를 차지한 임표는 군의 비소련화, 연안 시절에로의 복귀화 정책을 추진했다. 임표는 모택동의 정책과 사상 및 군대 운영원칙을 적극 지지할 것을 군에 호소하고 아울러 그의 신격화를 위해 온힘을 기울였다.[53] 그러나 군에 있어서와는 달리 모택동의 당 내 입지는 앞서도 언급한 바와 같이 당권파에 의한 제한 때문에 상당히 축소되어 있었다. 이러한 상황에서 모·임 진영과 유소기·등소평·팽진·진운 등 당권파 사이의 대립은 점점 첨예화되었고 마침내 모·임 진영에서 포문을 열었다.

2) 권력 쟁취

1965년 말, 모택동의 부인 강청江靑과 그녀의 사주를 받은 상해의 장춘교張春橋·요문원姚文元 등이 합작하여 당권파의 지식인 오함吳晗의 희곡작품을 부르주아적·반모택동 사상적이라고 비난하는 논문을 상해의 한 신문에 게

재했다. 이것의 정치적 의미를 축소하려 했던 당권파는 이 글을 당 기관지나 북경의 신문은 물론 다른 전국 신문에도 전재되지 않도록 조치했지만 임표가 관장하는 군 중앙기관지에 실리는 것은 막을 수 없었다.

1966년에 들어서자 모택동 진영에서는 당권파와 관련이 있는 또 다른 북경의 지식인들에 대해서도 공격하는 글을 다수 발표했는데, 당권파측에서는 전과 다름없이 그것이 정치투쟁으로 확대되지 않도록 노력했다. 그러나 강청과 임표 등은 문예 정풍을 기어이 계급투쟁으로 몰아가려 했다. 그들은 모택동의 사상을 찬양하면서, 중국에는 아직도 이 사상에 반대하는 자산계급과 수정주의자의 사악한 노선이 있으므로 이것을 혁명으로 없애야 한다고 주장하는 한편, 이 과업에 인민해방군이 참여할 것을 호소했다.[54] 이것과 관련하여 1966년 4월 군의 중앙기관지에는 「모택동 사상의 위대한 깃발을 들고 사회주의 문화대혁명에 적극적으로 참가하자」라는 제목의 사설이 실렸다.

1966년 5월에는 북경에서 정치국 확대회의가 열렸는데 여기서는 모택동 진영에서 기초한 "5·16 통지"를 채택하여 전 당에 공포했다. 이 통지에는 상당수의 부르주아적 반혁명 수정분자들이 당·정부·군대·문화계 등 사회의 각 영역에 침입하여 이미 많은 지도권이 마르크스주의와 인민 군중으로부터 이탈했고, 더욱이 이들 반동분자들은 정권을 탈취하여 무산계급 독재를 부르주아지 독재로 바꾸려고 기회를 노리고 있는 실정이므로 이들을 처치하고 지도권을 되찾아야 한다는 내용이 실려 있었는데, 이것은 바로 문화대혁명의 기본적 내용과 목적이었다.

정치국 확대회의 이후 앞으로 전개될 문화대혁명의 지휘기구로서 역할을 담당할 중앙 문혁소조가 발족되었다. 이 조직은 중국의 사실상 최고 권력기구인 중앙정치국의 통제를 받지 않는 특수기구였다. 이제 모택동 사상에 투철하여 과격한 계급투쟁을 원하는 자들이 이 기구의 구성원이 되어 문혁

---

[54] 스펜스 2권 191f 참조.

을 주도할 것인바, 이들은 강생康生 · 진백달陳伯達 · 강청 · 장춘교 · 요문원 등
이었다. 그중에서도 강생은 비밀경찰의 두목으로서 모택동의 지시에 따라
대중, 특히 학생들을 뒤에서 조종하고 선동하는 임무를 수행한 것으로 여
겨진다.[55] "5·16 통지"가 하달된 다음 문혁은 대중적 정치운동화했고, 이
운동은 전국적 규모로 전개되었다.[56]

모택동 일파는 이 통지의 내용과 목적을 전국에 알리고 청소년과 노동
자 · 농민을 선동하여 당 기구 및 정부조직에 대해 반란을 일으키도록 했다.
이에 북경을 시작으로 학생 반란이 일어났고 이것은 전국으로 확산되었다.
전국적 혼란에 직면하여 북경의 당권파들은 공작조를 파견하여 반란의 열기
를 진정시키고자 노력했으나, 모택동은 당권파들의 이러한 조치에 대하여
권력자가 사회주의의 참 모습을 찾으려는 건전한 민중운동을 억압하는 것이
라고 비난했다. 그는 이들의 조치를 과거 국민당이 학생운동을 탄압한 것에
비하면서 대중의 공격이 유소기와 등소평 등에게 향하도록 유도했다.[57]

같은 무렵인 1966년 8월 모택동은 8기 11중전회를 소집 · 주재하여 유 ·
등을 비판했다(그후 얼마 되지 않아 유소기는 홍위병에 의해 감금되었다가
결국 강청 등에게 배신자로 단죄되어 옥살이를 하던 중 69년 병사했고, 등
소평은 농촌으로 추방되었다). 이 회의에서는 임표가 승진하여 강등된 유소
기의 당 서열 2위 자리를 차지했고, 강생과 진백달도 새로 정치국 상무위원
으로 발탁되었다. 8기 11중전회 이후 문혁은 더 강도높게 실행되었다.

이 무렵 특기할 만한 것은 청소년들 사이에서 일어난 홍위병紅衛兵 운동이
었다. 홍위병이 조직되고 활동하는 데에는 모택동과 강생의 배후 조종이
있었음에 틀림없다. 홍위병이란 당과 모 주석毛主席 그리고 홍색정권을 보위

---

[55] 솔즈베리 352f.

[56] 뒤에서 명확해지는 바와 같이 문화대혁명은 모택동이 주장하는 것처럼 인민 대중이 주
체가 된 혁명이 아니었다. 모든 지시는 모택동의 추종자들이 내렸고 특별히 중대한 사안은
모택동이 결정했다. 안도 마사시(安藤正士) 등(이균은 역)『현대 중국의 전개 — 문화대혁명
의 계승과 부정』[연구사 1995] 54-5 참조.

[57] 모택동은 이 무렵 당권파를 공격하고자 「사령부를 포격하라 — 나의 대자보」를 발표하
여 학생들을 선동했다. 디네스 205 참조.

하는 병사라는 의미인데, 모택동은 홍위병을 조직하여 문혁에 호응코자 하
는 학생들에게 서신을 보내어 지지한다는 뜻을 밝혔고, 이로써 홍위병 조
직은 전국으로 신속하게 확산되었다. 이해 8월 이후 11월 하순에 이르는
동안 모택동은 천안문에서 여러 차례에 걸쳐 천만 명이 훨씬 넘는 홍위병
을 접견하고 이들을 격려했다. 이들은 혁명에 대하여 모 주석의 지시를 받
기 위해 그리고 혁명 경험을 교환하고 상호 지원하기 위해 수업을 중단하
고 전국 각지로부터 북경으로 올라온 터였다.

이들은 당시의 모택동 숭배 열기에 도취되어 먼발치에서나마 그를 한 번
보는 것에도, 그의 말 한 마디 한 마디에도 열광했다. 이들 홍위병은 혁명
을 전파·교류하고 모택동 사상을 실현한다는 명목으로 전국을 설치고 돌
아다니면서 역·철도·공장 등을 점거하고 폭력을 행사했다. 이해 가을과
겨울, 이들이 혁명이라는 명목하에 반혁명적인 것에 대하여 행한 파괴행위
는 실로 상상할 수 없을 만큼 잔인했다. 홍위병들의 공격 대상에는 당시
사회 지도자급 인물들로서 당 간부·학자·예술인·언론인·교육자·노동
간부들이 우선 포함되었지만, 그밖에도 엄청나게 많은 사람들이 남녀노소
구별없이 그들의 사상·언행·과거의 행적 및 교육·출신 등이 봉건적 또
는 부르주아적이라는 — 또는 부르주아적인 것과 연결된다는 — 이유로 극
히 가혹한 방법으로 모욕·폭행·살해당했다. 전 중국에 걸쳐서 이들의 공
격으로부터 안전한 지대는 없었는데, 특히 티벳이나 몽골 등에서는 민족차
별의 형태로 분출되어 희생자가 수십만 명에 달했다.[58] 홍위병들은 사구四舊
(구사상·구문화·구풍습·구습관)를 제거한다는 명목으로 외국 서적은 말
할 것도 없지만 사찰 같은 문화 유산 내지 문화재, 예술품, 서책 등을 엄청
나게 많이 파괴했다. 아홉 살부터 열여덟 살까지의 소년·소녀로 구성된
이들 학생은 자신들이 믿는(그들의 믿음은 모택동과 그의 하수인들에 의해
조종되었지만) 도덕적 정의의 기준을 추호도 어긋남 없이 적용하려 했고,

---

[58] 솔즈베리 353 367.

이로써 전 중국은 혼란·분쟁·테러·살인의 어마어마한 소용돌이 속에 휩쓸리게 되었다.[59]

이들의 파괴행위는 당권파를 포함한 소위 사회주의의 적 내지 수정주의자들에게만 이루어진 것이 아니었다. 이들은 여러 분파로 나뉘어져서 모두 자신들이 모택동의 이상에 가장 충실하다고 믿고 다른 홍위병들에 대해서도 가차없는 투쟁을 전개했는데, 이때문에도 수많은 희생자가 중국 전역에서 속출했다.

1966년 말엽 모택동은 적절한 대중 동원을 통하여 유소기·등소평은 말할 것도 없고 이들과 인맥관계를 가졌거나 같은 노선을 유지해 온 팽진·육정일陸定一·나서경羅瑞卿·오함·팽덕회 등을 제압했다. 이들은 거의가 그의 혁명동지였다.

3) 유토피아 실현을 위한 대중운동과 그 파멸적 결말

모택동의 궁극적 목적은 소위 실권파를 제거하는 데에만 있지 않았다. 그는 그것을 훨씬 넘어서 과거의 모든 유산을 일소하고 새로운 사회, 새로운 권력조직 그리고 새로운 인간을 형성하고자 했다. 그는 특히 파리 코뮌형의 새로운 권력기구를 중국의 행정기관·학교·기업·농촌에 창설하기를 희망했다. 그러나 이러한 희망이 실현될 가능성은 당시 중국의 여건으로 보아 전무했다. 파리 코뮌은 공동체의 구성원 모두가 참여한 가운데 충분한 상의와 토론을 거친 다음 후보자 명부를 작성하고 대표자들을 선출하여 공동체의 운영을 맞기되 이들에 대해서는 항상 비판·소환· 개선改選이 가능한 체제인데, 당시 중국이 통치조직을 이런 비권위적이고 비관료주의적인 권력체제로 만든다는 것은 상상조차 할 수 없는 일이었다.

이때 중국은 공산당이 정치·경제·문화·교육 등 모든 영역을 지배·관장·통제하던 중앙집권적 독재체제였다는 것, 여기서는 국민의 의사가 반

---

[59] 페어뱅크 497.

영되는 평화적 정권교체란 불가능하고 정권교체기마다 권력투쟁이 수반된
다는 것, 당시의 중국 인민은 민주적 정치 참여의 경험이 거의 없었다는
것, 그리고 특히 당시의 권력투쟁은 모택동이라는 독재자가 자신의 구상에
따라 주도했으며 그 궁극적 목적은 자신의 의도와 의사에 따라 정치와 사
회를 형성하는 데 있었다는 것, 더욱이 그의 조종으로 이 투쟁에 참여하는
자들은 법도 보편적 윤리규범도 무시한 채 도덕적 극단주의와 유토피아적
정열로 무장되어 타집단과 다른 가치에 대해서는 극도로 적대적인 태도를
가진 폐쇄적 집단이었다는 것, 그리고 집단 내부에서도 토론과 합의가 아
니라 폭력을 통하여 의사를 결정하는 것이 상례화되어 있었다는 것 — 이
모든 것으로부터 도출될 수 있는 것은 평화롭고 인간적인 질서와 분권적이
고 참여적인 민주적 통치체제가 아니라 야만적이고 잔인한 파괴와 무질서
이며, 또한 새로운 독재권력의 탄생일 수밖에 없었다. 모든 혁명이 그러하
지만 특히 폭력적 혁명이란 원래부터 그것이 야기할 결과를 예측하는 것이
불가능하다. 그것은 기존의 법과 규범 그리고 가치관을 파괴하면서 진행될
뿐 아니라 많은 경우 통제될 수도 없기 때문이다.[60]

파리 코뮌을 실현하려는 모택동의 희망은 중국적 현실을 무시하고 혁명
과 폭력의 본질을 이해하지 못한 환상적 독재자 모택동의 자가당착에 지나
지 않았다. 그것은 또한 권력투쟁의 차원에서 빨리 마무리할 수 있었던 문
화대혁명을 더욱 복잡하고 혼란스럽게 만들어 인민에게 더 큰 고통을 가져
다주었다.[61]

코뮌을 지향하는 대중운동은 1969년 1~2월, 모택동 진영의 장춘교·요
문원과 상해의 반란파 지도자 왕홍문王洪文이 상해에서 활동중인 노동자·학
생의 반란조직 32개를 연합, 기존의 당 조직에 도전하여 권력을 탈취함으
로써 본격적인 출발을 했다. 그들은 자신들의 새 권력체를 "상해 인민공

---

[60] K. R. Popper, "Utopia and Violence", in: *Conjectures and Refutations: The Growth of Scientific Knowledge* [N.Y. 1968] 355ff 참조.

[61] 고지마 신지 등 222.

사"라고 칭했다(공사公社는 코뮌의 역어이다). 이후 이러한 운동은 점점 전국적으로 확산되었다. 이로써 중국 도처에는 기존 조직을 지키려는 공산당원과 이것을 탈취하려는 반란파 사이에 대규모의 내전(무투武鬪)이 일어나게 되었다. 그러나 내전에서 반란파들은 쉽게 승리할 수 없었다. 당권파는 그간 상당히 타격을 입었지만 이미 세력을 제거당한 북경 이외에서는 아직도 무시 못할 세력을 가지고 있었고, 반란파 내지 홍위병들의 파괴행위에 대하여 자신들을 지지하는 대중을 동원할 수도 있었기 때문이다.[62]

중국은 각지에서 벌어진 내전으로 질서가 극히 어지러워지고 생산 역시 크게 위축되었다. 또 내전이 반란파의 승리로 끝난 지역에서도 질서는 쉽게 회복될 수 없었으니, 이들 대부분은 아직도 관리 능력이 부족한 젊은이들이요, 또한 이들 사이에서도 상호 투쟁이 빈발했기 때문이다. 더욱이 반란운동에 참가하는 학생들과 노동자들은 당시 중국의 상황에서 도저히 받아들일 수 없는 요구(예컨대 임금 인상)를 하는 경우도 빈번했다.[63] 요컨대 사태는 모택동의 희망과는 다른 방향으로 발전했을 뿐 아니라 더이상 그가 통제할 수 없는 지경에까지 이르렀다.

모택동은 장춘교 등 반란파가 탈권투쟁을 할 때 비호했고, 그것이 성공하여 상해 인민공사가 수립되자 이를 전 중국에 희망을 준 사건으로 높이 평가한 바 있었지만, 다른 한편 그 역시 혁명적 열기로 가득한 대중의 탈권투쟁이 빚을 혼란이 더이상 방치되어서는 안된다는 것을 인식하지 않을 수 없었다. 이제 질서를 회복할 수 있는 세력은 사회에서 유일하게 통일된 집단으로 남아 있던 군 이외에는 없었다. 모택동은 문혁에 군대를 개입시키지 않거나 시키더라도 최소한도에 국한시키려는 초기의 방침을 바꾸었다.[64] 1967년 1월 말, 모택동은 인민해방군에게 혁명 좌파의 군중을 적극 지지하라고 지시했다. 이 지시의 다른 의미는 바로 홍위병에 의한 과잉 반란활동은 이제 억제되어야 한다는 것이었다.

---

[62] 김하룡 243ff.

[63] 신상초 331; 안도 마사시 등 76.

[64] 김하룡 47.

그러나 군은 문혁 도구로서는 비효율적인 것이었다. 인민해방군의 지방
군은 그 지역의 당 조직과 인간적·업무적으로 긴밀히 연관되어 있어서 전
자가 후자를 쓰러뜨리고 혁명적 권력조직을 쉽게 창설할 수는 없었다.[65] 대
부분의 지방군은 홍위병 내지 반란파가 아니라 실권파를 지지했다. 국공
내전 이후 가장 큰 내전이라고 일컬어지는 무한 사건이 일어난 것도 이러
한 상황에서였다. 이 사건은 1967년 여름 당권파에 가까운 군 지휘관 진재
도陳再道와 반란 홍위병 사이에 일어난 투쟁으로써 수천 명의 반란파들이 군
대에 의해 체포되거나 살해되었다. 요컨대 모든 군이 모택동과 임표의 지
시에 획일적으로 움직인 것은 아니었다.[66]

4) 대타협을 통한 문혁의 마무리

모택동은 지방군 지휘관들의 저항을 자신의 카리스마와 이들과의 인간적
관계를 활용하여 무마하고 중재함으로써 해결했지만, 그 역시 혁명을 목표
로 내란을 무조건 관철하는 것이 불가능하고 또한 무의미하다는 사실을 인
정하지 않을 수 없었다. 대타협이 절실히 요구되는 시점이 도래한 것이다.
반란파의 극단적 행동을 자제시키고 당원들의 협조를 구하여 사태를 진정
시키는 조치는 또한 반혁명적 성향을 보이는 군부의 지지를 획득할 수 있는
방법이기도 했다. 모택동이 타협을 모색한 것은 이미 군의 개입을 지시할
때부터인 듯하다. 이 무렵, 즉 1967년 2월에는 인민해방군과 당 조직에서
많은 추종자를 거느리고 있는 존경받는 원로 혁명가 엽검영·서향전· 섭
영진·진의·이선념李先念 등이 임표·강생·진백달·강청 등 문혁파의 행동
을 당의 지도를 부인하는 행위라고 공격한 바 있었다. 이들의 태도는 동시
에 이들을 추종하는 지방군 지휘관에게 영향을 주었다. 모택동이 비록 이들
노 간부의 주장을 통렬하게 비판하기는 했지만, 이들의 반발은 그로 하여금

---

[65] 이 무렵 내몽골·신강·티벳·사천·무한 등의 군 지휘관은 유소기·등소평·팽덕회·
하룡 등과 인맥관계를 가지고 있었다. 김하룡 249ff 참조.

[66] 안도 마사시 등 80.

당을 전면으로 뒤엎을 수 없다는 사실과 반란파에게만 나라의 운영을 전적으로 맡길 수 없다는 것을 새롭게 인식하게 하는 계기가 되었다.

반란파에 의한 혁명(탈권)은 계속되었지만 이로써 조직되는 혁명위원회에는 모택동의 지시에 의해 혁명 대중만이 아니라 군 대표와 당 간부 역시 참여하게 되었다. 혁명위원회는 항구적 당 조직이 재건되기 전까지 권력을 행사하는 임시기구로서 모택동의 이상에 충실한 혁명 대중의 기본 노선, 인민해방군의 군사력 그리고 구 당 간부의 행정 경험 및 관리 능력이 상호 협조함과 동시에 상호 견제하면서 운영·유지하도록 조직되었다. 삼자 결합의 혁명위원회는 1967~1968년에 걸쳐 전 중국에 설치되었다. 이러한 권력기구의 창설은 현실과의 타협인 바, 탈권투쟁을 일정한 선에서 매듭지음으로써 반란 대중, 군부 및 당권파를 포함한 사회의 세력들을 상호 조정한다는 것을 의미하는 것이다.

중국사회가 1966년 초부터 시작된 문혁의 소용돌이에 걷잡을 수 없이 빠져들어가 마침내 1967년 여름에는 심각한 내전에 휩싸일 위험에 이를 만큼 엄청난 혼란을 겪었는데도 1968년 초에 급속히 안정을 회복한 것은 삼자 결합을 통한 타협과 조정에 힘입은 바가 크다.[67] 삼자 결합이 가능하기 위해서는 당권파의 간부와 군부, 특히 당권파와 관련된 군부의 협력을 얻어야 하며, 이것은 최고 지도자 모택동의 중립적 태도가 전제되지 않으면 안된다. 무한 사건 이후 모택동은 반란파에 대한 일방적 지지를 사실상 철회하고 대연합을 호소했다.

그러나 끝끝내 모택동의 혁명정신을 충실히 따르고 코뮌의 이상을 포기하지 않은 반란파 내지 홍위병들은 "진정한" 사회주의를 실현하기 위해 어떠한 타협도 원하지 않았고, 따라서 모택동의 대연합 호소와 삼자 결합 역시 받아들일 수 없었다. 이러한 사람들 중에 특히 문혁의 지도자급인 왕력王力·관봉關鋒 등은 소위 "5·16 병단"이라는 단체를 조직하여 군부와 당

---

[67] 김하룡 258.

관료를 공격했는데, 이것은 이상이 좌절당한 많은 홍위병의 열렬한 호응을 얻었다. 모택동은 이들을 극좌파라는 이유로 숙청하고 홍위병의 활동 역시 중지시킨 후, 이 반란파 청년들을 "교육"시킨다는 명목하에 농촌으로 추방해 버렸다.[68]

1969년 4월에 공산당 제9차 전국 대표회의가 개최되었다. 이 대회에서 새로 채택된 당 규약은 1956년 8차 대회의 당 규약과는 대조적으로 모택동의 신격화·모택동 사상과 계급투쟁을 부각했으며, 임표가 그의 후계자임을 명시했다. 새로 구성된 중앙위원회에 군인이 대거 진출했고, 강청·강생·진백달 등 문혁을 주도한 인물이 요직을 차지하게 되었다. 그러나 중공의 권력기구에는 군과 문혁파에 더하여 주은래 등 당정 실무 관료가 참여함으로써 삼자 결합의 구도를 취했고, 이 삼자 위에 모택동이 군림하고 있었다.

혁명으로 야기된 혼란을 해결하는 데 뒷받침이 된 가장 큰 힘은 임표가 영도하는 군부세력이었다. 문혁의 중요한 결과 중 하나는 중국의 권력 판도에 임표 및 그 추종자들의 진출이 뚜렷해졌다는 점이다.

5) 주은래와 실용주의자들의 대두

앞에서도 언급한 바와 같이 임표는 문혁 전부터 모택동의 지지세력이었는데 문혁 기간 중 양자의 관계는 더욱 밀접해졌다. 그러나 양자의 이러한 관계는 오래가지 못했다. 1971년 중반 모택동은 임표의 세력을 제거했다. 임표가 실각한 사건의 전말은 분명히 밝혀지지 않았지만 양자 사이의 권력 투쟁에서 비롯된 것임은 분명하다.[69] 임표 사건으로 모택동은 큰 충격을 받은 듯하다. 이 사건 이후 그의 건강은 극도로 악화되었고, 중국 정국은 국

---

[68] 안도 마사시 등 94ff 참조.

[69] 임표의 세력은 문혁이 시작되면서부터 본격적으로 형성되었기 때문에 집단의 응집력이 튼튼하지는 못했다. 임표는 모택동보다 10여 세 아래였으나 병약했다. 임표 집단이 동맹한 강청 등의 소위 사인방 또한 권력의 핵심에서 임표에 대한 적대세력으로 기능했다. 이러한 것들이 임표가 모택동에 대한 쿠데타를 하게 된 배경인 듯하다. 신승하 266-7 참조.

무원 총리 주은래가 주도하고 있었다. 주의 능력과 업적으로 보아 상황은 그렇게 될 수밖에 없었다.

1972년 주은래는 미국과 외교관계를 정식으로 수립했다. 당시 중국에는 십수년 동안 계속된 소련과의 분쟁, 문혁의 경제적 피해와 사회적 혼란으로 상당한 위기감이 대두하고 있었는데, 국교 정상화로 세계 최대의 대국과 군사적 대결을 피하도록 만든 것은 실로 커다란 업적이 아닐 수 없었다. 건국 후 초강대국 소련과 미국 때문에 항상 국방 문제에 신경을 쓰던 모택동 역시 주은래의 외교적 성과에 크게 만족했다.

임표가 제거됨으로써 현실보다는 이상을, 경제개발보다는 계급투쟁을, 전專보다는 홍紅을, 물질보다는 정신을 더 강조하던 중요한 기둥이 무너졌다. 임표 사후 주은래는 그가 주재하는 국무원을 중심으로 질서를 회복하고 경제를 재건하기 위해 엄청난 노력을 기울였다. 그와 정부 실무자들이 제일 먼저 착수한 것은 그간 크게 문란해진 기업 관리를 강화하고 노동 규율을 정상화함으로써 생산성을 높이는 일이었다. 그들은 또 문혁 시기에 행해진 순수 평등주의적 농업정책, 예컨대 자류지 몰수·가내 부업 금지 등을 바로잡고자 했다. 당시는 반란파의 공격으로 당·산업체·학교·병원 등의 관리요원·전문요원 그리고 지식인들이 타도되어 큰 재난을 겪고 있을 때였다. 직장에서 쫓겨난 유능한 인재를 복권시키고 재등용하는 것 역시 주은래가 추진코자 한 일이었다.

주은래의 이러한 조치들에 모택동 역시 찬성하는 입장이었다. 당시 병상의 모택동으로서는 실무적 문제를 일일이 간섭한 여유가 없었고, 또 자신에게 불충했다는 이유로 제거했던 수많은 혁명동지와 고급 간부들 중 그 누구도 임표만큼 불충하지는 않았다는 사실을 깨달게 되자 현실을 무시하고 근대화에 무조건 반대했던 임표의 노선을 반성하는 한편 타도된 노간부들과의 화해를 모색했기 때문이다.[70] 그는 주은래에게 숙청된 지도자를 복

---

[70] 리 즈수이 3권 188.

권할 것을 지시했다. 이 시점에서 가장 중요한 사건은 1973년 8월 등소평이 당 중앙위원으로 복귀한 일이다. 그는 이제 당 부주석, 제1 부수상 그리고 인민해방군 총참모장을 겸임하는 실력자로 등장하게 되었다.

1968년 10월, 8차 12중전회에서 유소기에게 당적을 박탈하는 가혹한 조치를 내렸을 때, 모택동은 등소평에 대해서는 문혁파들이 축출하자는 건의를 했는데도 당적은 유지한 채 개조를 하도록 농촌으로 추방하는 관대한 처분을 내렸다. 모택동은 대장정 이래 등소평이 군사·행정·경제개발·건설사업 등에서 탁월한 능력을 발휘한 것을 확인해 왔고, 어쩌면 훗날 그가 다시 크게 필요할 상황이 도래할지도 모른다는 생각에서 보호한 것으로 짐작된다.[71] 등소평의 복귀는, 병석에서 죽음을 앞둔 모택동과 여전히 왕성하게 일하고 있지만 간암 판정을 받은 주은래가 당장에 유능한 인물을 찾지 못하는 한 국가가 큰 위기에 빠질 것이라는 사실에 공감했기 때문에 이루어졌다.[72] 실력자로 복귀한 등소평이 한 일은 당시 주은래가 애써 하고 있던 그 일, 즉 문혁으로 피폐된 경제를 재건하고 한걸음 더 나아가서 근대화를 성취하는 것이었다.

1975년, 주은래는 20세기가 지나가기 전 중국의 농업·공업·기술 및 국방을 현대화하겠다는 정책을 제시하면서, 이를 위해서 선진 공업국으로부터 설비와 기술을 도입해야 할 필요를 시사했다. 주은래의 계획 속에 묘사된 사회는 망상적인 독재자가 인민에게 강요하는 공허한 "이상향"이 아니라 보통 사람이라면 누구나 바라는 물질적으로 더 풍요한 사회였다. 그 속에는 대약진운동이나 문혁에서 지향했던 순수한 사회주의·평균주의·진정한 공산주의적 인간·자력갱생 등을 암시하는 말은 전혀 없었다.

이 무렵 모택동과 주은래는 똑같이 죽음으로 치닫고 있었다. 그러나 양자의 이상과 생활 태도는 이 시점에서도 전혀 같지 않았다. 모택동은 비록 문혁의 큰 피해 때문에 어쩔 수 없이 양보를 했다고는 하지만 여전히 유토

---

[71] 같은 책 3권 241; 솔즈베리 463; 디네스 214 참조.   [72] 솔즈베리 452.

피아를 지향하는 망상에서 벗어나지 못한 반면, 주은래는 모택동이 야기한 모든 피해를 복구하고 진정한 의미의 근대화를 추진코자 했다. 모택동이 병상에 누워 노인의 추태를 보일 때,[73] 주은래는 새 지도자가 될 등소평에게 일할 기반을 마련해 주기 위해 자신의 자리에서 할 수 있는 최선의 노력을 다했다. 주은래는 가장 건전한 의미의 합리론자였다.

6) 혁명론자의 마지막 반격과 모택동 시대의 종말

문혁이 끝났다고는 하지만 그 여파가 완전히 사라지지는 않았다. 건국 후 계속되어 온 실용주의자와 혁명론자의 투쟁은 문혁의 파괴적 결과에 고통을 받던 이 시기에도 계속되었다. 임표가 제거된 후 강청 등 문혁파들은 소위 사인방을 이루어 주로 언론·출판·문예 등의 선전매체를 장악하면서 주은래의 현실주의적 정책에 계속적인 비판과 공격을 가했고, 1975년을 전후하여 등소평이 그 뒤를 이어 실용주의적 개혁을 추진할 때에도 비판과 공격을 그치지 않았다.[74]

등소평은 문혁 기간 중 박해받은 유능한 인재들(예컨대 만리萬里·호요방胡耀邦·조자양趙紫陽)을 복권시키고, 이들과 함께 철도(그때까지도 많은 철도가 홍위병에 의해 장악되어 전국의 교통난이 심각했다)·공업·광업·농업·과학·교육 등 여러 분야를 복구·정상화시켜 상당한 성과를 거두었다.[75]

그러나 주은래나 등소평의 실용주의적 정책은 모택동과 문혁파들이 추구하던 사회주의적 평균 이상을 이탈하지 않고서는 그 성과를 기대할 수 없었다. 비록 두 사람이 그들의 정책을 모택동 사상이라는 큰 틀 속에서 추진하는 것 같은 외양을 취했지만 양자의 모순은 명백했다. 등소평은 너무나 낙후된 중국의 현실을 개선코자 서둘러 탈문혁정책을 추진했고, 이것은 결국 모택동과의 충돌을 야기했다.

---

[73] 리 즈수이 3권 194ff 참조.   [74] 신승하 275ff 참조.

[75] 솔즈베리 467ff 486ff 참조.

1975년, 모택동은 투쟁보다는 안정이 더 중요하다는 믿음을 가지고 사인방보다 오히려 등소평을 더 지지했지만, 그렇다고 해서 그가 대약진운동이나 문혁에서 추구했던 이상을 포기한 것은 결코 아니었다. 사인방의 부추김 속에서 병상의 모택동은 실용주의적 개혁에 마지막 제동을 걸었다. 1976년 1월, 주은래가 사망하여 전국이 큰 슬픔에 빠졌을 때, 모택동의 승인하에 등소평에 대한 비판운동이 전개되었다. 그러나 문혁 때와는 달리 여기에 대한 호응은 그리 대단하지 않았다.

몇 개월 후 성묘하는 날인 청명절(4월 4일)이 가까워오자 주은래를 추모하는 수십만의 인민이 천안문에 모여들어 고인의 인품과 업적을 기렸고 그것은 곧 사인방, 심지어 모택동에 대한 불만과 비판을 표출하는 시위로 발전했다. 이와 비슷한 움직임이 북경뿐 아니라 남경 등 다른 주요 도시에서도 나타났다. 이러한 대중 시위는 모택동과 사인방에 의해 반혁명 폭동으로 낙인이 찍혀 강제로 해산당했다. 그러나 그것은 대다수 중국 민중의 진정한 의사와 희망이 어디에 있는가를 말해주는 것이었고, 또한 위대한 혁명가 모택동의 시기가 종말에 가까웠음을 보여주는 것이기도 했다.[76] 병상의 모택동은 현실을 제대로 파악할 수 없었다. 이러한 민중의 움직임과 관련하여 그는 등소평을 모든 직위에서 해임할 것을 명했다. 그러나 모택동이 죽음으로 치닫고 있던 그 무렵 중국의 권력 판도는 그 윤곽이 상당히 드러나고 있었다. 사인방은 임표의 죽음으로 이미 중요한 동맹세력을 상실했고, 그들의 혁명적 투쟁에 사상적 기반을 제공하고 배후의 힘이 되었던 모택동의 카리스마는 이제 붕괴되고 있었다. 더욱이 이들 사인방은 모택동에게서조차 높은 평가를 받지 못했다.[77]

모택동은 죽기 전 신임하던 화국봉華國鋒을 후계자로 삼았다. 화국봉은 모택동의 철저한 추종자이기는 했으나 당과 군에 권력적 기반이 거의 없는 벼락출세자에 불과했다. 이제 중국 권력의 가장 무거운 부분은 당과 군에

---

[76] 신상초 346. [77] 리 즈수이 3권 247 254 279ff; 신승하 277 279 283 등 참조.

서 많은 추종자를 거느리고 또 존경받는 엽검영·섭영진·진운· 서향전·이선념 같은 원로 혁명가들의 손에 있었다. 이들은 대장정·연안 시절 그리고 국공 내전을 겪으면서 경력과 명성을 쌓아왔고, 건국 후에도 늘 권력의 중심부를 떠나지 않았다. 이들은 문혁과 임표의 득세로 그 세력이 약화되었지만 결코 몰락하지 않고 끝끝내 버티어 당과 군에서 실력자로서의 지위를 유지하고 있었다. 원로 혁명가들은 같은 동지인 주은래를 존경하고 사랑했고 또 등소평이야말로 모택동 사후 중국을 재건할 유일한 인물이라고 생각했다.[78] 등소평은 이들보다 연하였지만 이들과 거의 같은 경력을 걸어온 동지였다. 그들의 당면 목표는 명확했다. 사인방을 제거하고 자신들이 보호하고 있던 등소평을 복권시키는 바로 그것이었다.

모택동 사후 사인방은 체포되었고, 전 중국은 환호했다. 이 이후의 중국은 등소평이 복귀하여 모택동의 이상과는 다른 실용주의 노선으로 이끌게 되었다. 사인방과는 궤를 달리했지만 모택동 사상을 철저히 추종했던 화국봉은 세력 기반으로 보나 시대적 요구로 보나 정권의 심장부에 머무를 수는 없는 사람이었다. 사인방과 화국봉의 몰락은 현실을 무시하고 강행된 모택동의 광신적 이상주의의 완전한 종말이기도 했다.

5 절

혁명: 파멸할 수밖에 없는 이상

문혁의 피해는 엄청난 것이었다. 진정한 의미의 사회주의를 추구한다는 명목으로 강요된 순수한 평등주의·자력갱생과 금욕주의가 생산의 활력을 떨어뜨린 것은 차치하고서라도, 홍위병들의 난동으로 통치질서와 생산 현장은 파괴되고 교통이 마비되었으며, 당·정·산업체의 유능한 전문인력과

---

[78] 솔즈베리 489 502.

실무자가 추방당했고, 학교수업과 연구활동은 중단되었다. 또 홍위병 활동과 여러 형태의 무투로 (최고 이천만 명 정도로까지 추산되는) 무수한 사람이 살해되었고, 박해받은 사람은 그야말로 그 수를 알 수 없다. 수많은 사람의 인격과 인권이 모독되었고 사회의 유지에 필요한 가치와 규범은 파괴되었으며 건전한 권위 역시 붕괴되었다.

문혁이 휩쓴 자리에는 빈곤·허탈감·낙담·절망·무질서 그리고 상호불신의 분위기가 가득찼다. 요컨대 문혁은 정치적·경제적·사회적·정신적·문화적 대재난이었다. 문혁 후의 상황은 인민이 희망과 활력에 넘치고 지도자들을 진정 존경했던 건국초의 분위기와는 전혀 딴판이었다. 이제 사회는 크게 침체되었고 지도자들은 더이상 권위를 누릴 수 없게 되었다.

문혁중에 일어난 무자비한 파괴와 살인은 목적의식도 없고 가치관도 없는 가운데에서, 오직 동물적 야만성으로만 자행된 것은 아니었다. 그것은 바로 고귀한 이상을 실현한다는 명목으로, 진정한 인간을 형성한다는 구호 아래 이루어진 것이었다.

모택동은 당이 관료화·권위주의화하여 민중의 진정한 욕구에 부응하지 못하고 당원들이 특권화·무사안일화하여 혁명정신을 상실했다고 판단하고, 민중들에게 집권 관료세력에 대항하여 투쟁할 것을 그리고 중단된 혁명을 계속할 것을 호소했다. 민중들, 특히 이상에 불타는 청년들은 그들이 경외하는 지도자에게 열렬히 호응했다. 이들은 평소에 공산당의 처사와 자신들의 처지에 상당한 불만을 가지고 있었고, 이 불만은 그들의 이상주의적 혁명투쟁에 대한 강력한 기폭제였다. 이들 청년은 늘 취업·진학·주택·결혼 등에 있어서 당원의 자녀에 비하여 열등한 대우를 받는다고 느끼고 있었고, 꼭 이러한 문제가 아니더라도 일당독재 치하의 생활이 만족스러울 수는 결코 없었다. 심지어 모택동의 잘못된 정책을 수습하기 위하여 입안한 당권파의 정책 역시 불만을 유발했는데, 단순한 민중은 많은 경우 그 불만의 진정한 원인을 찾기보다는 오히려 표면적 유발자에게 비난의 화살을 돌렸다. 또 그렇지 않았더라도 모택동이 자신을 숭배하는 민중을 이

러한 방향으로 유도하는 것은 실로 쉬운 일이었다.[79] 이러한 사정을 고려한
다면 모택동의 선동에 대한 환호와 지지를 충분히 이해할 수 있다. 그들에
게는 모택동이야말로 민중을 배신한 관료주의적 당 지도부를 타도하고 평
등·풍요·자유가 넘치는 사회를 창조하기 위한 혁명적 투쟁을 인도할 유
일한 영도자였다.

어떤 사회든지 불만을 가진 사람이란 항시 존재하는 것이며 불만의 정도
는 청소년에 있어서 특히 심각하다. 집권세력의 관료적 경직화에 반대하여
참 사회주의의 이상을 외친 당시의 모택동에게 열광한 것은 중국의 청년들
만이 아니라 당시 서구의 소위 진보적 지식인들과 학생들 역시 마찬가지였
다. 그들은 선진 자본주의 사회가 물질적 성과와 기술적 효율을 극단적으
로 추구함으로써 이 사회를 발전시키는 데 기여했던 계몽사상의 인간해방
이라는 위대한 정신적 목적에서 이탈했음을 크게 불만스러워하고 있었다.
이들은 이 사회에서 기능하는 제도와 사상이 진정한 행복과 자유 그리고
건전한 인격을 추구하는 데 도움을 주는 것이 아니라 방해를 하고 있다고
생각했다. 주어진 것을 초월하거나 부정하는 차원이 아니라, 오직 주어진
것만을 진실로 인정하는 차원에서 사유를 전개하는 가치중립적인 실증주의
철학, 이 철학적 사조로 인하여 전통과 현실을 비판하고 참된 인간성을 추
구하던 원래의 기능을 상실해 버린 이성, 자율성을 억압하는 도구로 변신
한 관료제도, 정치에 대한 기술 관료의 우위, 방송매체와 언론을 장악한
자본가 및 기득권자들의 교묘한 대중 조작과 그로 인한 대중의 탈정치화
및 비판정신의 상실 등이 현대 자본주의 사회의 부조리다. 이 속에서는 육
체적으로 안락할 수는 있어도 정신적으로는 박탈감·소외감·무의미함에
압도된 기형적이고 왜소한 삶을 영위할 수밖에 없다.[80] 이것을 커다란 문명

---

[79] 스펜스 2권 195; 고지마 신지 등 205-6.

[80] T. McCarthy, *Kritik der Verständigungsverhältnis: Zur Theorie von Jürgen Habermas*
[Frankfurt am Main 1980] 11-68; H. 마르쿠제(차인석 역) 『일차원적 인간』 [삼성출판사
1986] 참조.

적 위기로 인식한 이들 서구 선진사회의 지식인과 학생들은 혁명을 통해 이 사회를 뒤엎고자 했다. 이 사회 전체가 근본적으로 왜곡되어 있고 이 속에서는 인간이 건전한 이성과 인격을 가질 수 없으므로 구성원들 사이의 토론과 합의를 통한 부조리의 개선은 아무런 의미가 없다는 것이 이들의 믿음이었다. 이들이 원한 것은 완전한 혁신이었고 그 수단은 필연적으로 폭력일 수밖에 없었다.

1968년, 서구의 자본주의 사회를 휩쓴 학생운동의 구호 속에는 인간해방의 위대한 이상을 제시한 마르크스, 현대사회의 병폐를 날카롭게 분석하고 이것을 극복하기 위한 혁명의 필요성을 역설했을 뿐 아니라 혁명을 위해 폭력이라는 수단에 호소하는 것을 철학적으로 정당화한 마르쿠제,[81] 그리고 당시 문혁을 주도하던 모택동이 있었다. 이를 서구의 진보적 지식인과 학생들은 모택동이 제창하는 코뮌적 통치에서 인간의 자율성을 제한하고 해방의 잠재력을 억누르는 현대사회의 경직된 관료제도에 대한 이상적 대안을 발견한 것이었다.

자유와 평등 그리고 풍요함과 안락함을 누리던 서구의 청년들이 그러했을진대, 이 모든 것이 결여된 중국 청년들이 모택동의 호소에 매혹당했음은 당연한 일이었는지도 모른다. 그러나 모택동은 이들에게 결코 낙원을 만들어 줄 수 없었다. 그것은 중국의 현실적 여건상 근원적으로 불가능한 것이었다. 낙원은 중국뿐만 아니라 당시 서구에서도 불가능한 일이었고 또한 현재에도 가능치 않은 일이다.

인간의 지적 능력과 이성은 불완전하며 또한 인간이 소유하고 활용할 수 있는 지식은 극히 한정되어 있다. 어떠한 개인이나 인간의 집단도 이러한 불완전함과 제한에서 벗어날 수 없기 때문에 인간이 세운 미래에 대한 청사진 역시 결코 완전할 수 없다. 그러므로 인간이 계획할 때는 항상 그 불완전함을 의식해야 하며, 특히 사회 전체를 형성하는 것 같은 대규모 계획

---

[81] H. Marcuse, "Repressive Tolerance", in: R. P. Wolff, B. Moore, H. Marcuse, *A Critique of Pure Tolerance* [Boston 1965] 참조.

은 인간의 능력을 벗어나는 것으로 근원적으로 불가능하다는 것을 인정하
지 않으면 안된다.[82] 우리가 미래사회를 계획으로 형성할 수 없듯이 지금의
사회 역시 우리 조상의 계획에 따라 형성된 결과가 아니다. 현대사회를 지
탱하고 있는 중요한 제도·규범·가치관은 대부분 우리 조상이 계획해서
만들어 낸 것이 아니다. 그것은 사용하는 사람들의 손질·개선과 가감이
오랜 세월 축적되어 오늘날의 형태로 발전한 것이다. 어떠한 사회에 있어
서도 인간이 완전히 새로운 것을 창설하는 일은 없으며, 기존의 것을 사용
하면서 실정에 맞게 변모·개선시키는 가운데 제도와 규범은 점점 더 정교
해지고 효율적인 구조와 기능을 가지게 되는 것이다. 그런데 기존의 제도
와 규범을 사용한다든가 그것을 개선·발전시키는 행위 역시 대부분 시행
착오적으로 이루어질 수밖에 없는데, 그것은 인간의 능력상 제도와 규범의
모든 기능과 그 기능이 초래할 모든 결과를 미리 인지할 수 없기 때문이
다. 다만 어떤 집단이 특정한 제도와 규범을 시행착오적으로 사용하(고 그
것을 개선·발전시키)면서 번영한다면, 우리는 사후에 그 제도와 규범이
유용하다는 것을 인식하게 되며, 또 번영하지 못하는 집단들이 사용하는
제도나 규범보다 더 우월하다고 판단할 수 있게 되는 것이다.[83] 예컨대 시
장경제 체제는 인류가 오랫동안 교환행위를 하는 가운데 발전되어 나온 것
이며, 어떤 개인이나 집단이 그것의 기능과 유용성을 미리 알고 의도적으
로 계획·창설한 것이 아니다. 또 이미 위에서 논의한 바와 같이 시장경제
제도를 그 사회의 가장 근본적 경제제도로 수용하고 발전시킨 것, 즉 자본
주의의 발전·확립 역시 계획적으로 이루어진 것이 아니라 서구 특유의 우
연한 권력적 상황에서 기인한 결과일 뿐이다. 우리는 다만 이 제도를 채용
하는 국가가 그렇지 않은 국가보다 더 번영한다는 사실에서 사후적으로 그
우수성을 인지할 수 있을 뿐이다.

---

[82] K. R. Popper, *Das Elend des Historizismus*, 5판 [Tübingen 1979] 51ff.

[83] F. A. Hayek, *New Studies in Philosophy, Politics, Economics and the History of Ideas* [London 등지 1978] 3-22 참조.

　역사 발전에 있어 인간의 계획 내지 의도보다 비의도적·비계획적인 우연한 조건이 더 중요한 역할을 한다는 사실은 실망스러운 것이라기보다는 많은 경우 오히려 감사해야 할 바이다. 필자는 오늘날 우리가 사는 사회가 서구 중세의 성직자들이 이상으로 생각하던 사회도 아니요 조선시대 성리학자들이 추구했던 사회와도 같지 않은, 민주정치와 시장경제를 기반으로 하는 사회라는 사실을 다행스럽게 여기고 있다. 만약 역사 발전에 있어 비계획적 요인이 차지하는 중요성을 간과하고 현대사회를 계몽사상과 같은 고귀한 이상이 의도적으로 발전시킨 것으로 믿는다면, 오늘날의 현실이 원래 의도한 결과와는 다른 것에 실망을 가질 수도 있을 것이요, 또한 이것을 극복하기 위해 혁명적 방법을 모색할 수도 있을 것이다. 그러나 현대문명은 우연한 비의도적 결과의 산물이므로 그 속에는 어쩔 수 없이 많은 부조리가 존재하며, 인간의 이성이 새 사회를 완전히 설계하는 것이 불가능하다면 이 부조리 역시 인간의 계획에 의해 한꺼번에 모두 제거될 수는 없다.

　자유민주주의와 자본주의적 시장경제를 기반으로 하는 현대문명은 장점도 많지만 부조리 역시 적지 않으며, 1968년 서구의 진보적 지식인과 학생들이 비난하고 극복하고자 한 부정적 측면들도 어느 정도 존재하는 것은 사실이다. 그러나 우리가 현대사회를 지탱하는 제도와 규범이 빚어내는 부조리에 아무리 불만을 가지고 있다 하더라도 이 제도와 규범 자체를 완전히 파괴하고 새 사회를 계획·건설하려는 것은 결코 현명한 일이 될 수 없다. 현대사회의 민주 정체와 시장경제 제도가 파괴된다면 얼마나 심한 정치적 압제·빈곤·기아가 우리를 엄습할 지 아무도 알 수 없다. 여기서는 미래에 대한 명확한 대안이 있고 없는 것은 문제가 되지 않는다. 상세한 대안이 있다 하더라도 그것대로 실현되리라는 보장은 어디에도 없다. 이 대안의 실현을 위한 혁명적 투쟁 과정이 어떤 비참한 결과를 빚을지도 모르는 일이다. 설사 현 체제의 억압과 부조리를 제거하고 분명한 내용을 가진 이상사회의 청사진을 실현한다는 목적을 표방하는 혁명세력이 기존 세력을 제압하는 데 성공한다 해도, 역사적으로 혁명적 투쟁을 통하여 승리한 권력이 대부분 그러했듯이, 예상되는 도전에 대응하여 자신의 권력을 계속 유지하기 위하여 억압적·폭력적으로 변신할 가능성 역시 충분하다.[84]

현대사회의 부조리에 직면하여 우리가 할 수 있는 최선의 길은 이 사회를 지탱하는 기본 질서·규범 및 제도를 근원적으로 부인하고 새 사회를 창설하는 것이 아니라, 이것을 그대로 둔 채 부조리를 제거할 수 있도록 개선·발전시키는 것, 즉 혁명이 아니라 개혁이다. 물론 아무리 개혁이 지속적으로 그리고 철저히 이루어진다고 해도 인간에게 만족과 행복을 보장해 줄 수 있는 완전한 제도·규범을 발전시킬 수는 없다. 개선된 질서 역시 부조리하다는 점에서는 전과 마찬가지이나 다만 그 정도가 덜할 뿐이다. 그러나 사회적 개혁의 궁극적 목적은 소극적으로 부조리, 특히 심각한 부조리를 제거함에 있는 것이지 적극적으로 인간의 행복을 보장함에 있는 것이 아니다. 행복이란 개인적·인간 내부적 문제이지, 사회적·외부적 문제가 아니다.[85]

물론 어떤 사회에는 체제 내지 권력관계상 완만한 개혁이 아니라 근본적 변혁에 의해서만 제거되어야 할 부조리, 예컨대 지배계층의 극단적 억압이나 과도한 착취가 존재하는 경우도 있다.[86] 그러나 이 부조리를 폭력적 혁명에 의해 제거하고 새로운 질서를 모색하는 경우에 있어서도 점진적이고 완만한 방식, 즉 이미 번영하고 있는 다른 사회의 제도와 규범을 당해 사회의 여건에 맞게 실험적으로 도입하고 적용하는 것이 급진적이고 혁명적 방법, 즉 인간의 이성으로 창조된 어떤 이상적 사회상을 현실 속에서 무리한 수단으로 급격히 실현하는 것보다 훨씬 더 현명한 방법이다. 후자가 모택동의 방식이었다면 전자가 바로 등소평의 방식이다. 하나가 인간의 지성·의지·노력으로 무엇이든 이룰 수 있다는 유교적 이성의 극단적 표현

---

[84] M. 베버 「직업으로서의 정치」 임영일·차명수·이상률 편역 『막스 베버 선집』 [도서출판 까치 1991] 254; Popper 71ff.

[85] 포퍼 218ff 참조.

[86] K. R. 포퍼(이명현 역) 『열린 사회와 그 적들 II. 헤겔과 마르크스』 [민음사 1990] 217-8.

이라면, 다른 하나는 현실을 고려하고 건전한 상식을 존중하는 (전통 중국인의 실생활에도 흔히 찾을 수 있는) 지혜의 발현이었다.

등소평은 모택동의 반자본주의적·순수평등주의적·자력갱생적 이상에 반대하여 자본주의적·개방적 현실 노선으로써 중국을 이끌었다. 이로써 중국적 사회주의는 평등을 지향하는 계획경제에서 탈피하여 풍요를 지향하는 시장경제로 그 정책적 기조가 서서히 변모되었다. 이러한 정책 기조 변경의 근본 목적은 말할 것도 없이 중국을 현대화한 강국으로 만들고 인민에게 물질적 풍요를 제공하고자 함이었다. 사실 문혁이 끝날 즈음까지 중국은 세계 최빈국 중 하나였다. 등소평은 "가난이 사회(공산)주의는 아니다"라는 과감한 구호 아래 이러한 변신을 꾀했다.

중국 공산주의 운동사에서 최종적 승리자는 반제국주의·반봉건주의적 혁명을 성취한 탁월한 전략가이자 카리스마적 영도자이며 재간있는 사상가이자 시인인 이상주의자 모택동이 아니라, 모든 보통 사람이 자신들의 세속적이고 "저급한" 목적, 즉 경제적 이익을 위하여 주어진 여건과 능력을 효율적으로 활용하면서 분주히 일할 수 있도록 동기를 부여하는 경제제도, 즉 자본주의적 시장경제 제도요 또한 그것을 수용한 등소평이다. 아래에서는 등소평에 의해 추구된 소위 개혁·개방 정치 과정에 대해 약술하고 그것이 가지는 보편사적 의미에 대하여 논의하도록 하자.

17 장

공산당의 적응 3: 개혁과 개방

1 절
등소평과 실용정신의 회복

모택동의 후계자 화국봉은 자본주의의 작은 기미라도 배척하면서 철저한 폐쇄정책을 취한 사인방과는 다른 지도자였다. 그는 문혁 기간 중 정체되었던 중국의 경제를 활성화하고 현대화하기 위한 야심찬 정책을 추진했다. 그러나 그는 문혁의 정당성과 계급투쟁의 필요성을 결코 부인하지 않았다.

화국봉은 모택동의 정치적 후계자였을 뿐 아니라, 사상적·정신적으로도 철저한 추종자였다. 그는 사인방을 비난했지만 그것은 그가 믿기에 이들이 모택동과 함께 과오를 저질렀기 때문이 아니라 모택동의 진정한 정신을 이탈했기 때문이었다. 그에게 있어서 사인방이란 궁극적으로는 모택동에게 도전했던 당권파와 다름이 없었다. 화국봉은 "모 주석이 결정한 것은 모두 단호히 지켜나가야 하며, 모 주석이 내린 지시는 모두 변함없이 지켜나가야 한다"라는 구호를 외치면서 모택동을 자신의 권위에 대한 근거로 삼았다. 그는 그의 새로운 경제정책을 모택동의 사상과 문혁의 이념이라는 틀 속에서 이해했다.

그러나 문혁의 허구성과 그것이 야기한 폐해를 깊이 인식하고 또 문혁 기간 중 핍박을 받았던 등소평과 당·군의 혁명 원로들은 화국봉의 이러한 태도를 납득할 수 없었다. 모택동 사상에 대한 화국봉의 절대적 추종에 대하여 등소평은 이 사상을 개개의 자구에만 얽매여서가 아니라 전 체계 속에서 이해할 것을 주장했다. 전 체계 속에서 등소평이 이해한 모택동 사상의 진수는 실사구시實事求是였다. 지난날 모택동이 마르크스주의의 교조적 추종에 반대하여 이 사상을 중국적 현실에 맞도록 변용시키면서 그 근거로 제시한 명제가 바로 실사구시였다. 등소평에게 있어서는 대약진 및 그 이후에 취해진 모택동의 모든 정책은 현실을 무시했다는 이유에서 진정한 의미의 모택동 사상에 위반되는 것이었다.[1]

등소평은 현실과 실천을 존중하고 그 속에서 진리를 구한다는 것을 모택동 사상의 핵심으로 확정함으로써 중국을 이 사상의 부정적 측면에서 해방시키고자 했다. 등소평은 재복권된 후 문혁중 반란파의 공격으로 쫓겨난 사람들과 문혁 이전의 반우파 투쟁에서 우파분자로 낙인찍힌 인사들을 구제함으로써, 중국이 처한 상황에서 계급투쟁과 계속혁명은 더이상 당이 추구하는 정책이 될 수 없음을 인민에게 확인시켜 주었다. 그는 또 중국의 현대화를 위해서는 과학기술과 교육이 중요함을 강조하면서 이것을 진흥할 방책을 제시하고 실천에 옮겼다. 그것은 문혁 기간 중에 만연했던 지식인·전문가에 대한 멸시 풍조를 불식하고자 하는 노력의 표현이기도 했다.

1978년 말엽의 제11차 3중전회에서는 계급투쟁과 계속혁명의 중요성이 부인되고 경제 건설과 현대화에 중점을 두어야 한다는 정책의 기본 방침이 의결되었다. 이러한 방침은 이미 1956년의 제8차 전국 대표회의에서도 천명된 바 있지만, 20년 세월 동안 모택동에 의해 억압받다가 이제 다시 부상하게 된 것이다. 1981년 6월에는 제11차 6중전회가 열렸는데 여기서는 소위 역사 결의歷史決義가 채택되어 문혁의 정당성이 완전히 부정되고 모택동은 문혁의 궁극적 책임자로 비난되었다. 그러나 이로써 모택동 전체의 사상, 즉 중국적 공산주의 자체가 방기된 것은 아니었다. 모택동은 여전히 위대한 마르크스주의자로 찬양되었고, 공적이 과오보다 크다고 평가되었다[2] (이러한 점은 현재에 있어서도 마찬가지이다).

---

[1] 고지마 신지 등 238.

[2] 안도 마사시 등 161-2.

2 절

시장경제적 개혁과 그 성과

1) 개혁과 개방의 성공

제11차 3중전회 이후 개혁과 개방이 과감하게 이루어졌다. 개혁의 주내용은 경제적인 것으로서, 우선 인구의 80%가 종사하는 농업에서 시작하여 공업에 이르기까지 계획경제적 요소를 완화하고 시장경제적 요소를 수용함으로써 생산을 활력화하는 데 중점을 두었다. 이로써 경제 주체인 개인·집단·기업에게 사유권과 경제활동의 자주권을 상당 부분 보장하는 조치가 이루어졌다.

예컨대 농업의 경우, 사회주의 내지 공산주의적 생산을 기본 방침으로 하는 인민공사적 경영 대신 농민들에게 자본주의적 농업경영 형태에 근접한 생산활동(예컨대 각호의 생산책임제, 전문경영, 다각경영)을 허용하고 장려했으며, 또 이에 부응하여 농산물 유통체제를 개혁했다. 이러한 정책 변화로 식량을 위시한 농산물 생산은 크게 증대되었다. 대약진운동 이래 계속 식량을 수입하던 중국은 개혁정책 수년 후에 수출국으로 변모했다.[3] 농업의 자본주의화로 인해 부의 축적에 대한 사회적 인식도 변하여 자신의 노력과 기술로써 부유하게 된 농민은 이제 더이상 부르주아적 인물로 매도되는 것이 아니라 새로운 농민의 이상으로 찬양받게 되었다. 농촌에서의 성공적 개혁은 도시로도 확장되어 공업 또한 성공적으로 활성화되었다.[4]

국내적 개혁과 아울러 등소평은 대외 개방정책을 추구했다. 자력갱생을 기본 노선으로 하여 외국의 투자와 차관을 철저히 거부한 1960년 이래의 대외 경제정책에 대한 근본적 전환이 이루어진 것이다. 이미 주은래 재임 시에도 중국은 일본에 차관을 요청한 바 있는데 1980년에는 세계은행과 IMF에도 가입하여 본격적으로 대외 경제교류를 시작했다.

---

[3] 신상초 390.　　　　　　　　　[4] 같은 책 401.

대외 개방정책은 선진국가와 화교들의 자본·기술을 도입하고 시장경제적 기업경영 기법을 습득하는 데 그 목적이 있었다. 이 목적을 원활히 달성하기 위하여 경제 특별구와 경제기술 개발구가 설치되었다. 이 지역에서는 다른 지역에서와는 달리 재정·대외무역·외자도입 면에 있어서 광범위한 자유재량이 허용되고 있다. 이 지역은 외자와 기술을 도입하는 창구로서의 역할뿐 아니라 수출기지로서 그리고 다른 지역에 대한 공업화·현대화 모델로서의 기능을 수행하게 되었다. 개방화 정책 또한 성공적이어서 특별구와 기술 개발구에서는 급속한 경제 성장이 이루어졌다. 등소평이 추구한 시장경제화 및 개방화정책은 비록 때에 따라 정지 내지 후퇴는 있었지만 오늘날까지 꾸준히 지속·확대되고 있다.

1978년 제11차 3중전회와 1982년 제12차 전국 대표회의에서는 아직도 계획경제가 주主요 시장경제가 종從인 것을 원칙으로 했지만, 1984년의 제12차 3중전회 이래 이 원칙은 서서히 역전되어 이제는 시장경제에 거의 근접하고 있는 지경에 이르렀다. 이에 따라 사회주의적 공유제의 원칙 역시 주류를 이루기는 하나 차츰 완화되어 예전보다는 좀더 다양한 소유양식이 도입되었는데, 현금에는 공산당과 헌법도 사유권을 인정하고 있다.

이러한 국내적 변화와 더불어 개방의 범위도 역시 확대되었다. 예컨대 1985년 이후에는 14개의 연해도시에 한정되었던 경제기술 개발구가 주강·양자강·민강 하류의 삼각주 지역과 요동반도·산동반도 지역까지 확장되었고, 1992년에는 외자도입을 더욱 용이하게 하는 조치(예컨대 외국계 기업 제품의 국내시장 판매 허용)가 이루어졌으며, 급기야 중국은 1999년 11월 WTO에 가입하게 되었다.

2) 사회주의 초급 단계론과 실사구시적 개혁철학

1978년 이후 중국에서 사회주의는 계획경제요 자본주의는 시장경제라는 등식이 깨지기 시작했다. 등소평은 그때까지 사회주의 국가가 중앙계획에 의거하여 경제를 운용한다는 고정된 틀에서 벗어나 "중국 특색의 사회주의적 시장경제"라는 큰 틀을 제시했다. 이것은 중국이 자본주의 국가와는 달리 소위 부르주아적 착취가 없고, 모든 사람이 경제적 발전의 과실을 균등히 누린다는 사회주의적 이상을 최고의 목표로 견지하면서도 현실적으로는 시장경제를 도입하여 생산성을 향상시켜야 한다는 당위성으로부터 도출된 사회경제적 체제이다. 중국의 사회주의에서 시장경제의 도입을 정당화하는 것은 무엇보다도 중국이 비록 사회주의 국가를 건설했다고는 하지만 경제적으로는 극히 낙후되어 있다는 인식이다.

이러한 현실 인식은 "사회주의 초급 단계론"이라는 명제로 이론화되었다. 이 명제로 주장하는 바는 다음과 같다. 중국이 현재 처한 역사적 상황은 중국 특유의 사회주의가 아직도 틀이 제대로 잡히지 못한 단계다. 여기서는 봉건적 잔재와 자본주의적 부패한 사상과 행동양식이 여전히 영향력을 행사하고 있다. 그러나 이러한 문제점보다 훨씬 심각하고 중요한 문제는 인민의 물질적 수요와 뒤떨어진 생산력 사이의 모순이다. 이러한 모순은 중국이 고도의 생산력을 그 특색으로 하는 자본주의라는 역사적 발전 단계를 거의 거치지 않고 곧바로 사회주의로 진입했기 때문이다. 요컨대 중국의 사회주의는 아직도 그 시초적 단계에서 벗어나지 못하고 있다. 생산력을 충분히 발전시켜 이 심각한 모순을 극복하지 않고서는 본격적 사회주의를 건설하고 나아가서 최고 단계의 사회주의인 공산주의를 실현할 수 없다. 왜냐하면 공산주의란 마르크스가 주장하는 바 "각자의 능력에 따라 일하고 필요에 따라 분배받는" 사회체제인데 생산력의 발전 없이는 분배할 재화를 조달할 수 없기 때문이다. 따라서 생산력의 발전이야말로 현금의 가장 중요한 문제이며 여기에 비한다면 사회주의 혁명 과정에서 비교적 성공적으로 제거한 봉건적 잔재와 자본주의적 요소는 부차적인 것일 수밖에 없다.

특정 사회가 가지고 있는 생산력이란 뛰어넘을 수 없는 객관적 조건이다. 그것을 주관적 희망이나 이상이 대신할 수는 없는 것이다. 그렇다면 무엇이 사회적 생산력의 발전을 가능하게 하는 것일까? 대약진운동 및 인민공사 그리고 문혁이라는 극좌적 노선을 통해 경제적으로 엄청난 피해를 입은 중국에 있어서 대답은 비교적 명확할 수밖에 없다.[5] 그것은 그간 그토록 배척했던 시장경제적 요소를 도입하는 것이다. 이것은 사회주의가 초급 단계에 머물고 있는 한 부득이한 조치이다. 그렇다면 이러한 초급 단계를 극복하는 데 얼마간의 세월이 요구될 것인가? 등소평을 위시한 개혁 주도 인사들은 경제 발전의 3단계를 제시했는데, 처음 10년인 제1단계는 국민생산을 1980년보다 두 배 증가시켜 인민의 기본적 의식 문제를 해결하고, 2단계는 20세기 말까지 다시 두 배를 증가시켜 인민의 생활을 풍족하게 한 다음, 제3단계가 끝나는 21세기 중엽까지는 중국의 경제력을 중등 선진국 수준으로 발전시킨다는 것이다.[6]

이러한 전망을 가지고 중국은 어떠한 선례도 찾을 수 없는 가운데서 사회주의적 시장경제를 운용해야 하는데, 여기서 요구되는 최고의 행동지침은 실천하는 가운데서 배우고 모색하는 방법, 즉 실사구시이다. 중요한 것은 과연 새로 도입하는 시장경제적 제도가 경제적 낙후를 극복하는 데 기여할 수 있는가의 문제일 뿐이다. 시장경제가 부르주아 계급이 지배하는 국가의 제도라고 해서 무조건 배격할 필요는 없다. 등소평은 말한다.[7]

> 개혁·개방이 걸음마를 내딛지도 못하고, 감히 내밀지도 못하는 근본 원인은 자본주의의 것이 많아져 자본주의의 길을 걷게 되지는 않을까 두려워하기 때문일 것입니다. … 그러나 우리가 판단할 때는 그 판단 기준을 사회주의 사회의 생산력 발전에 이로운가의 여부와 사회주의 국가의 전체적인 국력을 증강시키는 데 이로운가의 여부, 그리고 인민들의 생활 수준 제고에 이로운가의 여부를 보아야 할 것입니다. … 증권시장이나 주식시장이 도대체 좋은 것인지 나쁜 것인지, 위험이 있는지 없는지, 자본주의에만 있는 것인지 사회주의에도 쓸 수 있는지 등을 관찰해 보는 것은 용인하겠지만, 무엇보다도 계속 시험해 보아야 합니다. 관찰해서 맞다 싶으면 1~2년

---

[5] 김승일 역 『등소평 문선』 [범우사 1994] 하권 65 98-9 112 등 참조.

[6] 강춘화 184.　　　　　　　　　　　　　[7] 『등소평 문선』 하권 248-9.

해보고, 확실히 옳으면 활짝 열어젖히고, 틀리면 시정하거나 닫아버리면 되는 것입니다. … 그런데 도대체 무엇을 두려워합니까? 우리는 이러한 태도만 견지하면 되는 것입니다. 이렇게만 하면 큰 오류를 범하지는 않을 것입니다. …

개혁 및 개방 정책의 결과로 중국 인민이 모택동 시절의 곤궁한 생활에서 벗어나 어느 정도 풍요한 생활을 할 수 있게 된 것이 명백해진 지금, 등소평을 위시한 개혁파들의 사회주의 초급 단계론은 정확한 현실 인식이요 또 사회주의와 시장경제의 결합 역시 적절한 조치였다고 판정할 수 있다.

등소평의 개혁정책과 개혁정신은 1992년 제14차 전국 대표회의 이후 마르크스-레닌주의 및 모택동 사상과 더불어 공산주의의 기본 강령이 되었고 현금에도 역시 등소평의 후계자인 중국 지도자들의 행동원칙이 되고 있다. 이들은 21세기에 들어서고 있는 현 시점에서 그간 중국의 경제적 성장이 이미 등소평이 예측한 대로 순조롭게 이루어진 것을 근거로, 그를 교조적 관점에 얽매이지 않고 마르크스주의를 중국적 현실과 역사적 상황에 맞도록 발전시킨 위대한 마르크스주의자로, 그리고 그에 의해 주도된 사회주의와 시장경제의 결합을 위대한 창조라고 주장할 수 있게 되었다.[8] 그들은 이제 등소평이 주창한 정책과 원칙에 근거하여 중국 민족의 중흥을 위해 전진하고 있는 것이다.

중국의 지도자들이 사회주의의 초급 단계를 극복하기 위해서 앞으로도 반세기라는 긴 기간을 잡은 것은 인민의 생활 수준이 아직도 보잘것없기 때문이다. 지난 20여 년간의 개혁이 성공적이었지만 출발 당시 세계 최빈국이었던 경제적 상황을 근본적으로 바꿀 수는 없었다. 그러나 제국주의의 침략으로 만신창이가 된 상태에서 출발하여 외세를 물리치면서 통일국가를

---

[8] 강택민(江澤民) 「중국 공산당 제15차 전국 대표대회 보고」. 여기 인용은 유길(劉吉) · 허명(許明) 등(김태만 · 원동욱 · 강승호 역) 『장쩌민과 신중국 건설의 청사진』 [동방미디어 1997] 471.

이룩하고, 20년 가까이 지속된 모택동의 정책상 오류에서 벗어나 근대화로 도약할 수 있는 발판을 마련한 지금의 중국사회에는 자신감과 희망과 활력이 넘치고 있다.[9] 그러나 누구나 인정하는 바이지만 중국이 시장경제화·개방화하는 과정은 지금까지도 순탄하지 않았을 뿐 아니라 앞으로도 상당한 난관이 예상된다. 이제 이 문제에 대하여 언급하기로 하자.

3 절

개혁과 여러 난관

1978년 제11차 3중전회를 전후하여 중국에서는 해빙의 분위기가 휩쓸고 있었다. 사인방이 체포되자 억압적 통치는 종식을 고하는 것처럼 보였고, 과거에 우익분자·주자파·당권파 등으로 몰려 박해받았던 사람에 대한 명예회복 및 복권 조치와 반혁명으로 단죄되었던 1976년 4월의 천안문 시위 사건에 대한 정당성 인정으로 자유화의 열기는 고조되었다. 3중전회는 경제적 개혁뿐만 아니라 정치적 개혁에 있어서도 전기였다. 여기서는 사회적 모순을 해결함에 있어 문혁시대와 같은 계급투쟁이라는 폭력적 수단이 아니라 헌법과 법률에 따를 것이 강조되었고, 또한 법제와 민주적 제도의 정비 내지 도입의 필요성과 인권에 대한 관심 역시 환기되었다.[10] 정치의 방향과 정치적 제도가 변화했거나 변화할 조짐이 보이자 사회의 전반적 분위기는 모택동 시대와 전혀 달라졌다. 그때까지 억압되었던 희망과 욕구는 문학·예술·언론·학술을 통하여 광범위하게 표출되었고, 시위와 대중운동 역시 활발하게 전개되었다. 이러한 가운데서 자유와 민주를 요구하는 그리고 공산당 독재를 비판하는 목소리가 터져 나왔고, 그것은 특히 지식인과 학생들 사이에서 점점 광범위한 호응을 얻기에 이르렀다. 아래로부터

---

[9] 송강(宋强) 등(감석진 역) 『No라고 말할 수 있는 중국인』 [동방미디어, 1997] 참조.

[10] 히메다 미쓰요시 253 256(히메다 미쓰요시 집필 부분) 참조.

민주화를 요구하는 이 무렵의 민중운동을 주도하는 인물들 중에서 국내외적으로 가장 이목을 끈 인물은 위경생魏京生이었다. 그는 등소평이 지향하는 경제적·기술적 현대화뿐만 아니라 민주화라는 현대화도 이루어져야 한다는 것을 강조하면서 후자야 말로 전자의 전제가 된다고 주장했다.[11]

이러한 민주화 운동은 분명 문혁기에 당 지도부를 공격하던 권력투쟁적 대중운동과는 달랐다. 그러나 문혁기의 난동으로 사회적 혼란과 피해를 체험한 등소평과 당의 원로들은 사태를 심각하게 받아들였다. 사실 심각한 면도 없지 않았다. 특히 민주화의 요구(예컨대 삼권분립, 진정한 선거제도의 확립 등)는 바로 공산독재라는 대명제에 대한 도전이었다. 등소평과 당원로는 민주화·자유화를 표방하는 운동에 단호한 조치를 취했다. 위경생은 국가 기밀을 누설했다는 이유로 1979년 3월 체포되어 15년의 형을 선고받았다.

이 무렵 등소평은

1. 사회주의 노선 견지
2. 프롤레타리아 독재 견지
3. 공산당 지도 견지
4. 마르크스-레닌주의 및 모택동 사상 견지

를 중국사회의 기본틀로 제시하면서 이 4원칙에서 벗어나는 것은 시정되어야 한다고 주장했다. 이로써 소위 "북경의 봄"은 종식되고 말았다. 이 원칙은 등소평이 죽은 후 오늘날까지도 공산당 지도자들에 의해 신봉되고 있다. 공산당의 독재가 불변하는 기본 노선인 한, 당의 지도자들이 어떠한 도전적 정치세력, 특히 부르주아 계급이나 자유주의 정당의 대두를 극도로 경계하는 한, 중국의 개혁과 개방은 정치적인 것이 될 수 없고 주로 경제적인 것에 국한될 수밖에 없다.

그러나 등소평이 주도한 경제적 변혁 역시 아무런 제동없이 진행된 것은

---

[11] 스펜스 2권 255ff 참조.

아니었다. 공산주의 원래의 이념에 충실한 보수파 원로들, 예컨대 모택동 시대에 계획경제의 총책임자였던 진운과 이선념·팽진·양상곤楊尙昆 같은 사람들은 등소평·만리·호요방·조자양의 정책을 비판하면서 개혁의 범위와 속도를 제한할 것을 주장했다. 이들은 모택동의 극좌주의 노선에 반대하여 실용주의적 노선을 추구했던 사람들이지만 개혁파의 급속한 시경경제의 도입으로 활성화된 자본주의적 행태가 사회주의를 붕괴시킬 것을 우려하고 있었다.

이들의 우려와 주장에 근거를 제공한 것은 개혁정책이 빚은 많은 부작용이었다. 시장경제의 도입은 필연적으로 빈부 격차를 초래하여 가난한 사람들로 하여금 상대적인 열등감을 느끼도록 만들었다. 대부분의 중국인에게 증오의 대상이었던 인민공사 시절에는 불평등으로 인한 사회적 문제는 존재하지 않았다. 국유 기업에서 흑자를 내든 적자를 내든 안정된 일자리를 지킬 수 있었던 사람들은 경쟁체제의 도입과 경영의 합리화로 실직의 위험 속에서 살게 되었다. 시장경제적 가격체제의 도입 역시 부작용 없이 이루어질 수 없었다. 30년 이상 인위적으로 결정되어 온 가격체제를 일시에 완전히 자유화할 수 없는 이상 이중가격 체제는 불가피했고, 이것은 특권층과 공무원의 부정, 치부와 투기·매점 행위에 대한 빌미를 제공했다.[12] 자본주의적 기업의 성장과 대외 개방정책 역시 공직자에게 수많은 부정의 소지를 제공했고, 또 중국에서 활동중인 외국 기업이 직접 범법행위를 하는 경우 역시 발생했다. 개혁·개방 이후 당·정·군의 고위 공직자와 관료의 부패 수준은 심각한 수준에 이르렀다. 뿐만 아니라 부를 추구하면서 벌이는 자유 경쟁은 농촌 공동체를 해체하여 서민들, 특히 청소년들이 범법행위를 일으키는 원인이 되었다. 개혁과 개방이 초래한 지역간의 격차 역시 대동大同을 지향하는 사람들에게는 심각한 문제로 인식되었다. 상대적으로 앞선 지역, 즉 원래부터 상공업이 발전해 있는 데다가 경제 특별구 내지 기술 개발구로

---

[12] 황소당(黃昭當)(양홍모 역)『혼미 속의 중국』[교문사 1991] 84ff 참조.

지정됨으로써 비약적인 성장을 이룩한 동북의 해안 지역과 그밖의 후진 지역 사이에는 갈등과 소외감이 발생하지 않을 수 없고,[13] 여기에는 후술하는 바와 같이 중국이 분열할 소지 또한 잠재하고 있다. 이상은 개혁과 개방 정책이 성공한 경우에도 수반하는 부작용이지만 사안에 따라서는 이 정책 자체가 실패하거나 지지부진한 경우도 적지 않았다. 개혁이 상당히 진행되고서도 국영 기업 중에는 상당수가 여전히 적자에서 벗어나지 못하는가 하면, 민간에 경영권을 넘긴 후에도 정부 당국자가 전과 같은 영향력을 행사함으로써 기업의 자주적 발전을 방해하는 것이 그러한 예이다.[14]

여기서 우리는 보수주의적 당 원로와 사회주의적 생활에 익숙해져 왔던 수많은 인민의 불만을 충분히 이해할 수 있다. 다른 한편 많은 지식인과 학생들은 이러한 부조리가 개혁이 철저하게 이루어지지 못하고 민주화가 허용되지 않은 것에서 기인한다고 믿었다. 그러나 보수파의 눈에는 민주화 운동 역시 분별없는 개혁정책의 결과였다. 보수적 당 원로로서는 개혁파를 공격함에 나름대로 충분한 근거를 가지고 있었다.

개혁파는 경제를 발전시킨다는 힘든 과제 외에 보수파의 공격 역시 감당해야만 했다. 양자가 극단적으로 충돌한다면 개혁의 전제인 안정을 파괴할 것이었다. 여기서 중요한 것은 최고 실권자 등소평의 지도력이었다. 그는 한편으로는 개혁을 주도하면서 다른 한편으로는 상황에 따라 보수파의 입장을 적절히 수용함으로써 안정을 유지하는 데 힘썼다.[15] 물론 그의 궁극적 목적은 개혁에 있었고, 이 목적을 달성하기 위해서 보수파의 세력을 서서히 약화시키면서(예컨대 연령상 이유로 보수 원로의 퇴진 유도) 개혁적 인사를 등용하여 당·정을 이끌도록 했다.

1979년, 북경의 봄이 탄압으로 종식되었지만 민주화 운동의 소지는 불식되지 않았다. 공산당은 이미 문혁·임표 사건·사인방의 횡포 그리고 과거 박해받은 인사들의 복권 조치 등을 거치면서 건국초의 신뢰를 크게 상

---

[13] 정죽원 192 참조.　　　　　[14] 같은 책 23ff 참조.
[15] 같은 책 63ff 74ff 78ff 110; 솔즈베리 599ff 참조.

실했고, 이제는 공산당의 이념 역시 개혁과 개방으로 흔들리게 되었다. 당·정 관료의 부정부패가 심각한 수준에 이르고, 개혁의 초기 성과가 인플레이션에 의해 잠식되고 있었던 1986년 말과 1987년 초에는 안휘성安徽省의 성도 합비合肥에서 출발한 민주화 학생운동이 전국적으로 확산되었다. 여기에는 당원들도 가세했는데, 유명한 천체물리학자 방려지方勵之·작가 유빈안劉賓雁이 그러한 사람들이었다.

등소평은 학생들의 민주화 요구를 탄압하고 이에 동조한 당원들을 축출했다. 이 사건을 빌미로 보수파가 개혁 자체를 비판하자 등소평은 1987년 1월 자신의 후원하에 개혁정책을 추진해 온 당 서기 호요방을 문책 해임함으로써 보수파의 항의를 무마했다. 등소평에 의해 호요방의 후임으로 당 서기직에 보임된 인물은 조자양이었다. 조자양 역시 시장경제의 효율성을 신봉하는 개혁파였다. 보수파의 반대와 심각한 인플레이션도 무릅쓰고 등소평과 조자양은 개혁을 계속 추진했다. 그들은 개혁이 마르크스주의와 모택동 사상에서 이탈하는 것이라는 보수파의 비난을 피하기 위하여 앞서 언급한 바 있는 사회주의 초급 단계론을 강력히 제시하면서, 시장경제적 요소를 도입하여 생산력을 강화해야 할 필요성을 역설했다. 그러나 보수파는 조자양이 제시한 구체적 정책의 상당 부분을 반대하여 무산시켰고, 개혁후 경기 과열로 인한 물가상승의 책임 역시 그에게로 돌렸다.[16]

1989년에는 중국 전역, 특히 북경의 천안문 광장에서 민주화를 요구하는 대규모 학생 시위가 전개되었다. 이 무렵 중국 학생들은 개방 이후 해외여행과 유학을 통하여, 그리고 외국인의 중국 방문과 대중매체를 통하여 서구 선진사회와 대만 및 홍콩의 발전상을 자세히 알게 되었고, 특히 소련과 동구에서 진행된 민주주의적 개혁에 깊은 자극을 받게 되었다. 이들은 대외적 정세와 국내적 상황, 즉 정치적 개혁의 부진, 만연한 부정부패, 물

---

[16] 물가상승에 대해서는 원칙적으로 보수파 역시 상당 부분 책임을 져야만 했다. 예컨대 보수파는 조자양이 제기한 가격개혁(시장가격화)을 반대함으로써 원자재가격이 인위적으로 턱없이 낮아지게 했고, 이에 따라 원자재가 대량 수출되어 국내에서는 원자재 부족으로 인한 제품가격 상승이 불가피했다. 정죽원 24-5 32 160 참조.

가상승, 열악한 학업 여건 등을 비교하면서 불만을 품지 않을 수 없었다. 이들의 불만은 좀더 근본적으로는 40년에 걸친 공산정권에 대한 불만이었는데,[17] 이것이 그해 4월, 이미 실각한 개혁파 인사 호요방의 갑작스런 죽음을 계기로 표출된 것이었다. 천안문에서는 4월 중순 이래 집회와 시위 그리고 단식투쟁이 계속되었고, 여기에 시민들과 전국 각지에서 올라온 실직 노동자들도 가세했다. 학생들의 구호 속에는 등소평의 사임도 포함되어 있었다. 개혁파로서는 학생들의 시위를 보수파를 견제하는 방향, 즉 권력투쟁으로 이용할 의사도 있었을 터인데, 그러한 생각은 좀더 광범위한 개혁을 원하면서도 세력 기반이 없어 보수파의 제약을 받던 조자양에게는 특히 강했을 것이다. 그러나 공산주의적 이념에 좀더 충실한 등소평은 달랐다. 보수파는 물론이지만 그 역시 광범위한 민주화를 요구하는 학생들의 시위활동을 용납할 수 없었다.

등소평과 보수파는 사회의 안정이 무엇보다도 중요하다는 것, 공산당 일당독재가 서구식 민주주의로 대체될 수 없다는 것, 그리고 다원화는 혼란을 유발한다는 것 등에 공감하고 있었다. 등소평은 보수파와 군부의 지지를 얻어 시위대를 무자비하게 탄압했다. 학생들과 끝내 대화할 것을 주장한 조자양은 당 서기직에서 해임되었다.

4 절
계속되는 개혁과 개혁에 대한 전망

천안문 사건으로 개혁파는 큰 타격을 입었다. 다른 한편 이 사건은 중국뿐 아니라 전세계에도 큰 파문을 일으켰다. 미국을 비롯한 서방국가들은 경제적 제재로써 이에 대응했고 이로써 유발된 중국의 피해 역시 상당했다. 이

---

[17] 정죽원 5 33ff 97ff 참조.

사건 이후 개혁의 속도는 둔화될 수밖에 없었고, 심지어 보수주의자들은 계획경제를 복귀시키려는 움직임까지 보였다.

그러나 등소평의 개혁 의지는 결코 꺾이지 않았다. 그가 반대한 것은 정치적·사상적·문화적·교육적인 서구화였지 경제적 현대화는 아니었다. 이러한 상황에서 당·정이 적절한 거시적 조절정책을 실행한 결과 수년 이래 있어온 경기 과열과 인플레이션이 1989년 말부터 진정 국면에 들어선 것은 경제적 개혁에 유리한 조건이 될 수 있었다. 등소평은 20세기 말까지 국민 총생산을 네 배로 달성한다는 원래의 목표를 달성하기 위해 둔화된 경제 발전 속도를 크게 하고자 했다. 여기서 중요한 것은 등소평을 추종하여 개혁을 이끌 차세대 지도자의 등용 문제였다. 조자양의 후임으로 등소평이 선택한 인물은 당시 공산당 상해 제1서기였던 강택민江澤民이었다. 그는 이미 천안문 시위 당시 개혁파에게 강경한 입장을 표명함으로써 보수적 당 원로들의 호감을 산 바가 있었다. 그러나 강택민은 등소평의 개혁적 성향을 지지하는 인물이었다. 등소평은 수년 이래 개혁·개방을 추진할 젊은 세대의 중요성을 말해 오고 있었고, 나이로 보아서도 1904년생인 그가 은퇴할 시기는 이미 지난 터이므로 강택민은 그가 후계자로 선택할 수 있는 마지막 인물이었다.

문제는 강택민이 등소평의 은퇴 내지 사거 후에도 과연 등처럼 당·군·정의 실권을 장악할 수 있는가의 여부에 있었다. 강택민이 선택된 1989년 당시 많은 사람들은 모택동이 유소기와 임표를 버리고 마지막으로 선택한 화국봉이 모택동 사후 곧 실각한 것과 마찬가지로 호요방과 조자양 다음으로 등장한 강택민 역시 화국봉과 같은 길을 걸을 것으로 전망하고 있었다. 그러나 등소평은 모택동과는 달랐다. 모택동이 화국봉을 후계자로 지명한 것은 와병중에서였지만, 1989년 당시 등소평은 여전히 건강을 유지하면서 개혁을 주도하고 있었다. 그가 개혁의 흐름을 돌이킬 수 없는 것으로 만드는 한에 있어서 그를 승계하는 개혁파의 권력 기반 역시 확고해질 것이었다. 등소평은 강택민에게 권력을 실어주기 위해서 1989년 11월 제13차 5중 전회에서 그에게 당 중앙 군사위원회 주석의 자리를 양도했다. 이 자리는 자신이 그간 줄곧 보유함으로써 실권자 위치를 확보할 수 있었던 군사의 최고위직이다. 그는 또 상해 시장으로 재임하면서 꾸준히 개혁정책을 지지하고 추진해 온 유능한 기술 관료 주용기朱鎔基를 발탁하여, 한편으로는 개혁을 추진하고 다른 한편으로는 강택민의 지위를 공고히하는 역할을 맡겼다.[18]

이러한 가운데 등소평은 계속적으로 당·정 지도자들에게 개혁의 필요성을 역설하고 이들을 격려했는데, 1992년 초 남방의 여러 주요 도시를 방문한 것을 계기로 경제 발전과 개혁을 가속·추진할 것을 촉구한 것은 그 중요한 예이다.[19]

등소평에 의해 주도된 개혁정책은 더욱더 많은 지지자를 획득하게 되었고, 이미 언급한 바와 같이 그해 가을에 개최된 제14차 전국 대표회의에서는 마르크스-레닌주의, 모택동 사상과 함께 당의 기본적 지도 노선이 되었다. 이에 따라 시장경제는 중국적 사회주의에 이질적인 것이기는커녕 가장 중요한 구성 부분이 되었다.

개혁의 줄기찬 흐름은 1997년 2월 등소평이 죽은 다음에도 계속 강화되어, 1997년 제15차 전국 대표회의는 "21세기를 향해 등소평 이론의 위대한 기치를 높이 들고 중국 특색의 사회주의 건설 위업을 전면 추진하자"를 주제로 삼았다. 등소평의 후계자이자 개혁파의 최고 지도자인 강택민은 당초의 우려와는 달리 등 사후에 중국의 당·군·정의 실권자로서 그 지위를 공고히하는 데 성공했고, 등의 지원으로 당·정의 지도자로 급부상한 주용기 역시 경제정책과 개혁을 성공리에 추진한 것으로 평가받고 있다.[20]

1999년 이 두 사람이 주도하여 성사된 중국의 WTO 가입은 이들의 개혁 의지를 내외에 과시한 것이었다. 이 과정에서 보수적 당 원로의 반대가 계속되었지만 그들은 세월이 흐름에 따라 거의 은퇴하거나 사망했고, 이들보

---

[18] 김승환 『내 관도 준비되어 있다』 [다인 미디어 2000] 113ff.

[19] 『등소평 문선』 하권 239ff 245ff 참조.

[20] C. 헨더슨(이기문 역) 『벼랑 끝에 선 중국』 [FKI 미디어 1999] 198ff; 김승환 118 133 141ff 150ff 155ff 참조.

다 젊은 보수파들도 대내적으로는 개혁의 성과가 가시화되고 대외적으로는 소련 및 동구 국가들이 사회주의를 버리고 시장경제를 도입하는 상황에 직면해서 그들의 반대를 누그러뜨리거나 개혁에 찬성하는 방향으로 태도를 점점 바꾸었다. 다른 한편 경제 발전으로 개혁의 성과를 피부로 느끼게 된 대부분의 중국인들이 현재의 정책 노선을 지지하게 되면서 정치적 자유와 서구적 민주주의의 실현을 위한 목소리는 상대적으로 약화되었다. 이러한 모든 정황으로 보아 개혁은 이제 중국에서 돌이킬 수 없는 흐름이 되었다.

그러나 지금까지의 서술에서 쉽게 짐작할 수 있는 것처럼 이 흐름에는 여러 가지 문제점이 있다. 여전히 시장경제를 상당히 내지 극도로 제한하는 사회주의를 이상으로 여기는 지도자들도 있고 과거의 평균주의를 그리워하는 민중들도 있다. 이들과는 반대로 중국이 정치적·경제적·제도적으로 완전히 서구화할 것을 원하면서 현재 추진하는 개혁이 범위와 속도에서 미흡하다고 불만을 느끼는 지식인·학생들도 있다. 이들이 개혁파에 대한 도전세력으로 되지 않도록 하는 길은 말할 것도 없이 개혁에 성공하는 것이다.[21]

사실 현재 지도부가 추진하고 있는 개혁 자체에도 많은 난점이 있다. 여전히 경제 전반에 관리자로서의 지위를 유지하려는 공산당의 노선은 차치하고라도, 아직도 시장경제 내지 자본주의 정신에 길들여지지 않은 국유 기업의 비효율성과 만성적 적자, 금융권의 비효율성, 구조조정에 필연적으로 수반되는 실업 문제와 실업자가 유발하는 사회적 긴장, 심각한 수준의 부정부패, 왜곡된 가격체계로 인한 자원 특히 에너지 자원의 비효율적 배분, 사회 간접자본(도로·항만·수송·통신 체계)의 부족, 환경파괴 등이 이러한 난점의 주내용이다. 그중 상당 부분은 정부 주도의 경제가 민간 주도 내지 시장경제로 이행하는 과정에서, 혹은 불완전한 이행 때문에 생겨난 진통이기도 하다.[22] 아직도 정부 내지 관리의 상당한 경제적 개입이 법

---

[21] 헨더슨 291 308 참조.

[22] 헨더슨, 특히 77ff 211ff 249ff; 하세가와 게이따로(長谷川慶太郎)(김판순 역) 『방황하는 중국』[춘추각 1988] 40ff 참조.

적으로나 정서적으로 인정된다는 것, 아직도 시장경제적 기업활동을 보장하는 법적·제도적·정서적 기반이 부족하다는 것이 중국의 국내적 형편이라면, 이러한 상황이 시장경제적 환경에서 활동하고 있는 선진 외국 기업과 외국 자본의 중국 진출을 가로막는 요인이요, 나아가서 중국 경제의 성장에 대한 걸림돌이 됨은 물론이다. 이러한 모든 난관을 하나하나 극복해 나가는 것이 현재 개혁파들의 당면 과제이다. 만약 개혁파들의 정책이 적절하지 못하여 중국이 경제적으로 곤란을 겪는 사태가 온다고 해도 대다수 사람들은 개혁 자체의 중단을 원하지는 않을 것이다. 만약 중국이 적절하지 못한 한 가지 내지 몇 가지의 정책 때문에 개혁 자체를 포기하고 개혁 전의 상황으로 돌아간다면, 그것은 실로 역사의 시계바늘을 되돌리는 과오를 범하는 일이 될 것이다. 그러나 어떠한 이유에서든지 개혁의 과정이 순조롭지 못하고 경제적 성과가 보잘것없이 된다면 후진 지역의 주민들은 쉽게 개혁 자체의 정당성에 회의를 가지게 될 것이고, 이로써 개혁을 계속 추진하고자 하는 선진 지역과 충돌하여 분리될 가능성 역시 상당히 농후하다.

그러나 필자는 현 상황으로 보아 개혁이 성공하고 중국인이 어느 정도의 경제적 풍요를 향유할 가능성이 더 크다고 생각하는데, 중국의 분열 가능성은 개혁이 성공하는 경우에도 배제할 수 없다. 아니 어쩌면 이러한 가능성은 개혁이 성공할 경우에 더욱 커질 것이라는 것이 필자의 견해이다. 성공적 개혁은 시장경제적 원칙과 정신 그리고 그 제도를 수용하지 않고서는 기대할 수 없고, 또한 그것은 필연적으로 개인간의 소득 격차뿐 아니라 지역 발전에 있어서도 차이를 유발할 수밖에 없을 것이다. 경제적으로 풍요해진 지역에서 많은 부를 축적한 자들이 평균주의라는 사회주의적 이상을 부인하고 경제활동에 대한 정부의 과도한 통제를 배척하면서 자신들의 이익을 실현하기 위하여 정치에 깊이 참여하고자 한다면, 그리고 이들 경제인 세력이 중국이 개방화되면서 중앙정부로부터 종전보다 상대적으로 더 많은 경제·재정상의 권력, 예컨대 기업경영·투자·외자유치·수출 등에 있어서 권력을 위임받은 각 성의 지도자와 그 지역의 군대 지휘관들의 세력과 결합하게 된다면, 이 결합된 세력은 중앙정부와는 다른 독자적 정부를 원하게 될 것이다. 이 새로운 정부가 공산당의 독재가 아니라 소위 부르주아지에 의해 유지되는 것은 자명한 일로서, 이는 현 체제가 극히 경계하는 바이기는 하지만 개혁정책이 시장경제의 확대를 의미하는 한 불가피한 일이다. 경제라는 생활 영역에 정치로부터 광범한 자유가 허용되는 시장경제 제도에서는 소위 시민계급(경제인)이 사회적·정치적 지도세력으로 대두하는 것을 막을 수가 없다. 이 세력은 1919년 5·4 운동이나 1989년 천안문의 군중들과는 "민주"를 정치적 이상으로서만 부르짖는 것이 아니라 이를 실현할 실제적 힘을 가지고 있다는 점에서 구별된다.

현재 공산당 독재로 경제개발을 추진하고 있는 중국은 1950년대 이후의 대만이나 1960년대 이후의 한국과 근사하다. 그러므로 경제 발전에 성공한 이 두 나라에서 경제인·노동자 및 시민단체가 정치세력화하고 이에 따라 민주화가 이루어진 것과 마찬가지로, 중국의 성공적 개혁 역시 궁극적으로는 공산당의 전정을 종식시키는 사회적 권력구조를 창출할 것이다.

그러나 중국과 한국 및 대만은 사정이 다르다. 한국과 대만의 경우는 국토가 좁고 근대화를 추진하는 과정에서 경제 발전이 가져다주는 과실의 지역적 편차도 크지 않아 전 국토와 국민이 단일한 정권에 의해 획일적으로 통합될 수 있었다. 그러나 광대한 국토를 가진 중국의 경우는 각 성이 상당한 자주를 보유한다는 사실 외에도 언어·전통·풍습과 경제적 발전 정도에 있어서 성들 사이에 상당한 차이가 있어 개혁 과정에서 정치적 통일이 깨어질 가능성은 클 것으로 전망된다.[23] 특히 홍콩·마카오·대만 등 오랫동안 자본주의적 시장경제를 유지해 온 지역을 전체 중국에 무리없이 통합하기 위한 등소평의 정책, 즉 일국양체제—國兩體制는 선진 지역의 분리 움직임에 대한 자극제가 될 수도 있다.

---

[23] 황소당 145ff 참조.

중국이 정치적 분열을 피하기 위한 최선의 길은 공산당 지도부가 열린 마음을 가지고 사회적 세력 변화에 부응하여 끊임없이 정치적 개혁을 추진하는 것이다. 이러한 개혁이 반드시 서구의 자유민주주의적 제도와 정체를 당장 수용하는 것일 필요는 없다. 우선은 중국의 역사와 문화 전통 그리고 100년 이상 서구 제국주의적 열강의 침공에 시련을 겪었다는 사실이 유발한 민족 감정을 고려하여 중국 특색의 정치제도를 발전시키는 것이 어쩌면 더 바람직할지도 모른다.[24] 그러나 개혁은 그 방향이 어떠한 것이든 새로이 대두하는 사회세력의 희망과 발언권을 수용할 수 있고, 나아가서 인민의 참정권을 확대하는 것을 그 내용으로 하는 것이어야 할 것이다.

등소평과 그의 추종자들은 1978년 제11차 3중전회 이후 계속적으로 법제를 민주적으로 개혁할 것을 중요 정책으로 삼고 있어 당의 자의적 권력 행사는 점점 제한받고 인민의 정치적 참여는 점점 확대되는 추세에 있다. 그러나 여기에는 공산당의 독재라는 대원칙 아래서 부르주아적 자유(서구적 자유민주주의)를 배격한다는 한계가 있기 때문에,[25] 다시 말하여 제도와 행정의 개혁은 있어도 체제 혁신은 없기 때문에, 공산당 지도자들이 열린 마음으로 대두하는 새로운 사회세력을 설득하고 회유하는 과정을 통하여 중국적 특색의 정치체제에 대한 합의를 도출하지 못하는 한 경제적 개혁의 성공적 진행에 따르는 정치적 상황의 장래는 순탄치 못할 것으로 전망된다. 자, 이제 지금까지의 서술을 요약하고 결론으로서 현재 중국문명의 근대화 노력에 대한 보편사적 의의를 도출할 때가 되었다. 그전에 서구적 근대화의 세계사적 의의에 대한 필자의 견해부터 밝히고자 한다.

---

[24] 헨더슨 285.

[25] 이려(李黎), 「정치체제 — 주기법칙을 뛰어넘어」: 유길 67 참조.

18 장

근대화의 보편사적 의의

1 절
근대화의 성과

천여 년 전 세계의 주요 문화권으로부터 떨어져 멀리 변방에 있던 조그만 땅 서구는 외침外侵으로 황폐해져 정치적으로는 혼란스러웠고 경제적으로는 빈곤했다. 그러나 그로부터 5세기가 지난 다음 이 사회에는 다른 문명권을 압도할 제도상·정신상·기술상의 변화가 일어나기 시작했고, 다시 5세기가 지난 지금에는 세계의 모든 문명들이 서구문명에서 일어난 여러 발전을 본받고 수용하게 되었다.

비서구 국가들이 서구화되는 것은 서구의 압력에 기인하는 부분도 적지 않겠지만 좀더 근원적으로는 근대화라 불리는 서구적 발전이 성취한 부인할 수 없는 성과 때문이다.

근대화는 많은 인류를 빈곤과 기아에서 해방했고, 나머지 인류에게는 적어도 그 가능성을 제시했다. 이것은 인류 모두에게 생산적 잠재력을 최고도로 발휘할 수 있도록 하는 시스템, 즉 시장경제를 발전시킨 결과다. 또이 시스템은 민주화의 가장 중요한 원동력이 되었다. 시장경제에서 경제인과 노동자들이 사회의 중요한 계층으로 등장할 수 있었고, 이로 인해 권력은 전통사회처럼 성직자들과 무사들뿐만 아니라 새로이 대두한 계층들에의해서도 분점되었다. 좀더 일반적으로 말하자면 근대화란 사회 전반에 걸친 분화이며, 이로 인해 어떤 계층도 권력을 독단적으로 행사하지 못하게되었다. 인간의 존엄성에 대한 이상은 많은 위대한 종교나 사상도 가지고 있던 바이지만, 이것을 실질적으로 보장할 수 있는 것은 바로 서구적 근대화의 결과였다.

시장경제가 지배하는 오늘날의 사회는 더이상 신분사회가 아니다. 정치와 종교만이 지배하던 사회에 경제가 중요한 생활 영역으로 대두됨에 따라 정치적·종교적 권력자들에게 배타적으로 인정되던 신분적 특권이 더이상 의미를 가지지 않게 되었다. 시장경제하에서는 혈통과 기득권이 아니라 개인의 창의적인 노력이 관건이다.[1]

시장경제에서의 경쟁은 궁극적으로 지식정보 사회로 귀결되지 않을 수 없다. 육체적 힘과 자연자원은 유한하지만 인간 두뇌의 활용 가능성은 "무한"하기 때문이다. 지식정보 사회의 대두를 토플러는 "제3의 물결"이라고 부르면서, 신석기시대의 농업혁명, 18세기의 산업혁명과 더불어 인류의 삼대 혁명 중 하나라고 주장하고 있지만,[2] 이는 역사적 통찰력의 부족에서 오는 오류다. 사실 경제 주체간의 자유경쟁이 제도적으로 보장되고 또 부의 획득을 긍정하는 가치관을 가진 사회에는 "제2의 물결"은 물론이고 "제3의 물결"도 필연적으로 도래하는 것이니, 진정한 혁명은 이러한 제도와 가치관의 발전이지 눈에 보이는 것들의 변화가 아니다.

지식정보 사회가 가지는 이점은 재론할 필요가 없겠지만 이것이 여성의 지위 향상을 실질적으로 보장할 수 있는 가장 중요한 수단이라는 점은 지적해야 할 것이다. 경제활동에 있어 신체적 조건에서는 남성에게 열등할 수밖에 없는 여성이 사회의 떳떳한 주체로 등장할 수 있는 데에는 남녀평등의 이념이 아니라 지식이 생산에 가장 중요한 요소로 작용하는 지식정보 사회의 도래가 더욱 크게 기여했다.[3]

또한 서구적 근대화는 아동의 권리를 보장하는 실질적 기반이 되었다. 경제적·의학적 발전으로 유아의 사망률이 낮아진 것은 물론이지만, 사망을 예상하여 다산할 수밖에 없었던 과거와는 달리 현재의 소산하는 상황으

---

[1] 미제스 『자유주의』 239ff 참조.

[2] A. 토플러(이규행 역) 『제3물결』 [한국경제신문사 1989] 29.　　　　[3] 드러커 318f.

로 인해 어린이들은 역사상 어떤 사회에서보다 더 큰 권익을 누리고 있다.

또한 시장경제의 확산으로 인류는 영구 평화의 가능성에 대한 실마리도 얻게 되었는데, 물질적 풍요가 전쟁·착취·정복·노예화라는 수단으로보다는 분업과 교역의 확대를 통해 더 효과적이고도 확실하게 이루어질 수 있다는 것을 경험하게 되었기 때문이다.[4]

이상의 이유로 필자는 근대화의 전체적 성과에 대해서는 매우 긍정적인 평가를 하고 싶다. 그러나 우리는 근대화의 어두운 면을 진지하게 고려해야 하며, 또 근대화에 대한 비판 역시 그 허실을 자세히 검토해야만 한다.

2 절
근대화에 대한 비판과 그 허실

근대화 과정이 경제라는 생활 영역에 대한 중요성을 인식하는 과정이라면, 현대인들은 경제적 이익을 얻기 위해 끊임없이 경쟁하는 존재가 되어버렸고, 이로 인해 과거에 통용되던 여러 가치, 즉 영적 구원·정신적 평안·인간적 유대 등 비경제적이지만 인간에게 고귀한 가치들이 크게 등한시되어 버렸다. 현대에는 삶의 의미를 추구하고 정신적 행복을 제시하는 사람보다 경제적 성공을 거두어 부를 축적하거나 고급 물품을 소비하는 사람이 더 큰 선망의 대상이다. 또 물질적 욕구를 충족시키기 위한 과도한 노력과 경쟁은 생태계에 엄청난 타격을 주고 그것은 다시 인류 생존 자체를 위협하게 되었다.

고정된 신분 속에서 안정을 누리던 전통사회와는 달리 현대의 시장경제에서는 대부분의 사람들이 경쟁 속에서 초조하고 불안한 생활을 할 수밖에 없다. 현대인은 늘 각성하고 노력하지 않으면 경쟁에서 살아남을 수 없다.

---

[4] 미제스 199 참조.

그렇다고 해서 각성하고 노력하는 자가 항상 성공하는 것도 물론 아니다. 시장기구는 개인의 의도와 노력에 좌우되지 않는 독자적인 힘을 가지며 더욱이 그 변화는 예측할 수 없다. 사람들은 항상 어쩔 수 없는 불확실성 속에서 살아야 한다.

경쟁사회의 소득은 신분사회에서와는 달리 항상 변한다. 그것은 "나와 같은 사람이 많이 있다"고 스스로를 위로할 수 있었던 전통사회적 안정감을 앗아버렸다. 경쟁사회에서 빈부의 상대적 격차는 불가피한 현상이다. 이때문에 사람들은 시장경제가 주는 여러 이점, 즉 자원 절약·기술 발전·빈곤 제거 등을 자주 잊어버린다. 심리적으로는 상대적 빈곤 역시 고통을 주는 것이다. 요컨대 현대인들은 물질적 풍요를 이루었거나 그 가능성을 가지고 있으면서도 의미없고, 불안하고, 무기력하고 불만스러운 삶을 영위하고 있다.

가난과 질병, 그리고 압제 때문에 생존의 위협을 받던 전통사회의 사람들도 불안했음에 틀림없다. 그러나 과거에는 삶의 의미를 부여해 주는 실체, 즉 종교가 있었다. 그러나 현대에는 종교의 힘이 매우 약화되었다. 예컨대 가톨릭 교회는 1991년 회칙「100주년」을 통해 자본주의적 발전에 대한 중세적 우려와 비난을 그치고 (비록 그 발전에 올바른 방향을 주고, 윤리적 기초를 마련하는 것이 본래의 의도라고 하지만) 시장경제가 이룬 여러 업적을 긍정적으로 인정하는 방향으로 변했다.[5]

또 과거에는 삶에 의미를 부여하는 기능도 가지고 있었던 국가 역시 변모하기는 마찬가지다. 오늘날 국가는 더이상 플라톤이나 헤겔의 철학에서 보는 것처럼 그 구성원을 초월하는 위치에 존재하면서 삶의 방향과 목적을 제시하는 형이상학적 존재가 아니다. 국가 내지 정치의 일이란 다른 생활 영역 위에 군림하면서 이를 통제한다기보다는 이들 영역과 마찬가지로 사회의 특정한 기능이 되어버렸다. 오늘날 사람들은 국가나 정치권력에 더이

---

[5] M. 노박 194ff; 기 소르망(김정은 역)『자본주의의 종말과 새 세기』[한국경제신문사 1995] 195ff 참조.

상 신비적·초월적 의미를 부여하지 않는다. 그것은 다원화된 사회에서 유일한 권력이 아니기 때문이다. 오늘날 국가권력 장악자들은 국민들의 욕구(이 욕구는 주로 경제적이다)에 충실하지 않고서는 더이상 권력을 유지할 수 없는바, 정치의 기능이란 개인과 기업이 가장 왕성한 경제적 활동을 하도록 도와 주는 비즈니스가 되었다.[6] 20세기에 있어서도 사회주의 국가나 복지국가는 정의를 실현하고 국민 위에서 시혜자로 기능함으로써 사회의 여타 영역과는 다른 존귀한 것으로 인식됐음에 비해, 경쟁 상황하에서 능률성과 경제성을 추구하고 작은 정부를 지향할 수밖에 없는 현금의 국가는 세속화·탈가치화되고 말았다.

오늘날 시장경제 제도 속에서 살아가는 것이 불가피한 현상이라면 현대인은 어쩔 수 없이 가치의 빈곤 속에서 살아가지 않을 수 없다. 진정한 가치관의 입장에서는 인간과 살아 있는 것이 비인간과 무생명체보다 더 중요하다는 진리를 당연히 인정할 것이나, 이 진리로부터 유도된 경제학상의 원리, 즉 노동가치설은 효율성이라는 기계적 원리 앞에서는 무력한 외침일 뿐이요, 수요와 공급이라는 냉혹한 법칙은 사치품을 물과 공기 위에 군림하게 한다. 또 전통사회에서 경외감의 대상이 되었던 토지와 자연은 노동과 마찬가지로 이동되고, 조직되고, 계량화됨에 따라 한낱 물질로 전락되고 말았다.[7]

요컨대 과거의 인간에게 가치를 제공하고 삶의 의미를 주었던 실체들이 이제는 물질적 만족을 위해 작용하는 기능체가 되어버렸다. 종교와 국가가 약화된 지금 물질적 욕구를 추구하는 인간의 영혼에 실체적 가치를 제공할 것은 없는 듯하며, 그것은 현대의 종교가 된 과학도 예외가 아니다. 과학이 지향하는 바는 자연의 실체와 본성을 궁극적으로 해명하여 삶의 의미를 창출하는 것이 아니라, 인간과 독립된 대상으로서 자연현상이 가진 여러

---

[6] T. 부크홀트(이승환 역) 『죽은 경제학자의 살아 있는 아이디어』 [김영사 1994] 331.

[7] K. 폴라니(박현수 역) 『거대한 변환. 우리 시대의 정치적·경제적 기원』 [민음사 1991] 166 221ff.

관련성을 수학적 상징의 체계로 표현하는 것이다. 이러한 과학의 탐구 과정 속에서는 자연의 여러 현상(예컨대 시간이나 공간)이란 고정된 실체로 존재하면서 인간과 교감을 가지는 것이 아니라 인간의 수학적 조작에 의해 상호 관련되어야 할 기능체로서만 존재한다(시공의 4차원).[8]

요컨대 자연현상·토지·노동 모두 인간의 효용과 목적에 맞도록 인간의 이성에 의해 조작되고 계량화된 추상물일 뿐이다.

탈종교화한 현대에서 인간의 삶에 기초하는 것이 계시나 종교적 진리 내지 초월적 존재가 아니라 인간의 이성이라면, 이 이성에 대해서도 많은 논자들은 강한 불신감을 표시한다. 현대의 이성은 이미 계몽주의 시대의 모습, 즉 전통과 미신 그리고 기존의 체제를 비판하여 더 나은 것을 창조하고 삶의 의미를 사색하면서 윤리와 가치 그리고 새로운 사회상을 모색하는 포괄성과 깊이를 상실했다. 이성은 이제 시장질서를 포함한 현존의 체제를 그래도 인정하면서 오직 최고의 물질적 효율성과 쾌락을 추구하는 도구로 타락했다.[9]

현대문명에 비판적인 견해의 결론은, 시장경제가 주역인 현대사회에서는 삶의 진정한 의미를 추구하고 구체적이고 애정이 넘치는 인간관계를 원하며 자연을 사랑하고 안정과 평온한 생활을 바라는 인간에게 이러한 본래적인 원망을 실현시키는 일은 극히 어렵게 되었으니, 현대사회의 구조 및 작동은 인간 본유의 진실된 원망과 조건에 모순된다는 것이다.[10]

현대문명과 현대인의 생활 자체에 대한 비판적 대안으로 우리가 가장 이해하기 쉽고 또 친숙한 것은 탐욕과 물질적 진보에 대한 열망을 자제하고

---

[8] 소위 "신화적" 시공간과 과학적 시공간의 차이에 대해서는 E. Cassirer, *Philosophie der symbolischen Formen*, Bd. II. *Das mythische Denken* [Darmstadt 1977] 104-44; E. Cassirer, "Zur Einsteinschen Relativitätstheorie", in: E. Cassirer, *Zur modernen Physik* [Darmstadt 1987] 67-89 참조.

[9] D. 헬드(백승균 역)『비판이론 서설』[계명대학교 출판부 1988] 168ff 참조.

[10] 예컨대 E. 프롬(이규호 역)『건전한 사회』[삼성출판사 1976] 5장(자본주의 사회에 있어서의 사람) 참조.

소박한 생활을 할 것을 권하는 윤리적 요구이다. 이러한 요구를 하는 인사들은 옛 사람들의 욕심없는 태도에서 오는 평온한 생활과 물질적 풍요 속에서도 더욱더 탐욕하는 현대인의 불안하고 공허한 생활을 대조하면서 인간의 내적 태도를 바꿈으로써 현대문명이 지닌 병폐를 고치고자 한다.

이러한 주장은 특히 현대문명이 생태계를 심각하게 위협한다는 사실 때문에 더욱 강력히 제기됐다. 생태계 파괴에 대한 위기의식과 현대인의 의식개혁에 대한 필요성은 최근의 신과학운동에 의해 철학적으로 심화되었다. 전통인들은 자연과 인간 모두를 우주 유기체의 동등한 구성분자로 여겼고, 자연을 개발·이용하는 것이 아니라 자연과 조화되는 가운데 평화로운 삶을 영위했다. 그러나 기독교적 인간 우위의 사상에 영향을 받아 성립된 근대 서구의 자연관, 특히 근대과학의 기계론적 세계관에서는 인간과 자연의 유기체적 연관이 단절되었다. 자연을 폭력적으로 이용·착취하는 공격적이고 근시안적인 세계관에서 벗어나 유기체적이고 전체론적 세계관을 정립하는 것만이 현대문명의 위기를 해소할 수 있는 관건이라는 것이 이 정신운동의 내용이다.

특히 이 운동의 가장 중요한 인물인 카프라는 현대물리학의 여러 연구 결과를 근거로 하여, 우주나 물질의 본질이 기계론적 세계관이 아니라 근대화 과정에서 비과학적인 것이라고 배척되었던 동양의 전통종교적·유기체적 세계관과 일치한다는 것을 해명함으로써, 현대인이 마땅히 가져야 할 세계관과 생활 태도에 대한 과학적·철학적 근거를 마련했다.[11]

필자는 단순한 윤리적 요구에서부터 철학적·과학적 근거를 가진 신과학운동에 이르기까지, 인간의 의식과 내면의 변화를 통해 현대문명의 방향을 바꾸고자 하는 시도가 현대인들에게 생태계 파괴에 대한 경종을 울리고 올바른 생활 자세를 환기했다는 큰 공로가 있지만 현대사회에 근본적 변혁을 초래할 수는 없다고 믿는다.

---

[11] F. 카프라(이성범·김용정 역) 『현대물리학과 동양사상』 [범양사 출판부 1989] 참조.

우리가 흔히 아는 전통사회의 평화롭고 조화로운 생활은 그 사회의 이상적 단면일 뿐이다. 전통사회에서 대부분의 사람들은 가난과 압제에 시달렸고, 가끔 태평성대가 있었다고는 하지만 인구 증가로 불가피하게 반복되는 기아에 대해서는 거의 무방비 상태였다. 주기적인 기아 문제로 인해 전통인들이 아무리 소박하고 평화로운 품성을 지녔다 해도 민란이 반복되는 것을 막지는 못했다.

전통사회에서 청빈생활을 즐긴 사람들은 그래도 배움의 여유가 있었던 지배계층이 대부분이었다. 거의 모든 피지배계층 사람들은 생계를 유지하기 위해 고된 노동을 계속해야만 했다. 이들에게는 청빈생활을 할 여유조차 없는 경우가 대부분이었다. 또 청빈생활 역시 모든 욕망을 초월하여 이루어지기보다는 전통사회에 대한 독특한 욕망의 발로로서 이루어지는 대가성 결단인 경우가 많았다. 생산력이 낮았던 전통사회에서 지배층의 사치는 피지배층에 대한 착취로 이어지게 되므로 지배층 인사 내지 지배층이 될 수 있는 인물이 청빈한 생활을 한다는 것은 많은 사람들의 존경 대상이 되었다. 그리고 그것은 전통사회에서 현대의 재력가가 가지는 권위와 명성과 같은 기능을 했다(청빈을 "자랑"삼는다는 말을 상기해 볼 필요가 있다).

청빈이란 결코 과거에도 보편적 현상이 아니었고(그때문에 청백리를 표창한 것이 아니겠는가) 부가 종교적·윤리적 제약에서 해방된 오늘날에는 더욱더 실행될 수 없는 것이다. 우리는 현대사회가 맬더스의 덫을 벗어나게 된 것은 재력에 대한 높은 문화적 평가가 조성되고 사유권과 기업활동의 보장을 그 내용으로 하는 제도가 성립된 결과라는 것, 즉 인간의 물질적 욕망을 정신적·제도적으로 인정한 결과라는 것을 잊어서는 안된다. 만약 이 욕망을 다시 부인한다면 물질적 발전을 위한 인간의 창의적 노력과 경쟁의 활력은 크게 손상을 입을 것이고, 이에 따라 근대화 과정에서 전통사회와는 비교도 안될 정도로 증가한 인구가 다시 궁핍에 빠지게 될 것이다.

청빈한 생활을 요구하는 것 외에도 기독교적 사랑·중용정신·노장사상·불교적 자비 등의 사상으로써 날카로운 경쟁을 특징으로 하는 현대의 병폐를 고칠 수 있다고 믿는 생각들의 공통된 결함은 바로 현실에 대한 철저한 무지다. 유교를 국교로 삼았던 조선시대에도 중용정신은 극소수의 사람들에게만 실현됐고, 기독교가 지배했던 중세사회에서도 수많은 약탈과 살육 그리고 전쟁이 끊일 날이 없었다. 그런데 다원화된 가치관과 사회구조 하에서 경쟁적 활력을 기본으로 삼는 현대에 이러한 사상들이 사회적 행위의 기본틀로서 통용될 수 있다고 믿는 것은 너무나 단순한 발상이다.

이러한 점에서 현대인들에게 유기체적이고 전체론적 세계관으로 생활 태도를 바꾸도록 요구하는 주장 역시 현실적으로 그 효력에 한계가 있다. 이 견해는 서구사회를 현대의 방향으로 이끈 원동력이 기계적 세계관에 있다는 전제에 그 기초를 두고 있는 듯하다.

필자가 지금까지 누차 강조해 왔듯이 근대화의 원동력 그리고 현대사회가 지금 가지고 있는 여러 특성들을 형성한 기본 요인은 바로 권력체의 경쟁과 기업들간의 경쟁에 있다고 믿는다. 경쟁은 서로 양보할 수 없는 긴장관계이다. 친환경적 국가 내지 기업이 환경을 파괴해 가면서 값싸게 생산하는 경쟁 상대를 이길 수 없는 게 당연하다. 중요한 것은 받아들이는 쪽이 손해보는 이상적 세계관이 아니라, 생태계 위험에 관해 경쟁 당사자들이 합의로 이끌어 낼 수 있는 정확한 진단과 모두가 지킬 수 있는 합리적인 행위규범의 창출이다(생활 수준이 높을수록 환경에 더 큰 관심을 가지고 생태계 유지에 더 큰 비용을 부담할 준비가 돼 있다는 사실이 현재의 희망적인 조건 중 하나이다).

인간은 사회적 동물이다. 자연과 교류하는 인간은 많은 경우 개개인으로서의 인간이 아니라 사회 속의, 사회적 조건 속의 인간이다. 경쟁이 사회적 조건이라면 이 조건을 고려하지 않는 자연관과 세계관을 수용한다는 일은 사실상 매우 어렵다. 현실적 요구는 막연하게 인간의 생활을 규정하는 세계관보다 대부분 더 큰 힘을 발휘한다.

어떤 윤리나 세계관이 아무리 훌륭하더라도 현실적 조건을 고려하지 않는다면, 개인이나 소집단의 행동원리는 될 수 있어도 사회를 이끄는 지도

원리는 될 수 없다는 것을 알아야 한다. 여기서 우리는 개인은 도덕적일 수 있어도 사회는 도덕적일 수 없다는 라인홀드 니버의 주장을 다시 음미해 볼 필요가 있다.[12]

논자들은 현대의 기술이면 인류 누구나 생존에 필요한 물질을 획득하고 어느 정도 풍요한 생활을 향유할 수 있는데도 부국과 빈국, 부자와 빈자가 존재하고 또 후자에 대한 전자의 착취가 자행되고 있다는 사실 때문에 시장경제와 자본주의 무역 관행을 깨뜨리고자 할지도 모른다. 사실 오늘날의 풍요는 기술 때문이 아니라 시장경제의 효율성 때문이며 또 경제의 활력 역시 사유권을 인정한다는, 즉 빈부의 격차를 인정한다는 자본주의적 원칙이 있기 때문이다.[13]

일반적으로 시장경제를 기반으로 하는 현대사회에 근본적 변혁을 주장하는 혁명론자들은 의식적·무의식적으로 두 가지 전제에 근거하고 있다. 첫째는 물질적 풍요가 인류의 정상적 상태요 빈곤은 비정상적 상태라는 것이며, 둘째는 인간성은 매우 선하다는 것이다.

그러나 이 두 가지 중 어떤 것도 현실적으로 받아들일 수 없다. 사실 인류는 기아를 위시하여 생존을 위협하는 여러 조건과 끊임없이 투쟁해 왔고 이러한 투쟁은 아직도 계속되고 있다.[14] 현대 서구사회의 물질적 풍요를 보고 인류의 이 역사적 투쟁이 이미 과거의 유물이라고 생각한다면 커다란 착각이다. 도대체 현재의 이 많은 인구를 지탱하면서 자본주의적 시장경제의 여러 부정적 측면이 없는 경제체제가 쉽게 마련될 수 있다고 믿는 것은 빈곤이라는 정상 상태를 탈빈곤이라는 비정상 상태로 만든 시장경제의 비상한 기여를 제대로 인식하지 못한 탓이며, 이 기여에 대한 대가로 경쟁의

---

[12] R. 니버(이병섭 역) 『도덕적 인간과 비도덕적 사회』 [현대사상사 1977] 39ff 273ff.

[13] Hayek 60-6 참조.

[14] 노벨 경제학상 수상자인 루이스(A. Lewis)는 적절하게도, 인류 역사상 가난과 압제가 주현상이었고 번영과 자유는 예외적 현상이었음을 지적한다. 그는 이러한 전제하에서 선진 경제의 조건을 제시하는데 그것은 재산권 보장·통화 안정·합리적 과세·정직한 정부 관리 등이다. 기 소르망 『신국부론』 254 참조.

긴장 속에 살 수밖에 없는 이치를 이해하지 못한 결과다.

자본주의의 대안으로 혁명적 방법에 의해 이룩된 사회에서 경쟁이 아니라 상호 이타적 교류가 인간관계의 근본이 된다면, 그 사회는 경제적 활력에 있어서 자본주의 사회에 비해 크게 열등할 수밖에 없을 것이다. 이기적인 것보다 이타적인 것에 더 큰 활력과 창의력을 경주하는 인간은 인류의 극소수에 불과하다. 요컨대 시장경제 체제를 대체할 수 있는 것은 오늘날 존재하지 않으며, 현대문명에 대한 어떠한 비판도 근본적으로는 이 체제를 인정하는 위에서 이루어져야 한다.

3 절
근대화에 대한 옹호

생물학적으로 보잘것없는 인간이 생존을 위해서 사회적 존재가 되지 않을 수 없다면, 사회를 유지하는 데 필요한 제도와 가치가 인간 자신의 고유한 본성과 충돌할 수밖에 없고, 이러한 충돌은 현대의 거대한 사회에서는 더욱 그러하다. 오늘날의 엄청난 인구에게 어느 정도의 생활 수준을 가능케 하면서 동시에 인간의 본성과 진정한 행복 추구에 모순되지 않는 사회체제 내지 경제체제는 아직 만들어지지 않았다. 사회적 존재로서의 인간은 동물과 달리 다양한 욕구를 가졌으며, 이 모든 욕구를 동시에 충족할 수 없다면 무엇보다도 가장 근원적인 욕구인 생존의 욕구를 충분히 보장해 줄 뿐아니라 물질적 풍요도 제공해 줄 수 있는 시장경제 체제를 가장 높이 평가하는 수밖에 없다.

사회주의 경제의 비효율성뿐 아니라 그 속에서 야기된 인간의 나태, 무책임 그리고 지배층의 타락과 관료의 오만, 인권 탄압 등을 경험한 오늘날, 긴장을 받더라도 당분간 시장경제 체제 속에서 사는 것이 인류의 숙명이 되었다. 여기서 필요한 것은 경쟁체제와 인간의 진정한 행복이 충돌하는 부분을 개개인이 충분히 인식하도록 하는 것이며, 또 이 속에서도 행복을 찾을 수 있는 방법을 학교에서부터 교육하는 것이다. 이것은 민주 시민으로서, 그리고 시장경제라는 거대한 경기의 참여자로서 요구되는 기본적 지식과 마음가짐을 가르치는 일에 버금가는 중요성을 지닌다. 사회에서는 경쟁적으로 이기적 욕구를 추구하면서도, 경쟁을 떠난 시간과 장소에서는 가정의 평온함을 유지하고 자연을 즐기고 보호하며, 사랑과 봉사를 실천하고 정신적인 영역의 깊은 경지를 경험하며, 여가생활을 즐길 수 있는 방법을 제시하고 계몽하는 일이 현대교육의 중요한 과제가 되어야 할 것이다. 이를 교육하고 실천하는 데에는 국가뿐만 아니라 크고 작은 수많은 단체들의 자발적 참여가 요구되는데, 이것은 충분히 가능한 일이다. 이 모든 일에 시간과 돈이 필요한 것이라면 자유 시장경제의 높은 생산성은 이를 뒷받침해 줄 수 있다.

우리는 현대의 배금주의가 삶의 본질을 왜곡했다는 종교적 비난에 너무 비관적일 필요가 없다. 풍요한 생활과 사회보장적 조치들 때문에 종교에서 멀어지고 있는 현대인과는 달리, 많은 전통사회인들이 영적인 추구에 진력했다고 생각하는 것은 오해에 불과하다. 전통사회에서도 진정한 영적 욕구를 가지고 삶의 의미를 추구하는 데 노력했던 사람은 극소수였으며, 대부분의 사람은 자연의 재앙 때문이든 지배계층의 압제 때문이든 항상 생존에 대한 불안을 가지고 있었으며 이를 피하기 위해 종교에 매달렸을 뿐이다. 구복을 위하여 또는 불안에 대한 도피처로서 종교에 귀의하는 일은 참다운 영성 추구가 될 수 없다. 초월적인 것과의 교류를 통하여 스스로의 존엄과 가치를 깨닫고 사랑과 신성을 체험하는 일을 대부분의 인간이 생존을 위한 기반이 조성된 후에야 요구한다면, 현대의 물질적 풍요에 비판적 자세만 보일 수는 없는 노릇이다.

물질적 욕망에 사로잡혀 저질의 소비문화에 젖어 있는 속물적 현대인에 대한 많은 지식인들의 비판 역시 그렇게 심각하게 받아들일 것은 아니다. 사실 지식인들이 평범한 사람들보다 더 고귀한 삶을 산다고 주장할 근거는 없는바, 지적 욕구 또한 하나의 욕망이요, 지식을 소유한 자는 물질을 소유한 자보다 적지 않은 경우 더 교만하고 지배욕이 강하다. 그들이 은밀하고 교활한 방법으로 자기를 과시하고 "무식한" 자들 위에 군림하려는 일은 자주 있는 일이다. 더욱이 우리는 물질적 욕망을 무시하면서 고귀한 이상을 부르짖던 모택동과 사인방이 저지른 엄청난 범죄행위를 알고 있다.

거기에 비해 물질을 추구하는 것은 좀더 솔직하고 인간적인 욕망이다. 우리가 비난해야 할 것은 물질적 욕망의 추구가 아니라 이 욕망을 성취하는 일이 생의 전부인 양 생각하는 것이다. 문제는 물질적 욕구의 성취 자체가 아니라 이 욕구와 균형을 이루는 의미체계의 재생 내지 개발이다.

많은 경우 생활이 풍요해질수록 삶의 의미를 추구하고자 하는 마음도 강해진다. 따라서 우리는 서구 근대화 과정에서 또는 서구화 때문에 등한시되었던 여러 고등종교들이 곧 다시 중요한 역할을 하게 되리라는 예상을 충분히 할 수 있다. 사실 대부분의 사람에게 우주와 인생의 의미를 가장 손쉽게 그리고 가장 호소력있게 제공하는 역할에 있어 종교를 능가하는 것은 아직 발견되지 못했다.

그러나 억압적이고 권력지향적인 태도 때문에 종종 비난의 대상이 되었던 과거나 현재의 종교와는 달리, 미래의 종교는 인간의 진정한 정신적 스승이요 참된 벗이 되어야 한다. 미래의 선교 대상은 무지하고 가난하고 선택의 여지가 없는 사람들이 아니라 건전한 상식과 여유를 가진 교육받은 사람들이다. 현대처럼 사회가 분화되고 문명의 교류가 많은 시대의 종교는 정신에 대해서도 독점적 지배를 요구할 수 없다. 종교는 다른 종교 및 세속적 의미체계와 경쟁해야 하며 이로써 종교의 억압적 기능은 어차피 약화될 수밖에 없다. 현대의 종교는 독단에서 벗어나야 하며, 한편으로는 사람들이 물질적 욕망을 추구하는 것을 정당화하면서 다른 한편으로는 일상보다 더 높은 차원의 세계를 지향하고 영성을 계발하는 것을 도와 진정한 삶의 의미를 찾는 데 힘이 되어야 한다.

　종교가 이와 같은 역할을 잘할 수 있다면 현대인의 생활은 전통사회의 생활보다 훨씬 풍요롭고 의미깊은 것이 될 수 있다. 사실 현대는 물질적 삶뿐 아니라 정신적·영적인 삶에 있어서도 기회의 시대가 될 것이며, 여기에는 그렇게도 비난되어 온 물질에 대한 욕망이 크게 기여했음을 잊어서는 안될 것이다.

보편사적 발전 속에서의 중국문명

19세기의 제국주의적 침략은 중국문명으로서는 그때까지 경험하지 못했던 도전이었다. 이 도전을 극복하기 위한 과정은 실로 험난한 것이었고 또 앞으로도 역시 순탄치는 못할 것이다. 중국문명은 아편전쟁 이래 현재까지 커다란 시련을 계속 겪어오고 있는 것이다.

중국문명에서 시련기는 이번이 처음은 아니다. 여러 이민족의 침공과 불교의 전래로 전통 중국의 정치체제와 행정제도 그리고 가치관 및 정신세계가 크게 위협당했던 남북조 시기 역시 중국문명으로서는 중대한 시련기였다. 그러면 이 문명은 그때처럼 오늘날의 시련 역시 훌륭히 극복하여 자신의 정체성을 유지할 수 있을까?

남북조 시기에 있어서 중국문명을 위협했던 세력은 중국보다 문화적으로 뒤떨어진 주변의 유목민들이었고, 이들은 중국 땅을 점령한 후 곧 이 문명에 동화되어 버렸는바, 그것은 이들이 새 정복지를 그들 자신의 제도와 규범이 아니라 전통 중국적 제도와 사상으로 통치하려 했기 때문이다.

중국문명에 동화되기는 당시 크게 세력을 떨치던 외래종교인 불교 역시 마찬가지였다. 원래 초월세계를 지향하는 이 종교 역시 전통 중국의 현실적·현세적 정신세계를 극복하지 못하고 오히려 중국화되고 말았다.

자신을 시련으로 몰고 갔던 외래의 군사적·정신적 세력을 마침내 동화시킬 수 있었던 중국문명의 저력은 무엇보다도 춘추전국시대를 거치면서 발전한 효율적인 제도와 법률, 기술 그리고 합리적이고 실제적인 규범과 사상에 기인하는 것이었다. 춘추전국시대는 중국 역사상 가장 활력이 넘치는 동태적 발전기였다. 이 시기에 이룩된 제도·규범·사상·기술 등의 업적은 후대의 역사에 길이길이 모범이 되었을 뿐 아니라 또한 후대의 정치·사회·문화를 지탱하는 실제적인 힘으로서 기능했다.

춘추전국시대의 발전과 업적은 근본적으로 권력체간의 경쟁에서 기인했거니와, 이 시대에 역사가 전개된 양상은 마찬가지로 권력체간의 경쟁이 계속됨으로써 발전적 활력을 가질 수 있었던 중세 이래의 서구와 비슷하다. 그러나 이러한 역사의 전개는 중국문명의 내부적 조건에서만 비롯된 것으로서 많은 외래적이고 이질적인 요소가 상호 충돌하는 가운데 전개된 서구의 발전에 비하여 그 범위가 한정되었다. 중국문명에 있어서는 동태적 발전을 하는 저변에 주 왕조에서 확립된 전통적 정신과 이상(예컨대 중화사상·통일 이상·천명사상·덕치 이상)이 자리잡고 있어 분열을 종식하고 정치적 통합체를 건립하거나, 현실적인 법가사상이 아니라 이상적인 유교가 정통 사상이 되도록 하는 데 중요한 역할을 했다. 통일제국의 성립으로 경쟁적 상황도 종식되어 중국문명은 동태적 발전기에서 정체적 안정기로 이행하게 되었다. 안정기의 중국은 분열기에 성취된 합리적이고 효율적 제도와 규범 및 사상으로 무리없이 통치되어 본질적 변혁을 가능케 할 자극이 생겨날 수 없었다. 역사상 비교적 이른 시기에 근대적인 수준에 도달한 중국문명이 더이상의 발전을 할 수 없었던 것은 바로 통일제국 내에서의 무리없는 통치, 즉 경쟁의 부재에 연유했다.

중국문명이 근대적인 것을 일찍 발전시켰다고 하지만 그것은 서구문명에서의 근대화와는 달랐다. 서구적 근대화의 본질은 단순히 개별적 분야에 있어서 효율적·합리적인 것의 성취가 아니라, 다원화·분산화된 전체적 권력구조와 이질적인 것이 혼재하는 정신세계에 근거하는 사회와 문화의 전반적이고 지속적인 변화이다. 춘추전국시대에 성취된 합리적·근대적인 법률·제도·통치체제·기술·규범 등은 이 제국의 체제를 이론적으로 정당화하는 사상, 즉 유교철학의 틀 속에 통합되어 기능함으로써 궁극적으로는 통일국가의 존속과 사회 및 문화의 정체화에 기여하는 역할을 하게 된다. 전통지향의 현실적 사회철학과 합리적인 제도 및 규범의 결합은 현 체제를 잘 유지할 수 있는 효율적인 틀을 창조했고, 이 틀은 다시 강력한 전통이 되었다.

비록 통일 후의 중국사회에도 수많은 심각한 문제점과 위기가 있었지만 중국인들은 이것을 전통적 제도와 규범 탓으로 돌리지 않고 사람의 탓으로, 다시 말해서 통치자와 관리가 전통적인 것에서 일탈했기 때문이라고 믿었다. 중국인들은 사회에서 발생하는 모든 심각한 부조리와 위기는 일탈했던 전통적 제도와 정신을 회복함으로써 해결할 수 있다고 믿었다. 중국인들은 전통에 대해 절대적 신뢰를 견지하고 있었다. 이러한 신뢰, 중화사상은 남북조시대에 일시적으로 흔들리기는 했지만 외래의 군사적·정신적 침입자는 결국 중국의 전통에 동화되었고, 중국문명이 겪었던 이 시기의 시련은 진정한 의미의 시련이 될 수 없었다. 그것은 이 문명의 정체성正體性에 대한 근본적 변화를 초래하지 못했다. 중국문명의 정체적 안정기는 진·한의 통일제국에서 그 기틀이 잡힌 후 19세기 중엽 서구 열강이 침략할 때까지 오랜 기간 계속되었다.

19세기 중반 이후 중국문명이 처한 시련은 서구문명의 도전에 대한 이 전통적 틀의 부적절할 수밖에 없었던 대응에서 비롯된다. 양무운동·변법개혁·신해혁명·국민당의 근대화정책 등 실패한 개혁에서는 물론이지만, 반외세·반봉건의 공산혁명 같은 성공한 혁명에 있어서도 대응이 부적절하기는 마찬가지였다. 공산혁명은 전통적 세력에 근거한 전통적 방식의 대응으로 본격적인 근대화와는 상당한 거리가 있었다. 중국에 도전한 서구문명은 경쟁 우위를 가지고 있기 때문에, 그리고 공산혁명으로 "형성된" 중국사회가 서구와 같은 번영을 누리지 못하는 것으로 판명되어 더 나은 대응방법을 모색하지 않을 수 없기 때문에 중국문명의 시련은 끝났다고 말할 수 없는 것이다.

우리는 이대조와 모택동이 마르크스주의를 훌륭히 중국화했지만 이것으로 중국의 정신세계가 서구문명의 사상적 도전에 제대로 대응했다고 말할 수는 없다. 마르크스주의는 중국의 전통사상(농민의 평등지향적 이상, 유교의 대동사상, 민본주의, 유기체적 세계관 그리고 성선론적 인간관)과 친화력을 가진 사상이었을 뿐 중국에 도전한 유일한 사상도 아니요, 서구적 정신세계의 정수도 아니었다. 중국의 정신세계에 도전한 서구정신의 가장 본질적인 내용은 특정 사상이라기보다는 오히려 사상의 다원성·정신의 유연성·발전 가능성이었다. 다양성의 도전에 대해 중국의 정신계는 다양한 사상 가운데 오직 공산주의만을 선택하여 중국화함으로써 정신적으로도 독재체제를 확립했다. 공산혁명이라는 중국적 대응이 결과적으로 적절하지 못했다는 것이 판명된 지금 중국의 많은 지식인들은 공산주의 일색의 정신적 경직성을 배척하고 서구적 정신세계의 다원성에, 특히 서구의 정치와 경제를 주도하고 있는 자유민주주의 사상에 더 많이 경도되고 있다. 요컨대 사상적인 면에 있어서 중국의 적응방식의 예에서도 알 수 있듯이, 경쟁 우위를 가진 서구문명의 도전은 공산혁명이라는 전통에 기반한 적응방식을 넘어선 변혁을 요구할 만큼 중국문명의 정체성을 위협하고 있으며, 이 점이야말로 현대의 시련기가 남북조 시기의 그것과 다른 근본적인 이유이다.

남북조의 분열기를 종식한 수·당의 통일제국 주변에는 이 제국에 도전할 만한 어떠한 경쟁세력도 존재하지 않았다. 그러나 외세를 물리치고 통일을 달성한 공산 중국 주위에는 수많은 경쟁세력이 존재하며, 그것도 상당수는 중국에 대해서 우위를 주장하는 세력들이다. 현대세계에서는 어떠한 국가도 개방하여 외부와 경쟁·교류하지 않고서는 계속적인 발전을 할 수 없다. 경쟁과 교류를 통하여 국가·기업·개인은 더 나은 기술, 더 나은 제도, 더 나은 행동방식과 사상을 배우거나 개발할 수 있는 자극을 받게 되는 것이다. 대약진이나 문혁의 집단주의·평균주의·자력갱생이라는 원칙으로는 어떠한 주체도 낙후될 수밖에 없었다. 등소평이 이 원칙을 버리고 선진 자본주의 국가의 경제제도와 기술 그리고 기업경영 방법을 수용하기로 결정했을 때 비로소 제대로 된 적응의 길로 들어서게 된 것이며, 그것은 또한 보편사적 발전의 주류에 합류하게 된 것이기도 한바, WTO의

가입은 새로운 적응방식의 가장 극명한 표명이다.

　모택동의 공산혁명은 자본주의를 넘어서는 역사적 단계를 성취한 것이 아니라 서구적 근대화라는 보편사적 흐름에 대한 전통사회의 위대한 반동적 적응이었다. 농민봉기는 중국의 긴 역사에서 자주 반복되던 현상이었다. 그러나 그것은 유교의 근본 사상과 본질적으로 상충되는 것은 아니었다. 상급자에 대한 복종이 유교적 신분질서에서 요구하는 바이기는 하지만, 인간 평등과 대동사회 및 민본주의를 표방하고 폭정을 자행하는 군주에 대한 저항권을 인정하는 것 역시 유교였다. 그러므로 과도하게 착취를 당한 농민들이 단합하여 지배자들에 대하여 자신들의 생존권을 쟁취하는 것은 유교적 정신으로부터의 이탈이라기보다는 오히려 그것의 실현에 가까운 것이었다. 또한 공산혁명과 토지개혁 역시 경제적 평등을 이상으로 하는 유교사상과 전통 중국 농민의 토지균분 이상에서 그리 멀리 떨어진 것이 아니었다. 유교는 인간의 이성과 의지를 고귀하게 여긴다. 유교적 세계관에서는 중세의 서구사회와는 달리 주어진 모든 조건을 숙명적인 것으로 받아들이지 않았다. 정치가 정의에 어긋나고 사회에 부조리가 있다면 아무리 어렵더라도 정의를 되찾고 부조리를 척결하여 이성이 가르치는 바 더 나은 세상, 나아가서 이상사회를 실현해야 하며, 그것을 위해서 모든 노력과 희생을 아끼지 말 것을 가르치는 것이 유교철학인 것이다. 우리는 이러한 사상과 가르침이 고전소설인 『삼국지연의』에서도 형상화되었지만 공산혁명을 통해서도 실현되었다는 것을 보았다. 요컨대 중국의 공산혁명은 본질적인 면에서 전통적 기반과 유교적 정신 및 이상에 근거하고 있었으며, 이 혁명을 서구문명의 도전에 대한 중국문명의 적응방식이라고 본다면 그 적응은 근본적으로 불완전하다고 할 수밖에 없다.

　그런데도 우리는 공산혁명이 이룩한 업적 중에서 외세에 대한 자주독립과 토지개혁은 긍정적으로 평가해야 할 것이다. 전자에 대해서는 말할 것도 없지만 근대적 산업이 발전되지 못해 농업 인구를 도시 노동자로 흡수할 수 없는 상황에서 토지 소유의 극심한 불균형과 농민의 극단적 빈곤을 토지개혁 이외의 수단으로 해결할 수는 없었다. 토지개혁 과정에서 수백만의 지주가 죽었고 그중에는 무고한 사람 역시 상당수에 이르렀다는 것을 감안한다면, 좀더 평화적인 방법을 사용하지 않았던 점은 비난받을 수 있다손치더라도 개혁의 결과 농민의 생산 의욕이 높아졌고 이에 따라 반복되던 기근을 어느 정도 극복할 수 있었던 사실에는 긍정적 평가를 내려야 할 것이다.

그러나 토지개혁 이후에 진척된 공산혁명, 즉 대약진운동·인민공사화운동·문혁 등은 크게 비판되어 마땅하다. 이들 운동 내지 변혁은 최고 지도자 모택동이 자신의 권력 의지에 충동받고 철학적 이상과 시인의 상상력에 근거하여 주도한 것으로, 여기에는 건전한 상식과 합리적 정신이 전혀 없었고 현실적 여건은 철저히 무시당했다. 많은 합리적·실용주의적 정신을 가진 지도자들의 명시적·묵시적 반대에도 불구하고 모택동은 끝내 자기 의지를 관철시키고자 했다. 이런 무모하고도 비현실적인 사업은 전통 중국의 문화적 바탕에서 그리 쉽게 추진될 수는 없었지만, 이 카리스마적 지도자의 의지와 능력에 대항할 힘이 당시의 중국사회에는 존재하지 않았다. 중국인들은 자신들을 외세의 횡포와 지주, 군벌의 질곡에서 구원해 준 이 지도자에게 엄청난 보수를 지불한 셈이다.

토지개혁 이후의 공산혁명은 중국을 거의 파멸 직전까지 이끌었다. 그것은 애초부터 실용주의적 노선을 추구했던 주은래나 등소평 같은 지도자들은 말할 것도 없지만 대다수의 인민들 역시 공산혁명의 반근대적이고 파괴적인 성격을 이해하는 계기가 되었다. 1989년, 천안문에서 시위하던 학생들의 선언문 속에서 우리는 중국 공산혁명의 반근대적 성격을 간접적으로 읽을 수 있다.

5·4의 민주주의와 과학은 아직도 중국에서 실현되고 있지 않습니다. 70년의 역사는 우리에게 말하고 있습니다. 민주주의와 과학은 한꺼번에 성취할 수 없으며 초조와 실망은 아무 쓸모가 없는 것이라고, 중국 공산당의 마르크스주의는 중국의 경제와 문화 속에서 봉건적 잔재의 영향을 벗어날 수 없

었습니다. 그러기 때문에 신중국은 현대화를 향해 매진하면서 민주주의의 건설을 소홀히했습니다. 과학의 역할은 강조했지만 과학의 정신(민주주의)은 중시하지 않았습니다. … 바로 이때문에 5·4 정신을 발양하고 정치체제의 개혁을 가속하고 인권을 보호하고 법제를 강화하는 것이 현대화 건설의 당면한 급무가 되는 것입니다. 동학·동포 여러분, 우리들의 상징인 천안문 아래서 다시 민주주의·과학·자유·인권·법제를 위해, 중국의 부강을 위해 탐구하고 분투합시다.

이들의 선언문 속에는 지난 70년 동안 중국은 도대체 무엇을 하고 있었는가라는 한탄이 들어 있다. 1919년 당시 일본의 식민지였던 한국과 대만은 1989년에는 이미 훌륭한 경제성장을 이루고 민주화마저 달성할 수 있는 기반을 마련한 반면 중국에서 서구적 근대화란 여전히 멀리 떨어져 있는 목적이었다. 부존자원이 빈약한 이들 국가가 대외에 문호를 개방하고 시장경제 제도와 수출지향적 경제정책을 통해 발전에 매진하는 동안 소위 지대물박地大物博하다는 중국은 국제사회에 문을 잠그고 사회주의라는 허울 좋은 간판 아래 전통사회에 도피·"안주"하고 있었던 것이다.[1]

장개석이 아니라 바로 모택동이 승리했기 때문에 중국은 근대화로 향하는 직선로가 아니라 사회주의라는 우회로를 통과해야만 했다. 그러나 공산혁명이 오늘날의 관점에서는 근대화에 대한 부적절한 반응이었을지언정 그것이 민중의 의사에 역행한 폭거는 결코 아니었다. 20세기 전반 중국 인민의 대다수를 구성했던 농민의 보편적 원망이란 근대화와 공업화가 아니라

---

[1] 대만의 급속한 발전은 무엇보다도 국민당의 적절한 경제정책에 기인한 것이었다. 그러나 대만은 국민당이 오기 전에도 오랫동안(1895~1945) 일본의 식민지 통치하에서 비교적 실속있는 발전을 했다. 거기에 비해 남한은 일본 점령시에도 공업자원이 풍부한 북한에 비해 공업화·근대화의 혜택을 훨씬 적게 받았다. 한국전쟁으로 인한 피해, 철과 공업용 석탄 등 근대산업에 필요한 자원의 절대적 부족, 과밀한 인구, 경제적으로 이용 가능한 국토가 극히 협소한 점(남한의 약 70%는 산이다. 경제적인 측면에서 인구밀도를 산출한다면 남한이 세계 최고일 것이다), 과도한 국방비, 자원생산국으로부터 멀리 떨어진 위치 등 남한의 경제적 발전은 실로 불리한 여건하에서 이루어졌다.

지주와 향신의 과도한 착취에서 벗어나 생계를 유지할 수 있을 정도의 토지를 소유하는 것이었고, 이때문에 이러한 희망을 가진 농민의 잠재력을 세력화시킨 공산당이 군사적으로 열세이면서도 지주·향신·자본가들의 지지를 받는 국민당에게 승리할 수 있었던 것이다.

어떤 문명 내지 어떤 사회는 마치 한 생명체처럼 전체적으로 유기체를 형성하여 생각하고 행동하는 것이 아니다. 그것은 각각 다른 이상과 이해관계를 가진 여러 집단이 때로는 투쟁하고 때로는 협조 내지 타협하면서 상호 작용하는 장소이다. 이러한 상호 작용이 오늘날의 관점에서 더 나은 방향의 발전으로 항상 귀결된다는 보장은 물론 없다.

민중의 지지로 국민당과의 투쟁에서 승리자가 된 공산당의 지도자들, 특히 모택동은 근대화의 본질도 시장경제의 기능도 제대로 이해하지 못했다. 이것은 그들이 특별히 무지한 까닭에서가 아니라 인간 이성이 지닌 보편적 한계에서 비롯된 것이었다. 오랜 관찰과 역사의 발전 결과에서 얻을 수 있는 경험과 지혜 그리고 시행착오를 겪지 않고서는 근대화 내지 자본주의 체제라는 복잡한 현상을 이해할 수 있는 사람은 거의 없을 것이다.

모택동 사후 그전부터 실용주의적 노선을 추구했던 지도자들은 본격적으로 시장경제를 지향하는 개혁에 착수했다. 이러한 방향 전환의 배후에는, 누누이 강조하는 바이지만 국가간의 경쟁이라는 압력이 깔려 있다. 경쟁에서 뒤질 수 없다는 긴박감이 권력자에게 합리적 정책을 "강요"하는 것이다. 경쟁 상황의 이러한 강요에도 아랑곳없이 최고 권력자가 독단과 무지 때문에 어리석은 정책을 되풀이하는 경우도 물론 있다. 그러나 등소평은 새로운 경험에 직면하여 사회주의자로서의 화려한 경력과 선입관을 과감히 떨쳐버릴 만큼 진정 현명한 지도자였다.

그는 인민의 진정한 욕구가 이상이나 이념에 있는 것이 아니라 빈곤 탈피에 있다는 가장 명백한 사실에서 출발하여, 이것을 해결할 최선의 수단을 이미 그 효율성이 입증된 시장경제 제도에서 찾았다. 그가 시장경제로 눈을 돌릴 수 있었던 것은 사회주의자로서 결코 모범으로 삼고 싶지 않은

서방 자본주의 국가와 신흥 아시아 국가들의 발전상을 선입관없이 수용할
수 있을 만큼 개방된 정신의 소유자였기 때문이다. 그는 실사구시의 방법
으로 개혁을 추진했다. 그래서 그의 개혁은 무리한 강요가 아니라 실험적
성과를 검토하면서 점진적으로 이루어졌다. 그는 시장경제 제도의 도입으
로 생겨나는 부조리(빈부 격차·범죄·부패·청소년의 타락 등)에 대해서
우려하고 대비책을 강구하기에 고심했지만, 이 부조리 때문에 제도 자체를
부인하지는 않는 이성적 태도를 견지했다. 자본주의적 사상이나 부르주아
적 부조리의 가장 작은 것조차 청산하려는 의지로 무리하게 혁명을 추진했
던 모택동식의 이상주의에 비교한다면, 어느 정도의 부조리는 어쩔 수 없
이 용납하겠다는 등소평의 기본적 태도는 포퍼적 사회철학의 기본 정신을
연상케 할 정도로 합리적이었다. 만약 중국인들이 21세기에 번영을 누리게
된다면 그것은 등소평의 현명한 선택과 합리적 정책 추진 방법에서 비롯된
것이다. 필자는 후대 중국인들의 등소평에 대한 평가가 오히려 모택동을
능가할 것으로 믿는다.

　중국인들은 어떤 다른 민족보다 현세적·현실적·실제적·실용적인 문
화를 발전시켰다. 그들은 초월세계나 이상향을 추구하지도 않았고, 따라서
다음 세계를 위해 현세를 희생하는 금욕적 고행을 선호하지도 않았다. 중
국의 역사에서 물질적 기반이 차지하는 중요성이 중세의 서구처럼 등한시
된 경우는 없었다. 중국의 통치자와 관료들은 백성을 배불리 먹이고 따뜻
하게 입히는(溫飽) 것을 정책의 최우선으로 삼았다. 다른 한편 그들은 공자
의 이상에 따라 부의 균분에도 관심을 가져 극단적인 빈부의 격차는 바람
직하지 않다는 사실도 염두에 두고 있었다.

　이런 점으로 본다면 모택동 등 중국의 공산주의자들이 새로운 국가를 수
립하면서 인민의 물질적 생활을 향상시키고 평등사회를 실현할 것을 중요
한 목표로 삼은 것은 결코 전통적 이상과 배치되는 것이 아니었다. 두 가
지 목표를 공히 추구하려는 정신은 자본주의적이거나 부르주아적인 것을
완전히 없애려는 시도 때문에 물질적 생산이 크게 후퇴한 문혁 때에도 그

대로 살아 있었다. 모택동은 신분질서를 옹호하는 유교적 관리들처럼 경제적 평등 문제를 건성으로 다루지 않았다. 그는 어떤 전통적 지배자보다도 이 문제의 중요성을 강조했고, 공산주의자로서 때로는 물질적 풍요보다 더 중시했다. 등소평은 두 가지의 목표를 동시에 달성할 수 없음과, 경제적 평등의 무리한 실현은 모든 사람을 빈곤으로 몰아넣는다는 것을 인식했다. 그는 시장경제를 수용하여 일부 사람에게 미리 부자가 되는 것을 허용하기로 정책을 바꾸었다. 이것은 공산주의의 지도 노선상 커다란 변신이었고, 그 영향 역시 엄청난 것이었다.

등의 정책은 수단과 방법에 있어서는 개혁이지만 그것이 초래한 결과는 혁명적이었다. 중국인들은 이제서야 비로소 성공적인 근대화를 성취하고 맬더스의 덫에서 해방될 희망을 가질 수 있게 되었다. 모택동의 공산혁명이 수많은 전투와 엄청난 사회 혼란을 그 내용으로 한 것이지만 중국을 전통적인 것에서 크게 변화시키지 못했다는 점을 상기한다면, 진정한 혁명가의 칭호는 모택동이 아니라 등소평에게 주어져야 할 것이다. 떠들썩한 폭력과 혼란을 혁명의 필요조건으로 고수해야 할 이유는 없다.

물론 등소평에게도 공산주의자로서 어쩔 수 없는 한계가 있다. 그가 일부 사람들에게 미리 부자가 되는 것을 허용했다는 것은 모든 사람이 골고루 잘 살아야 한다는 사회주의 이상의 포기를 뜻하는 것이 절대로 아니다. 미리 부자가 된 사람의 재산으로 못 사는 사람을 잘 살게 해주어야 한다는 당위성은 여전히 불변이다. 등소평은 중국이 시장경제와 선진기술 및 선진기업의 경업기법을 도입한다고 해도 자본주의 국가가 될 수 없다는 것을 명백히하고 있다. 그는 자본가 계급의 세력화와 정치적 입장의 다원화 그리고 자유민주주의적 제도(의회민주주의 · 권력분립)를 결코 용납하지 않았다. 그는 그가 추진하는 개방 및 개혁이 중국의 자본주의화 · 자유민주주의화로 귀결하지 않도록 하기 위해서 인민(공산주의)독재라는 정치원칙과 공유제 위주의 경제원칙을 고수하고 중국민을 사회주의적 이념에 따라 교육할 것을 부단히 강조했다.[2]

이런 점에서 논자들은 등소평을 중체서용의 원칙 속에서 개혁을 추진한 청말의 양무파에 비교하기도 한다.[3] 그러나 양자 사이에 중요한 차이점 역시 존재한다. 양무파들은 그들의 개혁을 공업화·기계화에서 출발했다. 그러나 등소평은 100년이 넘게 지난 후에도 여전히 중국 인민의 대부분을 차지하고 있는 농업에서 변화의 실마리를 찾았다. 농업에서 성공한 개혁은 현대화정책의 추진을 순조롭게 하는 기반이 되었는데, 이것은 무엇보다도 공산당의 토지개혁이 농민을 지주와 향신의 굴레에서 해방하여 의욕적 생산 주체로 활동할 수 있는 기반을 마련했기 때문에 가능한 것이었다. 또 등소평은 더이상 제국주의적 열강의 횡포에 좌우되지 않는 상태에서 개혁을 추진할 수 있었고, 이것 역시 개혁을 순조롭게 하도록 했다. 이런 점 때문에도 그는 사회주의를 쉽게 포기할 수 없었는지도 모른다.

등소평과 그의 후계자들은 중국이 앞으로 약 반세기 후에 사회주의 초급 단계를 완성하고 더 높은 단계의 사회주의를 실현할 것을 기약하면서 개혁 정책을 추진해 왔다. 그러나 역사는 장기적으로 인간의 의도와는 달리, 심지어 그것에 반하여 발전하는 경우가 대부분이다. 인간의 능력은 극히 한정되어 있어서 현재의 사회와 문화를 규정하는 조건과 그 기능을 완전히 인식할 수 없으므로 미래를 정확히 예측하는 것은 불가능한 일이고, 따라서 장기간의 미래를 위해 계획한다는 것 역시 무모한 일이다. 그것은 정신적·사회적 변동이 극심한 현대에 있어서 특히 그러하다. 우리는 미래를 통제할 수 없으며 미래는 우리에게 미지의 개방된 영역이다. 현재 우리의 이성으로 판단하여 최고의 가치, 가장 바람직한 사회상이 미래사회에서도 그대로 통용된다고 생각하는 것, 그리고 그렇게 되어야만 한다는 것 모두가 자기성찰의 부족에서 오는 오만에 불과하다. 환경의 변화, 사회와 지식

---

[2] 『등소평 문선』 상권 55ff 96ff 117ff 159ff 172ff 179ff; 하권 17ff 22ff 31ff 36ff 40ff 63ff 85ff 211ff 등. 중국사회과학원 편 〔(주) 해강출판사업부 역〕 『강택민과의 대화』 [지식공작소 1997] 353ff도 참조.

[3] 정죽원 65.

의 발전에 따라 인간의 지적 능력과 가치관도 변한다. 하이에크는 이 점을 명백히하고 있다.

> 계몽주의자들은 과거에 인간의 이성을 지나치게 낮게 평가한 것에 불만을 느꼈다. 그런데 현대에는 반대로 인간 이성의 능력을 너무 높게 평가하는 오류를 범하고 있다. … 인간은 결코 자기 운명의 주인이 되지 못하고 있으며 앞으로도 그러할 것이다. 인간의 이성은 미지의, 예측할 수 없는 사실에서 새로운 것을 배우게 한다. 그렇게 함으로써 이성이 발전하는 것이다.[4]

우리는 지금 우리 조상이 이상적으로 생각했던 사회를 가장 가치있는 것이라고 인정할 수 없듯이, 우리 후손들에게도 우리가 이상적으로 생각하는 사회와 가치를 강요할 수 없다. 우리의 후손은 나름대로 이상사회관을 정립하고 그에 따라 행동할 권리가 있다. 요컨대 1980년대에 들어와서 세계의 어떤 다른 지역보다 급격히 변하는 중국에서 50년 후를 현재 공산당의 이상에 따라 계획한다는 것은 불가능하다고 생각할 수밖에 없다.

지금까지의 논의에 근거한다면 미래의 중국상은 오히려 현 공산당 지도부가 원하지 않는 방향으로 진전될 공산이 크다. 서구국가의 발전이나 서구문명의 자극을 받아 한국·대만·일본 등에서 이루어진 발전을 고려한다면 경제의 성장은 중국에 공산당 지도부로서는 억누를 수 없는 변화, 즉 사회의 다원화와 정치의 민주화를 촉진하는 세력구도를 초래할 것으로 전망된다. 더욱이 중국에서 현재 진행되고 있는 사회의 정보화 때문에 공산당의 정보 독점 역시 더이상 가능하지 않다. 중국의 지도자들이 이러한 변화에 개방된 마음을 가지고 유연하게 대처하지 못한다면 중국은 분열이나 낙오를 면하지 못하게 될 것이다. 경제적·사회적 변동에 대응하여 정치적 기본틀을 변화시킴으로써 전국민을 효율적으로 통합하는 것이야말로 등소

---

[4] F. A. 하이에크(서병훈 역) 『법, 입법, 그리고 자유 III. 자유사회의 정치질서』 [자유기업센터 1997] 286.

평 내지 강택민의 후계자들에게 부과된 가장 중요한 과제일 것이다.

이러한 점에서 본다면 중국의 민주화에 있어서 실질적인 최대 공로자는 1989년 천안문에서 민주화를 외치며 시위하던 학생·지식인이 아니라 이들을 무참히 진압한 등소평이 될 것이다. 민주주의란 결코 이상·이념·계몽만으로 이루어질 수 있는 것이 아니다. 사회의 권력이 다원화되지 않고서는, 집권세력에 대항할 수 있는 다른 세력이 존재하지 않고서는, 사회의 다른 권력(특히 경제인 세력)이 정치에 독립적이 되지 않고서는 실질적인 민주주의가 이루어질 수 없다. 중국에서 민주화의 열망이 아무리 오래된 것이라고 해도, 신문화운동에서 민주화를 위한 계몽의 열정이 아무리 강했다고 해도, 그리고 5·4 운동에서 민주화의 외침이 아무리 높았다 해도 거기에는 민주화를 가능케 할 실질적 기반이 결여되어 있었다.

계몽만으로 중국이 민주화될 수 없었다면 구망救亡(당시 중국이 처한 위급한 상황, 즉 군벌의 지배와 제국주의 열강의 침략을 일소하기 위한 노력)의 긴급한 상황이 계몽의 기회를 억누름으로써 중국의 근대화가 이루어질 수 없었다는 이택후李澤厚의 주장은 큰 설득력이 없다.[5]

중국의 근대화가 늦어진 것은 전통의 문화와 전통적 세력이 너무나 강력했다는 것, 어느 정도까지 성공의 가능성이 있었던 국민당의 위로부터의 근대화 노력마저도 외침과 농민이라는 전통세력에 의해 좌절되었다는 사실에 기인한다. 그것은 중국민이 광대한 국토 위에 성립된 통일제국과 동질적 문화 속에서 오랫동안 "안정"을 누려온 "피할 수 없는" 대가였을 뿐이다.

제국주의 열강의 침략이라는 외부적 충격이 아니고서는 어떠한 내부적 힘과 조건으로도 중국문명의 안정과 균형을 깨뜨릴 수 없었다. 서구문명의 도전으로 야기된 국가간의 경쟁 상황은 사회주의라는 긴 방황을 거치기는 했지만 결국은 중국으로서도 어쩔 수 없이 서구적인 제도와 규범 및 기술을 받아들이지 않을 수 없도록 만들었다. 이 서구적인 것들이야말로 수백

---

[5] 이택후(李澤厚)(김형종 역) 『중국 현대사상사의 굴절』 [지식산업사 1992] 1장(계몽과 구망의 이중 변주) 참조.

년 동안의 경쟁을 통하여 발전되어 경쟁 상황에 유용한 것으로 판명된 것이기 때문이다.

중국의 변화를 보면서 우리는 막스 베버가 동·서 문명의 상이한 발전에 대한 원인을 규명하고 서구적 근대화의 본질을 해명코자 저술한『종교사회학 논총』의 첫머리에서 제기한 의문에 나름의 대답을 할 수 있게 되었다.

> 근대 유럽의 문화세계의 아들은 피할 수도 없지만 또한 정당하게도 보편사의 문제를 다음의 의문 아래 다루게 될 것이다: 어떠한 상황들의 연결이 바로 서구의 땅에서 그리고 오직 여기에서만 — 최소한 우리가 즐겨 상상하는 바와 같이 — 보편적 의미와 통용성을 가진 발전 방향에 있는 문화 현상이 나타나도록 만들었는가?[6]

막스 베버는 근대 서구문명에서 발전된 제도·규범·기술·조직·법제 등이 다른 문명의 그것들과 비교하여 더 우월한 것이라고는 판정하지 않았다. 학문에 있어서 가치 중립을 표방하는 엄밀한 과학자로서 베버는 가치판단이 전제되어야만 가능한 우열의 비교를 허용할 수 없었기 때문이다. 그런데도 그는 서구문명의 산물이 더 효율적이고 더 "합리적"임을 인식하고는 그것의 보편적 통용 가능성을 조심스럽게 제시하고 있는 것이다. 지금까지의 논의로 이 문제를 해명코자 한다면, 철저한 가치 중립적 관점에서는 서구문명의 산물에 우월성을 인정할 수 없지만 경쟁이 보편적 상황이 된 현금에 있어서는 경쟁하는 가운데에서 발전했고 경쟁 상황의 효율성이 입증된 서구적인 것에 우월성과 보편적 통용성을 인정하지 않을 수 없는 것이다.

보편사의 큰 흐름에서 본다면 중국인들이 문호를 개방하여 서구적 제도와 규범, 사상 등을 도입하는 것은 불가피한 일이요 또한 도입 범위가 점

---

[6] Weber 1.

점 확대되는 것 역시 불가피한 일이다. 등소평이 비록 양무파의 정신, 즉 중체서용으로 그 개혁을 출발했을지라도 개혁이 진행됨에 따라 오히려 서체중용의 양상이 되지 않을 수 없었을 것이다.[7]

그러나 이러한 것이 중국문명의 완전한 서구화를 뜻하지는 않는다. 서구화의 범위는 정치 및 경제의 체제와 이를 뒷받침할 수 있는 제도와 규범·과학기술 등에 국한되고, 이것들에 의하여 "상부구조"라고 할 수 있는 것들은 비록 전자의 서구화에 따르는 변화가 불가피하다고 할지라도 여전히 중국적·전통적인 본질을 유지할 수 있을 것이다. 예컨대 21세기의 중국인들은 민주화된 정치와 시장경제라는 틀 속에서 사회생활을 하면서도 여전히 그들의 전통적인 가족윤리, 전통적 예술과 놀이, 서구문명과는 다른 우주관, 민간종교의 마술적 관행, 도교적 내지 불교적 심신수련법, 유교 및 선불교 그리고 노장철학, 전통요리 등을 그대로 보존할 수 있을 것이다(여기서 우리는 전통 중국인들이 유기체적·자연친화적 우주관 속에서도 자연의 개발에 있어 어떤 다른 전통문명의 사람들보다 더 앞섰음을 상기할 필요가 있다). 요컨대 서구문명으로부터 유래한 물질적 기반과 전통문화 내지 중국적 정신세계는 상호 충돌함 없이 존재할 수 있어서 "서체중용"적인 발전이 이루어지더라도 중국문명은 여전히 그 전통적 정체성의 상당 부분을 유지하게 될 것이다.[8]

필자는 앞에서 중국의 분열 가능성을 강하게 시사했다. 그러나 중국인의 생활이 풍족해지고 이에 따라 그들의 고유문화와 정신적 전통에 대하여 더 큰 관심과 애정을 가지게 될 것인바, 이렇게 된다면 국토의 분할이라는 것은 별문제가 될 수 없을 것이다. 통일이란 정치가 최우선되던 전통사회에서 추구하던 목적일 뿐이다. 지금까지 논의한 바와 같이 보편사적 발전에

---

[7] 현재 중국에서 중체서용적 개혁이냐 아니면 서체중용적 변화, 더 나아가서 근본적인 변혁을 이루어야 하느냐에 대한 논쟁에 관해서는 한국철학사상연구회 편 『현대 중국의 모색 — 문화전통과 현대화 그리고 문화열』 [동녘 1992] 참조.

[8] 기 소르망 『자본주의 종말』 9 참조.

경제라는 생활 영역이 점점 중요해지고 또 세계화하는 반면, 정치의 중요
성이 줄어들고 주권국가의 개념이 약화된다면 중국의 정치적 통일이 가지
는 의미가 결코 과거와는 같지 않게 될 것이다.

중국이 분열된다면 각 지역이 경제적인 경쟁을 한다는 자극 이외에도 국
가경영에 있어서 규모의 경제라는 이점도 얻을 수 있으므로[9] 분열에 대하
여 무조건 우려할 필요도 없고 또한 중국의 장래를 비관적으로 보아야 할
이유도 없다. 중국은 정치적으로는 여러 독립국가로 분열되겠지만 경제
적·문화적으로는 훌륭히 통합될 것이다. 그 안에서 근면하고 끈기있고 교
육열이 높은 중국인들이 경제활동에 매진한다면, 그리고 여기에다 중화사
상이라는 기치 아래 해외에서 경제적으로 크게 성공을 거둔 많은 화교들의
협력이 더해진다면 중국문명은 다시 크게 도약하게 될 것이요, 나아가서
중국인들이 이룩한 전통문화 역시 인류문화를 풍성하게 하거나 정신적으로
황폐해진 현재와 미래의 생활을 좀더 인간적이고 아름답게 만드는 데 기여
할 수 있게 될 것이다.

마지막으로 우리는 과거 중국인들의 정신을 지배했던 유교가 미래사회에
있어서 어떠한 역할을 하게 될까라는 질문에 답해 보자. 유교는 전통사회
에서 정치권력과 결합함으로써 경제적 발전에 대체로 억압적 기능을 했다.
그러나 만약 정치권력이 약해지고 경제가 지배적인 상황이 도래한다면 유
교가 표방하는 현세적·이성적 세계관과 배움을 중시하는 교리 그리고 출
세하여 부모와 가족을 기쁘게 해야 한다는 가르침 등은 미래 중국의 시장
경제를 활성화하는 데 촉진적 기능을 하게 될 것이다.

요컨대 상황이 달라진다면 같은 실체라고 할지라도 그 기능이 변하게 되
는 것이며 이러한 사실은 이미 한국·대만·홍콩·싱가포르 등의 경제적
발전에 대한 유교적 생활 태도의 기여에서도 입증된 바 있다.[10]

---

[9] 중국이 분열함으로써 얻게 되는 이익에 대해서는 황소당 33ff 144ff 161ff 참조.

[10] 졸저 『자본주의는 왜 …』 226 ff 참조.